普通高等教育"十二五"规划教材

现代矿业管理经济学

彭会清　编著

北　京
冶 金 工 业 出 版 社
2011

内容提要

全书较系统地阐述了矿业管理经济学的基本理论和方法。主要内容包括：矿业企业管理、矿产品市场供需分析、矿业企业融资与资金管理、矿山建设项目可行性研究与经济评价、矿业权及其评估、矿业系统工程、矿产资源综合利用与可持续发展等内容。

本书为普通高等学校矿业类专业教材，也可供采矿、安全、地质等工程技术人员、管理人员参考。

图书在版编目(CIP)数据

现代矿业管理经济学／彭会清编著. —北京：冶金工业出版社，2011.1

普通高等教育"十二五"规划教材

ISBN 978-7-5024-5351-0

Ⅰ.①现… Ⅱ.①彭… Ⅲ.①矿业经济—经济学—高等学校—教材 Ⅳ.①F407.1

中国版本图书馆 CIP 数据核字(2010)第 219255 号

出 版 人 曹胜利
地　　址 北京北河沿大街嵩祝院北巷 39 号，邮编 100009
电　　话 (010)64027926　电子信箱 yjcbs@cnmip.com.cn
责任编辑 杨秋奎　美术编辑 李 新　版式设计 孙跃红
责任校对 王永欣　责任印制 张祺鑫
ISBN 978-7-5024-5351-0
北京印刷一厂印刷；冶金工业出版社发行；各地新华书店经销
2011 年 1 月第 1 版，2011 年 1 月第 1 次印刷
787mm×1092mm 1/16；18 印张；431 千字；274 页
36.00 元

冶金工业出版社发行部 电话：(010)64044283 传真：(010)64027893
冶金书店 地址：北京东四西大街 46 号(100010) 电话：(010)65289081(兼传真)

前　言

现代矿业管理经济学是一门新兴的边缘学科，充满着生机和希望。本教材是以矿业经济学基本理论为基础，紧密结合矿山企业管理、矿产品市场供需分析、矿业企业融资与资金管理、矿山建设项目可行性研究与经济评价、矿业权及其评估、矿业系统工程、矿产资源综合利用等内容。教材中系统介绍了目前国内外矿业企业管理经济学研究的理论与方法，吸收了目前矿业投资、项目评价、可持续发展、矿产品贸易等领域的最新理论成果，并阐述了相关教材中阐述较少的可行性研究与经济评价、矿业权及其评估、矿业系统工程等内容。本教材注重矿业经济理论与实际的结合，以建设资源节约型和环境友好型社会为目标，深入浅出地论述了矿业企业管理经济学的系统内容与发展趋势。

本教材是编者根据多年教学经验编写而成的，主要作为采矿工程、矿物加工工程、安全工程等矿业类专业教材。

在此对参编的人员一并表示感谢。本教材编写过程的分工如下：彭会清教授编写第 1 章、第 4 章、第 5 章、第 6 章，刘俊博士编写第 2 章，廖作鸿博士编写第 7 章，胡海祥博士编写第 3 章、第 8 章。全书由彭会清教授统稿。

由于编者水平所限，书中难免有不妥之处，敬请专家和读者指正。

编　者

2010 年 8 月于武汉理工大学

目　录

1 绪 论

1.1 我国矿产资源概述

矿产资源指经过地质成矿作用,使出露于地表或埋藏于地下的、具有开发利用价值的矿物或有用元素的含量达到具有工业利用价值的集合体。矿产资源是重要的自然资源,是社会生产发展的重要物质基础,现代社会人们的生产和生活都离不开矿产资源。矿产资源属于非可再生资源,其储量是有限的。目前世界已知的矿产有1600多种,其中80多种应用较广泛。

目前,国际上95%左右的能源资源为矿物资源,80%左右的工业原料为矿物原材料。矿业不仅是国民经济的重要基础产业,也是战略安全保障的重要组成部分。矿产资源是人类的宝贵财富,是人类文明发展必不可少的物质基础,也是一个国家综合国力的象征。矿产资源是自然资源,它是在地壳中有用组分或可供人类利用的物理性能等结聚而成的地质体。矿产资源存在于地球表面或地下,有其供给上的可耗竭性、不可再生性、稀缺性、垄断性,丰度上的差异性及位置上的固定性等特点。我国自然资源虽然比较丰富,但是我国人口多,人均占有量低,且由于种种原因,长期认为矿产资源没有价值。近些年,由于经济的发展,工业上要求矿产资源越来越多,而且资源短缺问题也越来越严重,对矿产资源保护的呼声也越来越高,随着矿产资源的有限性和经济需求之间矛盾的日益尖锐,如果不加强矿产资源的保护和利用,势必导致我国资源耗竭的加快。

1.1.1 矿产资源的定义及我国矿产资源状况

自然资源是人类生产资料和生活资料的基本来源,是人类赖以生存和发展的物质基础,自然资源是一个国家或地区经济发展的重要因素之一,对于发展中国家更是如此。自然资源可分为可再生和不可再生资源两种。

矿产资源是指地壳在其长期形成、发展与演变过程中的产物,是自然界矿物质在一定的地质条件下,经一定地质作用而聚集形成的,不同的地质作用可以形成不同类型的矿产。矿产资源属于自然资源中的不可再生资源,是经过漫长的地质年代,在各种复杂的地质条件下天然形成的。矿产资源是耗竭性资源,即被开发利用后,其储量会变少,用一点就少一点。矿产资源是储存在地壳中的有用岩石、矿物或元素的聚结体,它是目前或在可预见的将来,能被当时的科学技术开发出来,并在经济上是合理的天然物质。它的开发利用受科学技术、社会需求、经济条件、政治军事形势及环境保护等因素的影响。从数量上看,它又随着这些条件或因素的变化而变化。

我国主要矿产品产量稳步上升,对社会经济发展的保障能力不断提高。2007年原煤产量23.80亿吨,原油产量1.84亿吨,铁矿石产量5.88亿吨,10种有色金属产量1917万吨,磷矿石产量3896万吨,原盐产量5403万吨。全国矿产品进出口贸易总额达3839亿美元,占全国进出口贸易总额的比例为21.6%。其中原油进口14518万吨,铁矿石进口32632万吨,锰矿石进口621万吨,铬铁矿进口432万吨,铜矿石363万吨,钾肥743万吨。与2005年相比,铜、钾肥进口量下降,原油、铁矿石、锰矿石、铬铁矿进口量有所增长。

截至2009年,全国有效勘查许可证3.24万个(新立3744件),有效采矿许可证9.50万个(新立6851件),2009年全年共审批发放海域使用权证书5327本,确权海域面积17.84万公顷,征收海域使用金78.63亿元。2009年全国共计出让探矿权580个,出让价款19.13亿元,全国共计出让采矿权955件,出让价款38.22亿元。第一批煤炭国家规划矿区采矿权设置方案编制工作全部完成。

矿产资源勘查开发"引进来"成效明显。2006年中国国际矿业大会更加注重双边合作关系和为企业服务,成为加强国内外矿业交流与合作的重要平台。改善投资环境,进一步规范审批权限,外资勘查开采我国矿产资源日趋活跃。西藏谢通门县铜金矿、黑龙江嫩江县争光金锌矿等外商勘查开发项目取得新成果。有效涉外勘查许可证249件,涉外采矿许可证194件。我国矿业企业"走出去"更加注重实效。通过加强基础设施建设、提高勘查开发利用水平,密切与国际矿业公司合作,促进目的国或地区经济发展,达到双赢的目的。2006年在油气,铜、镍、铝土矿等有色金属,以及贵金属勘查开发方面取得了新进展。

1.1.2 矿产资源的属性

矿产资源既具有自然属性又具有社会经济属性。

1.1.2.1 自然属性

A 分布上的不均衡性

与水、土地等其他自然资源相比,矿产资源的区域分布极不均衡,矿种的分布呈现出不均衡性,例如我国的钨矿储量几乎是目前世界其他国家钨矿储量的总和,世界石油储量的2/3在中东和前苏联,锰矿石储量的90%集中在南非和前苏联。

截至2007年年底,全国共发现矿产171种,已探明资源储量的159种,其中,能源矿产10种,金属矿产54种,非金属矿产92种,水气矿产3种。如按亚矿种计,矿产总数达到223种,除铀、钍、地热、地下水、矿泉水和新上表的矿种外,其余210种矿产与2004年相比,查明资源储量有所增加的矿种有99种,有所减少的有70种,无变化的41种,分别占47%、33%和20%。地质调查和矿产勘查新发现大中型矿产地213处,其中,能源矿产地42处,金属矿产地85处,非金属矿产地85处,水气矿产地1处。有72种矿产新增查明资源储量。我国已探明的矿产资源约占世界总量的12%,居世界第3位。人均占有量较少,仅为世界人均占有量的58%,居世界第53位。

钨、锡、钼、锑、稀土、萤石、重晶石等矿产资源总量居世界前列。石油、天然气、铀、铁、锰、铬、铜、铝土矿、金、银、硫、钾盐等矿产的资源总量占世界总量的比例较低。根据预测,石油、富铁、富锰、铜、铬、钾等矿产资源在相当长的时期内国内难以满足需求。

我国矿产资源分布情况:石油、天然气主要分布在东北、华北和西北;煤主要分布在华北和西北;铁主要分布在东北、华北和西南;铜主要分布在西南、西北、华东;铅锌矿遍布全国;钨、锡、钼、锑、稀土矿主要分布在华南、华北;金银矿分布在全国,台湾也有重要产地;磷矿以华南为主。

B 数量上的有限性

由于矿产资源是地壳运动中地质作用使有用物质聚集而成的，而这种聚集的程度又要求达到可供工业开发利用的标准，这就要求在质量和数量上都能够达到现代科学技术条件下可利用的水平，在经济上也能达到投入和产出相等的水平，因此在一定的时期，矿产资源的储量是有限的，有数据统计，就是地壳中储量最丰富的铁，按目前的开采水平，也只能满足全世界开采160多年。2008年主要矿产基础储量统计见表1-1。2008年我国各省市主要矿产基础储量统计见表1-2。

表1-1 2008年主要矿产基础储量统计

项 目	储 量	项 目	储 量	项 目	储 量
石油（万吨）	289043.0	钨矿（WO_3，万吨）	235.12	钾盐（KCl，万吨）	36367.66
天然气（亿立方米）	34049.62	锡矿（锡，万吨）	145.95	盐矿（NaCl，亿吨）	1734.28
煤炭（亿吨）	3261.44	钼矿（钼，万吨）	435.53	芒硝（Na_2SO_4，亿吨）	90.39
铁矿（矿石，亿吨）	226.4	锑矿（锑，万吨）	74.31	重晶石（矿石，万吨）	9658.84
锰矿（矿石，万吨）	23439.5	金矿（金，吨）	1868.4	玻璃硅质原料（矿石，万吨）	143841.4
铬矿（矿石，万吨）	577.08	银矿（银，吨）	40531.0	石墨（矿物，万吨）	5748.88
铜矿（铜，万吨）	2891.04	稀土矿（氧化物，万吨）	1773.19	滑石（矿石，万吨）	12118.97
铅矿（铅，万吨）	1359.58	菱镁矿（矿石，万吨）	191951.88	高岭土（矿石，万吨）	64186.4
锌矿（锌，万吨）	4281.69	普通萤石（萤石，万吨）	4464.77	镍矿（镍，万吨）	286.56
铝土矿（矿石，万吨）	73513.99	硫铁矿（矿石，万吨）	177189.63	磷矿（矿石，亿吨）	35.64

注：摘编自《中国统计年鉴2009》。

表1-2 2008年我国部分省、市、自治区及海域主要矿产基础储量统计

地 区	石油（万吨）	天然气（亿立方米）	煤炭（亿吨）	铁矿（矿石，亿吨）	锰矿（矿石，万吨）	铬矿（矿石，万吨）	钒矿（万吨）	原生钛铁矿（万吨）
全 国	289043.00	34049.62	3261.44	226.40	23439.50	577.08	1276.57	23294.50
北 京			6.69	3.08			0.24	7.05
天 津	3607.00	314.20	2.97			6.90		
河 北	24707.00	303.90	60.59	43.65	4.80		18.06	478.30
山 西			1061.51	5.92	12.90			
内蒙古	7751.00	5635.41	789.07	14.59	544.68	169.44		
辽 宁	15734.00	197.41	44.64	69.87	1370.18			
吉 林	17778.00	690.33	12.48	1.82	0.40			
黑龙江	57474.00	1366.30	72.44	0.47				
江 苏	2522.00	22.47	14.73	1.84			5.65	
浙 江			0.49	0.13				
安 徽	161.00	0.04	85.91	10.13	9.50		19.38	
福 建			4.42	3.60	78.25			
江 西			7.67	1.81			2.16	
山 东	33496.00	349.43	84.11	10.27				

续表 1-2

地　区	石油（万吨）	天然气（亿立方米）	煤炭（亿吨）	铁矿（矿石，亿吨）	锰矿（矿石，万吨）	铬矿（矿石，万吨）	钒矿（万吨）	原生钛铁矿（万吨）
河　南	5183.00	98.83	115.87	1.79	0.41			
湖　北	1210.00	4.19	3.30	3.82	891.48		49.84	
湖　南			19.57	1.52	6186.05		226.08	
广　东	8.00	0.31	1.89	1.44	217.66			
广　西	187.00	3.41	8.24	1.10	8010.14		171.49	
海　南	17.00	4.40	0.90	0.29				
重　庆	56.00	1558.82	20.66	0.01	1844.95			
四　川	338.00	6061.60	49.76	28.96	29.55		692.18	22761.45
贵　州		4.53	150.06	0.51	2496.74			
云　南	12.00	2.63	78.65	4.39	886.83	0.10	0.07	
西　藏			0.12	0.27		217.90		
陕　西	23047.00	5709.24	278.46	4.05	302.56	1.10	1.25	
甘　肃	9114.00	106.13	60.48	7.46	119.42	126.30	90.01	
青　海	3959.00	1418.49	20.20	0.06		0.84		
宁　夏	211.00	2.18	58.15	0.01				
新　疆	43643.00	7543.69	147.41	3.54	433.00	54.50	0.16	47.70
海　域	38837.00	2651.68						

注：摘编自《中国统计年鉴 2009》。

C　可耗竭性

矿产资源是一种耗竭性的自然资源，一旦被开采利用，开采一部分就减少一部分，直到消耗完为止，矿产资源的实物形态也随之永远消失，因此人类对矿产资源的开采是一种破坏性的使用，矿产资源使用完毕后将不可再生，人类必须寻找其他的可替代资源。

D　矿产资源丰度的差异性

矿产资源丰度是指矿产资源的品位、有用组分、有害组分，是衡量矿产资源优劣的标准，不同成因的矿石，其品位、有用组分、有害组分也不同，而同一成因的矿石，也由于地质原因和空间上的差异，其品位、有用组分、有害组分也不同，这种矿产资源丰度的差异，决定了矿产资源的品质、用途和价值。

E　矿产资源的共生性和伴生性

由于地质作用，一种矿石中往往具有多种金属，一类矿床往往赋存多种矿石等，这是矿产资源的自然组合特性，这种多金属共生和伴生现象，在有色金属中更为普遍，矿产资源可以确定为某种，而对一个矿床来说，却难以定性为哪一种资源。

F　矿产资源勘探工作的探索性

矿产资源由于存在于地下，看不见，摸不着，必须进行勘探，随着勘探工作的进行，平均品位、矿床规模、矿体形态和赋存空间等都越来越清晰，风险也越来越小。所以矿产资源资料的获得，是一个不断探索的过程。

G 矿产资源赋存状态的隐蔽性和复杂性

矿产资源除少数表露者外,绝大多数都埋藏在地下,而且赋存状态又很复杂,对它的寻找、探明,常需大量的地质调查和矿产勘查工作,只有证实有可采储量之后才能进行矿山设计和开采。开采过程中也经常发生预想不到的变化。因此,探矿、采矿工作具有很大的风险性。

H 矿产资源的多样性和层次性

矿产资源种类复杂多样,各种矿产又可以划分出若干个矿床成因类型、工业类型和矿石类。矿产资源经过矿产勘查所获得的不可靠程度和经相应的可行性评价阶段所获得的不同的经济意义,又可划分为储量、基础储量、资源量三大类型。

I 矿产资源的动态性

矿产资源受地质、技术和经济三维动态条件的制约。现阶段发现的矿产和探明的储量只能反映人类对自然认识的有限的局部,随着地质工作的不断深入和科学技术的不断进步,人类对矿产资源开发利用的深度和广度将不断发展。20 世纪早期,铀、铌、钽、稀土等矿产还被视为无用,到第二次世界大战后,它们则已成为重要矿产。实践证明,从人类社会的某一发展阶段、某一发展水平上看,资源是有限的,而从人类社会发展的历史长河上看,人对自然的认识是没有止境的,人对自然的改造能力也是没有止境的。这种有限和无限的辩证统一的资源观,反映了矿产资源的基本自然属性和社会属性。

1.1.2.2 社会属性

矿产资源是大自然赋予人类社会赖以生存和发展的物质财富,工业社会所需要的绝大部分原料是由矿产资源提供的。矿产资源对一个国家的社会生活水平、经济发展速度、整体国力强盛和国家安全乃至国际地位提高都具有重要的作用和意义,对矿产资源控制权的争夺,也往往成为人类历史上多次战争的直接或间接根源。对于一个国家的整体经济发展来说,矿产资源开发利用还具有重要的间接贡献,包括基础设施、财政、国际收支平衡、生态、社会等五种效应,其中比较重要的是矿业的“乘数效应”(或“倍数效应”、“辐射效应”)。

矿产资源的使用价值和社会经济关系使它具有社会经济属性,其使用价值只是一种潜在的、可能的、并不现实的和社会的使用价值,必须通过人类的开采劳动才能形成使用价值。在社会经济中,由于矿产资源的稀缺性,对其垄断成为必然,从而产生矿业权制度,使矿产资源所有权成了财富的源泉,矿产资源权属成为一种经济关系。

1.1.3 我国矿产资源开发利用中存在的主要问题

国家建设中 95% 的能源、80% 的工业原材料、70% 的农业生产资料都与矿产资源有关,矿产资源是人类的宝贵财富,是人类文明发展必不可少的物质基础,也是一个国家综合国力的象征。当前,全球矿产资源紧缺,我国作为一个发展中国家,矿产资源形势更加严峻。然而,我国传统的矿产资源无偿使用,使得资源浪费严重,国家作为矿产资源的拥有者权益得不到体现,在矿产资源开发利用中存在以下几个问题:

(1) 私采滥挖屡禁不止。私采滥挖矿产资源是国家法律法规明令禁止的违法行为,这一行为不仅破坏和浪费国家资源,严重破坏生态环境,影响当地经济的可持续发展,当前不少的煤矿私采案例都说明矿山私采滥挖极易滋生腐败和引发重大安全事故。同时还会引起社会秩序、经济秩序的混乱，给构建和谐社会带来极大的负面影响。非法采矿屡禁不止，一方面是高额利润的驱使，另一方面则是现行的相关法律法规不尽完善，使非法采矿者难以得到彻底的法律责任追究。已出台的相关法律法规，在实际执行中，仍存在取证难、鉴定难、处理难、判刑难等问题。

（2）资源浪费与环境恶化严重。由于在实施矿产资源有偿取得制度之前矿业权是无偿取得的，矿山企业的资源消耗根本不构成其生产成本，因此矿山企业在经营管理中根本不考虑资源消耗，采富弃贫、采厚弃薄、采易弃难、采主弃副，从而破坏、浪费了大量资源，有些矿山企业一味地追求利润，选矿回收率又较低，只能提高处理能力来完成全年任务，尾矿中浪费大量的有用矿物，甚至选矿回收率作假现象频发；有些企业生产能力小，却霸占了大量的矿山储量和矿山范围，这也严重影响了资源效益的发挥。

由于矿产资源勘查资金的减少，矿山企业自身不具备找矿条件，再加上找矿难度的不断加大，导致我国主要矿种的后备储量增长缓慢，战略性矿种和科技性矿种已不能弥补开采耗竭量。

我国目前矿山开采后留下的坑地、开采的废渣等造成的环境污染非常严重。据2009年有关数据统计，我国131条流经城市河流的80%已被污染，每年污染造成的经济损失在1000亿元以上。这提醒人类，在开采矿产资源获得经济效益的同时，必须注意环境保护。

1.1.4 矿产资源有偿取得制度

在我国传统矿政管理中，矿产资源是无偿开采，矿产资源无偿开采的弊端主要有：

（1）滥采滥挖的现象严重，造成矿产资源的严重浪费，如采富弃贫、采易弃难、采厚弃薄现象。

（2）矿产资源国家所有的法律难以在经济上得到体现。

（3）地质勘查工作陷入困境，资源形势日趋紧张。

针对无偿开采的弊端，1996年八届人大常委会修订《中华人民共和国矿产资源法》，第三条规定：“矿产资源属于国家所有，由国务院行使国家对矿产资源的所有权……”；第五条规定：“国家实行探矿权，采矿权有偿取得制度……”；第六条规定了矿业权在哪些情况下可以转让及禁止将矿业权倒卖牟利。

有偿开发实质上是指国家凭借其政治地位及矿产资源所有者的地位，向矿山企业征收的税和费用，是矿产资源国家所有权借以实现的经济形式。矿产资源的有偿开发，等同于矿业权的有偿取得，其实现形式一般有资源税、矿产资源补偿费、矿山绝对地租、矿山级差地租、矿山红利、矿业权租金、地勘投入的补偿费等。

矿产资源的非再生性（耗竭性）和有用性必然要求有偿开采矿产资源。马克思的地租理论和劳动价值论可以作为有偿开采的经济理论基础，即：(1)矿山绝对地租是矿产资源所有权借以实现的主要经济形式；(2)矿山级差地租为合理组织矿产资源利用提供理论依据。

1.2 现代矿业管理经济学概述

矿业是人类赖以生存的基础工业，矿业学科的发展对国民经济的振兴也极为重要，矿业经济与管理学科的研究也很关键。随着采矿工业的发展，矿业学科的发展面临着四个方面的任务:一是矿业技术的发展,二是矿业经济的研究,三是基础理论的研究,四是高新技术在矿业中的应用。其中,矿业经济的研究是过去在计划经济条件下研究比较薄弱的领域,往往由于对矿产品开发前后的经济效果预测不准,造成企业和行业的亏损,再加上长期计划经济条件下对自然资源的价值没有明确的规定,也没有把资源价值纳入国民经济核算体系,因此,资源无价、原料低价、产品高价的不合理价格体系更是矿业经济研究中不可回避的特殊内容。

矿业生产可以划分为四个阶段:矿产勘查以及矿床经济评价,以确定矿床的开发前景;储量评估、矿山设计与建设以及资金筹措;矿床开采与经营;矿石加工处理。在任何一个生产阶段,矿业企业都面临着很多经济上的难题与困惑,这需要从经济和管理理论上加以引导与帮助解决。

企业管理经济学以现代西方经济学为理论基础,吸收了运筹学、行为科学、技术经济学和决策学等新学科的有关内容;它在着重研究企业在市场经济体制下的供需规律、投资决策、盈亏平衡、资产评估等微观经济学重要理论的基础上,注意引进风险概念和一系列优化技术,并广泛地应用数学方法分析经济变量及其发展变化过程。所以管理经济学既是一门具有科学系统性和理论完整性的边缘学科,也是一门能较好地反映现代社会化大生产规律的新学科。企业管理经济学不断总结现代企业的经营管理经验,将企业当作一个系统研究,建立企业管理模拟模型,全面系统地分析企业生产经营、管理等各个方面的经济原则,所以管理经济学又是一门实用性很强,应用面很广的经营经济学。

1.2.1 管理经济学的概述

1.2.1.1 定义

管理经济学在第二次世界大战以后逐渐引起人们的重视,其创始人是美国经济学家乔尔·迪安(Joel Dean)。迪安的一本名为《管理经济学》的著作于1951年问世,开创了经济学为企业经营决策服务的新领域。从此,管理经济学在企业应用决策中不断地丰富和完善。我国在20世纪80年代引入这门学科。随着我国改革开放的深入,在社会主义市场经济体系的建立与完善过程中,管理经济学正成为一门独立的学科不断地发展。管理经济学的核心内容源于微观经济学的基本原理,并将微观经济学对于管理者来讲比较重要的部分加以应用。这些内容包括需求理论、生产理论、成本、定价、市场结构和政府管制等。所以,可以说管理经济学就是微观经济学的理论与方法运用于私人、公共和非营利性机构所面临的决策问题,帮助决策者(经理人)高效率配置稀缺资源、规划公司战略和实施有效策略。

管理经济学是把传统的微观经济理论及分析方法应用于企业实践的学科,是典型的经济应用学科。换句话讲,管理经济学就是利用经济分析工具和技术来分析和解决管理上的实际问题,在管理决策上为传统经济学和决策科学架起了一座桥梁。管理经济学是一门跨学科的应用科学,因为管理经济学在研究决策时,必须利用其他学科的分析工具,以收集、加工、分析必要的信息,选择最优决策方案,如统计学、经济数学、市场学等。管理经济学还应针对实际经济做出决策、做出理论解释,以成为管理实践和管理理论的桥梁。

1.2.1.2 研究范围

管理经济学把传统经济学的理论方法运用于企业管理实践,说明其研究范围是企业管理决策。决策就是决定对策,是把若干准备行动的方案进行选择,以期优化地达到目的,从管理经济学角度讲，也就是研究如何从可供选择的方案中进行比较，以从中找出最优方案，这一过程即企业决策过程。管理经济学就是要在传统经济学和企业经营管理决策间架设一座桥梁。

具体到企业而言，管理经济学必然要涉及管理者在管理中可能会遇到的问题。管理者在管理过程中，所要面对的问题和经济学所需要解决的问题，或者说一个经济工作者所要面对的问题，基本上是相同的。管理经济学起到了什么样的作用？实际上就是一个决策的过程，以解决以下三个问题：

(1) 管理者应该关注的焦点——“生产经营什么”(what)。面对激烈的市场竞争，企业管理者经常面临进入怎样的一个行业的问题，也就是生产什么或者经营什么才能获得最大的利润。同时，当一个行业发展到一定的程度还面临转型的问题，如何转型进入新的领域也是管理者关注的问题。企业所选择的生产经营方向，一定要与本身所具备的资源的质量和数量相适应。如果管理者对自己企业所拥有的资源的质量和数量有一个科学的分析，能够准确地把握企业资源的优势，根据资源的状况选择生产和经营方向，那么这个企业就可能成为所在领域的成功者。

(2) “生产经营多少”(how many)的问题。这个问题涉及企业规模的控制。企业在考虑自身资源优势之外，还要做到适当地控制企业规模。选择合适的企业规模，一是要考虑当前的市场的大小，二是要考虑市场的发展潜力。如果企业对规模控制不当，规模过大，它在市场上提供的产品的数量远大于需求量，为了销售，必然要降低产品的价格，价格下降则直接降低了利润率；规模过小，企业所能占领的市场份额也相对要小，难以形成规模经济。

(3) “怎样生产经营”(how)的问题。企业可以采用不同的方式，为市场提供产品或服务。比如，企业开展培训工作，就有以下两种组织形式可供选择。一是采用临时聘用组织形式，根据每一个培训任务的要求，选择合适的培训师。这种组织形式的好处是降低了生产成本，但是很可能会在关键的时候找不到合适的培训师。二是公司拥有大批的培训师，保证能够为客户、员工提供及时而专业的服务。显然，这种组织形式增加了企业的生产成本。具体到生产中，是更多地采用劳动力，还是投入大量资本。

1.2.2 矿业企业管理经济学

1.2.2.1 *矿业企业管理经济学的研究内容*

矿业学科是涉及地球内部或表层开采有用矿物及资源有效性利用的科学。由于自然矿床的复杂性和多样性，使该学科的基础理论比其他工程学科更为复杂和困难。它具有以下特点：

(1) 它的对象是天然赋存的地质矿体，开采和加工对象不能自由选择。

(2) 开采对象、开采工具及生产人员随开采而不断转移，没有固定场所，工作条件随时变化。

(3) 矿体地质条件十分复杂，使矿业工程难于标准化。

目前，对于自然资源勘探、开发及利用过程领域的经济研究已有多个部门进行着多种研究，如国内外泛称的“矿产经济学”、“矿产工业经济学”、“资源经济学”、“地质经济技术学”、“地质经济学”、“矿业技术经济学”、“矿山技术经济分析”、“矿区技术经济评价”等。

矿业管理经济学是一门运用微观经济学原理与方法，研究和解决矿业中一些经济和管理的相关问题的应用经济学，作为一门交叉学科，其研究的范围涉及矿产资源勘探、开采和加工的每一个阶段，从矿床的工业评价、矿床的开发评价、矿产品供应过程的经济分析，到政府的矿业政策的制定等都是矿业企业管理经济学需要研究的内容。

矿业企业管理经济学需要研究的内容主要包括以下几点：

(1) 矿产市场供求形势分析。包括矿产资源评估、矿产供求关系及其变化规律、矿产市场结构与组织及其演变规律、矿产价格的形成机制及变动规律。

(2) 矿产投资决策分析。包括矿床勘探和工业开发的可行性和经济合理性评价、新建矿山和改扩建矿山的可行性论证、投资结构及融资措施研究、矿业投资项目评价方法与理论的研究等。

(3) 矿业生产与经营的技术经济分析。包括资源的勘探与开采的关系、生产成本的控制、经营参数（如品质、规模）的优化、市场营销策略、设备更新分析、矿产质量经济评价、矿山企业经济活动分析等。

(4) 矿业经济政策研究。研究矿业产业结构、投资结构、矿产价格、税收、法规、矿业补贴、矿产储备、土地及资源管理、区域发展、环境保护及一系列问题。

(5) 其他经济问题。如矿山环境经济评价、矿产资源综合利用、矿山多种经营、国际矿产贸易等经济问题。

1.2.2.2 矿业企业管理经济学与一般技术经济学的区别

矿业管理经济虽然具有与自然资源有关和价格体系相关的特点，但它仍属于技术经济的范畴，它与一般技术经济既有共性又有个性。其共性有：技术与经济的关系；投入与产出的关系；国民经济部门或企业的效益价值评估；货币的时间效益研究和边际风险分析等。

矿业经济与一般技术经济比较也有它明显的特殊性：

(1) 经济与自然资源的关系。技术经济是研究技术与经济性的一门学科，两者间存在着相互制约、相互促进的辩证关系。先进的技术能创造更多的产品及更高效率、提高经济效益和减少劳力投入。一般情况下，技术与经济是一致的。但是，技术的先进性又和经济的合理性存在着一定的矛盾，因为采用任何技术都离不开特定的自然条件和社会条件，条件不同，效果也不同。特别是从近期的效益着眼，有时要采用所谓“适合技术”，而不能盲目追求先进，这是各部门所具有的普遍性。如高产高效设备的开采技术和综合机械化采煤是目前煤炭工业中地下开采的方向，但由于某些矿区的地质条件复杂，没有足够的储量可供开采，因此，投入增加而效益及劳动率提高却不明显，也就不能显示技术先进的优越性。此时，需要进一步针对当地自然资源的埋藏情况采取措施，划清综合机械化和一般机械化的技术经济条件。又如在金属矿中，由于矿石品位不同，如何开采贫矿才经济合理，就要研究矿石的质量及储量等技术政策，需根据地质资源条件作出是否开采的决定。

(2) 研究国际和我国资源现状、各种矿产资源储量和分布以及我国与世界的矿产前景，以制定和预测其理智的资源政策。如对煤及石油储量分布的了解，就可以预测各国理智的能源政策。

(3) 对矿产品供求形势进行分析、预测和研究。研究矿产资源埋藏条件、技术经济条件、生产发展趋势和社会因素，结合分析国际及国内各种矿产资源的供求形势，合理作出矿产开发布局的宏观决策。

(4) 矿产资源经济政策研究。由于矿产资源属于不可再生的资源，随着开采利用，资源储量只减无增,需要在对资源现状及供求形势分析的基础上制定出科学的资源政策。如进行资源有偿使用、矿产品价格、资源保护等的政策分析研究。

(5) 部门与企业生产规模的优化规划。根据产品市场的供需和矿产地分布的情况以及能源、交通、环保等各种因素决定部门和矿区的产业规模。

(6) 矿区开发投资可行性研究评估。依据地质、地理条件和国内外矿产供求状况,以及开采技术对开采后的国民经济和矿产企业的经济效益进行评估。本项内容是"矿业经济"中的重要内容,涉及国家及企业在产品开发后的经济效益和社会效益。

(7) 矿山最佳经营参数的确定。所谓最佳经营参数就是指取得最佳经济效益的经营参数,如矿床工业指标(矿石边际品位、最低可采厚度、开采规模、采选回收率、可采深度)等。

(8) 矿产资源损失经济效益评价。研究降低矿产资源损失、贫化及回采建筑物下、铁路下与水体下资源的经济效果和资源保护问题。

(9) 其他经济问题。如共生矿床多种有益成分矿产的综合勘探及合理利用、矿山环境污染及矿区土地治理的经济评价等。

以上研究内容仅是矿业经济研究的几个重点部分,其他内容将在有关学科著作及课程中阐述。

1.2.2.3 *矿业企业管理经济学研究方法*

矿业企业管理经济学研究的对象是矿产资源开发和利用中的经济和管理问题。由于矿床开发是一个复杂的系统工程,矿床的自然条件以及开发矿床的社会环境千变万化,使得其中的经济和管理问题极其复杂。矿产资源的勘探、开发和加工过程需要涉及众多的学科,从地质普查、详查、勘探、矿山规划、设计、开采、加工处理,一直到矿产品销售等,而矿产供应活动的每一个环节都离不开经济分析和企业管理,除此之外,矿产资源是不可再生的有限财富,经济研究除了分析其开采价值之外,还涉及政府的经济政策和资源政策,其中包括发展区域经济、安排就业、资源保护、土地复垦、环境保护等。

矿业企业管理经济学属于微观经济学的范畴,采用的主要方法有微观和中观分析方法、实证和规范分析方法、均衡分析法、边际分析法等。

A 微观和中观分析方法

按照西方经济学理论,经济分析方法可分为微观经济分析方法、中观经济分析方法、宏观经济分析方法。微观经济分析又称为个体分析,是研究单个经济主体(个体)的经济行为,采用个量分析法,通过研究市场经济条件下单个经济主体的经济行为及其相互关系来解释和说明市场价格机制如何进行资源配置等一系列具有内在联系的理论。而宏观经济学研究整体国民经济运行,采用总量分析方法,以国民收入决定为核心,解释和说明资源如何才能充分利用的一系列有内在联系的理论。

B 实证分析方法和规范分析方法

经济学研究中的实证分析力图回答"是什么",即着力于分析和阐明客观经济现象,并借以预测后果,而对经济事实本身不做价值判断;规范分析则是以一定的价值判断为出发点,研究"应该是什么",并分析和说明如何实现的问题。在现实研究过程中,两种方法往往是结合使用的。

C 均衡分析方法

经济学中的均衡是取借于力学的一个概念。均衡的最一般的意义是指经济事物中有关的变量在一定条件的相互作用下所达到的一种相对静止的状态。常见的均衡概念有局部均衡，一般均衡，稳定的、不稳定的、半稳定的均衡等。均衡分析方法是经济学中最重要的分析方法，通常来讲，它分析经济力量达到均衡时所需要的条件以及相应的经济现象。

D 边际分析方法

边际分析是西方经济学的基本分析方法之一，它是通过增量的对比来分析经济行为的。边际分析方法实际上是微积分在经济学中的应用，用微积分的理论来说就是指一个函数关系中，自变量的微小变化如何引起因变量的相应变化，即微积分的求导问题。边际分析方法往往能比较准确地描述出经济变量之间的(变动中的)相互关系。

1.2.3 学习目的和基本要求

1.2.3.1 学习目的

当前我国已基本完成了由计划经济体制转向社会主义市场经济体制，企业经营也由粗放型转向集约型，由外延型增长转向内涵型增长，这就对企业管理者提出了更高的要求。通过学习，使企业管理人员树立在市场经济条件下，企业决策的制定过程中经济思维的概念框架。通过对市场经济基本概念、规律的学习，提高企业管理人员在经济决策中的理性思考和理性创新，以及用经济学方法管理经济的能力，提高矿业企业管理人员的整体管理和经济分析水平。

1.2.3.2 学习的基本要求

(1) 数学分析能力。矿业企业管理经济学所讲的是企业如何做出最优决策，什么条件下才能实现利润最大化。这就要使用高等数学中的微分方程求极值、约束方程求极值等方法。在企业之间的竞争分析中还要使用博弈论等分析工具。

(2) 案例分析能力。矿业企业管理经济学是研究企业决策实践的一门学科。如何充分认识企业决策实践的科学性，培养企业管理人员所应具备的理性思考能力，以及巩固和提高学习效果，在课堂教学中案例分析是一条行之有效的途径。

(3) 整合分析能力。企业决策不仅仅涉及管理经济学的内容，还要牵扯到众多的管理、经济学科的内容。一个具体的案例分析，也不仅仅会用到管理经济学的某一条规律和方法，可能会用到几条或更多的规律和方法，以及其他相关学科的知识。所以既要会剖析问题，又要会综合起来分析，才能真正有所提高。

1.3 国际矿业发展趋势与我国矿业发展对策

1.3.1 国际矿业发展趋势

1.3.1.1 矿业全球化

经济全球化是当代世界经济发展的基本潮流，它是全球矿业发生深刻变革的根本原因。矿产资源必须全球配置，矿产资源作为主要的生产要素，在经济全球化中扮演着重要的角色，所以，必须要在经济全球化的背景下来观察和分析世界矿业的发展趋势。在国际经济规则下运行的跨国矿业公司，是保障矿产资源有效供给和安全供给，实施矿业全球化的主角。

A 矿产品贸易全球化

进入21世纪以来，随着经济的快速发展，我国矿产品贸易非常活跃。2009年，虽然我国矿产品贸易额与上年相比大幅度下降，但降幅逐渐缩小，回暖趋势明显。石油、铁矿石等大宗矿产进口加速。石油、铁矿石对外依存度分别达到52.6%和58.8%的较高水平。全年矿产品贸易总额为4986.90亿美元，比2008年下降24.4%；其中进口额为336024亿美元，比2008年下降16.5%；出口额为1626.66亿美元，比2008年下降36.8%。从近10年的发展总体态势看，矿产品贸易发展较快，如2009年，矿产品贸易总额是2001年的近6倍，年均增长率为21.8%；其中出口额是2001年的4.1倍，年均增长率为18.8%；进口额为2001年的51倍，年均增长率为51.4%，进口额远高于出口额。

B 矿业投资全球化

矿业投资全球化加速了矿业资本从矿业资本输出国向资源丰富的发展中国家流动，即从加拿大、澳大利亚、美国、南非、英国向全球数十个国家流动。矿产资源全球分布的不均衡性，决定了世界上没有一个国家可以完全依靠本国的资源满足发展的需要，加强国际合作是必然选择。要在优势互补、互利共赢、共同发展的基础上，支持和鼓励矿业企业在全球范围内，在勘查、开采、加工、贸易等方面开展全方位的交流合作。例如，2009年以来，我国对澳洲的矿业投资接近百亿美元，澳方因此称"几乎每周就要审核一个中国投资项目"。

a 矿业资本的流出

由于劳动成本的上升，严厉的环境法规，绿色团体的反对，将发达国家矿业公司"逼出"国门。西方国家矿业公司将矿业资本向发展中的资源国转移。例如美国1988年金矿勘查的海外投资仅占30%，到1998年75%金矿勘查资金投向海外，加拿大的矿业公司73%的勘查费用于海外。一些新兴工业化国家如韩国、马来西亚、巴西、智利等国矿业公司，也开始向海外投资矿产勘查。

b 矿业资本的流入

发展中国家为了跟上矿业全球化的步伐，着力提高矿业引资的竞争力。包括修改矿业法，使之尽可能与国际惯例接轨；改善投资环境，制订统一的国家矿业政策；适应国际矿业资本的投向，实施矿业的私有化。现在拉美诸国，如智利、秘鲁、玻利维亚、巴西、阿根廷、墨西哥、哥伦比亚等国，从20世纪90年代初占全球勘查投资不到10%，到90年代末已占到30%，非洲一些国家，如坦桑尼亚、马里、加纳等国，吸引全球矿产勘查资金比例，也在迅速上升。亚洲吸引勘查投资集中在印尼、菲律宾等国，最近蒙古、越南有明显上升趋势。

c 矿业服务的全球化

金融业、电讯业、酒店业、零售业、海洋航运业等都是在标准/规范趋同的前提下，通过服务的全球化，来实现行业全球化的。有资源潜力的发展中国家，在标准/规范、矿业权评估、资源/储量评价、独立勘查地质学家、矿业经纪人、劳务合同公司等领域与国际惯例接轨，实现了矿业服务的全球化。

1.3.1.2 矿业集中度提高

例如，1999~2001年，在经济全球化的浪潮中，跨国公司掀起了并购浪潮。根据Erust Young公司的报道，1999年全球并购案值达34000亿美元。自1995年以来，矿业公司并购额超过1000亿美元，为优化资源配置，降低经营成本，加强核心业务，提高国际竞争力，矿业公司的并购案席卷全球,高潮迭起。最大的矿业公司 BHP 公司和 Billiton 公司于 2001 年 3 月 19 日完成合并,案值 280 亿美元。值得注意的是,发展中国家的一些矿业公司也涉足矿业公司的并购,形成了一批具有竞争力、有实力的世界级矿业公司,如巴西淡水河谷公司(CVRD)、智利国家铜公司(Codelco)、印度锌公司(Hindustan Zinc)。

根据瑞典 RMG 1997 年对世界矿业公司的排名,32 家矿业公司的矿产产值总额,占全球矿产总产值份额的 50.38%。在这 32 家公司中,有 6 家是发展中国家的跨国矿业公司。近年来,经过矿业公司的全球并购,矿业的产业集中有更进一步的提高。

就具体矿种,跨国矿业公司控制程度不一。铁矿石产量的 2/3 由 RTZ、BHP 和 CVRD 三家控制,锰矿产量的 2/3 由 Samanor、Eramet、CVRD、BHP、Assamang 五家公司控制。铁矿石、锰矿石、铬矿石、镍、锡、铝土矿、铜、铅、锌、金等十个矿种,世界上前十家公司的产量份额,都高达 50% 以上,最高可达 80%。矿业集中度的提高,进一步降低了矿石生产成本,使跨国公司矿产品更具竞争力。规模小、成本高的矿业公司被并购或破产,国际上主要矿产品的价格,如铁、铜、锰、铬、钨、锡等,总体上均呈持续下降的趋势。用全球低成本矿产资源,满足社会经济发展需要,又进一步推动了矿业经济全球化的发展。

1.3.1.3 矿产勘查运作模式变化

A 初级勘查公司成为找矿的主力

初级勘查公司以其找矿的技术专长,多样化的筹资方式,适应找矿特点的灵活运作成为找矿的主力。近年多数找矿的重大发现都是初级勘查公司找到的,例如加拿大北部的金刚石矿、加拿大魁北克的回声湾镍矿、蒙古南戈壁省的 OYU 铜矿、墨西哥的圣弗朗西斯科金矿等。初级勘查公司正在逐步取代跨国矿业公司勘探部的地位,成为推动矿业发展的重要角色。勘查运作模式变化的原因有以下两点:

(1) 找矿的需求。随着找矿难度的不断加大,找矿并不是规模生产能提高效益的。跨国矿业公司勘探部对矿种的选择、规模的限定和层层报批的运作模式,导致找矿成功率越来越低,远不如由少数找矿专家组成的初级勘查公司的找矿成功率。初级勘查公司找矿不受矿种、规模、地域限制,并且能以多种灵活方式,在勘查的任何阶段转让矿权。初级勘查公司启动资金少,作为风险投资的一种,资本成长性好的特征为投资界所接受,逐渐形成了专门为初级勘查公司融资的资本市场(如温哥华证券交易所等),促进了初级勘查公司的发展,使这些初级勘查公司作为独立的市场主体分离出来。

(2) 找矿的投入少、产出多。据报道,1997 年有 1400 家初级勘查公司,其全部投入占全部勘查投入的 30% ~40%,形成矿权的资本化市值为 200 亿美元,矿产发现占 1997 年全部发现的 60%。初级勘查公司决策灵活、成本低廉、具有创新精神和冒险文化更符合初级勘查公司的要求。

B 初级勘查公司与跨国矿业公司并购

初级勘查公司在找到具有前景的矿地产后,出售给跨国矿业公司,或与跨国矿业公司结成战略联盟,使有希望的探矿权能逐步成长为生产矿山。跨国矿业公司普遍削减勘查预算,大幅度压缩初级勘查,密切注视初级勘查公司动向,通过购置探矿权,取得初级勘查公司矿地产中的股份,保障接替储量供应。初级勘查公司和跨国矿业公司形成的战略联盟,运作方式多样而灵活,如勘查承诺、股本投资、技术投入等,例如明科(Minco)公司就与跨国矿业公司特克公司(Teck)结成战略联盟,寻求浅金属矿地产。初级勘查公司与跨国矿业公司结成战略联盟,是矿业发展的一个必然趋势。跨国矿业公司在大幅削减勘查开支以后,仍能获得保障公司成长或持续发展的矿产资源。初级勘查公司在有所发现以后,可借助跨国矿业公司资金、技术优势开发矿产,使找到矿的初级勘查公司能快速成长。勘查投资可以用来扣减应纳税所得,并购以后,一般来说,亏损和支出也可以合并。有利润来源的跨国矿业公司与初级勘查公司合作,会给双方都带来税收上的好处。根据加拿大的全部通过股票制度,公司可以把税收扣减待遇转让给股东,股东可以以此抵免各自的应纳税额。

1.3.1.4 利用高新技术发展矿业

高新技术产业开始建立时产值比重不大,但生产增长率高;多是知识密集型产业,科研经费高,职工的科技水平高;产品的附加值高;对工业和整个国民经济的现代化具有较强的推进和带动作用。利用高新技术发展矿业是当前世界矿业发展的一个主要趋势,也将是21世纪矿业发展的关键驱动力。

A 矿产勘查

在深部探矿、边远地区探矿时,使用物化探综合立体勘查,高灵敏度探测仪器和野外快速数据采集和数据解释,提高了找矿成功率,扩大了找矿领域。例如固体矿产勘查钻孔深度已达到4000 m,长年钻探公司的钻探技术好,定向性能更好,成本更低。英国三维激光填图公司(3DLM)研制出每秒可采集7000个点数据的机载激光填图系统 Topeye TM。勘查软件的开发应用使圈定储量的重型山地工程最小化,大大降低了勘查成本。遥感技术使边远困难地区勘查效率大幅度提高。

B 矿产开采

高新技术和现代装备的引进,使采矿回收率、选矿回收率及综合利用率大幅度提高。采矿设计软件使露采设计更为合理。例如,国际镍公司使用的计算控制采矿系统,包括中央计算机系统、现场计算机系统 Hubs、地下矿坑通讯网等,使采矿生产率提高10% ~15%。原地浸出法已成为和露采、坑采并列的第三种采矿技术,使低品位砂岩铀矿得以开采。

C 选矿和冶炼

为了使可利用矿产资源品位降低,资源利用效率提高,扩大了对低品位、难选冶、细粒超细粒矿石的应用范围。例如,溶剂萃取－电积法(SX－EW)得到广泛应用,使铜矿石可采品位降至0.2% ~0.4%;对传统 Hall-Heroult 炼铝工艺进行改进,使成本下降0.11 ~0.25 美元/磅;生物氧化和生物提浸技术,使许多低品位金、铜、镍、钴矿床得以开发,使高砷微细金矿的回收率提高40%,可采品位已降至0.7 g/t,最低达到0.26 g/t。

D 采矿环境技术

矿区的环境保护和复垦技术,已成为发展矿业的重要组成部分,在发达国家已经成为开矿最重要的制约因素。酸性废水(AMD)排放是重大矿山环境问题,美国使用生物技术,用一种特殊性的细菌,显著降低了矿山酸性废水的排量。先进的煤使用技术,能除去90%以上的颗粒物和大部分二氧化硫。矿业正在尽最大努力以实现固体、液体、气体污染物的近零排放。

E 信息网络技术使矿产品全球配置的成本大幅下降

电子商务对采矿业成本下降正在起着越来越大的作用。2000 年 5 月,14 家跨国矿业公司联合建立全球矿业电子市场。据 UBS Warburg 集团研究,电子技术可以使采矿业成本下降5%,可以节约矿产品总销售额的5%及现金流的15%。

1.3.1.5 矿山环境保护放在首位

A 矿山环境问题备受关注

“可持续发展”在全球范围内表现出了强烈的认同感。可持续发展是要寻求一条兼顾当代和子孙后代利益的发展道路,就是要在工业化和城市化的进程中,实现社会、经济的发展与人口、资源、环境的协调和良性循环。矿业作为一种开采不可再生资源和对环境有很大破坏作用的行业,其环境行为必然受到广泛关注,面临更为严格的环境要求。

历史遗留的矿山环境问题日益显露。人类采矿已有数千年历史,但在 20 世纪 60 年代以前,矿业活动几乎没有什么环境方面的限制,大量历史遗留的问题今天开始显现出来。酸性矿山排放是很多矿业国家面临最大的环境问题,在美国大约有 2 万千米的河流段受到该问题的影响。地面塌陷,废弃矿坑的影响也很严重。近年来矿山环境事件不断,造成很大的社会影响。有的造成矿山停产,如著名的布干维尔铜矿关闭;有的影响到两国的外交关系;环境保护组织利用媒体,形成反采矿的组织,使矿业界面临四面楚歌的局面。在发达国家采矿面临最大的困难,就是如何处理好环境问题。环境问题使矿业的风险增加,并直接影响到矿业的融资。世界银行贷款,亚洲、非洲开发银行贷款、政府贷款,甚至包括商业银行贷款,都增加了绿色条件限制。政府部门对矿山环境执行了非常严格的管理,澳大利亚各州政府的能源矿业部均设立监督各矿山环境的官员。美国向执行宽松环境政策国家进口的矿产品,征收环境抵消性关税,以保护在美国国内执行严格环保标准的矿山的竞争力。过去十多年来,全球很多矿业项目因环境的原因被取消、延迟、关闭或被提起诉讼。跨国矿业公司十分关注自己的环保形象,BHP 公司在中国的合资勘探公司,要求钻工在下山时,要把一切垃圾带回驻地。Billiton 公司撤出兰坪铅锌矿项目的一个重要原因是历史遗留的环保问题,和地方矿山对污染的责任划分问题。

B 近年来矿山环境保护的特点

(1) 国际环保组织发挥重要作用。国际组织以国际公约、论坛、项目研究和倡议等方式,促进矿业环境的改善。国际性条约具有道德上的约束力,并被逐渐吸收到国际法或国家法律中,使其具有强制力。对矿业环境问题有影响的国际公约主要有《有害废物及其处理的跨国境移动控制的巴塞尔公约》、《长期跨国境空气污染公约》等。世界银行和其他同矿业有关的国际性组织机构在矿业环境保护方面也做了大量工作。国际金属和环境理事会代表世界 27 家大矿业公司,签署了“环境原则宪章”。联合国环境规划署主办了矿山环境圆桌会议。

(2) 政府是矿山环境管理的主体。主要通过环境立法,制订矿山污染排放标准,或确定环境质量的最低允许标准,规定有污染的矿山项目的批准程序。同时通过矿山环保政策影响信贷,新建矿山必须完成环境影响评价,并采用先进的环境保护技术保证达到环保标准,才给予贷款。给矿山环保方面的研发支出给予税收优惠等。例如,阿根廷允许公司提取防止污染和环境退化储备金,最多扣除额是经营成本的5%,可以抵扣当年的应税收入。

（3）矿业公司具有矿山环境管理的自律意识。跨国矿业公司非常重视公司的环保声誉，普华会计事务所对32家跨国矿业公司进行调查，有30家都建立了公司的环境管理系统，与其他经营系统同步运行。许多公司都积极参与了国际环境保护管理标准的ISO14001的认证，要求环境保护和良好的生产运行携手并进，争取成为绿色矿业公司。

（4）行业协会制订环境保护的技术标准和规范。行业协会代表矿业界制订的自律性的技术标准、规范或指南，承诺定期进行审核、修改，要求会员承诺遵守规范、指南，承担义务。例如，澳大利亚矿业协会制订的《澳大利亚矿山环境管理规范》、加拿大矿业协会颁布的环境政策等。

（5）发展中国家小规模采矿的环保问题受到重视。

1.3.1.6 矿业活动与社会发展相协调

矿业是对社会、经济、环境有重要影响的行业，矿山周边的社区将随着矿山开采发生变化，20世纪90年代以来，矿业与社区协调的观念受到广泛关注。在发达国家矿业活动中，如澳大利亚、加拿大、美国，土著人的权利受到广泛关注，在边远地区采矿，首要的是要解决和土著人社区的协调。在发展中国家，社区事件频发，成为矿业项目能否顺利进行的关键。例如在印尼、菲律宾、巴布亚新几内亚都有很多表现，支付土地使用补偿费问题、与民采点的冲突问题、环境保护问题等。由于资源枯竭，引发税收收缩，失业率、贫困率上升，如果这些矿业城镇不能解决可持续发展问题、不能创造新的经济增长点，很多曾经繁荣过的矿业城镇就会消失，矿业活动引发了社区不能持续发展的严重问题。为了推进矿业活动与社区发展相协调，国际矿业的主要动向有以下几点：

（1）对矿业项目的评价，要融入社会评价和可持续评价之中。对矿业项目进行环境影响评价是世界上绝大多数国家的法律要求，环境评价侧重于环境的物理、化学、生物特征。把社会评价融入项目评价，已得到大多数国家的应用。如何减少对传统生活方式的冲击；矿业项目不是短期，而是长期具有正效益；如何在基础设施，教育、医疗方面使社区具有再生能力；如何减少社区环境不可修复的伤害等，都列入了社会评价和可持续发展评价的内容。

（2）矿业利益分配上，要更多地考虑社区的长远利益。例如，调整中央政府和地方政府的税收分配，玻利维亚新矿业法规定，采矿权租金的30%要交给当地的市政当局，有的地方要求矿业公司缴纳附加税，鼓励公司自愿捐款，设立发展基金，投向当地的社会发展，使社区居民受益。

（3）矿业公司的决策要包含社区发展问题。矿业项目的实施，包括土地准入、用水、运输通道、雇工、生活服务，都要与社区打交道，很多问题是复杂而敏感的，随着社区意识的觉醒，矿业项目的社会风险越来越大，矿业项目决策包括如何处理社区问题。社区问题处理影响矿业股的价值。跨国矿业公司把搞好社区关系作为一项公司重要战略和公司文化。矿业项目运行中，要有社区的广泛参与，使社区理解该矿业项目有利于社区的可持续发展。有的公司在矿山设立社区事务部，并拨付资金专门解决社区发展问题，公司在社会责任方面的投资都有较大增长，据统计，公司每8元可支配资金，就有1元投资于社会责任。矿业公司在投资决策时，要考虑社区态度。矿业投资者也把公司在社区方面的协调能力和名声作为投资的依据之一。

1.3.1.7 矿业融资是矿业发展的支柱

矿业是资金密集型行业，为保证企业的发展和经营的需要，矿业企业，特别是跨国矿业公司在国际矿业资本市场融资,更加依赖于国际矿业资本市场是国外矿业发展的一个趋势。矿业的融资方式,依据矿业的不同阶段的不同特点而有所不同。

A 矿产勘查阶段融资

该阶段的特点是融资风险高,资金需求量特别是早期勘查阶段相对较小,勘查成功收益回报率高,可供选择的融资方式相对较少:(1)私募。在起初勘查阶段,依靠个人,基金会或企业的自有资金,针对地质学家的找矿设想,募集少量资金进行勘查,按事先约定分享权益。(2)证券融资。以有一定找矿前景的矿权,经咨询公司认定其找矿价值,按风险资本上市的要求,通过证券市场融资,这是勘查阶段融资的主要方式。(3)合资勘探。出让部分矿权,换取对价的现金,继续进行矿产勘查。可以一直延伸到预可研、可研阶段。

B 矿山开发阶段融资

该阶段是资金需求量最大的阶段,风险程度比勘查阶段有所降低,资金回报率有所下降,可选择的融资方式比较多:(1)证券融资。矿产勘查从风险资本市场"毕业",勘查项目进入可研阶段,有时利用初级勘查公司和跨国矿业公司组成的战略联盟,进行融资。(2)项目融资。它是国际上大型矿业开发项目的一种重要的融资方式,是指以项目本身的财产权益,即大型矿床的矿权价值,作为借款保证责任来融资的。它不需要借款人的资信情况,也不需要政府部门和金融机构的担保,就能筹集到有限追索,以至无追索权的巨额长期信贷资金。贷款是贷给为项目而组成的项目公司,在主办单位体现为表外负债。项目融资的程序及文件准备非常繁杂。(3)出口信贷和设备租赁。矿山开发需要大量设备,形成资产负债表外的贷款。(4)与矿产品挂钩的贷款筹资。用预售产品还贷,按规定的时间、数量提供矿产品。借金还金的黄金矿山筹资方式,也属于这种类型筹资。(5)政府贷款。政府为了鼓励矿业发展提供的低利率、中长期贷款。

C 矿山经营阶段融资

矿山投产进入生产经营期以后,与一般行业的经营无原则差别,经营的资金来自于短期信贷和套头交易。

1.3.2 我国矿业发展对策

结合我国矿业的基本状况和存在的主要问题,国际矿业发展趋势中有许多经验可以借鉴。那种通过高消耗追求经济数量增长和"先污染后治理"的传统发展模式已不再适应当今和未来发展的要求,我国矿业发展必须走可持续发展的道路。为此,国家有关部门和政府、企业都应有所作为。

1.3.2.1 国家有关部门和政府

(1) 加强矿业的产业集中度,发挥矿业的规模优势。提高矿业的产业集中度,有利于提高企业的技术水平和装备水平,从而提高资源的利用程度,减少或避免造成生态环境破坏,可以增强国内矿业在国际上的竞争能力,提高矿业对国民经济发展的保障程度。国家有关部门应在巩固全面整顿和规范矿产资源开发秩序工作取得初步成果的基础上,进一步对不符合产业政策、不符合矿产资源总体规划布局、不符合安全生产条件、浪费破坏资源以及环境污染、造成生态破坏的小型矿山均应依法进行整顿,使我国矿产资源开发步入正常有序的轨道。国家应在资源利用程度、环保要求、安全条件、矿山复垦等方面制订必要的最低标准,严格准入条件。企业不论大小,不论新旧,不论所有制,从事矿业开发都应满足基本准入条件。

(2) 鼓励国内企业走出国门,参与国际竞争。从总量上看,我国是矿产资源大国,但从人均拥有量上看,却是矿产资源穷国。我国矿产资源人均拥有量不到世界平均水平的一半。随着我国经济的快速发展,我国矿产资源的结构性短缺问题日益严重,尤其是对国民经济建设起支撑作用的重要能源和矿产资源的国内供应能力严重不足。为此,在合理开发利用国内资源的同时,应借矿业全球化的东风,实施“走出去”的全球资源战略,积极开发和利用海外矿产资源,建立多元、稳定、安全、经济的矿产资源供应体系,为国民经济持续健康、稳定的发展提供基础保障。

全球资源战略是一项国家战略,需要从国家层面制订一系列配套政策。鼓励、支持有能力、有信誉的国内企业有序的参与国际矿业市场的合作和竞争。一是建议在财税政策和金融方面给予支持,如允许“走出去”的企业在税前抵扣境外发生的风险勘探费用和前期费用,给予在境外进行资源勘探和开发的国内企业优惠的政策性贷款或贴息贷款,设立境外勘探、开发投资风险基金;二是建议国家利用外交和经济、技术合作等手段为国内企业走出国门开发资源开路并提供保障,为跨国矿业投资经营创造良好的市场和政策环境,为投资和经营决策提供充分的信息服务。

(3) 吸引国外有影响的矿业中介机构进入国内,鼓励建设符合国际规范、熟悉国际规则的国内中介机构。矿业是一个专业性非常强的行业,从资源储量评估、矿地产评估到财务报表,都具有极强的专业性,都需要由具有相应资质的专业人员来完成;矿业融资活动,矿业公司合并、收购、资本重组、破产清算等都需要中介机构提供专业服务。我国企业海外上市,必须遵守海外资本市场的游戏规则,这些是我国矿业比较陌生的。而在国际资本市场上,活跃着一大批专门为矿业融资服务的中介机构,让这些机构进入我国进行中介服务,无疑是我国企业海外上市、我国矿业尽快熟悉国际规则的便捷途径。

1.3.2.2 *矿业企业*

(1) 壮大企业规模,提高企业在国际矿业市场的竞争能力。目前我国矿业企业普遍规模过小、缺乏全球竞争力,比较和分析世界发达矿业企业兼并历程及经验,面对矿业经济全球化的现实,我国企业应积极配合和按照国务院关于“全面整顿和规范矿产资源开发秩序”的要求,适时整合、重组。通过产权重组、实现规模经济来提高矿业企业的全球竞争能力,这将有利于我国矿业产业结构的调整、现代化企业的建立和矿业企业科技水平的提高,实现自然资源的合理利用和矿业经济的持续健康发展。

(2) 注重技术升级,走内涵发展的道路。积极研究和引进新技术、新工艺、新设备,用高新技术、适用先进技术改造采选业,提高资源回收率,优化产品结构。以优质产品、优良信誉和优秀服务为基础,形成一批在市场上享有较高知名度,具有较强竞争力的知名矿业企业和名牌矿产品,走出一条科技含量高、经济效益好、资源消耗低、环境污染少、人力资源优势得到充分发挥的新型工业化路子。重点发展方向是:1)地质方面。进一步研究和发展适合中国地质特征的成矿理论,研究和综合运用物探、化探、遥感、地理信息管理评价系统等新手段、新技术,提高找矿的效率。2)采矿方面。研究和采用新工艺、新技术和新设备,努力提高采矿工艺和采矿设备的综合配套,推动采矿各环节的机械化,生产的规模化,在充分利用资源和尽量减少对环境造成破坏和污染的前提下,努力降低生产成本和提高生产效率。3)

选矿方面。选矿技术总的发展方向是大力发展高效节能的选矿设备、高效环保的选矿药剂、高效清洁的选矿工艺和选矿过程的寻优自动控制技术。4)难处理资源利用方面。积极研究和采用非常规的新技术、新工艺和新设备,在确保环保和充分利用资源的前提下,经济合理地开发难处理的矿产资源、低品位资源和二次资源,缓解中国以及企业本身资源不足的矛盾。

(3) 抓好资源储备,保证企业持续稳定发展。资源是矿业企业生存、发展的基础,矿业企业应结合我国地质勘探机制,加强与各类地质勘探公司的合作,尤其注意从草根勘探阶段的介入。找矿工作的重点应是寻找超大型矿床,择优勘查成矿条件优越的成矿重点区带。有望取得重大突破的成矿区带主要包括:西南三江南段、南岭地区、雅鲁藏布江成矿区、天山地区四个地区。加强这四个地区的矿床勘查有望获得重点矿种大型、超大型矿床。近几年,除天山有色金属富集区、三江有色金属矿产富集区外,大小兴安岭有色金属矿产富集区的地质找矿已有大的突破。

(4) 实施"走出去"战略,参与国际矿业市场竞争。由于国际上矿产资源分布的不均匀性,与世界上所有其他国家,尤其是工业发达国家一样,我国既有资源丰富、出口国际市场的矿产品,也有一些资源短缺、需要进口的矿产品;再加上国际矿业市场的日益全球化,为我国的矿业公司提供了参与国际竞争的机会。我国企业在海外投资的办矿模式主要有三种:

1) 独立获得勘探权和开采权开发模式。目前,中国企业对海外资源的开发是以独立获得勘探权和开采权为主。这种方式的特点是投资比较大,需要完全承担经营风险,但可以自主经营,拥有稳定、可靠的资源。这种模式可通过矿业权市场向资源国申请探矿权,获得探矿成果后再申请采矿权,或直接购买探矿权、采矿权获得;也可通过矿业资本市场对目标公司并购或购买股票获得。

2) 联合办矿模式。与对方企业组建合资企业,由我方组织项目建设,产出的产品出口给我国,利用经营收入获利。这种方式由于是合作双方共同经营,风险也由双方共同承担,但对资源占有的稳定性和可靠性不如独立获得采矿权的方式,比较适合规模不大的资源。这种模式也可通过矿业资本市场持股实现。

3) 联合办矿与长期购买组合模式。联合办矿与长期购买组合方式是国际矿业开发采用的一种普遍方式,但受多种因素制约,目前我国企业尚未真正开展。这种开发方式比较适合开发大型资源,由多方共同投资开发,共同承担风险,各方根据投资股份分享产品,也可以优先购买其他合作方的产品。这样,既有相对的可靠性、稳定性,投资也相对比较小,应该成为我国海外资源开发的重要方式。

我国矿业公司实施"走出去"战略需要注意以下几个方面:一是注意国际化的运作经验。我国企业与国际跨国公司相比,有很多不足之处,而最为突出的是国际化运作能力的缺乏。掌握国际上通行的行业规则,按照国际规则行事,就能最大限度地避免出现"水土不服"、"吃哑巴亏"等影响企业发展的现象。二是注意避免我国企业海外恶性竞争。近年来,随着经济全球化步伐的加剧,我国很多企业纷纷开拓海外市场,投资规模在日益扩大。在这一过程中,出现了多家我国企业争夺同一海外项目的现象。为了取得投资的权力,企业之间的竞争更是趋于白热化,结果不但提高了经营成本,企业利润也大幅度缩水。我国企业在海外应该加强合作,发挥资源、技术互补优势,共同盈利才是明智之举。三是注意充分利用政府的指导和政府间合作。要充分利用政府的作用,尤其是对于在非洲投资的矿业公司而言,如果能同政府的对外政策、对外援助、对外合作项目结合起来,就会避免走弯路,项目的取得也相对容易得多。四是注意利用中介公司的作用。中介公司不但能够提供比较周全的中介服务,还能成为企业对外投资的纽带。五是注意掌握好目标国家的相关政策。对于我国企业而言,投资对象、国家的政策、法律法规直接决定投资的可行性,企业要进行深入的研究,预测环境发展的趋势,才能制订出比较可行的投资战略。

(5) 注重产品深加工,提高矿产品的附加值。实现矿产品深加工的纵向一体化和多种矿产经营项目的横向一体化是大多数现代矿业企业集团追求的目标,是实现矿业企业健康快速发展的重要途径。中国矿业企业必须转变经济增长方式,在加快矿业勘探、开发的同时,着力搞好矿产品深加工业,推进矿业产业化,增加产品科技含量,提高产品附加值,改变长期以来靠高能耗和浪费资源来出售原材料和初级产品的状况。

1.4 我国矿产业21世纪展望

矿产资源是人类社会的宝贵财富,是人类发展必不可少的物质基础,对国民经济发展起着重要作用。我国是矿产资源比较丰富和品种齐全的少数几个国家之一。当前,我国92%的一次性能源、80%的工业原料、70%的农业生产资料都是以矿产品为原料提供的。我国已经发展成为世界第三矿业大国,2002年矿业总产值达4542亿元,占全国GDP的4.9%,但是由于技术、装备、管理、效率等方面都不高而非矿业强国。我国已查明的矿产资源总量大,约占世界12%,居世界第3位。其中有20多种矿产探明储量居世界前列。但人均占有量仅为世界平均水平的58%,居世界第53位,只有世界人均量的一半。在现有矿产资源储量中只有63%可以开采利用,仅35%可以采出。因而,实际可利用的资源储量明显不足。

1.4.1 国外资源开发的成功经验

在国际上有很多国家主要依赖开发别国资源而立国与发展。如美国的自然资源十分丰富,但由于经济发展水平高,资源消耗大而对世界资源依赖程度越来越高。从1964年起,美国购买外国原料数量开始超过出口数量,因而美国对资源的保障问题越来越重视,把工业矿物原料保障问题看作是对内对外政策的主要问题之一。又如日本仅是个岛国,国土面积狭小,资源贫乏。自第二次世界大战之后日本根据本国自身特点而选择了“贸易立国”战略,大量进口国外廉价资源或资源性产品,加工或深加工后再销往国际市场,使其经济得到迅速发展。在20世纪80年代后期日本开始实施“海外投资立国”战略,通过资本与技术输出,就地利用当地资源,进一步把本国加工业建到国外原料基地上。美国、日本两个国家经济发展的模式为中国经济的发展提供了宝贵经验。加入WTO之后,我国正式成为全球经济大家庭中的重要成员。经济全球化意味全球资源通过市场调节而实现资源共享,矿产资源也不例外。我国经济发展需要有效地利用国际资源。澳大利亚是一个自然资源十分丰富的国家,由于人口稀少,资源加工和制造业规模小,资源主要供应出口,是世界主要矿产品出口国。它的铁矿、铝矾土和氧化铝在国际市场上占有重要地位。非洲资源也相当丰富,有“世界资源宝库”之称,有17种矿产的储量位居世界首位,如铬、锰、钴、钻石、金、铂、磷酸盐、铝土矿、铀、铜等均为非洲优势资源,其中有些矿产正是我国紧缺矿种。我国与非洲有着悠久的传统友谊,近年来中国积极参与其资源开发和经济建设,对双方都有利。这样做既可以弥补我国部分资源之不足，又可以帮助当地发展经济。此外，南美洲、大洋洲也有丰富的自然资源。以上各国中，有的国家自然资源开发相对落后。

1.4.2 我国资源开发策略

当分析了我国矿产资源近期形势之后，应考虑较为长远的资源开发形势。从长远看，资源开发策略不外乎是利用海洋资源以及二次资源回收利用等几个方面。

1.4.2.1 海洋资源的开发

海洋占地球表面积的71%，约 $3.6\times10^8\ km^2$，拥有 $13.7\times10^8\ km^3$ 的海水，最大海洋深度在菲律宾以东的太平洋马里亚纳海沟，深度11034 m，平均海洋深度约4 km。在海底及海水中，蕴藏着极其丰富的生物资源与矿产资源。我国大陆海岸线总长18000 km，海域面积约 $300\times10^4\ km^2$。调查结果表明，陆地上许多金属矿物和非金属矿物在海洋中均有发现，而且有些矿藏的储量巨大，开发前景非常乐观。我国向阳红5号调查船曾于1976～1978年在3000～5000m海底进行锰结核调查工作；向阳红16号调查船在1983年5～7月对太平洋 $80\times10^4\ km^2$ 海底面积再次调查锰结核状况；1985～1986年对太平洋采用超声波探测技术和海底照相，圈定出数万平方千米的富矿区。在海洋的海水里，含有80多种化学元素，目前人们较为熟悉的有60种，提取这些物质具有重要的现实意义。如海水中含有丰富的黄金，曾有学者在印度洋不同海湾的海水中提取黄金，得出结论：不同海水，含金量不同；目前工艺技术，失大于得。有资料指出海水中有黄金550万吨，尚未包括海底砂金。而自从有人类历史记载以来到2004年年末，全世界共从地壳中挖掘出来的黄金总量刚刚超过15万吨，可见两者的差别多么悬殊。但是，目前的科学技术提取这些黄金意义不大，成本太高，经济上不合算。我国大洋1号科学考察船环球不停靠调查于2005年4月初离开青岛，首次到世界三大洋即太平洋、大西洋与印度洋进行海洋生物与自然资源调查，从此我国迈出海洋大国与开发海洋资源的第一步。海洋中的矿物资源主要有三大类：一是来自海水；二是来自海滩、大陆架和深海海底上未固结的沉积物；三是来自海底基岩内已固结的矿床。海洋中多金属结核含有锰、铁、镍、钴、铜等几十种元素。估计世界海底该类资源量多达3万亿吨，其中太平洋1.7万亿吨。海底锰藏量是陆地的68倍，铜为22倍，镍为274倍，铀为2000倍（高达40亿吨）。世界上已有很多国家从陆上掘竖井开采海洋底的煤炭和铁矿等矿产资源。我国大洋多金属结核开采技术研究始于20世纪80年代，经过20多年的努力，已确定了具有自主知识产权的开采系统方案，完成了部分关键部件与样机的研制，并进行了实验室和湖泊试验。目前正准备在1000 m水深的海洋中试验。但这距实际应用还有很大的距离，因为大洋中多金属结核一般赋存于3500～6000 m的深海中。

1.4.2.2 二次资源综合回收利用

二次资源，是指以资源为原料、燃料的工业企业所排出的具有开发和综合利用价值的固体、液体、气体废弃物等“三废”或废旧金属固体。二次资源回收利用，既可提高矿产资源的利用水平，又可保持环境使人类社会得到可持续发展。目前，全球的钢产量46%以上是通过对废钢的回收冶炼实现的，全球的铜产量有40%也是通过废铜回收冶炼而实现的。

随着我国选冶科学技术的进步，各历史阶段遗留下来的废弃矿石堆和尾矿库等，原先不能回收利用的，现在和将来都可能成为一笔不可低估的资源财富。所有这些废弃矿石堆和尾矿库都可作为人工矿床加以研究、开发和回收综合利用。因而如何使废物资源再利用，并采用新的技术工艺提高其有用成分的利用率就显得十分重要。如在煤矿开采过程中，产生了大量的煤矸石，堆积如山，既占用了大面积有用土地，又造成了严重的环境污染，如果应用高科技对煤矸石进行深加工，生产水泥填料、工程陶瓷（结构陶瓷）、超细高白煅烧高岭土、高分子绿色环保涂料及生产轻质建筑材料等，既可解决煤矸石占地及环境污染，同时又解决了矿山部分人员的再就业问题，具有一定的经济效益和社会效益，可成为煤矿山的新兴产业和危机矿山的替代产业。

1.4.2.3 代用材料的开发

人类会在资源消耗殆尽之前想方设法寻找代用材料以取代矿物资源，比如煤、石油、天然气等可燃性资源，可能开发海底的贮藏丰富的可燃冰或用太阳能来代替；又如目前世界上主要以煤为原料所发的电力占很大比重，而到21世纪50年代核能发电可占25%，并且可以利用水力、风力、海潮、地热、太阳能、热核聚变等能量来发电；其他金属材料可以用聚合材料或合成材料代替等。总之，在矿产资源消耗殆尽之前人类总会找到最佳且经济的替代办法。21世纪人类社会将参与人造太阳的研制，我国也是人造太阳工程研制国家之一，未来人类肯定能寻找到清洁无污染的能源，并取代现有污染极大的能源。

我国矿产资源非常丰富，门类齐全，占世界总量12%。近期内国内资源可满足国民经济发展的需要。预计2020年后，除开发国内资源外，还应该加大固体二次资源利用，主要依靠国外资源来满足社会发展的需要。预计2040年至21世纪下半叶，我国资源问题的解决办法有：一是增加地质勘探投入，在国内外寻找新矿点，开发目前没有找到的新矿产资源。我国煤炭、石油、天然气、金矿等已探明的资源量仅为预测值的1/4～1/5，非金属矿产资源潜力则更巨大；二是提高已有矿产资源综合利用效率，包括各种伴生金属和非金属以及大量尾矿资源的综合利用效率；三是向国外发达国家学习，加大二次固体资源利用力度；四是加强矿产资源的基础研究，与国外合作开发海洋矿产资源；五是投入巨资开发和研究代用材料及开发代用新资源；六是未来可能还会充分开发和利用地球以外的宇宙资源。人类社会是不断向前发展的，资源利用问题将会随着社会向前发展更加为人类所重视，到时人们会在自然界中找到更加经济合理的解决办法。

思考题

1. 矿产资源的自然属性有哪些？
2. 矿业经济与一般技术经济相比有哪些特殊性？
3. 矿业企业管理经济学研究方法有哪些，试作简要介绍。
4. 矿业企业管理经济学所采用的分析方法有哪些，试作简要介绍。
5. 借鉴国际矿业发展趋势的经验，中国矿业发展应该有哪些对策？

2　矿业企业管理

2.1　矿业企业特点

严格地说，矿山企业的生产没有原材料，只有辅助材料。它的原料是亿万年前形成的、形态和性质各异的自然矿物。矿山企业是通过开采或采选手段开发矿产资源，经营矿产品，以取得合法收益的工业企业。它是自主经营、自负盈亏、独立经济核算、具有法人资格的盈利性经济组织。

现代矿山企业是以现代化生产技术为基础进行生产的企业，它不同以往的简单手工业生产。现代矿山企业采用大量机器，系统地将科学知识应用于生产。在企业内部按照生产程序和机器生产特点进行细致的分工协作，生产过程有高度的比例性和连续性，企业与企业之间也有着广泛的联系和协作关系。

马克思在《剩余价值学说史》中把采掘工业同农业、加工工业和运输业并列为四个社会生产部门，矿山企业承担着组织生产要素，并使之转化为生产力，然后通过交换其产品获得经济利益，以达到维持再生产或获得盈利的目的。同其他企业一样，矿山企业是具有法人资格的组织。所谓法人，就是依照法定程序成立的组织，它必须有一定的组织机构和独立的财产，能以自己的名义进行民事活动、享有民事权利和承担民事义务。

矿山企业除了具有一般企业的特点外，它还具有生产和经营的特点：

（1）矿产资源不可再生性。矿产资源是漫长的地质年代中形成的，属于不可再生资源。因此，在进行矿山资源开发时，必须采取保护的方针，合理利用矿产资源，提高矿产的回收率。如果回收率不高，丢弃在地下的部分资源将成为永久损失。丢失矿产资源对企业来说，就等于投入的地质勘探费用、矿井设计和矿井建设费用、采矿准备费用没有得到应有的收益；对于煤炭资源和含硫成分高的其他矿产资源来说，回收率低和回采时造成矿体的破坏，以及散落的粉矿可能会造成矿井火灾；从生产管理来说，回采率低会造成采掘比例失调，生产量下降，矿井服务年限缩短和矿井提前闭坑。因此，矿产资源的丢失又会额外加重国家对矿产资源开发的基本建设投资数额，影响国民经济发展。

（2）矿山企业生产建设和生产准备工作量大、周期长。对于我国金属矿山而言，从勘探到建成一个大型矿山至少要15年时间、中型矿山要10年、小型矿山要5年，而且这必须是在从勘探到建成一个矿山全部过程顺利的基础上。然而，实际上从勘探到建成一个矿山的过程中，总会遇到各种原因拖延时间。实际上，我国金属矿山的建设周期，大型矿山约为25年、中型矿山18年、小型矿山9年。从生产矿山来说，除生产探矿以外，生产过程分为开拓、采准和切割，最后才是回采矿石，无论是金属矿山还是煤矿，这个过程要3～5年。这就是说，当前采出的矿石，是在3～5年以前就开始做准备工作的。为了有秩序地稳定生产，矿山生产必须保证前述各生产步骤所需要的时间。

(3) 矿山企业生产的采掘工作面不断移动,管理工作和技术工作都比较复杂。矿井生产工作主要是掘进巷道和回采矿石,它们都是按照一定的工序循环作业,每完成一个工作循环,工作面就前进一步。由于掘进和回采的矿层或岩层的赋存状况经常变化,对于不同情况都要提供施工单体设计和管理措施,才能保证生产安全和正常进行生产。

(4) 矿山企业大多是地下作业,生产安全问题突出。矿井灾害和不安全因素主要指突然涌水,瓦斯突出、瓦斯和矿尘爆炸、火灾,地压造成的片帮、冒顶,矿井阴暗潮湿和因通风困难造成空气污浊,以及矿井内使用多种机电设备,因工作场所狭窄易引发不安全事故等。因此,矿山企业的安全措施、安全教育、劳动保护、职业病防治等工作十分重要。

(5) 矿山企业为保证稳步生产,必须有秩序地安排生产探矿、开拓、采准、切割和回采等主要工作。而这几项工作往往分散在几个不同的阶段,相距甚远,与其配合的辅助工作则有运输、提升、通风、排水、井巷支护等工作,以及地表的辅助车间的工作等。从地下到地表,生产线布局分散,工作的协调与管理都很复杂。

(6) 一般企业生产使用的材料的全部或部分转变成产品,这部分材料称为主要材料。如制造机器使用的钢材变成机器的零部件。生产中使用的另外一些材料被消耗掉,但其原物不转变为产品,这部分材料称为辅助材料,如生产中使用的机油、润滑剂等。矿山企业的产品是矿石或其深加工产品,因此,矿山企业生产不消耗主要材料。矿山企业生产过程使用的雷管、炸药、钢材、木材等,最终不构成产品实物,所以它仅为辅助材料。因此,矿山企业成本核算中没有主要材料一项,只有辅助材料、动力燃料费用和工资等。

2.2　矿业企业计划与组织管理

2.2.1　矿业企业计划

2.2.1.1　计划工作的任务

计划是需要一定的组织去执行的。计划工作的任务,就是根据社会的需要以及组织自身的能力,确定组织在一定时期内的奋斗目标;通过计划的编制、执行和检查,协调和合理安排组织中各方面的经营管理活动,有效地利用组织的人力、物力和财力等资源,取得最佳的经济效益和社会效益。计划工作的一个重要任务就是在充分利用机会的同时,使风险降到最低限度。

计划的任务和内容可以概括为六个方面,一般简称为"5W1H"。其具体含义如下:

(1) 做什么(what),要明确计划工作的具体任务和要求,明确每个时期的中心任务和工作重点。

(2) 为什么做(why),要明确为什么要这样做。即明确计划工作的宗旨、目标和战略,并论证其可行性。实践证明人们对道理理解得越深刻,就越会在计划工作中充分发挥其主动性和创造性。

(3) 何时做(when),规定计划中各项工作的开始和完成的进度,以便施行有效的控制、对能力及资源进行平衡。

(4) 何地做(where),规定计划实施的地点或场所,了解计划实施的环境条件和限制,以便合理安排计划实施的空间组织和布局。

(5) 谁去做(who),计划不仅要明确规定目标、任务、地点和进度,还应规定由哪个主管部门负责。

(6) 怎么做(how),计划要给出如何实施的具体方案,达到其可行性。

2.2.1.2 矿山管理计划

矿山企业管理计划是为了实现矿山企业发展的长远目标与近期目标编制的计划,以及实施方针、策略、手段、标准和检查、考核的方法、方式。

现代化矿山,生产过程环节较多,往往一个矿山同时有生产探矿任务、回采任务、矿产品加工、销售任务和矿山环境保护等任务,附属车间多,生产线长。因此制定一个周密的矿山管理计划是十分必要的。

根据矿山的生产特点,从开采的先后顺序,可分为开拓、采准、切割和回采四个生产环节。这四个环节在时间上可能有3~5年的间距,在空间上又分布在矿井的不同深度,配合生产矿石的各环节还有矿井运输、提升、通风、排水、地压管理和动力供应等工作环节。没有一个统一的计划就不能保证各环节、各项作业之间的平衡。同时,计划又是保证生产、节约消耗和提高企业经济效益所不可缺少的措施。矿山企业计划根据企业所确定的生产任务编制生产和销售计划,确定各生产环节的生产进度并与销售平衡。矿山企业计划还必须保证对矿产资源的合理开发利用,实现最好的经济效益。

为达到上述目的,矿山企业计划必须注意下列原则:

(1) 计划有明确的方向和统一性。矿山企业计划是为了完成矿山企业合理采掘与经营目标制定的。计划的统一性表现在短期计划与长期计划的统一,矿山企业的各个局部计划与企业整体计划的统一性。

(2) 计划应具备科学性。矿山企业计划的科学性在于按照采掘技术特点和矿山地质特点制定合理的生产计划,技术上要切实可行;销售计划则根据市场需求决定产销必须平衡。

(3) 计划要瞻前顾后。现代矿山建设都要经过可行性论证,因此,投入生产的矿山,对矿山存在的全部期间已经有一个基本了解,矿山制定的长期与年度计划必须考虑矿山当前与发展中可能遇到的问题,要通盘考虑,适当安排。如矿井产量变动与矿井服务年限的延长或提前闭坑的问题、前期剥离与采矿发展的问题、回采矿柱与处理采空区的问题、超前准备与维持三级矿量问题等,均应有长期规划。

(4) 计划要积极可靠,又应有长期规划。

(5) 计划有弹性,具有应变能力。计划都是在预测未来的基础上制定的。但是,再好的预测,仍然会有不可避免的事故发生,因此,制订计划时就应当考虑几套方案以应付意外,使意外事件给企业带来的损失变得最小。

(6) 长期计划重要的是预见性,近期计划重要的是详细到可操作程度。即进度安排与实施人都落实,资源地点有保证,实施时间与工艺方法、产量与产品质量、检查验收都有指标。

2.2.1.3 矿山企业三级储量管理

矿山管理计划中最重要的是采掘平衡,也就是保持三级储量在时间和空间上能够满足设计产量,并能达到均衡、稳定生产的要求。

A 三级储量的含义及指标

(1) 开拓储量。在一套生产系统开采范围内,已完成的主井、副井、风井、井底车场、主要联络巷、集中运输大巷(或主要运输巷)、主要硐室、集中水仓等主要开拓井巷所控制的储量,减去开采损失及呆滞储量后的储量称为开拓储量。开拓储量的保有期要求2~5年,其计算公式为:

$$N_K = Q_K / Q \qquad (2-1)$$

式中 Q_K——开拓储量;

Q——矿井设计年产量;

N_K——开拓量的保有期,年。

(2) 采准储量。在开拓储量范围内,已完成的采面运输巷、回风巷等巷道所控制的储量,减去开采损失及呆滞储量后的储量称为采准储量。采准储量的保有期要求1年左右,其计算公式为:

$$N_Z = Q_Z / Q \qquad (2-2)$$

式中 Q_Z——准备储量;

N_Z——准备储量的保有期,年。

(3) 备采储量。在采准储量范围内,已完成采面端部切眼、中间运输巷,采面设备安装已完成,可随时进行回采生产的储量称为备采储量。备采储量的保有期要求4~6年,其计算公式为:

$$N_h = 12 Q_h / Q \qquad (2-3)$$

式中 Q_h——回采储量;

N_h——回采储量的保有期,年。

上述三级储量中,开拓储量包括采准储量和备采储量,采准储量包括备采储量。

B 三级储量的控制方法

三级储量的平衡对于基建矿井来说,是一个静态指标,在基建竣工验收前只要保持三级储量满足要求即可。但对于生产矿井来说,三级储量的平衡则是一个动态的滚动指标,它是在每年的生产活动中不断修正、不断补充的过程。生产矿井三级储量的平衡往往是通过每年年底安排第二年的生产计划时,通过年度采掘技术计划来对三级储量平衡作出安排。在年度采掘技术计划中,首先必须确定一些基本的生产技术指标,如年度产量、工作天数、采面生产能力、掘进台班效率、工班效率等。根据这些指标,再确定在满足年度产量和保持三级储量平衡的情况下,需要安排同时作业的采面数量和掘进工作面数量,在产量、数量平衡的同时,还要考虑作业地点在时间和空间上能够衔接,在通风、运输等生产环节上不产生矛盾。最后还要把年度采掘工程的布置反映到有关图纸上,作为年度生产的指导性图纸。在生产过程中,可能还会遇到一些变化,如煤矿厂的煤层变薄、尖灭、掘进遇断层等情况,还需要根据实际情况对计划进行适当的调整和补充。年度采掘计划不但要保持当年生产过程中三级储量平衡,还要保持当年末三级储量平衡。

2.2.1.4 编制矿山企业计划的基本方法

编制企业计划的方法有综合平衡法、投入生产法、选择最优的计划决策法等,矿山企业一般常用综合平衡法和选择最优法。企业各部门之间,生产的各个环节之间,都存在关系,它们相互联系、相互制约。在一定的技术条件下,它们之间表现为数量、质量、时间等方面形成的比例关系,遵循这些比例关系,才能使企业经营生产收到良好的经济效果。企业计划工作的任务就是,一方面根据生产发展的需要,使企业各部门、各个环节保持一定的比例关系,求得相对的平衡;另一方面又要根据生产的发展出现不平衡情况,积极地去组织新的平衡。

根据矿山企业的特点,主要有以下几个方面的平衡:

(1) 社会需要与生产能力的平衡,在市场经济条件下,矿山企业独立经营,在确定产量计划时,受市场需求与生产能力影响。市场需求决定销售量,而企业所能提供的产品量又受矿山生产能力限制。矿山企业的生产能力受多种条件限制,短期内增加产量的幅度一般不大。矿山的生产能力主要是根据矿井的生产能力决定的,矿井的生产能力分为设计能力和核定能力,在制订计划时,因为生产实际情况的变化,所以不能用设计能力来作为制定矿井生产计划的依据,而只能用实际核查的能力来制订生产计划。

(2) 生产与基础建设的平衡,矿山企业生产与加工工业不同,当矿体开采完毕后就必须进行新的基础建设,为了使矿山持续而稳定的生产,必须不断地进行新的基本建设,直到所有矿体被采完。这就需要调节生产和基建的关系,做好人力、物力、财力之间的平衡,既保证生产又考虑发展生产。

(3) 采掘平衡,采掘平衡的目的是为了使回采和掘进保持适当的比例关系,巷道如果掘进得过早过多,不但投资过早,而且会增加巷道维护费用,加大成本开支;过慢则会造成采掘紧张,保证不了回采工作的正常进行,甚至会造成无矿可采的被动局面。因此采掘之间必须要保持一定的比例关系。

2.2.1.5 矿山企业年度计划的编制

年度计划以生产计划为中心,它包括基建计划、地质勘探计划以及相应的物资供应计划、劳动工资计划、成本计划、财务计划和技术措施等。它一般是在生产矿长或总工程师的领导下,组织各有关科室职能人员和生产基层的领导干部参加,组成编制计划小组进行工作。年度计划的一般编制流程见图 2-1。

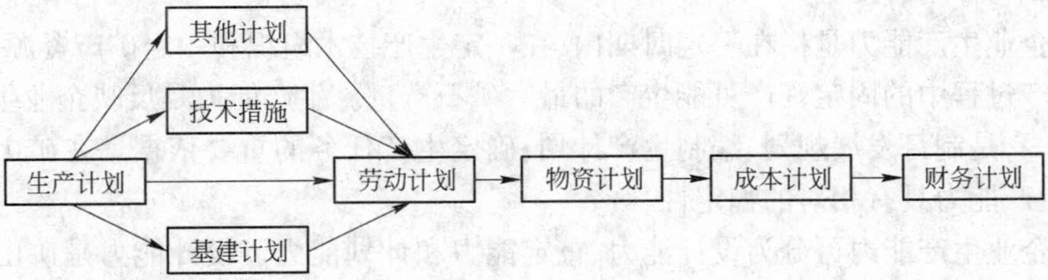

图 2-1 矿山企业年度计划编制流程

从图 2-1 可以看出,要想编制好生产计划,核查矿井的实际生产能力是必不可少的步骤。矿井的生产能力的核查主要包括回采、掘进、运输、提升、通风、排水、压气供应、电力供应和选矿厂的处理能力。

矿山企业生产计划规定着企业计划年度应生产的矿产品品种、质量、产量、产值、出产期及有效利用资源等任务。它是年度生产经营计划的主体,是编制采掘计划、物质供应计划、劳动工资计划、成本计划等专业计划的依据。生产计划是根据销售计划、生产能力和矿产资源条件编制的,它对保证满足社会需要、完成销售计划、提高经济效益、实现企业经营目标具有非常重要的作用。

A 矿山企业生产计划的主要内容

矿山企业生产计划一般由文字说明、计划表格和计划图纸组成。

（1）文字说明一般包括编制生产计划的指导思想、原则、依据，上期计划执行情况分析，计划年度生产经营形势分析、计划任务与主要措施等。

（2）计划表格主要内容如下：1）计划汇总表。主要包括总产值、商品产值、原矿产量、精矿产量、采掘总量等。2）地质储量及三级矿量保有计划表。主要包括按阶段计算的设计开采范围内的远景储量与工业储量、品位及三级矿量保有量、保有期等。3）地下（露天）采出矿量计划表。主要包括全矿出矿总量（包括采准切割出矿量）及季度出矿量、按部位分配的每个矿块出矿量、季度出产量及年末剩余矿量、回采率等。4）地下掘进计划表。主要包括掘进总量，按部位分配的各类掘进工程的断面，掘进量及季度进度等。5）地下中深孔计划表。主要包括中深孔总量、按部位确定的各类中深孔总量及季度安排。6）矿石质量计划。主要包括地质品位、原矿品位、贫化率、质量中和品位，按部位、季度安排的配矿出产量。该计划表也可与采出矿量计划表合并为采出矿量、质量计划表。7）主要设备开动计划表。主要包括主要生产设备的在册台数，全年开动台数及季度开动台数等。8）能源消耗计划表。主要包括计划年度为完成生产任务所需要的电力、煤炭、汽油、柴油等能源消耗量及折成标准煤的能源总耗量。9）劳动力计划表。主要包括计划年度生产过程各环节的劳动力定编数。10）主要采掘技术经济指标。主要包括劳动生产率、采掘工效、回采率、贫化率、采出矿石品位、采矿强度、主要设备的作业率和生产效率、主要能源和主要物资消耗定额、生产工人出勤率、千人负伤率、井下粉尘合格率等。除以上内容外，还有选矿生产计划表、采选平衡表、重点工程计划表、技术组织措施计划表等。由于各矿山生产特点不同，计划表格的数量和内容也不完全相同。

（3）计划图纸主要有以下几类：1）分阶段的采掘工程计划布置图；2）有代表性的纵、横地质剖面图；3）矿区总平面布置图；4）坑内外对照图；5）开拓、通风、供风、给排水系统图等。

B 生产能力确定

矿山企业生产能力是指在一定时期内、在一定生产技术组织和一定矿产资源条件下，直接参与生产过程中的固定资产可能生产的最大矿石产量。生产能力是反映企业生产可能性的指标之一，是制订发展规划、编制生产计划、确定生产任务的重要依据。在矿山正常服务年限内，生产能力具有相对的稳定性。

矿山企业生产能力可分为设计能力、查定能力和计划能力。设计能力是矿山设计文件中所规定的生产能力，它是按照设计文件中所规定的产品方案、技术装备和各种设计数据来计算确定的，矿山建成投产后一般要经过一段时间的运行才能达到设计能力。查定能力是指由于矿产资源、开采技术条件和技术组织条件的变化，矿山实际拥有的生产能力已超过或无法达到设计能力时，由企业重新调查核定并经主管部门批准或认定的生产能力。计划生产能力也称现实能力，是指企业在计划年度内实际可能达到的生产能力，是根据矿山企业现有生产条件并考虑到计划年度内能够实现的各种技术组织措施效果来确定的，是确定生产指标、编制年（季）度生产计划的依据。

矿山企业生产能力主要由矿产资源条件、用于生产的设备数量（包括在用、在修、在安装、待修和暂停使用的设备）、设备有效工作时间和设备效率等因素所决定。确定计划生产能力是编制生产计划的准备工作之一，它是在核定生产过程各环节生产能力的基础上，对采掘（剥）、提升与运输、选矿等主要生产环节的生产能力，经过积极综合平衡后，以最薄弱生产环节的生产能力为依据而确定的。

(1) 露天矿山采剥生产能力。

$$露天矿山年采矿生产能力=设备平均台班生产能力\times\frac{年采矿工作线总长度}{单台设备所需工作线长度}\times 日工作班数\times年有效工作天数 \quad (2-4)$$

$$露天矿山年剥岩生产能力=剥岩设备平均台班生产能力\times\frac{年剥岩工作线总长度}{单台设备所需工作线长度}\times 日工作班数\times年有效工作天数 \quad (2-5)$$

$$露天采剥能力=年采矿生产能力\times(1+生产剥采比) \quad (2-6)$$

(2) 地下矿山采掘生产能力。

$$地下矿山采掘生产能力=(同时生产的矿块数\times矿块日平均生产能力+同时掘进工作面数\times 单个掘进工作面日平均生产能力)\times年有效工作天数$$

矿块日平均生产能力因采矿方法不同而有不同的计算方法,一般可按同时工作的凿岩设备台数或出矿设备台数计算:

$$矿块日平均生产能力=同时工作的凿岩设备台数\times凿岩设备平均台班效率\times 每一米炮孔崩矿量\times日工作班数 \quad (2-7)$$

$$单个掘进工作面日平均生产能力=掘进断面中矿层面积\times掘进日进度\times 矿石密度\times\frac{矿石回收率}{1-贫化率} \quad (2-8)$$

(3) 其他环节生产能力。除核定上述生产能力外,还应核定提升、运输、供气、排水、通风、选矿等生产环节的生产能力。各环节生产能力核定后,将核定结果汇总成表(表2-1),经过积极平衡并对薄弱环节采取有效措施后,以最薄弱环节的能力作为矿山现实能力。

表2-1 各生产环节核定结果

生产环节	环节生产能力		
	日生产能力/t	年生产能力/万吨	采取措施后生产能力/万吨
压气			
采掘			
井下运输			
通风			
选矿			
矿井提升			
矿井计划生产能力			

为使矿山生产能力同生产任务相适应,并注意留有适当余地,矿山计划年产量可按式(2-9)计算:

$$矿山计划年度产量=计划生产能力\div生产能力备用系数 \quad (2-9)$$

生产能力备用系数为1~1.15,该系数的倒数即为生产能力综合利用系数:

$$生产能力综合利用系数=计划(或实际)年产量\div生产能力 \quad (2-10)$$

C 编制生产计划的准备工作

调查研究,收集、整理、分析资料,做好编制正式计划前的充分准备,是编制生产计划的

第一个环节。除做好组织准备工作外,应做好以下主要工作:

(1) 社会需求资料、市场调查和预测资料、上期合同执行情况、上期设备订货和供货情况。

(2) 计划期矿产品销售量、期末期初矿产品结存量。

(3) 计划范围内详细地质资料、矿山工程进度实测图、采准设计图、采矿方法设计图等。

(4) 厂内价格目录及编制生产计划所需要的各种定额资料和技术经济指标。

(5) 能源及主要物资供应资料,计划年度采用新工艺、新技术的可能性,计划生产能力等。

(6) 预计上期计划完成情况并在图纸上标出上期期末矿山工程的预计位置。

(7) 分析上期生产状况,找出问题,总结经验,制定措施。

(8) 分析上期的重大事故,提出计划期应采取的措施。

(9) 分析内部承包经济责任制运行情况,提出完善措施。

(10) 产量指标换算。当矿山企业的产品产量指标不是用矿石产量而是用精矿产量表示时,应进行产量指标换算。

D 露天矿采剥计划编制

a 剥岩计划

(1) 根据矿石产量确定年计划剥岩量。

$$年计划剥岩量 = 年矿石产量 \times 生产剥采比 \tag{2-11}$$

(2) 确定剥岩设备数量。

$$年剥岩设备需要量 = 年计划剥岩量 \div 剥岩设备平均效率 \tag{2-12}$$

(3) 安排剥岩部位。根据计划期采矿范围、剥岩量和有关技术要求,安排剥岩设备工作部位及各季剥岩量,并根据上期期末剥岩工作线位置在分层平面图上标出计划期各季末剥岩工作线位置。

(4) 确定排土设备数量。

$$年排土设备需要量 = \frac{年计划剥岩量}{排土运输设备效率} \tag{2-13}$$

b 采矿计划

(1) 确定采矿设备数量。

$$年采矿设备需要量 = \frac{年矿石产量}{采矿设备平均效率} \tag{2-14}$$

(2) 安排采矿部位。根据矿石质量计划及其他技术要求,安排采矿设备工作部位及各季采矿量,并根据上期期末采矿工作线位置在分层平面图上标出计划期各季末采矿工作线位置。

(3) 确定矿石运输设备数量。

$$年矿石运输设备需要量 = \frac{年矿石产量}{运输设备效率} \tag{2-15}$$

c 新水平准备计划

为保证阶段生产在时间和空间上的正常接替,应编制新水平准备计划。可利用横道图法确定新水平准备和阶段生产接替方案。准备工程的矿石量和岩土量应分别汇入年矿石产量和年计划剥岩量中。

d 钻孔计划

(1) 确定钻孔总长度。

$$\text{年钻孔总长度} = \frac{\text{年矿石产量}}{\text{每米孔崩矿量}} + \frac{\text{年计划剥岩量}}{\text{每米孔崩岩量}} + \text{其他钻孔长度} \tag{2-16}$$

(2) 确定钻孔设备数量。

$$\text{年钻孔设备需要量} = \frac{\text{年钻孔总长度}}{\text{钻孔设备平均效率}} \tag{2-17}$$

(3) 安排工作部位。根据采矿、剥岩及其他工程计划及有关技术要求,安排钻孔设备工作部位。

E 地下矿采掘计划编制

a 回采计划

(1) 确定矿块日平均产量。矿块日产量取决于采矿方法、设备效率等因素。矿块日产量可按设备台班效率计算,也可按回采工作循环进度确定。按循环进度确定矿块日产量公式如下:

$$A_{\mathrm{d}} = \frac{LMSn\rho K}{1-\zeta} \tag{2-18}$$

式中 A_{d}——矿块日产量,t/d;

L——矿块长度,m;

M——矿块厚度,m;

S——回采工作面每循环进度,m;

n——回采工作面日循环次数,次/d;

ρ——矿石密度,t/m^3;

K——矿石回收率,%;

ζ——矿石贫化率,%。

(2) 确定同时回采矿块数。

$$N = \frac{A_{\mathrm{K}}(1-K_{\mathrm{j}})}{A_{\mathrm{d}}T} \tag{2-19}$$

式中 N——同时回采矿块数,个;

A_{K}——年矿石产量,t/a;

K_{j}——掘进出矿量占年矿石产量比例,%;

T——年计划天数,d。

(3) 配备设备。

$$\text{单个矿块设备需要量} = \frac{A_{\mathrm{d}}}{\text{设备平均效率} \times \text{日工作班数}} \tag{2-20}$$

(4) 矿块生产接替。矿块生产接替是指为保证矿山持续、均衡生产,一个矿块回采结束后新矿块应及时投入生产。确定矿块接替方案是编制回采计划的重要内容,也是编制掘进计划的依据。每个矿块回采天数按式(2-21)计算:

$$\text{矿块计划回采天数} = \frac{\text{矿块剩余矿量} \times \text{矿石回收率}}{\text{矿块日产量} \times (1-\text{贫化率})} \tag{2-21}$$

矿块接替时间应计算到月、日，制订矿块接替方案时应考虑矿石质量计划的要求。接替方案可用横道图或表格表示。根据计划期初采矿工作面位置和确定的接替方案，在矿床纵剖面图和采掘工作平面图上标出计划期各季末采矿工作面位置。

(5) 矿石质量计划。矿石品位和地质条件在矿体的不同部位是变化的，为保证入选矿石品位稳定，保证向用户提供合格产品，必须编制矿块出矿质量计划，必要时应编制配矿计划。

计算消耗的采准矿量：

$$某矿块采准矿量消耗 = \frac{矿块出矿量 \times (1 - 贫化率)}{回采率} \tag{2-22}$$

计算矿块出矿品位：

$$某矿块出矿品位 = 某矿块地质品位 \times (1 - 贫化率) \tag{2-23}$$

计算年平均出矿品位：

$$年平均出矿品位 = \frac{\sum(各矿块出矿量 \times 各矿块出矿品位)}{\sum 各矿块出矿量} \tag{2-24}$$

根据进行矿石品位平衡，安排不同品位矿块的出矿量。

(6) 根据以上计算和掘进计划出矿量，编制采出矿量、质量计划表。

b 地下中深孔计划

中深孔计划是根据出矿量计划、炮孔布置图、钻机效率等编制的。它是按中深孔类别分别计算各矿块季、年钻孔量，然后汇总成矿山年度中深孔计划。

c 掘进计划编制

掘进计划的主要依据是回采计划及计划期初三级矿量保有量、保有期等。

(1) 确定年掘进总量。根据年度矿块接替方案确定计划期应投产的矿块、备用矿块、下年度初将要投产矿块的各类采准工程量。根据三级矿量等要求，由计划期补掘的上期欠掘工程量、新水平准备、硐室及技术改造工程等所需要的各类井巷掘进量。

(2) 安排掘进部位。首先要保证矿块生产接替方案的实现。根据矿块时间上接续关系、采准工作量、采准超前时间要求及掘进效率，确定掘进顺序、同时掘进工作面数，配备设备，确定各季掘进工作，并在采掘工作平面图上根据上期期末掘进工作面位置标出计划期各季末掘进工作面的位置。其次要保持合理三级矿量占有量为下两年生产创造条件，要按季安排好补掘工程和新水平准备工程。掘进出矿量应按季、矿块汇入矿山采出矿量、质量计划中。

(3) 支护计划。根据矿山具体情况决定是否编制支护计划，其主要内容是依据掘进计划安排季、坪的支护工作量和井巷维护工作量。

(4) 编制掘进计划、支护计划表。

F 地质储量及三级矿量保有计划编制

矿山地质储量是指矿山法定开采范围内具有工业价值的矿石（或有用矿物）量或金属量。它是矿山企业编制长远计划、年度计划和基本建设计划的重要依据。矿山地质储量随矿山生产的不断进行被逐渐消耗掉，也可能随生产和生产勘探工作的进行在一定时期、一定范围内增加部分储量。地质储量的动态变化关系到矿山企业的服务年限，影响着企业生产能力和生产安排。三级矿量是研究采掘关系的重要依据，保持合理“三量”是矿山企业持续、稳定生产的重要保证,是衡量矿山企业工作质量的重要指标。加强地质储量和“三量”的动态管理,有利于资源的合理开发,减少资源损失,有利于提高企业经济效益和社会效益。

(1) 计算计划期消耗的地质储量。

$$\text{计划期消耗的地质储量} = \text{计划期总出矿量} \times \frac{1 - \text{贫化率}}{\text{回采率}} \tag{2-25}$$

(2) 计算计划期保有地质储量。

$$\text{计划期保有地质储量} = \text{上期期末保有地质储量} - \text{计划期消耗地质储量} + \text{计划期新增地质储量} \tag{2-26}$$

(3) 计算上期期末三级矿量保有量和保有期计划期新增地质储量。根据上期期末采掘(剥)工作面位置和开拓工程、采准工程位置,按规定的“三量”划分标准和保有期。计算上期期末“三量”保有量和保有期。

(4) 确定计划期末“三量”保有量和保有期。根据计划期末采掘(剥)工作面位置及有关因素和规定,计算计划期末“三量”保有量和保有期。计划期末矿量保有量和保有期,反映了计划期应完成的生产任务、采掘关系和为下年度生产的准备程度。

2.2.1.6 年度计划完成情况的检查与分析

编制计划,仅仅是矿山计划工作的开始,更重要的是积极组织实施计划,使计划真正能够指导企业的生产经营活动,保证计划任务的顺利完成,提高企业的经济效益、社会效益。因此,企业必须通过定期的分析,检查计划完成的情况。

检查矿山企业年度计划完成情况的目的任务是:

(1) 通过对计划执行情况进行检查、分析,可以及时地发现在计划执行过程中的新问题,找出完成计划与未完成计划的原因。

(2) 总结经验,挖掘潜力,促进企业提高经济效益。作为企业,不仅要全面完成计划,而且要对企业生产经营活动作出评价,不断总结经验、挖掘潜力、提高经济效益。为此,企业计划执行情况的分析,不仅是实际与计划相对比,而且还要与国内先进水平对比、与世界先进水平对比,找差距、挖掘潜力,使各项技术经济指标达到同行业的最高水平。

计划完成情况分析的方法主要有以下三种方法:

(1) 指标对比法。指标对比法是指用实际完成指标与相应的计划指标进行对比,比较结果反映相比指标间的数量关系,可为实际达到的指标进行一般的评价,为进一步分析明确方向。指标对比的方法有三种:1)差额法。差额法揭晓相比指标的绝对差值。实际完成指标减去计划完成指标等于差额,这种方法多用于检查计划完成数,这是分析工作的首要任务,也是进一步分析的基础。2)相对值法。比较相比指标数量比例关系采用相对值法,也称为计划完成百分数,表示计划的完成程度。3)指数法。指数法反映计划或实际完成指标的相对比例关系。说明不同时期指标变化的动态,采用指数法。

(2) 图示法。分析生产均衡多采用图示法。图示法是将各种指标的计划数与实际数绘成图,以反映计划完成情况。这种方法的特点是简明易懂。

(3) 因素分析法。因素分析法是从不同角度分析各种因素的影响,找出影响因素和影响结果。不同的指标有不同的影响因素。以被比较的指标为基础,用各个因素的实际数,来计算各个因素变化的程度。

2.2.2 矿业企业组织管理的形式与原则

组织是管理过程基本职能之一。组织也可以理解为职位结构的设置,而被结合于机构中的成员,则必须承认组织所欲达到的目标,在自己的岗位上为其贡献力量与智慧,为达到共同的目标,行使组织给予的权力,完成组织所赋予的任务。

矿山企业组织是为了达到矿山生产经营目标,把矿山企业职工按合理分工原则和分工层次,确定领导与被领导的职权与责任,充分利用人力资源与智力资源所组成的机构。

矿山企业组织形式应与企业规模、生产技术特点和管理水平相适应。根据我国改革管理体制和市场趋向,矿山企业组织应力求精简,大型矿山企业能引发新兴城市,但应当避免矿山办城市的现象,否则,会使企业负担太重,难以适应企业内外环境的变迁。

按我国现在国有大中型矿山企业来说,一般是在矿长之下设生产技术部门,由生产副矿长或总工程师负责;设经营部门,由经营副矿长或总会计师负责;设人事福利部门,由人事副矿长负责。此外,还设有基本建设、计划、矿长办公室等部门,处理日常事务。

确定企业组织形式,除应考虑企业规模、发展速度、生产经营管理水平、企业素质和应变能力等企业本身的条件外,还应考虑社会分工的广度与深度,以及社会上政治、经济条件等外部条件的变化。企业组织形式会涉及企业能否充分利用社会技术与管理先进成果,提高企业素质,将企业实力与市场需求密切结合,并获得本身的发展;也会涉及企业能否发挥对资源的合理利用和顺利实现生产经营目标,全面履行企业的责任。

确定一个良好矿业企业组织形式,还应当考虑以下原则:

(1) 任务、目标一致原则。企业都是有一定目标的,组织是组织人力完成必做事项以达到既定目标;必做的事项即任务。因此,建立组织要因事设机构、设职务、配人员,所选择的人员应当有能力完成任务。也就是说,所选择的人员从其体力与智力方面能胜任工作,并具备专业知识与技能,或经培训能掌握专业知识与技能。在建立组织机构确定人选时,不要因人设职、因职找事。

(2) 命令统一原则。在组织机构中,下级机构只能接受直属上级机构的命令和指挥。一个机构不能受到多头指挥。命令和各种信息的传递,都要按层次进行,一般情况下,不得越级。一个组织在发布命令和进行指挥时,要严格遵循“一元化”的层次关系。

(3) 责权对等原则。权力是指在规定的职位上所具有指挥、发布命令等为完成任务所必需的权力;责任是接受一定职位、职务所应尽的义务。矿山企业和一般企业一样,在组织中居于一定职位就必须完成其职责,因此,他必须拥有一定的权力与承担相应的责任。责权对等是管理的基本原则。

(4) 合理分工、精兵简政原则。分工协作是社会化大生产的必需。矿山企业的分工应当按生产的专业性质分为生产探矿、开拓、采准、切割和回采等基本作业,为配合基本作业应当有通风、排水、照明、动力(电、压力)、运输、提升等辅助作业,以及设备维修和选矿等工段。各类作业和各工段应本着精兵简政原则组成队伍,其中人选要专业对口,才智相当,权限职责范围明确。这样才能简化机构,提高效率,力戒人浮于事。

在市场经济条件下,组织设计应避免企业机构机关化,避免上下对口,上面有什么处室,下面也相应设什么科室;还应当避免企业机构社会化,社会上有什么机构企业也设置什么机构,党、政、工、青、妇等,使企业机构臃肿,不胜负担。

(5) 合理管理层次、管理幅度的原则。在企业的任务总量一定的情况下，管理层次与管理幅度成反比，即管理幅度越小，管理层次越多；相反，管理幅度越大，管理层次就越少。管理幅度是指主管能够直接有效地指挥下属的数目。确定管理幅度，应考虑下列影响因素：训练有素的部属，可以减少督导时间，但是还必须做到对下属的授权要明确，主管把工作要说清楚，授予权力，则下属能够独立完成任务。否则，下属成员缺少业务培训，不能胜任工作，不知道怎么做，或虽能胜任工作，但是无权行使职责，他就难以完成任务，只好不断地向主管请示和汇报，主管只好花费许多时间去指导他。

(6) 集权分权原则。集权是为了指挥统一，分权则是在不违背政令统一的条件下，上级将部分决策与指挥权分给下级。所以集权与分权都不是绝对的，同时，集权与分权又都是必要的。分权常常出现在下列情况：1）组织规模发展，为了提高效率和应变能力，上级将部分权力下放；2）为保证政策一致，决策性问题的决定权保留在上层，经常性事务管理分给下级掌握，有关全局的事务由上级处理，局部的事务由有关下级处理；3）生产管理，尤以专业性强的技术管理，宜于分权。因为基层最了解情况，熟悉生产业务，最有发言权；4）分权要看下级领导人员的能力。伴随着分权就有一个授权给下级领导的问题。授权是为下属指派职责，同时授予职权，便于其执行任务，还要激励其行使职权的积极性。

分权和授权是由现代企业规模较大、分工的专业性较强等因素决定的，上层领导必须认识到其必要性。同时，也必须确认其下属有能力完成授予他的职权。分权与授权给下属之后，上层领导只抓关键性的问题，在一般事务上不要让下属感到“事事均受监视”，但是，也不能脱手不管，领导对部属的工作成果应给以肯定、进行总结和提出改进工作的要求。

上述诸组织原则，也被称为传统的组织原则。这些原则是专家学者根据大量经验和统计工作总结出来的，有一定的参考价值和实用性。所谓传统的组织原则，是因为这些原则是从过去的经验中得来的，适用于比较稳定的环境中。但是，现在技术发展迅速，市场变化莫测，企业竞争激烈，在组织设计中仅考虑上列原则还难以适应企业内外环境的需要。因此，在新的情况下，提出动态组织设计原理。动态组织设计的特点是除考虑传统的组织设计原则外，其突出的指导思想是强调知识和职权更密切地配合，使决策由拥有专业知识的个人和团体做出，从而保证决策的正确性。为达到此目的，扩大专业职能科室或专家的职能或权力，在专业范围内，这些科室与专家不仅是参谋，还可以在专业范围内直接指挥。

2.2.3 矿山企业管理应注重的几个问题

矿山企业管理应注重如下几个问题：

(1) 思想应现代化。管理思想现代化是矿山企业管理现代化的思想基础。矿山企业必须在国家政策指导下，充分考虑主客观条件，制定矿山企业生产经营的总体战略计划，包括市场开拓、产品开发、财务、人才开发为重点的生产经营战略计划，并以开拓创新精神和灵活应变能力付诸实施。企业管理的对象是由相互关联的要素组成的系统，管理必须从系统整体出发。从系统工程理论来说，矿山企业是一个系统。在整个企业的活动过程中，普遍存在的一个现象就是“效益悖反”，可能某些活动间存在损益关系，应该运用系统的观点来看待问题，最终的目的就是要达到系统最优——使整个系统低成本、低风险、高效率地运行。一个企业可以看作是一个系统，而和企业相关的上游供应商、下游消费者之间又可以看作是一个更大系统，企业的目标不仅要实现资源的内部整合，同时要实现整个供应链的整合，使社会的资源得到更加充分有效的利用。

在对待人的问题上，要从传统的认识管理转变为人力资源管理。简言之，就是要以人为本，把人力当成资本，努力挖掘人力资源的巨大潜能，就能给企业带来更多的价值；要把开发人力资源放在首位，提高劳动者的素质，调动劳动者的积极性，而不是让劳动者简单地进行重复劳动。

(2) 管理方法应现代化。管理方法的现代化主要表现在对生产经营活动中的各种事物，从定性概念发展为定量分析，从依靠经验判断逐渐转向应用数学模型和方法与经验判断相结合来进行决策，包括经营预测和决策方法、质量控制的统计方法、全面经济核算、库存管理技术、线性规划、投入产出分析等。在企业推行全面质量管理，即组织要以质量为中心，以全员参与为基础，目的在于通过让顾客满意使本组织所有成员及社会受益而达到长期成功的管理途径。它与传统的质量管理相比较有如下特点：把过去以事后检验和把关为主转变为以预防为主，即从管结果变为管因素；过去的就事论事、分散管理，转变为以系统的观点为指导进行全面的综合的管理；围绕质量开展全员的工作；并强调不断改进过程质量，从而不断改进产品质量。开展全面管理的基本要求可以概括为“三全一多”——“全员的质量管理”、“全过程的质量管理”、“全企业的质量管理”、“多方法的质量管理”。随着科学技术的发展，内外部环境的变化，要根据不同的情况，区别不同的影响因素，广泛、灵活地应用多种多样的现代化管理方法来解决质量问题。

(3) 注重安全管理。安全管理的目的主要有三个：一是保护人的安全和健康；二是避免物质财产的损失；三是保护环境。从系统论的观点来看，就是人－机－环境系统的安全。进一步从灰色系统理论的观点来看，人－机－环境系统是信息部分已知、部分未知的不具有物理原型的本征性灰色系统。由于矿山企业系统是一个灰色系统，所以可以利用灰色系统理论来进行安全管理。

灰色系统理论的重要内容有：因素相互影响分析的关联度分析法；基于白化权函数的灰色统计与灰色聚类法；作数据处理的累加生成与累减生成法；建立微分方程模型的灰色模型法，包括数列预测、灾变预测、系统预测等的灰色预测法；从对付某个事件的各对策中挑选一个效果最好的对策所用的灰色决策法及以系统行为预测为基础的灰色提前控制法等。

灰色预测为防患于未然提供了理论指导。在安全管理中，应用数列预测，可对职业病人数、事故伤亡率、事故与职业危害的经济损失等进行预测，还可对矿井通风参数在空间上的分布进行预测。应用灾变预测则能研究事故高峰出现的规律。应用季节性灾变预测则可预测职业灾害在某个特定时间出现的规律。拓扑预测可用于系统安全特征值的波形变化预测，如在事故控制图中，可进行职工伤亡频率、事故频数等的预测，以掌握企业的安全生产状况，及时发现并消除事故的失控现象。还可以应用系统预测，来研究人－机－环境系统中安全主行为的发展变化，以及影响系统安全的因素之间的相互作用与关系。灰色预测为科学的安全决策提供了有效的方法与手段。灰色决策方法可应用于安全投资决策、通风系统与其他安全系统的优化设计、伤亡事务预防和尘毒治理方案的优选等方面。灰色控制理论可广泛地应用于安全管理和设备的安全控制。安全管理的主要任务之一是控制伤亡事故与职业危害的发生。对于一个特定的企业，可以根据历年来的安全统计资料找出安全生产的规律，据此规律预测安全生产未来的发展，再将预测值和目标值进行比较，从而采取相应的措施进行安全控制。

2.3 矿业企业固定资产和设备管理

企业要进行生产，必然要有一定的物质基础，包括可供长期使用的固定资产、原材料、燃料、动力等。对矿山企业来说，在生产阶段并不消耗主要材料，只有辅助材料的消耗，它们在生产过程中形成产品的一部分或消耗掉，其价值一次性转入成本，对这些的生产要素管理称为物资管理。另外还有些物质虽然不直接参与生产，却是生产过程所必须具备的，如车间房屋、运输工具等，这些物质在生产过程中，慢慢磨损，其价值逐渐以折旧的形式计入成本，对这些生产要素的管理称为设备管理。

实际工作中，把使用年限在一年以上，一次性购入成本在一定金额以上的划为固定资产，不具备上述条件的划为低值易耗品，如小风扇、电池、小电机等，这些低值易耗品归在流动资金的一个项目来管理。

2.3.1 固定资产管理

2.3.1.1 固定资产分类

矿山企业的固定物资是多种多样的，除了主要的采掘工作以外，还有机电、运输、通风、排水、通信、土建等一系列活动环节，消耗的物资也各不相同，同一物资在生产中的地位、作用和使用年限都各不相同。为了管理固定资产，确定固定资产扩大再生产的规模和方向，必须加以分类。

按照固定资产在生产过程中的情况分类，一般可以分为以下五类：

(1) 生产用固定资产，指那些直接参加生产过程或直接服务于生产过程的固定资产。这些是保证生产经营所必需的物资，如厂房及其附属设备、矿井、仓库、尾矿坝、运输公路、运输工具、动力设备、选矿机械等。

(2) 非生产用固定资产，不直接参加生产的固定资产，如职工住宅、文化生活设施、卫生保健设施等。

(3) 未使用固定资产，指没有投入使用的各种固定资产，如新增或停用的设备、新建的厂房、备用机器设备等。

(4) 不需要用的固定资产，指已不适合企业需要的固定资产，如报废的设备。

(5) 土地。

根据物资在生产中的作用分为原料及主要材料、辅助材料、燃料、动力、工具和修理配件等。

2.3.1.2 固定资产的消耗

为了能够准确地计算固定资产的价值转移到产品中去速度的问题，首先要研究固定资产磨损的规律性，才能找出价值和实物形态上补偿固定资产的合理方法。单位产品物质消耗量，反映企业生产技术和经营管理水平，为节约物资消耗，降低物资消耗成本，企业必须制定先进合理的物资消耗定额。先进合理的物资消耗定额，应是在保证和提高产品质量的前提下使消耗量最低而又足够使用的定额标准。

固定资产的磨损分为有形磨损和无形磨损两种。有形磨损是指固定资产由于实际使用和自然力的作用而造成的磨损，使用磨损指设备在运转过程中机械力的作用下，零部件会发生损坏、变形、精度降低等，故使机器设备实体产生磨损，这种使用损耗，除了机器设备的质量、耐磨性能等外，主要取决于使用时间和条件。自然磨损是指固定资产在闲置过程中受风吹雨淋、腐蚀生锈以及冰冻等自然力的作用下产生的有形磨损。这种自然磨损的程度与闲置时间长短有关，与固定资产本身抵抗自然力侵蚀的能力及环境有关。无形磨损是指由于科技学术进步而不断出现性能更加完善、生产效率更高的设备，使原有设备的价值降低，或者生产同样结构设备的价值不断降低而使原有设备贬值。当出现新的效率更高的机器设备时，继续使用陈旧的效率低的机器，就会影响劳动生产率的提高和成本的降低。客观上反映了原设备使用价值的局部或全部消失。

固定损耗的价值逐渐转移到生产的产品上去，构成产品成本的组成部分，并从产品销售收入中收回相应的货币资金。固定资产转移到产品上去的那部分价值，称为固定资产折旧，由此而形成的货币准备资金称为折旧基金。每项固定资产在其使用周期内完全损耗掉，其价值全部转化为货币，并将积累下来的货币再转化为新的固定资产，这就是固定资产更新，可以看出固定资产的折旧与更新是其在周转过程中的两种表现方式；折旧是固定资产周转中的价值货币表现，更新是固定资产周转终止的实体更换。

固定资产折旧的正确计算，有利于正确核算产品成本和企业利润，有利固定资产管理制度的制定。下面介绍一下折旧的计算方法。

直线折旧法是最常用的计算方法，它是把固定资产原值按照使用年限平均分摊。

$$\text{年折旧费}=\frac{\text{原始价值}-\text{残值}-\text{清理费}}{\text{使用年限}} \tag{2-27}$$

$$\text{年折旧率}=\frac{\text{年折旧费}}{\text{原始价值}}\times 100\%=\frac{\text{原始价值}-\text{残值}-\text{清理费}}{\text{原始价值}\times\text{使用年限}}\times 100\% \tag{2-28}$$

不过这种计算方法是指基本折旧，没有将大修理基金包括在内，而且这种方法没有考虑企业发展的实际情况。特别对于矿山企业来说，新投产的矿山产量低，中期高，后期产量又下降，不过固定资产的寿命相同，这样折旧费就应该用每个月的实际完成的产量来计算。

固定资产中特别是一些大型机械设备，它们的损耗部分，有时必须进行维修，根据恢复的程度可以分为大、中、小修理，中小修理属于日常维护，修理费用直接计入产品成本；大修理费用则需要用预先提留的方法计入产品成本，从销售成本中支出大修理成本基金。

2.3.2　设备管理

设备管理与设备工程实属同一概念。设备管理是工业企业经营管理的一个重要组成部分，它以设备为研究对象，追求设备综合效益和寿命周期费用的经济性，应用一系列的理论、方法，通过一系列的技术、经济、组织措施，对设备的物质运动和价值运动进行全过程（从规划、设计、制造、选型、采购量、安装、使用、维修、改造、报废直至更新）管理的科学体系。其内容包括设备规划、设备维修两个阶段。前者是设备诞生之前（即前半生）的管理，包括设备的规划、设计、制造；后者是指设备诞生之后（即后半生）的管理，包括设备的购置、安装使用、维修、改造等。设备管理的任务包括：

（1）编制物资供应计划，确定需要品种与数量，保证企业生产经营的顺利进行。

（2）注意物资信息，选择物美价廉的货源。

（3）合理决定各类物质的储备数量，减少仓库储量，减少流动资金的运转周期。

(4) 合理保存、维护各类物资设备,延长设备的使用寿命,减少损失。

(5) 节约物资,降低消耗、严格发放物资,建立相关的物资制度。

2.3.2.1 设备管理状况

固定资产的管理,首先应加强对设备的管理,因为设备是固定资产中所占比重最大,最能反映技术装备水平的部分。

设备管理的目的在于提供优质的技术装备,确保矿山的生产经营活动正常运行。其主要任务就是掌握国内外技术发展现状和动向,根据技术先进经济合理的原则合理选购设备;采取组织和技术措施,保证设备使用和维修相结合的原则,对于设备的损耗及时进行修理;在现有技术装备基础上,开展技术革新、改造,最大限度的发挥现有设备的生产率;对新设备应尽快掌握使用、维修、保养方法,使其尽快投入正常生产。

工业发达国家对设备实行综合管理,它是长期以来从设备的使用、管理经验和设备发展过程中发展起来的。到20世纪60年代,由于设备的大型化、高速化,机械设备的精密程度也更高,这样传统的设备管理就很难满足生产的需要,设备管理也进入了综合管理阶段。设备的综合管理就是对设备的选购、安装、使用、维修、改造更新的全过程进行管理,其主要内容就是要求设备相关的部门和人员都参与设备管理,使设备投资、运行费用尽可能低而使用寿命尽可能长。

1980年以前,我国国有企业占用的固定资产一直采用无偿占用,这样导致设备占多占少、用好用坏无法考核,设备利用率低、经济效益差、损失浪费大。

2.3.2.2 设备选择、使用及更新管理

设备的选择首先是要求技术先进,经济合理,应结合本企业的生产实际,并参考以下因素综合考虑:

(1) 设备的生产效率。生产效率直接与成本有关,但是并不是选用生产效率越高的设备就越好,特别是矿山企业,因为其特殊的生产方式,如地下采矿,场地空间受很大限制,而且矿山企业的工作场所经常移动、生产环境恶劣、振动大等,这样一些大型设备或精密仪器就很难发挥作用。所以选择还应该考虑工具材料的适应性。

(2) 设备的投资效果,即考虑新设备带来的生产率的提高,能源的节约、质量的提高等方面的经济效果与设备投资的关系,一般用投资回收期来计算投资效果,投资回收期越短越好。

(3) 设备的能源消耗、安全性能、运转稳定性能、操作性能。这些都会对成本带来直接影响。

(4) 设备对环境的影响,如排放的气体、产生的噪声、振动等。特别在矿井下如果排放的气体量大,就会对矿井的通风和工人的健康产生不利的影响。

(5) 设备的维修难易程度,矿山的生产场所一般条件较差,振动大,灰尘多,因此选用的设备应考虑其对环境的适应性。

设备的合理使用能保证其正常运转,发挥其应有效率和减轻磨损,设备合理使用应注意以下几点:

(1) 根据工艺性质,合理配备各类型设备,并且要避免大机小用和设备运转闲置等问题。

(2) 为设备配以合适的操作人员。矿山企业生产是多种机构设备的联合作业,采掘设

备、运输设备、提升设备、通风设备、排水设备、压气设备、供电设备等，这些设备越来越趋向大型化、精密化和结构复杂化。对于操作使用者，要求有一定的机电知识和保养常识，因此，选择合适的人员，进行培训才可以上机操作。特别是贵重精密的仪器，必须指定具有专门知识与技能、经验的技工或技术人员掌握使用。

（3）为设备创造良好的工作环境。要求设备放置要平稳，需要固定的设备要把螺丝固定好；环境清洁，防尘、防振；对精密的机电设备，应当有专设的工作室；凡是运转的部位又应该有防护栏杆或防护罩；矿山企业还需要有防爆装置。

（4）制定设备使用、保养、维修规章制度，建立健全设备使用的责任制度。

（5）教育职工爱护设备，并对职工进行设备操作、保养知识的培训。

设备在使用一段时期以后，由于有形和无形磨损，继续使用在经济上已经不合算了，设备更新就是以更先进更经济的设备代替这些已经过时或损毁的设备。设备更新是提高企业产品质量、降低成本和扩大再生产的必备条件。

设备更新首先考虑设备的寿命，设备的寿命有自然寿命、技术寿命、经济寿命三种。自然寿命是从设备投入使用到完全磨损报废为止的时间；技术是由于科学技术的发展，不断出现技术上更先进的同类设备，使设备在自然寿命之前就被淘汰；经济寿命是指在设备使用后期，零部件磨损和老化，必须支出更多的维修费用，而且能耗增多，精确度下降，废品率增加，继续使用在经济上已不合理，依据经济因素应予淘汰。

从上面的论述可以看出，是否要进行设备更新主要是从经济观点上来决定的。经济寿命的计算方法如下：

设购置一台设备的费用为 K_0，服务年限为 T，年维修费和运转费 C_j，则第 j 年的设备的总运转成本 y_i 为：

$$y_i = \frac{K_0}{T} + C_j \tag{2-29}$$

C_j 的值随时间的增长而增大，第一部分的值则是随时间的增长而增加的，所以可以看出最经济的使用年限也就是年总成本最低的年限，这个年限就是该设备的经济寿命。其经济寿命可以近似用下式来计算：

$$T = \sqrt{\frac{2K_0}{\lambda}} \tag{2-30}$$

为设备贬值的数值 λ 因为设备的损耗、维修费、运转费用的增加而逐年增加。

若考虑资金的时间价值，可用设备的现值计算法来计算设备的经济寿命：

$$A_c = \left[K_0 - \frac{U_j}{(1+i)^j} + \sum_{j=1}^{n} \frac{C_j}{(1+i)^j}\right]F \tag{2-31}$$

式中 A_c——设备等值年成本；

K_0——设备原值；

U_j——j 年设备的残值；

i——年利率；

C_j——j 年的操作成本；

F——资金还原系数，$F = \dfrac{i(1+i)^j}{(1+i)^j - 1}$。

在计算出经济寿命后,也就是设备的最佳更换期,也不是就应该马上更换,这里还必须考虑现实性和合理性等问题。经济寿命只是设备更换与否的一个参考指标而已,还需对产品的市场需求等其他方面的因素进行综合评价后才可以确定。

2.4 矿业企业质量管理

2.4.1 矿山企业的产品质量及质量管理

2.4.1.1 矿山企业产品质量概念

矿山企业的产品都是工业原料。金属矿山的产品为原矿,或经选矿后的精矿;煤炭企业生产原煤或经洗煤后的洗选煤;石材矿山生产的原矿为荒料,或加工为半成品、成品石材、饰面石材等。

矿山企业产品技术指标因产品种类而异。对于金属矿山来说主要是要求品位稳定,杂质与有害物质有一定限量,块度或粒度适宜;对于煤炭矿山来说,产品主要保证灰分少,硫和其他有害杂质要少;对于石材则要求荒料有一定规格,对色斑或裂隙要求严格,对孔隙率、含水率、强度、耐酸、耐碱性能,以及导电性等都有不同要求。建筑材料还要求不含对人体有害的放射性物质,对于石英、云母、石墨、方解石、石棉等则要求保护其晶体完整。矿山企业产品一般不需要包装,或只需要粗包装。但是,某些矿产品要求保护晶体、鳞片完整,必须分类妥善包装。

金属矿的原矿品位稳定与否,对选矿和冶炼技术来说是一种可靠性的表现。又如,石材的孔隙率、含水性,对于石材强度影响很大,所以,石材强度是否可靠,要考虑其孔隙率与含水性;大理石与花岗石作为饰面石材使用时,由于前者的耐酸性较差,其色彩与光泽容易消退,所以其可靠性与寿命不如花岗石好。

从产品的安全性说,作为建筑石材,要求不含有放射性物质和其他有害性质。一般对放射性物质含量按住房、构筑物、桥梁、道路等不同用处,要求也有差异。又如,石棉作为建筑材料,其危害性引起全球性的争议,至今尚未止息。

2.4.1.2 矿山企业产品的质量特点

矿山企业的产品都是工业原料,金属矿山的产品为原矿石或经过选矿后的精矿,矿山企业的产品技术指标因产品种类而大不一样,对金属矿山来说主要是要求矿石的品位稳定,杂质和有害成分少,粒度适宜;而对金属矿山产品的外形,包装等就一般不会有要求。对煤炭企业来说,生产的矿产品质量就要求保证灰分少,硫和其他有害杂质要少等。

矿产品的质量还可以从适用性、可靠性、经济性等角度来评价。如铁矿石,品位高、杂质少可以直接送冶炼厂冶炼或作为精矿产品,但绝大多数要经过选矿厂进行分选,才可以被冶炼,所以,精矿的化学成分、物理性能对冶炼过程的适用性就成为一项重要的产品评价指标。可靠性,要求产品在规定的期限内和条件下,其性能不能发生波动,对矿山企业来讲,就是指其精矿品位、杂质成分必须保证在一定的范围内。经济性,就是要求产品的成本低,这样其市场竞争能力就强。

矿产品的不合格品无法返回处理,因此对矿物的产品质量不能依靠事后检验,而主要是以预防为主,在生产过程中加以控制,应用数理统计方法对生产过程进行控制和调节,同时,矿山企业的工作质量和工序质量直接或间接影响矿产品质量。就拿采掘生产来说,掘进工作是为采矿、运矿创造环境条件,掘进设计与施工质量决定着井巷规格,对提升、运输、通风、地压以及对产品质量都有影响。从组织管理与设备条件来说,安全和良好的工作环境是井下生产的基本保证条件,工人的技术培训,质量保证意识,以及设备的完好率和设备性能的充分发挥,对生产率、产品质量与成本都有一定关系。因此,必须对矿山企业采取全面的质量管理体系,来保证其产品质量的稳定。

2.4.1.3 矿山企业产品质量管理

矿山企业质量管理的基本目的是合理开采矿产资源,搞好综合利用,最大限度的提高有用矿物的回采率,保证原矿品位稳定,合理地控制贫化率,在保证精矿品位的原则下提高选矿回收率。为此,必须在矿山企业实行全面质量管理,主要措施是在采掘工作的全过程抓质量管理,抓工作质量和工序质量。

采掘过程的质量管理,重点是抓生产各阶段的技术工作。首先是做好矿山地质工作,做好探矿巷道的采样素描编录工作、采场边界的采样检查工作,给采矿设计提供详细正确的地质资料;其次是正确选择采矿方法和提高采场回采工艺的设计工作。矿体形状复杂,变化较大时,每个采场都要进行单体设计;回采顺序要按相邻矿体距离与顶底板围岩稳定性决定;采空区要及时处理,有利于控制地压;及时回收矿柱,有利于提高回采率。为提高回采率,在靠近顶板与底板时,应加强取样检测工作,避免造成漏采或超挖现象;对于夹石层,在一定厚度时应当分采分运,不能分采时应在采场进行手选,把废石抛弃在采空区。遇有这种情况,浅孔落矿采矿法具有灵活性,而深孔爆破落矿法则无法做到分采分运。煤矿可以在带式运矿机上进行手选,以减少原煤灰分;当使用充填采矿法时,采落的粉矿极易落入松散的充填料内。因此,在充填工序之后、回采落矿工序之前,应当采取措施,防止粉矿损失。由于富矿更容易变成粉矿,在运输过程中漏失,如矿车底部闭合不严密、装车过满、矿仓与箕斗转载处,都可能出现漏失现象。应采取有效措施减少漏失,或在转载处回收漏失的粉矿。

金属矿山对原矿的块度有一定要求,这一方面是装运设备容器的限制和影响装载效率的问题,另一方面也因为选矿设备的规格对矿石块度也有一定要求。在非金属矿山,对于原矿的粒度也有一定要求,有时要求限制细粒矿石所占的比重。因此,在使用爆破法回采矿石时,要求合理地布置炮孔,以控制矿石块度与细粒矿石所占比重。石材矿山对于石材强度与是否有裂隙十分重视。爆破会影响石材的强度,因此,为保证石材荒料的强度,应采用先进的锯割工艺,不宜使用强力的爆破的方法,以保证质量,对于裂隙发育少,较完整的岩石也需采用静态爆破。

矿山企业生产的产品是来自地质年代形成的矿产资源,所以对原矿质量管理,不是提高其品位,而是根据技术经济条件,恰当地确定回采品位。回采的生产过程在于保证品位稳定和提高对自然资源的回采率。

矿山企业特点之一,即其质量管理主要是工作质量与工序质量的管理。前述,基本上都是要求从工作质量上予以保证。因此,矿山企业的质量管理,制定工艺文件、操作规程、建立岗位责任制度和培训职工,提高职工的技术水平和质量意识,是保证矿产品质量的重要措施。

矿山企业生产中的工序质量与其他行业既相似,又有区别。对于一般企业来说,工序质量中重要的一项即原材料。矿山企业生产中不消耗原材料,但是,面对的是矿产资源,而是按矿产资源的赋存状况，根据技术经济条件，选择性地回采其有用部位；至于人的因素、设备因素、工艺过程和工作环境，则与一般企业相似，必须予以控制和创造适合工作的场地。

概括来讲，矿山企业质量管理的范围大致有以下几个方面：工程质量管理，包括地面工业建筑质量、地下井巷工程质量、设备及设备安装质量，这些工程质量直接关系到生产的安全、稳定、消耗成本和矿石质量产量的好坏；机电设备质量及维护质量管理；矿石选矿质量管理，包括提高精矿品位和回收率，降低药剂用量等；企业组织管理，建立质量管理领导机构，制定质量管理目标、生产技术标准、培训职工技能等。

矿业企业的质量管理基本工作包括：标准化工作、计量工作、质量情报工作、质量教育工作、质量责任制度和定额工作。下面就结合矿山企业的特点分别对质量管理的这些基础工作分别进行介绍。

A　标准化工作

标准化是质量管理的基础，是联系科研、设计、生产、流通、使用等方面的技术纽带。标准化的范围包括技术标准化和管理标准化。技术标准化合理简化产品品种，使产品的系列化、通用化，以及设计标准化，有利于生产，方便用户；管理标准化是把管理经验和管理方法总结归纳成管理企业的制度。标准化是随技术经济的发展水平而制定和修改的，它反映了企业的技术经济水平。

对矿山企业来说，矿产品的质量标准与其他工业比较，有其独特性。矿产品的标准既受矿床赋存条件的限制，又受到矿产品的后续加工（如选矿和冶金）技术条件的要求所限制。所以，很难制定一个全国统一的标准，如有色金属矿，如果只片面要求提高矿产品的质量，则可能造成矿产资源的浪费，但如果对矿产品的质量要求不高，则会给后续的选矿和冶金带来困难。所以，必须根据具体矿床条件来分别对待，以合理开发综合利用为原则，立足长远，在满足选矿和冶金的基础上，大矿小矿并采，富矿和贫矿兼采，并不断引进新技术、新设备、新工艺以降低成本，提高产品质量。

B　计量工作

计量工作是推行单位制的统一，通过法制和技术手段，保证数据一致，计量工作包括理化试验、标准鉴定、检测手段等。计量工作的关键是确保计量器具与仪表的准确性和统一性，这样才能为管理提供可靠的数据，保证产品质量的稳定。

为保证计量工具的准确合理使用，需要建立一套计量工作制度，如定期对仪器进行维修与校正；进行计量技术教育，提高使用人员的技术水平等。

C　质量情报工作

情报工作包括两个方面，一方面是科技情报、产品情报，是指科学研究、技术发展、新品种和新产品的设计动态等情报资料，特别对本行业的发展情况尤其重要，指明企业发展方向的重要参考依据。另一方面是情报的原始记录，原始记录资料是生产经营的第一手资料，要做到哪里有生产经营活动哪里就有原始记录，原始记录要求及时准确，要如实记录，不能更改。如矿山企业需对每个班组、每个生产区段或坑口的生产经营、劳动出勤、设备运转及维修、抽样检查、物资供应等情况进行记录，这些记录是了解、实施质量管理的依据。

D　质量教育工作

质量教育工作是开展全面质量管理的一个重要环节，因为质量的形成直接同操作工序的质量有关,也就是人的因素,因此,抓生产的人的质量教育与质量培训是开展质量管理的关键措施。质量教育工作在于使企业建立正确观念,树立“用户第一,质量第一”的思想。对于领导层的质量教育在于了解质量管理的重要意义和本行业产品质量的具体目标和措施;对于技术人员和管理人员的质量教育在于讲明具体的质量要求、技术标准和工艺要求;对工人的教育,除了思想教育以外,还必须提高工艺操作技能、安全意识等。

E 质量责任制度

加强质量管理,必须健全质量责任制,责任制最主要是明确企业职工在质量工作上的具体任务,将责任和权利落实到人,做到质量工作事事有人管,办事有标准,工作有检查,功过赏罚分明,使全企业的质量责任制度形成一个完善的体系。

F 定额工作

在一定条件下,对生产经营活动,经过科学分析,对人力、物力和财力的利用和消耗所制定的标准称为定额。例如,工时消耗定额、产量定额、设备利用率和维修定额、物资消耗和储备定额、流动资金定额及管理费用定额等。定额的水平标志着技术与管理工作水平,通常制定的定额应当保持平均先进的水平。定额是用来组织、控制和监督企业生产经营活动的一种重要手段,是开展计划管理的基础,是劳动竞赛和评比的依据。

2.4.2 矿山企业质量管理统计方法

2.4.2.1 质量管理的发展

质量管理的发展依照手段和思想的革新分为三个阶段。

第一阶段是单纯质量检验时期。在这一阶段人们对质量管理的理解还只限于产品质量的检验,在此之前,工厂管理一直采用旧时的作坊管理习惯,工人生产缺少完善的技术操作规程与生产工艺文件的制约,工人既是生产者又是产品质量的检验者,所以产品质量很难保证。19世纪末,泰罗的科学管理把计划职能与执行职能分开,并独立的设置了质量检验员,对有关工序和成品工序按技术标准进行检验产品质量。

这种质量监测方法只能检验控制产品质量,只能做到不合格产品不转入下一道工序或不出厂,对维护企业产品质量信誉有一定作用,但是检验出的不合格的产品,已成为事实,还是会对企业造成物质损失,因此,这种方法还是存在一定的不足。

第二阶段为统计质量控制阶段。1924年,美国贝尔电话研究所工程师修哈特(W. A. Shewhart)博士提出“预防缺陷”的概念,并设计出第一张质量控制图,首创把数理统计原理运用到质量控制。统计质量控制使质量管理职能由单纯的事后把关转向对生产过程的实时控制,而且质量管理施工职能由专职检验人员承担转向由质量控制工程师和工程技术人员承担,使质量管理更进一步科学化。

统计质量管理方法,比起单纯的质量检验无疑更科学和更有效,它能起到预防生产不合格产品的作用。但是,随着科学技术的发展,工业生产技术手段的现代化和产品结构的复杂化,许多大型产品,不仅要求质量高且有保证,而且安全性与可靠性都要达到一个新的水平。在新的形势下,仅凭统计质量控制方法也很难控制,因为统计质量管理着重在生产的工艺过程的各个环节,而产品质量的形成还涉及企业中其他很多环节,如企业中人的因素、产品的设计、原材料与协作单位、包装、储运、销售和售后服务等,对质量的更高要求促使全面质量管理的出现。

第三阶段是全面质量管理阶段。20 世纪 50 年代后期,美国通用电气公司的费根鲍姆(A. V. Feigenbaum)首先提出了“全面质量管理”的新概念。美国质量管理专家朱兰率先采用一条螺旋上升的曲线来表达产品质量的产生、形成和实现这一过程,反映了产品质量形成的规律。这一曲线被称之为“朱兰螺旋曲线”(图 2-2)。由朱兰螺旋曲线在质量管理观念可知:必须采用系统的观点进行质量管理,产品质量的规律是不断改进,不断提高;对产品质量进行全面、全过程管理;不仅要抓好企业内部的质量管理,还要抓好整个社会的宏观质量管理。通过几十年来全世界各企业的共同实践,人们对全面质量管理的要领有了更进一步的认识:全面质量管理的基本思想是以质量为中心,以全员参与为基础,以全过程为目标,树立为用户服务的思想和以预防为主的原则,为使本企业和全社会受益而达到长期成功的管理途径。

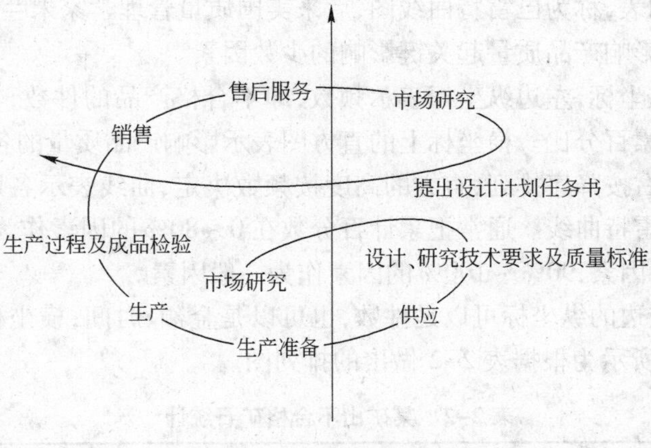

图 2-2 朱兰螺旋曲线

全面质量管理采用一套科学的、近乎认识论的办事程序,也即是 PDCA 循环法,PDCA 由英文的计划(plan)、执行(do)、检查(check)、处理(action)几个词的第一个字母组成,它反映了质量管理必须遵循的 4 个阶段。

第一阶段为 P 阶段。就是要适应用户的要求,并以取得经济效果为目标,通过调查、设计、试制。制订技术经济指标、质量目标,以及达到这些目标的具体措施和方法,这就是计划阶段。

第二阶段为 D 阶段。就是要按照所制订的计划和措施去实施,这是执行阶段。

第三阶段为 C 阶段。就是对照计划,检查执行的情况和效果,及时发现和总结计划实施过程中的经验和问题。这是检查阶段。

第四阶段为 A 阶段。就是根据检查的结果采取措施、巩固成绩、吸取教训,以利于循环。这是总结处理阶段。质量管理工作程序,可以具体分为以下 8 个步骤。

(1) 调查研究,分析现状,找出存在的质量问题。

(2) 根据存在的问题,分析产生质量问题的各种影响因素,并逐个因素加以分析。

(3) 找出影响质量的主要因素,并从主要影响因素中着手解决质量问题。

(4) 针对影响质量的主要因素,制订计划和活动措施。计划和措施应尽量做到明确具体。以上就是 P 阶段的具体化。

(5) 按照既定计划执行,即 D 阶段。

(6) 根据计划的要求,检查实际执行结果。即 C 阶段。

(7) 根据检查结果进行总结,从成功的经验和失败的教训总结出来对原有的制度、标准进行修正,巩固已取得的成绩,同时防止重蹈覆辙。

(8) 提出这一次循环尚未解决的遗留问题,并转到下一次 PDCA 循环中去。

2.4.2.2 矿业企业质量管理常用数理统计方法

在质量管理中生产现场获得的只是原始资料,要想对生产进行科学的判断,需要一定的整理分析,才能反映出某种规律,说明生产中的问题。质量管理中常用的一些统计方法有:排列图法、因果分析图法、直方图法、分层法、控制图法、散布图法、分组法、统计分析表法。

A 排列图法

排列图法又称为主因素图或巴雷特图法,是找出影响质量问题的一种有效方法,意大利经济学家巴雷特曾经研究财富分配,发现了“关键的少数和次要的多数”的关系,用它来表示这种关系的统计图表,称为巴雷特曲线图,后来美国质量管理学家朱兰博士把它引进质量管理领域,用于找出影响产品质量起关键影响的少数因素。

排列图有两个纵坐标,左边纵坐标表示频数,即不合格产品的件数,右边的纵坐标表示频率,即不合格的积累百分比。横坐标上的直方图表示影响产品质量的各个因素,按照影响程度的大小,从左向右按降序排列,直方的高度按频数决定,曲线表示各影响因素大小的累计百分数,也就是巴雷特曲线。通常把累计百分数在 0 ~ 80% 的因素作为主要因素,80% ~ 90% 的因素作为次要因素,90% ~ 100% 的因素作为一般因素。

在做排列图时左边的纵坐标可以是件数,也可以是金额、时间;横坐标上的因素一般不要超过三个,图 2-3 所示为根据表 2-2 做出的排列图。

表 2-2 某矿山不合格矿石统计

代 号	因素类别	频数/次	比率/%	累计频率/%
A	矿石品位低	351	41.79	41.79
B	假象矿混入	244	29.05	70.84
C	有害矿物	217	25.83	96.67
D	其 他	28	3.33	100
	合 计	840	100	

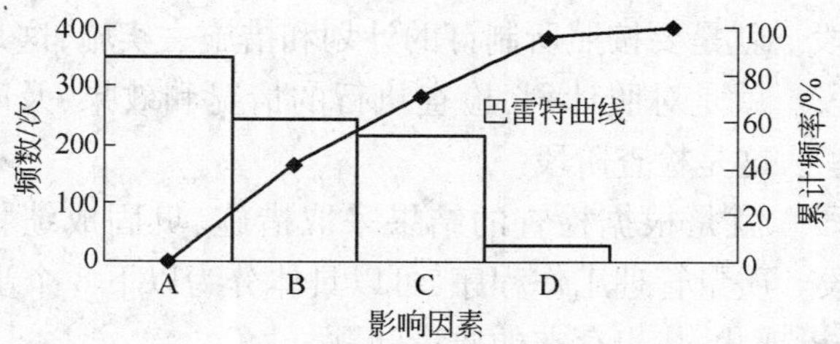

图 2-3 某矿山不合格矿石排列图

B 因果分析图法

因果分析图法又称为特性图法、树枝图或鱼刺图。它是为了寻找产生某种质量问题的原因,以便采取改进措施,把要解决的问题看成结果,把各个造成结果的大因素同干线连接起来,然后对各个主要因素按性质再细分下去。在寻找原因时,要让现场的技术人员、工人、管理人员一起分析讨论,充分发挥群众的智慧,找出原因。图2-4所示为某浮选厂精矿没有达标因果分析图。

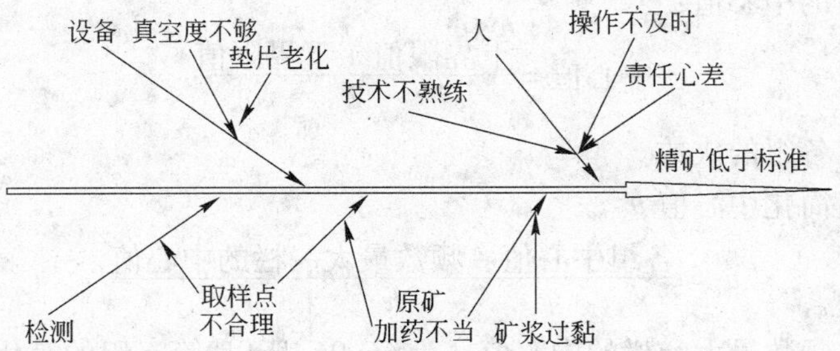

图2-4 某浮选厂精矿没有达标因果分析图

C 直方图法

直方图法,又称为频数分布图法,在相同的工艺条件下,加工出来的产品质量是在一定范围内波动的。在生产过程中,按照随机原则测定一定数量的数据,将其分布范围分为若干个等宽区域,检查落在各区域内数据的频率,根据各区域频数画成相应高度的直方图,根据直方图排列形式与设计标准比较,以判断产品质量和生产所处的状态。

下面用某矿山铁精矿品位统计表来说明直方图的作图方法(表2-3)。

表2-3 某矿山铁精矿品位频数分布统计

样本号	样本范围	中心值	样本数 f_i	中心值 u_i	f_iu_i	$f_iu_i^2$
1	65.085 ~ 65.235	65.16	1	−6	−6	36
2	65.235 ~ 65.385	65.31	2	−5	−10	50
3	65.385 ~ 65.535	65.46	5	−4	−20	80
4	65.535 ~ 65.685	65.61	20	−3	−60	180
5	65.685 ~ 65.835	65.76	37	−2	−74	148
6	65.835 ~ 65.985	65.91	49	−1	−49	49
7	65.985 ~ 66.135	66.06	54	0	0	0
8	66.135 ~ 66.285	66.21	48	1	48	48
9	66.285 ~ 66.435	66.36	40	2	80	160
10	66.435 ~ 66.585	66.51	18	3	54	162
11	66.585 ~ 66.735	66.66	13	4	52	208
12	66.735 ~ 66.885	66.81	1	5	5	25

(1) 收集到的所有数据找出最大值和最小值,这里分别为66.885和65.085。求出极差R,然后按需要将其分成若干组。这里$R = 66.885 - 65.085 = 1.8$,这里将所有数据分成12组。所以,组距$h$可按式(2-32)计算:

$$h = \frac{1.8}{12} = 0.15 \tag{2-32}$$

(2) 确定组的边界值,从最小数据开始确定组的边界,第一组的上下限分别可以用式

(2–28)，然后上组的下限等于下组的上限。

$$\begin{aligned}&\text{下界限值} = 65.085\\&\text{上界限值} = 65.085 + 0.15 = 65.235\end{aligned} \tag{2-33}$$

（3）计算各组的中心值：

$$\text{中心值} = \frac{\text{上界限值} + \text{下界限值}}{2} \tag{2-34}$$

（4）统计落在各组的次数。

（5）计算各组简化中心值 u_i。

$$u_i = \frac{\text{各组中心值} - \text{频数最大一栏的中心值}}{h} \tag{2-35}$$

这里可以看出频数最大一栏的中心值 a 为 66.06，所以，第一组的简化中心值：

$$u_i = \frac{65.16 - 66.06}{0.15} = -6 \tag{2-36}$$

（6）计算各组频数与简化中心值得乘积。

（7）计算各组频数与简化中心值平方的乘积。

（8）计算平均值。

$$\bar{x} = a + h\frac{\sum f_i u_i}{\sum f_i} \tag{2-37}$$

本例 $\bar{x} = 66.06 + 0.15 \times \frac{20}{288} = 66.07$

（9）计算标准偏差 S；

$$S = h\sqrt{\frac{\sum f_i u_i^2}{\sum f_i} - \left(\frac{\sum f_i u_i}{\sum f_i}\right)^2} \tag{2-38}$$

本例 $S = 0.15 \times \sqrt{\frac{1146}{288} - \left(\frac{20}{288}\right)^2} = 0.299$

（10）画直方图，以纵坐标为频数，横坐标为组距，画出直方图，图中每个直方形的面积为数据落在这个范围的个数。本例直方图如图 2–5 所示。

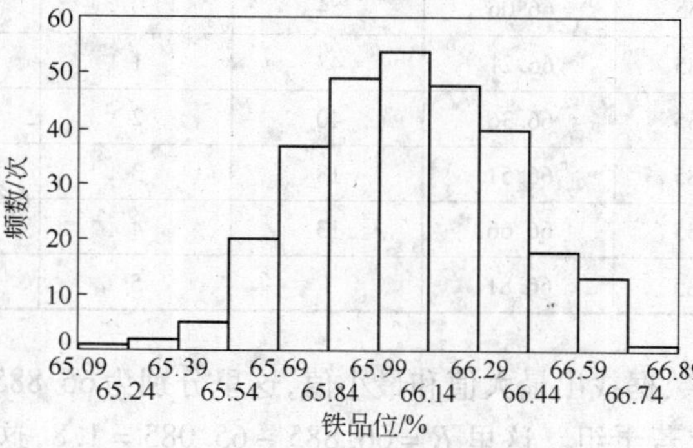

图 2–5　某矿山精矿品位直方图

直方图的判断与分析。通过直方图要看的不是所取数据的分布，而是用所取数据代表的产品的总体分布情况。因此，首先应观察整体分布状态，其次是看有无异常情况，如异常，还要进一步判断它属于哪类异常，以便分析原因，采取相应措施。一般可以把直方图同标准规格作比较，看直方图是否在公差要求的范围中，并有余地。如果平均值在图的中间，而且分布也在公差内就说明产品质量合格。常见的直方图的分布状态大体有以下几种：

(1) 左右对称分散。这是正常形状的分布。

(2) 直方锯齿形，这可能是由于测量方法、测量工具或读数有问题，也可能是数据分组不当引起。

(3) 直方形的顶峰偏向一侧。可能是由于加工习惯造成，或者人为地剔除某些数据，也会形成这样的分布。

(4) 在远离主分布中心的地方又出现小的直方，这可能是由于原料混杂，生产过程中出现各种变动，或者由于测量不当造成的极端。

(5) 有两个顶峰，这往往是两个不同的分布在一起所致，所对数据进行分层处理。

(6) 直方图呈平顶形，往往是由于生产过程中某种倾向一起作用导致，如工具的磨损。

D 分层法

分层法又称为分类法，是分析影响质量原因的方法。如果把很多性质不同的原因搅在一起，很难理出头绪来的。正确的办法是把收集来的数据按照不同的目的加以分类，把性质相同，在同一生产条件下收集的数据归在一起。这样，可使数据反映的事实更明显、更突出，以便找出问题，对症下药。常用的分组标志有材料、按岗位操作方法、时间等。

E 控制图法

控制图是工序控制的一种方法，1924 年，美国休哈特博士运用概率论、数理统计原理，首创质量控制的统计方法，用来发现有废品产生的预兆。其主要思想是:在产品的制造过程中，产品的质量特性值总是波动的。他将这种波动分为两大类，即偶然波动与异常波动。没有异常波动便是稳态，这是生产过程追求的目标，因为在稳态下生产，对于产品的质量有绝对的把握，而且生产是最经济的。休哈特的贡献就在于:应用他所提出的过程控制理论，能够在生产线上科学地保证预防原则的实现。

最早的质量控制图也叫控制质量的"6σ"法。控制图的设计原理由以下五部分组成:正态性假设、3σ 准则、小概率原理、反证法思想和两类错误。

a 正态性假设

所谓正态性假设，是指生产过程正常时产品质量特性服从或近似服从正态分布。任何生产过程生产出来的产品，其质量特性值总会存在一定程度的波动，当过程稳定或者受控时，这些波动主要是由 5M1E(man、machine、material、method、measurement、environment，即人、机器、材料、方法、检测和环境)的微小变化造成的随机误差。也就是说，产品质量是操作人员在一定的环境中运用机器设备，按照规定的操作方法，对原材料加工制造出来的。由于这些质量因素在生产过程中不可能保持不变，故产品质量由于受到一系列客观存在的因素的影响而在生产过程中不停地变化着。这就是产品质量的变异性。

产品质量的波动是产品质量自然存在的现象。产品质量波动的原因可归结为两类:偶然因素和异常因素。偶然因素经常存在，只要一生产，这些因素就始终在起作用，影响程度不同，由于偶然因素是随机变化的，所以每件产品受到这些因素的影响是不同的，不易识别，这类因素从技术上难以消除，经济上也不值得消除，影响微小，它们对产品质量波动影响不大，这类原因也称为正常因素，所引起的产品质量波动属于正常波动，正常波动具有统计规律性，一般计量质量特性值服从正态分布。异常因素又称为系统因素，在生产过程中少量存在，对产品质量特性影响很大，并且不稳定，没有统计规律，一旦出现就会造成过大的异常波动，如果对它不加以处理，则许多产品都将受到较大的影响，这在经济上往往是不允许的；另外，这类因素在技术上不难识别和消除，因此只要一旦发现产品质量有异常波动，就应尽快找出其系统因素，加以排除，并采取措施保证不再出现。

在实际的生产过程中，产品质量的偶然波动与异常波动总是交织在一起的，利用休哈特控制图这一重要科学方法可以很好的区分这两类产品质量波动。

b　3σ 准则

正态分布有一个特性在质量控制时经常要用到，即不论 μ、σ 如何取值，落在 $[\mu-3\sigma,\mu+3\sigma]$ 范围内的概率为 99.73%，即 $P\{\mu-3\sigma<X<\mu-3\sigma\}$ 为 99.73%，而落在界限之外出现的概率为 0.27%。休哈特就是根据正态分布的这一性质构造了休哈特控制图。

表征产品的质量特性，既决定于可以控制的系统因素，又决定于大量不可控制的偶然因素，因此其取值带有随机性，在期望值上下波动，是一个随机变量。假设 X 是表征某一产品质量特性的随机变量，当生产处于稳定状态时（即生产过程中没有系统性因素引起的异常波动），X 一般服从或近似服从正态分布 $N(\mu,\sigma^2)$，每经过一段时间，对 X 进行测量，得到 x_1、x_2、x_3、…、x_k 共 k 个测量结果，它们是来自同一总体的随机样本。根据这些样本值，分析和判断生产过程是否稳定，而 x 又可用 μ 和 σ 两个数据特征值来表征。因此对生产过程的质量控制问题，就转化为对参数 μ 和 σ 的控制问题。

将图 2-6a 旋转 90°成为图 2-6b，以平均值 μ 为中心，在 $\mu\pm3\sigma$ 处各画两条控制界限（control limit），这就成为控制图。控制图由三条水平线构成，中间一条（μ 线）称为中心线（central line），记为 CL；上边一条线 $\mu+3\sigma$ 称为控制上限（upper control limit），记为 UCL；下边一条线 $\mu-3\sigma$ 称为控制下限（lower control limit），记为 LCL。

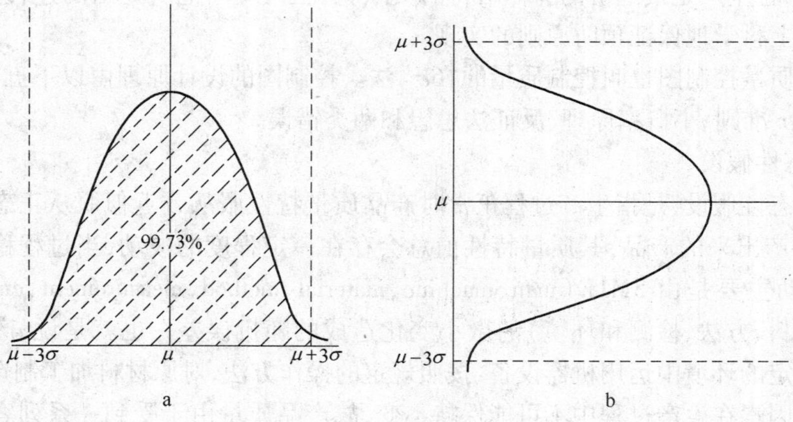

图 2-6　正态分布图（a）与休哈特控制图（b）

根据 GB4091—2001 标准：“控制图是生产过程质量的一种记录图形，图上有中心线和上下控制界限，并有按时间顺序抽取的各样本统计量的数值。”

控制上限、中心线、控制下限的一般计算式为：

$$UCL=E(X)+3\sqrt{Var(X)} \tag{2-39}$$

$$CL = E(X) \tag{2-40}$$

$$LCL = E(X) - 3\sqrt{Var(X)} \tag{2-41}$$

式中 $E(X)$——均值，$E(X) = \frac{1}{N}\sum_{i=1}^{N} x_i$；

$Var(X)$——标准差，$Var(X) = \sqrt{\frac{\sum_{i=1}^{n}[x_i - E(X)]^2}{N}}$。

长期实践证明，3σ 方式就是两类错误造成的总损失较小的控制界限。多数国家都采用 3σ 界限，而英国和北欧少数国家采用$\frac{\sigma}{2}=0.1\%$、$\frac{\sigma}{2}=0.25\%$、$\frac{\sigma}{2}=0.5\%$等的概率界限方式的控制图，这实际上相差无几。

c 小概率原理

小概率原理是指小概率事件一般是不会发生的。当然运用小概率原理也可能导致错误，而犯错误的可能性就是此小概率。

例如，若 X 服从正态分布 $N(\mu,\sigma^2)$，则据 3σ 准则可知，X 值超出 $\mu \pm 3\sigma$ 界限的可能性只有 $1-99.73\%=0.27\%$，即 X 值超出任何一侧界限的概率只有 $0.0027/2\approx0.1\%$。

d 反证法思想

所谓反证法思想是指小概率事件实际上一般不应该发生，如果发生，例如一旦控制图上有一点越出界限线，则判断原生产过程异常，也即生产过程不稳定，此时要从 5M1E 去找原因，看是否发生了显著性变化。

e 两类错误

控制图是通过抽查对生产过程进行监控，因而十分经济。由于控制图本质上是统计推断的图上作业法，因此，存在着统计推断中的两类错误，即弃真错误和取伪错误。

弃真错误，也称为第Ⅰ类错误即虚发报警错误。在生产正常的情况下，纯粹由于偶然而使点出界的概率虽然很小，但不是绝对不可能发生的。因此，当生产过程没有发生异常变化时，根据点出界而判断生产异常那就犯了“将正常判为异常”的错误。结果是不必要地查找异常原因，造成停工损失。发生这种错误的概率通常记为 α。

取伪错误，也称为第Ⅱ类错误即漏发报警错误。在生产异常的情况下，产品质量的分布偏离了典型分布，仍然还有一部分产品的质量特性值是在上下控制界限之内的。如果抽查到这样的产品进行检测并在控制图中描点，这时由于点未出界而判断生产正常，犯了“将异常判为正常”的错误，结果导致生产大批的不合格品，造成巨大经济损失。发生这种错误的概率通常记为 β。

由于控制图是通过抽查来监控产品质量的，因此这两类错误是不可避免的。在控制图上，中心线一般是对称轴，所能变动的只是上下控制界限的间距。若将间距增大，则 α 减小而 β 增大，若将间距减小，则 β 减小而 α 增大。

休哈特控制图的设计思想是先确定第Ⅰ类错误的概率 α，然后再根据第Ⅱ类错误的概率的大小来考虑是否需要采取必要的措施。通常 α 取为 1%、5%、10%。为了增加使用者的信心，休哈特将 α 取得特别小，小到 0.3%。这样，对于“点出界就判异”这条判异准则来讲，虽不百发百中，也是相当准确了。但 α 小，β 就大。为了减少第Ⅱ类错误，对于控制图中的界内点又增加了判异准则“界内点排列不随机判异”。于是判断异常的准则就有两大类：点出界就判断异常，界内点排列不随机判断异常。

休哈特控制图的设计并未根据两类错误所造成的总损失最小这点来进行。从20世纪80年代以来，经济质量管理（EQC）兴起，学术代表人物是德国乌尔茨堡大学EQC中心的冯·考拉尼教授。EQC强调经济社会最优，所以控制图设计的发展趋势之一就是根据两类错误所造成的总损失最小这点来确定控制界限。

F 其他方法

质量管理的统计方法除了上述几种外，还有如正交试验法、统计检定与推断、相关分析等。在具体运用时，要根据不同情况灵活运用，讲求实效，不拘形式。不过应该意识到这些统计分析方法，只不过是揭示了质量中存在的问题，而解决问题还是要靠技术工作和组织管理工作。所以，质量管理必须把这三者结合起来，才能达到提高质量的目的。

2.5 矿业企业成本管理

2.5.1 矿产品成本项目的构成

2.5.1.1 资源成本

矿产资源是矿产品的原材料，它具有稀缺性、不可再生性的特点，矿产资源勘探工作亦是一项具有探索性的工作。目前，世界上绝大多数国家均以法律的形式规定矿产资源归国家所有，我国《矿产资源法》明确规定，矿产资源归国家所有，由国家行使对矿产资源的所有权。按照西方经济学的理论，稀缺、有用及产权的垄断性是物品具有价值的三要素。资源的有价性已得到广泛认同，现有的文献从不同的角度、运用不同的理论证明了资源的有价性。虽然我国《矿产资源法》规定，矿产资源实行有偿使用，探矿权、采矿权必须有偿取得。但计划经济时期国家包揽了所有的矿产地质勘查工作，矿山企业开采的矿产资源由国家无偿划拨，因此那个时期投产的矿山企业当然也就不需要支付资源成本。1998年以后的新建矿山企业，虽然陆续实行了矿业权购买制度，但由于现行矿业权评估方法的局限性，我国矿业权的价值（相当于资源成本）还远低于矿产资源的实际价值。同时，在核算上又普遍将购买矿业权的支出在管理费用中摊销而不是作为矿产品的制造成本的一部分。矿产资源是矿产品的原材料，原材料成本不在产品成本中体现，那么所谓的矿产品成本也就不是真实、完全的成本（关于资源的价值的评估问题，理论界目前尚在讨论中）。资源成本在国外体现为权利金、矿地租金等，而在我国目前的税费制度中，主要体现为矿业权费用，包括地勘费、设计费、采矿权使用费、探矿权使用费、矿产资源补偿费等实际支出和购置采矿权、探矿权的支出。

2.5.1.2 环境成本

矿产资源的开发表现为明显的外部性，它是以牺牲、破坏自然环境为代价的矿产品的生产和加工，不仅破坏地下水系，造成大量水资源浪费、引发地表的沉陷，造成土地和植被破坏，还产生大量的废渣（废石或尾矿）、废水和废气，污染土地、水和大气，而治理和恢复这些破坏的生态环境（进行土地复垦、塌陷治理等工作），需要大量的金钱，因而矿产品的成本中应该包括环境成本。但在现行的矿产品成本核算体系中，只含有“地面塌陷补偿费”一项内容，未包括环境保护与污染的治理费用。随着可持续发展发展观、科学发展观的全面落实，国家对环境保护标准的提高和矿山服务年限的增加,环境治理费用也将大大增加。按照国家的“谁破坏,谁治理,谁开发,谁补偿”的环保原则,环境成本(环境保护与治理费用)必将会成为矿产品成本的重要组成部分。矿产品的环境成本应包括地面塌陷治理费、大气污染费、污水治理费、土地复垦费、废石山治理费、生态资源保护等环境保护与治理有关的支出。

2.5.1.3 发展成本

国有矿山企业要发展,必须对原有矿井进行改扩建或建新矿井,这项工作需要大量的资金投入,企业的生存和发展基本上是靠企业的自我积累,国家不再大包大揽了。长期以来,矿山企业成本核算体系中没有新井建设基金项目,国有矿山企业不能计提新井建设资金,企业的发展资金仅靠计提的矿井折旧和税后留利,而国家规定的矿井折旧率又很低,加之长期以来国有矿山企业一直都处于政策性亏损或仅是微利状态,企业自有资金积累较少,造成国有矿山企业缺少发展资金,可持续发展面临困难。因此必须另辟发展资金来源——增设发展成本。矿山企业的发展成本是指矿山企业用于改扩建老矿井及新建矿井的投资,应该有专项资金,可按一定标准从矿产品的销售收入中计提形成发展基金。

2.5.1.4 安全成本

矿山企业生产有其特殊性,其工作场所位于井下,煤矿还面临着水、火、瓦斯及顶板事故的危险。可靠的安全保障系统需要靠高昂的安全成本来维持,而在现行的煤炭成本管理办法中,安全成本没有单独列项,只是作为管理费用的一部分来提取的,且费用提取严重不足。矿区安全成本可分为两部分:预防性安全成本和损失性安全成本。前者是指为保证和提升矿井系统的安全可靠性而支出的费用,它由安全工程费用和安全培训及管理费用构成;后者是指发生安全事故后造成的损失,鉴于矿山企业的特殊性,主要包括事故直接损失、停工损失、恢复生产的费用及事故中伤亡人员的治疗、抚恤及赔付等方面的支出。

2.5.1.5 矿山企业的退出成本

矿产资源是不可再生的可耗竭的资源,所有矿山企业最终都将面临资源枯竭、矿井关闭退出的结局。国有矿山企业关闭前需要大量的资金用于企业转产及富余职工的安置。现实的情况是,由于长期以来的政策性原因,资源枯竭的矿山企业没有积累这部分资金,无力支付这笔庞大的支出。国家对资源枯竭的国有矿山企业只能给予财政补贴实行政策性破产关闭。由于国家的财力有限,财政补贴也主要用于职工的安置,不是支持企业转产。我国有数量众多的国有矿山企业,数百万矿业从业人员,从长远看,国家不可能永远地对资源枯竭型矿山企业都实行政策性破产关闭,矿山企业必须在其寿命周期内自我积累退出转产资金。这不仅是矿山企业可持续发展的需要,也是符合资本运营的规律的矿山企业的退出成本即矿山企业的闭矿退出费用,用于矿山企业在资源枯竭闭矿时所衍生的支出及转产时的支出,应在矿产品的销售收入中计提,作为长期负债管理。

2.5.2 矿山企业成本管理的特点

矿山企业的任务是从事矿产资源的开采,由于矿产资源储量的有限性与不可再生性,就决定了矿山企业像生物有机体一样,存在一个从生到死、由盛转衰的过程。研究这个过程,深刻揭示矿山企业发展的周期性规律,根据矿山企业发展所处的阶段而制定正确的管理模式及发展战略有着重要的现实意义。矿山企业生命周期分为规划建设期、成长期、成熟期、衰老报废期和蜕变期。各个周期的管理特点如下：

（1）矿山规划建设期阶段没有矿产品产出，却需要大量的投资进行基础工程建设，该阶段又决定矿山后期生产运营期间开拓系统的布局，决定基础工程的质量，决定把潜在生产能力变为现实生产能力的长短。所以它对后续的生产运营将产生广泛而深刻的影响。因此，在该阶段应以最短的工时、最少的投资完成高质量的优化基础工程建设，为及早形成生产能力创造条件。规划建设期阶段属于基建期，矿山企业应该大胆采用先进的施工技术，强化项目法人对整个企业建设筹划的责任，克服“投资无底洞、工期马拉松、还贷无指望”的弊端。要优化投资结构，不断调整生产性投资与非生产性投资的比例，同时依靠市场机制来优化配置企业的生产要素，重点控制用人数量和解决“企业办社会”的问题。

（2）成长期阶段属于生产经营时期的初级阶段，生产效率比较低。只有经过一段时间的磨合与适应，人员的操作才会日渐熟练，加上资源开采初期条件较好，因而它的规模经济开始显露。随着产量的增长，在市场稳定的条件下，企业的财务状况逐步得到好转，净现金流逐步由负向正转变。因此，该阶段应尽量减少生产要素磨合的时滞效应、努力开拓市场、扩大产量，尽早实现规模经济效应。成长期阶段，矿山企业正式进入生产经营状态，因矿体赋存位置相对比较浅而易开采，且设备新，尽管工人的熟练操作需要一定的时间来适应，但是不会很长，所以矿山企业产量增长将非常迅速。该时期市场问题才是制约它迅速发展的瓶颈。为了迅速扩大市场占有率、及早实现规模经济效应，宜采用密集型市场渗透战略，即通过改进广告、宣传与推销等营销工作的力度，并在某些地区增设商业网点，借助多渠道将矿产品送达消费市场。总之，要逐步扩大市场份额，提高矿产品的市场占有率，进而促进扩大再生产的顺利进行。

（3）成熟期阶段，矿山产量的增长率逐步趋近于零，产量达到最大，在外部环境稳定的情况下，矿山企业的财务净现金流达到最大而处于发展的黄金时期。鉴于该阶段矿山企业的资金积累达到一定的规模，而且员工的技术经验得到提升，但国内外矿产品的市场容量有限，同时受竞争者及矿产品不能长期储存等因素的限制，决定了矿山企业的规模扩张存在一个临界点，当超出这一临界点便会出现规模不经济的现象。因此，该阶段的核心目标应为：维持矿山的正常生产经营，同时向矿产品深加工领域渗透。进入成熟期阶段，企业应该尽量维持正常的生产经营活动，但是为了发展多种经营和扩大获利空间的需要，从提高产品附加值的角度出发，应向矿产品深加工领域渗透。为了实现这一目的，该阶段宜采用前向一体化战略，即不断对矿产品做深一步加工，或对资源进行综合利用。再者，在成熟期的矿山企业一般都是规模生产，而规模经济会使得生产成本降低，所以通过前向一体化还有利于扩大自己在行业中的规模和势力，从而逐步达到某种程度的垄断。但是必须注意，一体化经营需要很大的投资，而且日后想脱离这些行业就非常困难，而矿山企业的生命周期又注定了因其可持续发展而需转型脱离原行业，因此对实施这一战略的规模投资不应过大，否则将来转型就会遇到困难。

（4）随后矿山进入衰老报废期，这一阶段是指矿山企业从衰老到报废的时间段。随着开采时间的不断延续，作业设备也日渐老化，资源的开采难度在不断增加，而且资源储量也不断接近枯竭，矿山的生产能力逐步下降，生产成本逐步提高而失去竞争力；与此同时，矿山企业还要负担环境治理、失业人员及离退休人员的安置问题。到了后期，矿山企业的财务净现金流又逐步变为负值，经营状况日益恶化。所以矿山管理层应继续保留部分生产要素从事采掘业，同时依据技术装备及前一阶段所涉足的深加工领域的特点而有目的地加大相关领域产业的发展，为矿山企业的可持续发展创造条件。随着生产的不断延续，采矿的难度不断增加，因而矿山企业的经营成本总体上不断上扬。为了摆脱困境，大部分矿山企业都不同程度地加大了对相关领域产业的投资，即实施多元化经营战略——以现有的产品市场为中心，向水平方向拓展经营业务领域的多种经营；也可以以现有的产品市场为中心，在纵向上扩大业务经营领域，或者开发与现有产品或市场领域有关，但完全不同的产品和市场来扩大业务领域的多种经营。通过多元化经营战略可以纠正矿山企业的目标差距、实现范围经济，促进矿山企业重建或实现矿山企业再造，进而达到可持续发展的目的。

(5) 矿山企业生命周期的最后一个阶段是蜕变期，该阶段指矿山企业从着手投资非矿产业到正规走向非矿产业的过程。资源枯竭虽然可以通过转移采区而获得新生力量，但不能从根本上改变矿区衰退的客观规律。因此，矿山企业必须要像蝉一样，经过蜕变方能实现矿山企业的可持续发展。因此，该阶段的核心目标应为：将工作中心从资源采掘向非矿产业发展转移，利用已经建立的分销渠道及企业信誉等来促进非矿产业的发展，从而获得新的成长经济效果。进入蜕变期后，矿山企业的资源已经处于枯竭状态，即将面临闭坑。为了实现矿山企业的顺利转型，工作中心也旨在发展非矿产业，因此该阶段有多个发展战略可以选择。可以选择撤退型战略，即从矿产采掘行业中逐步撤退出来，或者就某个多元化经营的子项目逐步向非矿产行业发展；或者实行并购战略来促进矿山企业向非矿行业转变；或实施再造战略，对前期所实施的多元化经营项目实施再造，从而促进它向新一轮的周期发展；也可以实施战略联盟，通过借助他人的力量来促进矿山企业向非矿产业转变。总之，该阶段的中心目标都是促进资源采掘向非矿产业的发展。

矿山企业在不同的生命周期阶段，它们所获得的经济收益及对应的工作重心都有所不同。它们的核心工作目标流程依次为：高效地完成基础工程建设，及早形成生产能力→开拓市场、扩大产量，及早实现规模经济效应→向矿产品深加工领域渗透→有目的地加大相关领域产业的发展→发展非矿产业。为了实现各阶段的工作目标，它们各有相对应的管理侧重点。

2.5.3 矿山企业作业成本管理的组织结构

成本管理的全员全过程的特性决定了它的管理机构应该是分级设置，归口管理，通常可分为三级，即公司(工厂)、矿区(车间)和班组。在公司一级组建成本管理中心，负责全公司成本控制的管理工作。成本管理中心应该由财务部门、生产部门(包括技术、物资、劳动人事)、市场部门的负责人组成，由总会计师领导，中心的任务是负责整个矿山企业的成本管理工作，制定分级归口的责任制，明确划分各级、各口的成本管理的职责范围；负责制定和审定成本管理目标，并落实到有关部门和人员，做到整个企业上下目标明确，责任分明。中心的日常事务归口到财务部门。

矿区(车间)是中间一级，是成本管理的主要责任单位，矿山产品成本的绝大部分在矿区(车间)内形成，生产现场成本管理主要由矿区(车间)组织实施。在矿区(车间)也要建立职能小组，配备受过专业训练的财务人员，负责矿区(车间)一级的具体的业务职能，并负责指导工人开展成本管理活动。矿区主任是当然的矿区(车间)成本管理的负责人。

生产班组是矿山企业进行生产活动的最基层组织,成本中的物耗和工时消耗大部分在班组中发生。班组成员对生产活动了解得最直接、最具体,作业流程由他们具体实施,他们对物资和劳动力的消耗情况以及作业的划分、作业动因的选择最清楚,因此也最能提出改进措施,所以班组也应该确定为责任单位。通过班组可以进一步把控制目标分解到个人,实行人人控制。在加强责任的同时还应进行主人翁精神教育,特别是矿区(车间)、班组两级人员,他们的积极性发挥得如何对能否实现事中控制是十分重要的。

建立分级归口的机构设置是为了在组织上加强作业成本管理的责任制,同时也规定了信息传递路线和方式。它的运作形式是,从上而下把成本管理总目标分解后具体地落实到矿山企业所有部门的人员身上,自下而上主动反馈,归口到各职能部门,最后汇总到财务部门(成本管理中心),如图 2-7 所示。

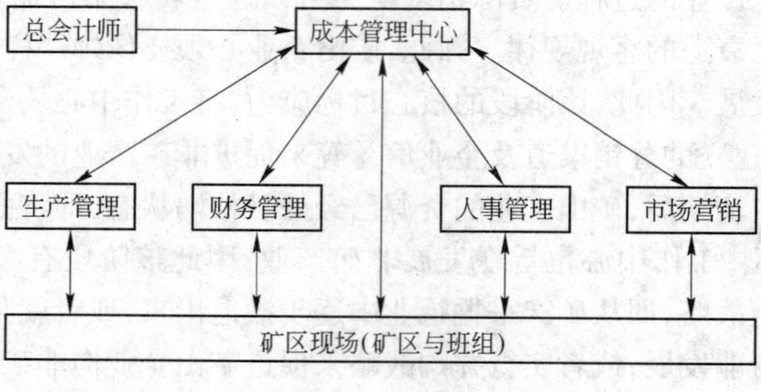

图 2-7　分级作业成本控制机构

2.5.4　矿山企业作业成本管理的基本流程

矿山企业作业成本管理的基本流程主要有两步:第一步是矿山企业作业成本的计算;第二步是在第一步的基础上,对矿山企业进行作业成本管理的分析与控制(图 2-8)。

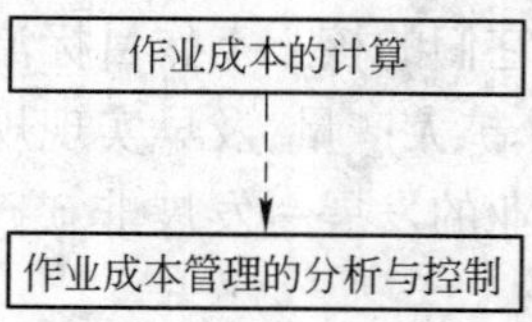

图 2-8　矿山企业作业成本管理的流程

传统成本计算方法重点在于描述"花费了什么",其关注的重点是总体成本的正确性,而不注意构成总体的各个部分是否正确。通过对矿山企业进行作业成本计算,使制造费用与产品成本之间有良好的相关性,可以得到更加精确、合理的产品成本,大大增强了成本的归属性,而且对成本发生的原因给予更好的披露,提高了成本数据的可信赖程度,有利于企业据此做出正确决策。作业成本法从成本动因的观点出发,重点描述了"为什么事项而花费",它展现了成本发生的深层次原因,使企业了解导致组织成本的因果关系及对组织的影响。

确定了资源、作业中心,以及作业动因这些核算要素之后,那么这些核算要素的数据来源成为最需要关注的问题。如果企业本身拥有财务系统和企业资源计划系统(ERP, enterprise resource planning),那么各种费用就可以从财务系统中得到,而成本动因各方面的数据则可以从 ERP 系统中得到。如果企业自身没有自己的信息系统,那么作业成本核算系统的任务就比较重,需要在系统中去采集包括财务数据、非财务数据等一系列核算所需的数据。在传统的成本核算系统下,核算比较简单,简单的财务软件就能够较快的提供成本信息。而在作业成本核算系统中,由于需要处理大量的资源费用分配、作业成本分配以及资源动因、作业动因的输入,如果仅靠手工或者一般的财务核算软件是满足不了作业成本核算的要求的。因此企业需要根据自己的具体情况,来开发适合自己的核算软件。

分析和控制是指在作业成本法计算出的成本信息的基础之上,进行深入地成本链分析,包括动因分析、作业分析等,得出有利于企业决策的结果,指导企业有效地执行必要的作业,消除那些不能产生顾客价值的作业,从而达到降低成本,提高效率的目的。通过分析与控制,可以促进企业改进产品设计、提高作业完成的效率和质量水平,减少浪费并尽可能降低消耗,寻找最有利的产品、顾客和相关的最有利投资方向,以促进企业生产经营的整个价值链水平的不断提高。

2.5.5 矿山企业作业成本的计算

作业成本计算具体步骤如下:

(1) 确定成本计算对象。如以产品的品种、批次或步骤作为成本计算对象。

(2) 直接成本的归集。直接成本包括直接材料、直接人工成本及其他直接费用。

(3) 鉴定作业,划分作业中心。在矿山企业采用作业成本核算系统之前,首先要分析确定构成企业作业链的具体作业,确保这些作业是受业务量而不是产出量的影响,如爆破作业、支护作业、提升作业。

(4) 成本库费用的归集。在确定了企业的作业划分之后,就需要以这些作业为对象,根据作业消耗资源的情况,归集各作业发生的各种费用,并把每个作业发生的费用集合分别列作一个成本库。常见的地下硬岩矿山成本中心划分为:采场凿岩和爆破、采场出矿、采场支护、采准切割、运输、提升、辅助作业、监理和控制。

(5) 成本动因的确定。为各个成本库确定合适的成本动因,这是作业成本法中成本库费用分配的关键。在通常的情况下,一个成本库可有几个成本动因,有的成本动因与成本库费用之间存在弱线性相关性,有的成本动因与成本库费用之间存在着强线性关系。这一步的关键就在于为每一个成本库选择一个与成本库费用存在强线性关系的成本动因。

(6) 确定各项作业的标准成本。标准成本是指在正常的和有效率的运转状况下企业各项作业的成本,而不是指实际发生的成本。标准成本可用于控制成本,将标准成本和实际发生的成本进行比较,顺差表示作业运行的结果好于预期,而逆差则表示作业运行的结果不如预期。

(7) 在第四步归集了各个成本库的费用及第五步统计了各个成本库的成本因量后,即可计算各个成本库的成本动因费率。成本动因费率是指每单位成本因量所引起的制造费用的数量。

$$r_j = c_j / d_j \qquad (j = 1, 2, \cdots, n) \tag{2-42}$$

式中 r_j——j 成本库的成本动因费率;

c_j——j 成本库的费用;

d_j——j 成本库的成本动因总量。

(8) 成本库费用的分配。有了成本动因费率之后,可根据各产品消耗各成本库的成本动因的数量,进行成本库费用的分配。每种产品从各成本库分配所得费用之和,即为每种产品的制造费用分配额。

$$MC_i = \sum_{j=1}^{n} r_j d_{ij} \quad (i = 1,2,\cdots,m; j = 1,2,\cdots,n) \tag{2-43}$$

式中 MC_i——i 产品分配得到的制造费用；

r_j——j 成本库的成本动因费率；

d_{ij}——i 产品消耗成本库 j 的成本动因量。

(9) 产品总成本的计算。由第一步得到的直接成本和第八步得到的制造费的数据，就可进行产品总成本的计算。生产产品所发生的直接成本与制造费用和，即为产品的总成本。

$$TC_i = DC_i + MC_i \quad (i = 1,2,\cdots,m) \tag{2-44}$$

式中 TC_i——i 产品的总成本；

DC_i——i 产品的直接成本；

MC_i——产品的制造费用。

2.5.6 矿山企业降低成本的主要途径

要搞好矿山企业成本管理，降低产品成本，必须注意以下环节：

(1) 确立目标成本，目标成本是在一个时期内，产品成本应达到的水平。它是根据产品的品种、产量、质量、价格、市场预测和利润目标的资料来确定的，为了正确的制定企业目标成本，需要在市场调查的基础上，取得确实相关的资料和数据后，仔细分析研究本企业现实生产技术和管理措施的条件下所能达到的水平，在今后一段时期内而制定的成本目标。

(2) 掌握成本的构成，不同的部门成本有很大的差异，不同的成本分类方法成本的构成各不相同，要搞好成本管理必须分析成本的构成，然后有重点有针对的去找降低成本的途径。

(3) 影响成本的主要因素包括：

1) 产品的性质、性能、质量和结构特点，以及因此而引起的对原材料和主要材料的要求、工艺过程特点，单位产品生产的劳动量大小等。

2) 产品设计、工艺规程和工艺装备条件。

3) 原料、材料、燃料、动力、固定设备和劳动力等生产要素的选择和运用是否合理。

4) 企业的管理水平。

5) 企业规模、专业化水平和企业的地理位置等。

明确了影响成本的显著因素后，便能有针对性的加强管理，克服薄弱环节，改善成本的组成。

(4) 拟定降低成本的措施，通常降低成本的措施有：

1) 改进设计和工艺，提高劳动生产率，降低单位产品的消耗，因为矿山企业不消耗主要材料，单位成本中，工人的工资所占的比重较大；因此对矿山企业来说提高劳动生产率表现在开展技术革新，推行科学管理方法；有计划的培训职工，提高工人的业务素质，改善劳动组织，合理调配劳动力。

2) 合理选用或更新设备及提高设备利用率，这样可以使得产品中摊销的折旧费与维修费减少，从而降低成本。提高设备的使用率的办法是严格执行设备保养维修制度，保证设备在良好的操作条件下运转，清理多余的设备。

3) 节约物资消耗，改进生产流程，简化操作步骤，进行技术革新；合理选择采矿方法，合理回采,降低贫化率,提高矿产品的回收率和品位。

4) 改进管理制度,节约支出,严格遵守财经纪律,压缩和减少行政开支和各项管理费。

2.5.6.1 积极控制资源

资源对矿山企业来讲,是至关重要的,是矿山企业的基础、关键,企业的生命线。一种质量高、矿产品适销对路的资源,更是矿山企业求之不得、竭力想得到的。有了这种资源,无异于抱了一个金娃娃。

质量高的资源应具备以下特点:(1)勘探程度合理;(2)具有一定的规模;(3)矿石的品位高;(4)采矿条件好。勘探程度合理,在可研、设计时,就可选择一种效率高、成本低、贫化、损失指标优的采矿方法,选择一种成本低、回收率高、对各种矿物可进行综合回收的选矿方法;由于勘探程度合理,矿山可少做一些补充探矿工程,从而减少探矿支出,降低综合成本。对于勘探程度高的资源,在矿山基建生产期间,布置的开拓采准工程就更趋向于合理、科学,一方面可节约投资,另一方面可降低经营费用。规模大,可以加大处理量,降低采矿、选矿成本,实现规模效益。高品位矿石可大大降低单位矿产品的成本。采矿条件好,就可以低成本、高效率、技术指标好,安全、可靠地回采矿石。

2.5.6.2 科学、合理、严格控制探采工程

任何一个矿山在生产期都存在进一步探矿的必要。对已知矿体、矿脉进行边探、边摸底,详细准确地了解矿体的赋存情况,一方面可增加地质储量,另一方面可为矿块设计提供详细的资料,科学合理地布置采矿工程。在生产期间,对已知矿体周边进行探矿,了解矿体周边是否还有未知的盲矿体、平行脉等。探矿、采矿工程布置是否科学、合理,都直接影响矿山企业的经营效益,采矿成本,资金的流向,因此在布置探矿工程时,应遵循“全、准、少”的原则。“全”就是进行探矿后,能够全面地了解矿脉的赋存情况及矿体周边的情况;“准”就是布置工程要准确,工程做完后,就应对新探的对象有准确的了解,有一定的结论,为后面的探、采工作提供依据;“少”就是在能达到目的的基础上,尽可能科学合理地少布置工程。地下各种工程单价都很高,稍有疏忽,就会造成浪费,无形增加成本,因此在设计、布置工程时,应建立有力的管理约束机制,按工程量大小规定审批权限。工程量较小时,由生产、技术管理部门设计、审查,交主管领导审批。当工程量达到一定规模后,应由生产技术部门设计、主管领导审查,最后由主要领导审批。在设计、审查、审批前,一定要召集有关技术人员进行认真地讨论、分析、研究,确定合理的探采方案。只有责任明确,层层把关,才能避免浪费,避免“地道战”工程。

在工程验收时,对超挖部分坚决不予验收。要成立多方参加的工程验收小组,制订相关管理办法,建立互相监督机制。要对验收人员进行技术、政治方面的教育和培训,以提高他们的负责心和技术能力。

2.5.6.3 特殊小矿体的回采方法

在金属矿山,尤其是黄金矿山,常会遇见缓倾斜、薄而特富的小矿脉,弃而不采要造成损失,但回采难度又非常大。如果按正常的采矿方法,既会增大贫化、损失率,又会增加采矿成本,在这种情况下,一般可采用分层采矿的方法,即先将矿脉下部的围岩按作业需要,先剥一定高度,然后再采矿石,按照合理的进尺,逐步进行回采。采用这种回采方式,一定要控制好两个参数:(1)采空区的高度。由于矿脉为缓倾斜赋存,采空区的高度即为回采人员的作业

高度，太低时，无法进行作业；太高时，剥离废石量太大，作业成本增加，因此，一定要合理地控制采空区高度；(2)剥离的废石不要全部运出地表，一部分可用于砌筑矿柱，另一部分可在不影响作业的前提下，堆放在采空区内从而减少提升费用。

2.5.6.4 采用成本倒算法控制成本

核定生产成本有正算和倒算两种方法。正算法是计划经济体制下一种常用方法，在事前只考虑生产过程中所消耗的材料、人工、管理费各种费用，没有考虑市场的变化，需求走向，利润指标的控制是被动的；而倒算法则是首先锁定利润指标，利润优先，再根据市场的价格走势、需求走向、原矿的品位，确定产品产量、生产、销售、管理过程中的各项费用。采用倒算法，2010 年 5 月统计资料显示，新疆哈密金矿的选矿成本在 2008 年至今两年内下降了近 30%。

2.5.6.5 采用公开招、投标法控制、降低成本

任何一个矿山，每年都有大量的开拓、采矿、探矿工程，尤其是资源即将枯竭的矿山，探矿工程量更多一些。如何有效地控制工程量前面已经介绍了，在此主要介绍一下如何控制和降低单位工程造价。

纵观整个社会，在工程发包方面，属于卖方市场，即施工队伍多，工程量少。为了能选择一支资质好、信誉度高、价格合理的施工队伍，通常采用公开招投标的方式。先以招标条件书的方式，把矿山的基本情况、工程的基本情况和要求及对投标队伍的基本要求通知到各施工队伍。要求各投标的队伍要在一定的时间内，将施工单位的资质、基本情况完整地准备好，并将技术力量、劳动组织、施工设备、流动资金等情况，较详细地在投标书中说明。招标方在收到投标书后，必须按照一定的程序将投标书保管好，确保各单位的投标内容不外泄，以保证招标工作的严肃性。要特别讲的一点是，为了防止标底泄密，最好的办法是：在投标书没有收齐前，招标方不确定工程标底，然后在投标书收齐后，在未打开前，由招标单位的招标领导小组确定标底。这些前期工作做完后，在招标领导小组会议上将所有的投标书打开公布，最后确定 3 ~ 4 家资质好、信誉高、力量强、价格接近标底的队伍。由这几支队伍进一步详细地讲清楚各种情况，并对领导小组提出的问题进行答辩，最后由领导小组以无记名投票或其他的方式确定一支队伍。哈密金矿从 2000 年开始，连续三年都采用了招标方式，探采工程单价下降了 20% 左右。

2.5.6.6 采用新的材料供应方式

破矿、磨矿材料供应，传统方法是：由矿山材料供应部门购买颚板、衬板、钢球等，生产车间领料使用。这样存在以下几个问题：(1)挤占一定的生产流动资金；(2)在保证材料质量上，使用方是被动的，质量波动也较大；(3)材料价格不好控制。要解决这些问题，可采用破矿、磨矿单位费用承包的方式，即采用招标的方式，把破、磨 1t 矿石的费用一次性包死，合作期可长可短。材料供应商先无偿地把材料运到矿山，由矿山企业和供应商按双方认可的制度共同保管，每月底根据矿山企业破矿、磨矿石量，按承包的单价进行结账，按通俗的说法就是“先上车后买票”。采用这种办法，(1)可使得材料生产、供应商主动地提高材料质量。因为质量不保证，就不会赚钱，还有可能赔钱；(2)不再挤占流动资金，使得流动资金的周转周期缩短了。由于在破矿、磨矿材料供应方面属于买方市场，因此，经过招标可大幅降低破、磨矿的成本。哈密金矿采用这种办法后，破矿、磨矿成本降低了 25% 之多。

2.5.6.7 翻选矿石、减少废石量

在采矿过程中，肯定有一定量的废石混入，尤其在小矿脉、难采的矿体，贫化率就会更大。由于废石的混入，不但要降低入选矿石的品位，而且会增加运费和选矿费用，因此，在矿石提升到地表后，应组织一定的力量，对矿石进行翻选，减少废石的运输量，降低运输成本，更重要的是，在选矿过程中，破碎、磨矿成本都会降低，药剂消耗也会下降，从而选矿成本有所降低。

思 考 题

1. 矿山企业具有哪些性质特点？
2. 制定矿山企业计划时需要注意哪些原则？
3. 简要叙述矿山企业年度计划的编制流程，有哪些方法？
4. 设备管理的任务包括哪些？
5. 固定资产如何分类，其消耗形势有哪些？
6. 设备选择、使用及更新管理应注意哪些问题？
7. 简述产品质量、质量管理的定义。
8. 如何理解质量管理的 PDCA 循环法？
9. 质量管理常用的数理统计方法有哪些，并叙述这些方法的主要内容。
10. 简述成本的概念，成本的分类方法有哪些，试做具体分析。
11. 简要说明成本管理的主要内容。

3 矿产品市场供需分析

3.1 矿产品市场概述

3.1.1 矿产品市场概念

市场是生产力发展到一定阶段的产物，它既是生产发展的结果，又是生产发展的条件。市场是以商品为交换内容的经济联合形式，属于市场经济的范畴，随着全社会生产的社会化程度越来越高和商品经济的快速发展，市场的概念已从“在一定空间上、地区内商品交换场所和交换关系的总和”发展为“整个商品流通领域，或商品供需关系的总和”，所以，矿产品市场可理解为专指矿产资源经过开采或者采选后，脱离自然状态的矿物产品的整个流通领域或供需关系的总和。

矿产品市场是现代市场经济运行过程中物资交易的其中一种，它是根据矿产品提取阶段或质量的不同而划分的，比如铜市场可分为铜矿石（仅限于富矿石）、铜精矿市场、粗铜市场（铜的冶炼产品）和电解铜市场四类。不过，实际上遇到的矿产品市场，都是指矿产品的国际标准质量，即对世界贸易具有重大作用的那种矿产品市场。

3.1.2 矿产品市场具有的特点

矿产品市场主要是指脱离自然状态的矿物产品的交易市场，它与一般的产品市场相比有着自己的特点。

（1）从矿产品供应来看，由于地质勘查和矿山开发建设工作具有探索性和长周期性，因此，矿产品的短期供应能力受矿山和选厂的生产能力所制约，矿产品的中期供应能力受新建和扩建矿山和选厂的生产设计能力和开采远景储量所制约，矿产品的长期供应能力则多受新矿床的发现和矿石技术加工水平的提高等因素所制约。

（2）从现实矿产品需求来看，矿产品的消费量主要取决于在某特定时期内实际用于最终产品的数量，因此在一定程度上它是社会经济发展总趋势的函数，此外，总需求还与未来代用原料的应用和再生资源的利用、国家战略储备以及未来新技术工艺的研究等因素有密切关系。

（3）从经营特点和购买对象来看，由于矿产品生产的长期性、销售对象的专一性，因此，买方大多是企业集团或大的制造商，这就造成矿产品市场经营和购买方式多以长期贸易活动为主，现货交易为辅。

（4）从矿产品的市场销售价格来看，矿产资源的价值一般取决于其自身的自然丰度和外部建设条件的影响。由于矿产资源千差万别，其勘查和开采成本高低不一，相差悬殊，故矿产资源价格一般是以供销双方协商定价的形式进行确定的。当矿产品进行现货交易时，一般根据当时市场的供需状况定价，在短期内缺乏灵活性，当进行长期订货时，则根据开采投入产出的经济效益和市场供需预测定价，并根据规模经济效益原则，确定未来总供货量的供货价格，以后则根据市场变化情况再逐年确定矿产品价格。

3.1.3 矿产品市场的影响因素

矿产品市场的影响因素主要有以下两类：

(1) 长期变化的影响因素。1) 新大型矿产资源的发现和采掘；2) 矿产资源现有储量耗减；3) 采掘、开采、加工生产工艺科学技术的进步；4) 环境污染、环境保护法律法规等因素；5) 新型材料和替代品的开发与生产；6) 新矿产品市场的开发。

(2) 短期变化的影响因素。1) 社会动荡、政治不稳定等因素（如工人罢工、政治动乱）；2) 生产库存和消费库存的变化；3) 矿山的增产或减产；4) 政府对矿山企业或矿产品市场的政策方针；5) 经济发展速度和更新的周期；6) 国际贸易情况及其他影响因素。

影响矿产品市场的因素很多，在某一特定时期可能是单独的因素影响矿产品市场，但大多数的时期都是多种因素同时交合、重叠影响矿产品市场的变化。

3.1.4 矿产品市场的种类

3.1.4.1 矿产资源市场

矿产资源市场可分为两种：

(1) 当探采分离时的专门的勘查部门或单位，在已寻找到或探明矿产资源（甚至已经过综合分析和整理的）资料，均可以通过矿产资源市场将其出售给有关的开发部门或以股权形式与矿业公司合作开发矿产资源。

(2) 是一些探采一体的矿业公司，对探得的一部分因某种原因而不能自行开采的矿产资源，经矿产市场卖给其他矿业公司开采。

3.1.4.2 矿产市场的主体

矿产品是矿产市场的主体。这些市场根据矿产品种类的不同，进行细分。

(1) 金属矿产品市场。我国已探明储量的金属矿产有 54 种，即：铁矿、锰矿、铬矿、钛矿、钒矿、铜矿、铅矿、锌矿、铝土矿、镁矿、镍矿、钴矿、钨矿、锡矿、铋矿、钼矿、汞矿、锑矿、铂族金属（铂矿、钯矿、铱矿、铑矿、锇矿、钌矿）、金矿、银矿、铌矿、钽矿、铍矿、锂矿、锆矿、锶矿、铷矿、铯矿、稀土元素（钇矿、钆矿、铽矿、镝矿、铈矿、镧矿、镨矿、钕矿、钐矿、铕矿）、锗矿、镓矿、铟矿、铊矿、铪矿、铼矿、镉矿、钪矿、硒矿、碲矿。这些矿产品有的以单质形式交换构成单矿种市场，有的以化合物形式交换，可以到总的矿产品市场或其他综合性交易市场中去参加交换或出售。

(2) 能源矿产品市场。能源矿产是中国矿产资源的重要组成部分，截止到 2009 年年初，已建成能源矿山、油田共 10613 处，主要为石油、天然气和煤炭。随着核电技术的发展，目的核燃料也逐步进入能源市场，这些能源矿产品有的常常单独形成统一的单矿种市场，如世界石油市场的"欧佩克"集团就几乎垄断了整个石油的出口市场。

(3) 建筑材料市场。建筑材料市场包括大理岩、花岗岩等建筑石料，膨润土、硅藻土、砾石、细砂、黏土、建筑材料市场。

(4) 化工和非金属矿产品市场以及石英砂、长石、石灰岩、石墨、珍珠岩、石棉等建筑原料矿产品,它们常构成庞大的包括硫、磷、钾、食盐、碱、明矾石、芒硝、硼矿、镁盐等矿产品,对一些主要的矿产品或其加工产品,常形成单独的矿产品市场,但大多数化工矿产品是在化工原料公司或化工商店中进行交换或出售的。

(5) 其他矿产品市场。如宝石、玉石、彩石、玛瑙、水晶等特种非金属矿物原料,它们大多数是珠宝市场中的矿产品。

3.1.5 我国矿产品市场发展展望

面对全球矿业发展的新形势,需要我国在以下几个方面积极采取行动稳定矿产品市场、推动矿业可持续发展:

(1) 稳定全球矿产品市场。近年来,石油、铁矿石等重要矿产资源价格处于高位,除供求关系影响外,也存在一些非经济因素的干扰。这既不利于消费者,也不符合生产者的长期利益。目前,大多数矿产资源已探明储量相当丰富,开采和加工能力也在增加,过高的价格是非理性的。国际矿业界应共同努力,进一步加强地质勘查,继续增加矿产品供给,积极改善贸易方式,包括以投资带动贸易、建立长期供货关系、发展期货市场等,促进矿产品市场价格稳定。我国既是矿产品消费大国,也是生产大国,应坚持节约优先、立足国内,主要依靠自身力量增加矿产资源供给。同时积极发展矿产品贸易,规范矿业市场秩序,建立健全石油等期货市场,为完善价格形成机制,稳定全球矿产品市场做出应有贡献。

(2) 建立和完善国际矿业经济新秩序。随着全球经济发展和产业结构调整,世界矿产品供给和需求格局发生了新的变化,一些地区矿产品需求迅速增长,还有一些地区加入了资源供给的行列,一批新的企业正在成长,但原有的矿业经济秩序还不能适应这种变化。资源生产者与消费者之间,应进一步加强协商对话,反对价格垄断,促进公平贸易,满足消费需求;合理分配矿业收益,促进资源开发地区的经济发展。无论是资源生产者还是资源消费者,都应当有平等的话语权。中国政府和企业愿与世界各国同行共同努力,处理好资源生产与消费的关系,促进国际矿业贸易健康发展。

(3) 推动矿业可持续发展。合理开发资源,保护生态环境,是国际矿业界的共同责任。为了促进矿业的可持续发展,鼓励企业加大地质勘探力度,增加资源储量;加强技术开发,改进生产管理,提高资源利用率;扩大资金投入,建立资源开发、环境保护和生态恢复的补偿机制。合理规划资源开发的范围和次序,加强对勘查、开采、加工、运输等各个环节的监管,防止出现资源破坏和环境污染。中国高度重视矿业节约发展、清洁发展、安全发展和可持续发展,愿与各国政府和企业加强交流,共同促进矿业经济、矿区社会和资源环境协调发展。

(4) 加强矿业领域国际合作。矿产资源全球分布的不均衡性,决定了世界上没有一个国家可以完全依靠本国的资源满足发展需要,加强国际合作是必然的选择。各国应进一步发展矿产品贸易,扩大相互投资,方便矿产品运输,保持全球矿业经济繁荣的良好势头。中国将坚持实施互利共赢的开放战略,大力发展矿业商品贸易和服务贸易,鼓励外商投资矿产资源开发,积极引进国外资本、先进技术和管理经验,支持国内有条件的企业到境外开展矿产资源的勘查开采和工程服务,广泛开展地球科学和地质勘查领域的国际交流与合作,努力实现互利互惠,共同发展。

3.2 矿产品市场供需调查

矿产品市场调查是获取矿产品市场信息的一种重要手段,是进行矿产品市场分析和预测的基础。它通过收集和整理反映矿产品市场状况的过去的、现在的以及未来发展变化的资料,为可行性分析与研究和进行矿产品市场预测以及矿产品营销方针等方面提供了可靠的科学依据。

3.2.1 矿产品市场调查的类型

矿产品市场调查的类型根据不同的分类方法可以分为不同的类型,一般情况下可以按调查的性质、目的以及调查的内容不同进行分类。

根据矿产品市场调查性质和目的不同可分为:

(1) 发现问题调查。发现问题调查的主要目的是为了发现问题,查明问题产生的原因,探讨解决问题的方法。如某种矿产品的销售突然发生变化,要通过调查矿产品的潜在市场和未知新市场的可能性。找出问题的关键,弄清原因,探索矿产品的潜在市场和开拓新市场的可能性。

(2) 资料数据调查。资料数据调查主要是收集和整理矿产品市场的事实资料,如矿产品市场的潜在需求、市场占有率、消费行为、竞争、产品方案等。

(3) 关系调查。关系调查是指当某种矿产品销售情况发生变化,而引起另一种矿产品销售的变化,或者当矿产品市场政策发生变化,而引起某些矿产品产销的变化。例如职工工资收入增加,会引起全国金银、玉器等首饰的需求量就会增加等。

根据矿产品市场调查内容的不同可分为:

(1) 需求和供给调查。需求方面包括矿产品消费者、潜在需要和其他方面,供给方面包括矿产品可供量、销售渠道、销售组织及促销活动等。

(2) 数量和质量调查,包括矿产品产量、产值、利润、销售量、销售额、销售利润、矿产品的质量指标、均匀性及其他商用性能等。

(3) 国内和国外矿产品市场调查。

(4) 静态和动态矿产品市场调查,静态市场调查是现实矿产品市场的真实写照,服务于短期预测;动态市场调查是研究矿产品市场的发展动向和趋势,服务于长期预测。

3.2.2 矿产品市场调查的内容

3.2.2.1 环境调查

环境调查主要包括社会、经济、政治、文化、自然地理环境等方面。

(1) 社会、经济环境,包括工农业生产水平、科学技术发展水平、自然资源和能源、国民生产总值和国民收入净增值、基本建设投资规模、人口数量、构成及分布、收入和消费结构、对外贸易发展状况和市场物价等。

(2) 政治、文化环境,包括政府的有关经济政策,加工业生产政策、外贸政策、银行信贷与税收政策等;政府的有关法令和规章制度,加工商法、环境保护法、矿产品检验法等各种法令和条例等;涉外项目还包括国际关系等;居民的受教育程度、文化素质和水平有时也很重要。

(3) 自然地理环境,包括地理位置、气候等其他重要的自然条件以及交通运输状况等。

3.2.2.2 专题调研

根据矿山建设可行性研究的需要,为了达到某一特定的目的而选定专题进行调查研究。

(1) 矿产品生产供应调查。过去几年矿产品生产和销售情况、新技术新工艺、发展趋势、进出口情况、影响因素等。

(2) 矿产品消费需求调查。矿产品市场需求总量和潜在需求等,矿产品用户的数量、规模、地理分布,消费者购买力大小及对口供应户等。

(3) 矿产品价格调查。影响矿产品价格变动的因素,供求情况的变化,价格变动对销售的影响,各种矿产品的差价、比价等专题研究。

(4) 矿产品市场竞争调查,生产同类矿产品矿山企业的规模、数量,各主要矿山企业的市场占有率及其发展变化趋向,各矿山企业生产出来的矿产品的类型与售价,消费者对各种矿产品的偏爱、价格水平、意见和要求等。

(5) 替代产品的研制、性能及价格等问题。

(6) 销售渠道和推销策略的研究和制定。

3.2.3 矿产品市场调查的方法

一般常用的方法有直接调查法和间接调查法两种:

(1) 直接调查法。这种调查方法就是将调查的内容,通过走访、电话、函件、通讯等形式向被调查者询问,以获得所需要的资料。

(2) 间接调查法。这是一种通过分析矿产品与用户之间的内在联系,了解矿产品市场需求及发展趋势的方法。要做好间接调查,必须注意对有关信息和资料的收集,如政府公布的国民经济或地方经济的发展计划、统计资料、政策、法令、条例、规定等;公开刊物刊载的新闻报道、市场信息、调查报告等;情报机构提供的市场情报信息等,以及已建立的矿山企业的资料。

市场调查的其他方法还有抽样调查方法、实验调查法等,但这些方法在矿产品市场调查中使用较少。

3.3 矿产品市场供应、需求与价格分析

矿产品市场状况实际就是指矿产品供应、需求和价格诸因素之间的关系。分析和预测它们之间的关系,可为政府制定矿产品贸易和国际商品协议提供依据,同时也可被采矿公司用来制定矿产品销售策略。

3.3.1 矿产品市场供应分析

矿产品供应过程即矿业生产过程,就是把矿产从地质资源转变为可销售矿产品的一系列多阶段活动。如果矿产资源的自然赋存条件较好,市场需求条件又有利,则可循序渐进地从地质勘查,到矿山设计建设,到矿山开采选矿等,从而生产出矿产品以满足矿产品市场的需要。矿产品市场需求的变化,矿产储量耗减,采选加工技术的进步等都会使

矿产品的供应具有动态性。通常“现在供应量”是指现有矿山企业的现有产量,“潜在供应量”是指对现有矿山企业进行挖掘、革新和改造后所能增加的最大产量,以及新建矿山项目的生产能力等;现在和潜在供应量之和即为社会最大供应量。矿产品供应过程具有以下特点:

(1) 从普查找矿发现矿床开始,到矿山企业生产出矿产品,是一项多阶段性、长周期性和不确定性、风险性的生产过程。

(2) 矿山企业属资金密集型企业,矿山开发利用所需投资大,而且要有较好的地区经济基础(如交通、通讯和其他福利设施等)。

(3) 矿产伴生组分的综合开发利用,以及再生资源和补充资源的利用具有重要意义,矿山企业往往实行纵向联合,即组成联合企业,这样不仅可以满足后续生产所需的矿产品,还可使矿产品供应少受市场价格的影响。

(4) 由于矿产资源的不可再生性,矿床开发利用时,要处理好矿产开发利用经济效益极大化与充分利用矿产资源之间的矛盾,以及矿产开发与环境保护之间的关系等。

(5) 由于矿产品国际贸易及政治社会影响的逐步扩大,各国政府常以法律、税收、储备和价格等手段鼓励或限制矿业生产,并且积极制定有关矿业政策,以确保投资活动最大限度地满足经济和社会需求。

3.3.1.1 供给函数和供给曲线

供给函数就是供给量与影响这一数量的诸因素之间的一种表达式,可用式(3-1)表示:

$$Q_S = f(P, C, E) \tag{3-1}$$

式中 Q_S——供给量;
P——价格;
C——成本;
E——生产者对产品的期望价格。

在影响供给量的诸因素中,价格是最灵敏、最重要的因素。供给量对价格的依赖关系可用曲线来表示,称为供给曲线。供给曲线一般以横坐标表示供给量,以纵坐标表示价格。供给曲线通常是一条自左到右向上倾斜(斜率为正)的曲线。

商品或者劳务的供给量除了受市场价格这一重要因素的影响,还与下列因素有关:

(1) 生产技术状况。生产技术状况能够影响产量变化的速度与幅度,因而影响供给量。生产技术进步能够提高生产率,使得厂商在一定价格水平上提供较多的商品。

(2) 生产要素价格。生产要素,诸如劳动、土地等的价格决定生产成本与供给价格(即厂商为提供一定数量的商品所愿意接受的最低价格),因而影响供给量。

(3) 有关商品的价格。如某商品的互补品价格上升,则互补品与该商品的需求量减少,该商品的价格下降,供给量也减少。

(4) 生产者对商品未来价格的预期。预期价格的上升或者下降,趋于导致商品供给量的减少或者增多。

上述一个或者几个影响因素的变化,会使商品在自身价格不变的情况下,供给水平发生变化。在供给曲线图上,这种变化表现为供给曲线的右移或者左移,即供给水平的上升或者下降。

3.3.1.2　供给弹性

供给量因价格变动而变化的程度称为供给的价格弹性，简称为供给弹性。供给弹性用供给弹性系数度量，即供给量的相对变化与引起该变化的价格的相对变化的比值。

$$E_S = \frac{\Delta Q_S / Q_S}{\Delta P / P} = \frac{\Delta Q_S}{\Delta P} \cdot \frac{P}{Q_S} \tag{3-2}$$

式中　E_S——供给弹性系数；

P——价格；

ΔP——价格的变化量；

Q_S——供给量；

ΔQ_S——供给量的变化量。

若 E_S 的绝对值大于1，则称供给富于弹性；若用 E_S 的绝对值等于1，则称供给单一弹性；若 E_S 的绝对值小于1，则称供给缺乏弹性。供给弹性的大小，取决于生产要素增减的难易程度。若某商品的生产要素的增减成本较低，则该商品的供给弹性较大；反之，供给弹性较小。

供给弹性还受所考察期限长短的影响。一般而言，由于生产要素的投入难以在短期内发生大的变化，商品的短期供给弹性小；而在长期范围内，生产要素能够发生大的变化，亦可能发生新生产者的进入或者原生产者的退出。因此，商品的长期供给弹性比短期供给弹性大。

3.3.1.3　矿产供给理论

矿产资源的有限性，使得矿产供给理论在矿业经济学中占有重要地位，亦使其比一般商品供给理论具有更为广泛的内涵。它不仅考察矿产供给与价格之间的关系，而且研究矿产资源量与矿产资源可用性评估等矿产供给的独特方面。

A　矿产供给规律

一方面，矿产供给是矿业对矿产需求的响应引起的。可供矿业公司实现这种响应的时间长短，对矿产供给有较大影响。在短期内（如3年内），矿业的采选冶能力不会超过已有的生产能力。在中期内（如3～10年内），矿业的生产能力可以通过对已知矿床建设新矿山而得到提高。在长期内（如10年以上），矿业的生产能力还可以通过投资新的勘查项目所发现的矿床而得到扩大。在长期内，矿产供给是累计产量的函数。随着累计产量的增大，资源可能变得稀缺，由此导致矿产供给减少，矿产价格上升。

另一方面，地质勘查与技术进步对长期矿产供给的影响作用却正好相反。矿产价格的上升，趋于使地质勘查工作加强，资源存量得到补充，产量增加；技术的进步，会使矿产利用率提高，矿产替代增多，对矿产的需求量减少。所以，矿产地质勘查工作与技术进步，趋于使矿产价格下降。

B　矿产资源分级

矿产资源分级是矿产资源量评估的基础，是矿产供给研究的重要内容之一。但是，迄今为止，尚无普遍可以遵循的矿产资源分级标准。资源分级往往依矿产资源评估目的与范围的不同而异。所以，在地质勘查、采矿工程、经济分析、管理决策等阶段，对矿产资源的分级常常有不同的概念。

表3-1列出了各国矿石储量分级对比。

表3-1 各国矿石储量分级对比

国家	分级情况对比				
美国地质及矿务局	探明的		推断的	假定的	推理的
	开拓的	标明的			
澳大利亚	合理的,保证的			附加估算的	
南非	合理的,保证的			附加估算的	
加拿大	已探明的			推断的	推断的
法国	备用储量1	备用储量2		远景储量1	远景储量2
联邦德国	肯定的(A)	概略的(B)	标明的(C_1)	推断的(C_2)	预测的(D)
民主德国	肯定的(A)	概略的(B)	标明的(C_1)	推断的(C_2)	预测的(D)
前苏联	A	B	C_1	C_2	D(预测的)
中国	A	B	C_1	C_2	D

一般来说,矿产资源是指在当前或将来更有利的技术经济条件下,可以生产的那部分矿产赋存经济资源是指在当前技术经济条件下可以生产的那部分矿产资源,包括尚未发现的经济资源。更详细的介绍可参阅有关方面。

C 矿产资源的评估

矿产资源评估一般是指矿产资源的定量描述。但其具体内涵则因评估的目的、采用的方法以及所考虑的因素不同而异。通常分为三类:宏观评估、中观评估和微观评估。

(1)宏观评估。随着世界政治经济形势的发展与变化,各国政府不时需要对本国的矿产资源进行全面的评估和预测,目的在于考虑未来的资源充足程度,进而制定长期的矿产资源开发与利用政策。此类评估称为矿产资源的宏观评估或远景评估,亦即矿产资源形势分析。如,美国总统材料委员会于1952年完成的全美矿产资源评估。矿产资源的宏观评估是一种十分复杂的工作。它既要明确矿产资源的信息结构,也要分析未来的经济形势,还要考虑国家安全等政治问题,以及科学技术的变化对矿产资源需求的影响等因素。

(2)中观评估。矿产资源的开发与其他非矿产自然资源的利用或基础工业设施的建设密切相关为使资源开发或者建设项目取得理想的社会效益,国家或地方政府部分也需对有关区域的矿产资源进行评估,称为中观评估。如,加拿大能源、矿山与资源部为规划铁路建设于1970年完成的西北地区矿产资源评估就是一个中观评估实例。

(3)微观评估。矿产资源所有者、矿山经营者、金融机构经常需要对矿业投资或生产矿山进行评估,以此进行投资决策及融资、课税、生产规划等经济管理活动。此矿产资源评估称为微观评估或项目评价。

上述三类矿产资源评估都包括矿产资源的技术、经济和社会经济评价等三个基本方面。技术评价是对矿产资源质量和数量的描述,经济评价是对矿产资源价值的描述,而社会经济评价则是对矿产资源开发的社会制约因素,诸如法律、环境、国防等因素的描述。宏观和中观评价强调矿产资源的技术和社会经济方面,其主要方法是各种评估模型。微观经济评估则强调矿产资源的经济价值,其主要方法是以社会经济制约因素为制约条件、以矿产资源技术评估为基础的资源开发现金流分析。

3.3.2 矿产品市场需求分析

矿产品的消费量是指特定时间内实际用于最终产品的数量。矿产品的消费量在量上是国民生产总值、人口数、人均国民生产总值、经济周期等总经济趋势的函数,常是以复利率增长,故用平均年增长率表示。

预测矿产品消费量常常使用"最终使用分析方法",该法首先是根据有关经济指标预测某种矿产品现有的和可能的各种最终产品使用的增长情况。然后,根据增长情况及其在未来原料市场中所处的地位,预测该种矿产品在每种矿产品使用中的消费量及其总和。如果预测的周期较长,还应该考虑代用品的作用以及新的最终使用的可能性等因素。当然,在这些方面的预测是比较困难的。为了制定矿产品的供应计划,除了把预测出来的矿产品消费量看作是直接(原始)需求之外,还必须考虑对外贸易、再生(一次)资源利用、政府储备和必要的库存量等方面的需求情况。此外,根据消费者的实际需求量和有待开发的未来需求量也可分为现在需求和潜在需求,它们的总和即为社会总需求量。

在矿山建设可行性研究过程中,根据国内外市场供需情况的调查研究和预测的矿产品未来社会需求量,与项目可能满足的供给量,通过综合分析以便对整体市场的结构和趋势,做出科学的估量和判断,为项目投资决策提供可靠的依据。

影响矿产品需求的因素很多,除矿山企业本身的营销因素外,主要是市场环境方面的因素,包括社会经济、政治、法律和文化思想因素等。总的来说,随着生产和科学技术的发展,人类对矿产品的需求一直在不断地增加。比如,近百年来,铁、煤、铜等重要矿产的产量大约增加了100倍;近35年来,矿物原料的产量超过了人类过去整个历史的产量。因此,社会对矿产品需求量的增加,扩大了矿产品市场,而矿产品市场的需求对矿产开发起着决定性的作用。根据有效需求,研究矿产品在市场上的占有份额,制订销售方案、生产计划,确定合理的生产规模,是进行矿山建设可行性研究和矿山编制生产计划和修改、调整计划的主要依据。20世纪80~90年代以来,世界主要矿产资源需求形势特点可概括如下:对能源矿产的需求今后仍将继续增加,但能源结构在近期内不会有重大改变;农业矿产需求主要在发展中国家,非传统农业矿产资源的开发亟待开拓;铁矿石和某些合金钢元素需求下降,特殊钢和不锈钢元素前途乐观;多数有色金属需求停滞或下降,轻金属前途光明;贵金属需求量将继续有较大增长,但资源仍然比较紧张;某些稀散元素是发展高技术工业的战略资源,需求增长迅速;建材原料发展迅速,应特别重视再生资源和新材料的应用;非金属矿产开发利用的深度和广度有了很大发展,特种非金属尤应重视。

3.3.2.1 *矿产需求函数与需求曲线*

需求函数是指需求量与影响这一数量的诸因素之间关系一种数学表达式,可用式(3-3)表示:

$$Q=f(P_x,P_s,t,i,e,a) \tag{3-3}$$

式中 Q——商品的需求量;

P_x——商品的价格;

P_s——替代品价格;

t——消费者的爱好;

i——消费者的收入；

e——对价格的期望；

a——广告费。

在其他因素保持不变的条件下，需求量对价格的依赖关系可用曲线来表示，称此曲线为需求曲线。需求曲线通常以横坐标表示需求量，以纵坐标表示价格。需求曲线通常是一条自左到右向下倾斜(斜率为负)的曲线。

当商品自身的价格不变，而其他因素发生变动时，该商品的需求水平则发生变化。在图上，这种变化表现为需求曲线的右移或者左移，即需求量的增加或者减少。如收入的增加、替代品价格的上升等都能导致需求曲线右移。

3.3.2.2 一般消费理论

消费者在商品市场上的购买决策和购买活动，称为消费行为。消费行为决定商品的需求规律。在西方经济学中，消费行为对需求的影响是通过边际效用分析方法来研究的。所谓商品的效用，是指消费者从该商品的消费中获得的满足程度，而边际效用是指消费者每增加一个单位消费品所引起的总效用的变化。

消费行为理论的基本假设有：

(1) 效用最大假设，即消费者的目标是以有限的资源，通过搜集、选择，购买的商品能使其获得最大的满足；

(2) 有理性行为假设，即消费者总是做出使效用最大的抉择；

(3) 无饱和状态假设，即消费者对获得所需商品的欲望是无止境的。

消费理论认为，随着消费者购买的某商品数量的增大，其从每一单位商品所得到的追加效用减小。简言之，随着某种商品消费数量的增加，该商品的边际效用趋于减小，这被称为边际效用递减规律。

运用此规律，可以解释需求量随价格呈相反方向变化这一现象。具体地说，消费者购买和消费某种商品的数量越大，所得到的追加效用越小。依据效用最大假设，该消费者对多购买此商品所愿意付出的价格也就越低。所以，价格越高，需求量越小；价格越低，需求量越大。消费理论进一步采用无差异曲线分析方法，研究消费者同时消费两种以上商品的消费行为。所谓无差异曲线，是指能够为消费者提供同等效用的两种商品的数量组合点的连线。表3-2所示的商品 X 与商品 Y 的各种组合，并且每一组合能够为某消费者提供同等的效用，则分别将商品 X 和商品 Y 的数量作为横坐标与纵坐标，并将相应于各组合的点连线，便可得到无差异曲线，亦称为效用等值线，如图3-1所示。

表3-2 效用无差异

商品 X	商品 Y	总效用
0	25	U
1	15	U
2	10	U
3	6	U
4	3	U
5	1	U
6	0	U

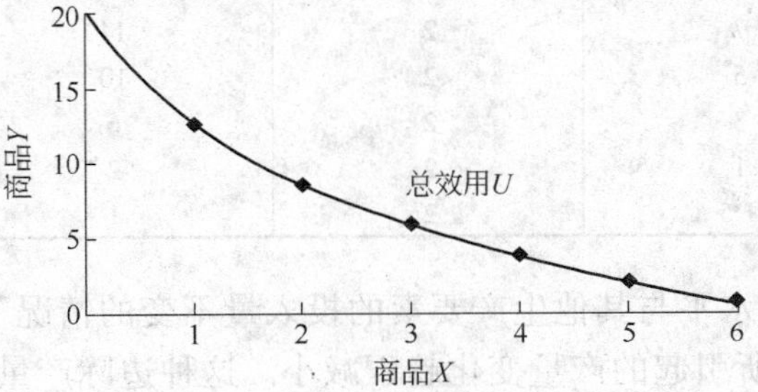

图3-1 效用无差异曲线

无差异曲线上任一点的斜率,称为该点处商品的边际替代率。边际替代率表示消费者在维持同等满足的条件下,为获得一单位的某种商品而必须另一种商品减少的数量。

一般地说,无差异曲线为凸向坐标原点的曲线。换言之,离坐标原点越远,无差异曲线离坐标轴越近。这表明,在同等满足的条件下,消费者所获得的一种商品的数量越多,其为增加单位商品所愿意减少的另一种商品的数量减少,此规律称为边际替代率递减规律。

无差异曲线是对一定的效用而言,若效用或者消费者的满足水平不同,便可以得到不同的无差异曲线。与消费者各个满足水平相应的无差异曲线系列,称为无差异曲线群或者无差异曲线图。消费者所能够达到的满足水平与其收入水平及物价水平有关。若令消费者的收入为 I,某一种商品的购买量为 X,价格为 P_x;另一种商品的购买量为 Y,价格为 P_y。则有:

$$XP_x + YP_y = I \tag{3-4}$$

式(3-4)称为预算方程或者预算线,表示消费者全部收入的可行消费组合。按照效用最大假设,消费者将会如此分配其全部收入来购买商品,以使其获得的效用最大。这个使效用最大的最佳购买量即是与预算线和无差异曲线的切点相对应的商品量,称此切点为消费均衡点。

3.3.2.3 矿产需求与中间需求

以上讨论了最终产品或者非生产过程消费品需求的一般规律性。可是,矿产一般不属于最终产品,而是用于生产最终产品的投入(也称为资本商品)。这类产品的需求作为中间需求或者导出需求。

中间需求与最终需求之间的联系是显而易见的。但是,最终需求的一般规律并不足以解释中间需求,因为中间需求不仅受最终需求的影响因素制约,而且在很大程度上依赖于生产工艺技术以及互补投入要素的可用性。

中间需求与生产有密切关系,产出与投入的关系称为生产函数,它表示在一定的技术水平下,从投入要素的各种可能组合所获得的最大产量。单位投入要素所引起的产量的变化,称为边际产量。边际产量与产品价格的乘积称为边际产值,它表示单位可变要素的变化所引起的总收入的变化。表 3-3 给出了竞争条件下,某生产者的单位可变要素生产函数、边际产量、产品价格和边际产值,相应的生产函数曲线、边际产量曲线和边际产值曲线分别如图 3-2、图 3-3 和图 3-4 所示。

表 3-3 生产函数、产量与产值

要素量	产量	边际产量	价格	边际产值
0	0	—	—	—
1	8	8	2	16
2	15	7	2	14
3	20	5	2	10
4	23	3	2	6
5	24	1	2	2
6	24.5	0.5	2	1

从表 3-3 和图 3-3 中可以看出,在技术水平与其他生产要素的投入量不变的情况下,随着可变要素投入量的增加,单位可变要素所引起的产量变化趋于减小。这种边际产量随可变要素投入量的增大而减小的现象,称为收益递减规律。

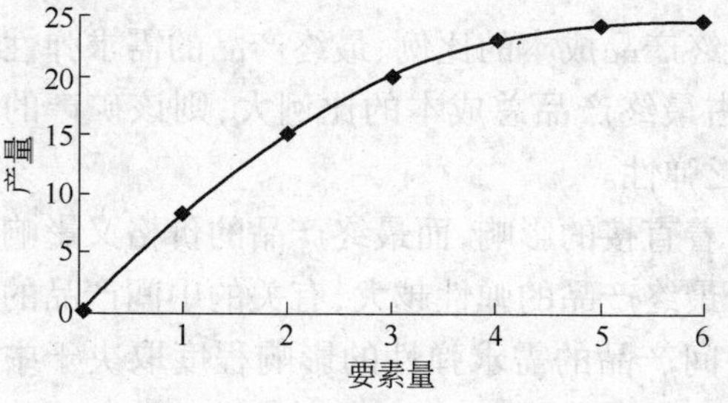

图 3-2 生产函数曲线

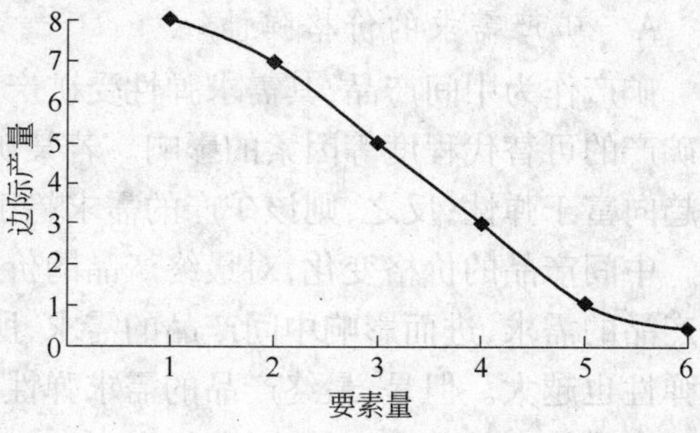

图 3-3 边际产量曲线

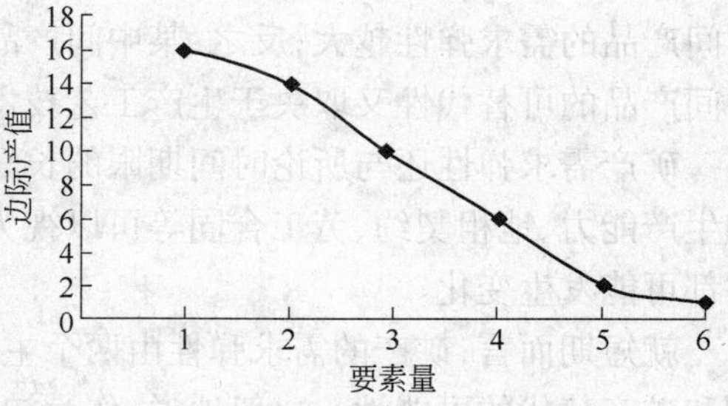

图 3-4 边际产值曲线

生产者为使净收入最大,将会如此使用投入要素,以致要素的边际成本等于所获取的边际收入。这是因为,若要素成本低于边际收入,生产者会继续投入要素以获得收入;若要素成本高于边际收入,生产者会减少投入要素避免损失。在竞争条件下,投入要素的边际成本等于要素的价格,因为在此种条件下投入要素的增加并不改变要素价格。进一步,边际收入即是表 3-3 中的边际产值。所以,表 3-3 与图 3-4 中的要素投入量与边际产值间的关系,也就是投入要素需求量与要素价格的关系,即中间产品的需求函数。

中间需求不仅受最终需求的各种影响因素的制约,而且受下列因素的影响:

(1) 最终需求。与某中间产品有关的最终产品需求的增减,会相应地引起该中间产品需求的增减。

(2) 生产技术。技术的变化,对中间产品的需求有较大的影响,当生产技术使某投入要素或其互补品要素的生产率得到改善时,该要素的需求增加;而当生产技术使某投入要素的替代要素生产率得到提高时,该要素的需求则减小。

(3) 投入要素比例。当某要素对其他投入要素的比例增加或者减小时,则该要素的需求会减小或者增大。

(4) 其他要素的价格。某投入要素的互补要素价格的涨落,会引起该要素需求的减小或者增大;而某投入要素的替代要素价格的升降,会引起该要素需求的增减。另一方面,替代要素价格的涨落,同时会使生产成本相应地升降,并使产量降低或者提高。所以,该要素的需求亦会相应地减小或者增大。因此,某要素的替代要素价格的变化,对该要素的需求产生作用相反的两种影响,其合成效果难以一般而论。

3.3.2.4 *矿产需求弹性*

需求弹性是指某商品的需求量因其影响因素变化而变化的程度,它以需求弹性系数来度量。需求弹性包括需求的价格弹性、需求的收入弹性和需求的交叉弹性。但是,在没有特别指明的情况下,需求弹性通常是指需求的价格弹性,需求弹性系数是指需求的价格弹性系数。需求的价格弹性系数定义为商品需求量的相对变化与引起该变化的该商品价格的相对变化之比。价格弹性系数(E_p),$E_p>1$,弹性大,反应灵敏;$E_p\leqslant 1$,弹性小,反应不灵敏。

A 矿产需求的价格弹性

矿产作为中间产品，其需求弹性受矿产占最终产品成本的比例、最终产品的需求弹性以及矿产的可替代程度等因素的影响。若某矿产占最终产品总成本的比例大，则该矿产的需求趋向富于弹性；反之，则该矿产的需求趋于缺乏弹性。

中间产品的价格变化，对最终产品的价格有着直接的影响，而最终产品的价格又影响最终产品的需求，进而影响中间产品的需求，所以，最终产品的弹性越大，有关的中间产品的需求弹性也越大。但是，最终产品的需求弹性对中间产品的需求弹性的影响程度取决于中间产品占最终产品总成本的比例。

中间产品的可替代性对其需求弹性亦有较大的影响。某中间产品的替代品越多，则该中间产品的需求弹性越大；反之，某中间产品的替代品越少，则该中间产品的需求弹性越小。中间产品的可替代性又取决于生产工艺技术、生产成本、技术规程、政策等诸多因素。

矿产需求弹性还与所论时间期限的长短有关。短期是指在此期间内，某些市场条件诸如生产能力、地租契约、劳工合同等可以视为不变；而长期则是指在此期间内，经济与技术条件都可能发生变化。

就短期而言，矿产的需求弹性由两个主要因素决定，即矿产成本占最终产品总成本的比例和矿产替代的可能性。一般地说，作为初级产品，矿产的成本占最终产品总成本的比例较小。例如，镍占喷气发动机总成本的比例、铜占电机总成本的比例都较小。矿产的替代一般比较困难，因为它们常常要求特定的加工工艺。所以，替代某种矿产意味着有关的最终产品的生产系统的改变，而这种改变在短期内一般不易实现。所以，在短期内，矿产的需求趋于缺乏弹性。

就长期而言，生产设施、经济合同以及工艺技术等都可能发生变化。所以，矿产在长时期内的需求弹性要比其在短期内的需求弹性大。然而，研究矿产长期需求弹性的目的不仅仅在于其大小，更重要的是矿产需求随长期价格趋势的调整方式，以及这种调整能够满足人类社会对不可再生资源需求的程度。为此，首先需要考察矿产资源保护问题。

矿产资源保护是一个典型的规范经济学问题。由于对矿产资源开发与利用的价值判断准则不同，可以对矿产资源保护赋予各种不同的意义，诸如矿产资源使用水平的绝对降低、永恒使用、浪费量最小、有效地利用等。

西方矿产经济学认为，矿产的价值在于其能够使最终产品具有消费者所期望的某些特性。所以，从经济学的角度看，人类社会将试图从其所拥有的矿产资源中获取最大的价值。为此，矿产资源保护的主要目标应该是人类社会从矿产资源的利用中，获得最大的社会经济效益，即有效地利用矿产资源，而不是矿产资源的自身可供使用性。由于矿产资源使用水平的绝对降低、永恒使用、浪费最小等皆不能反映社会需求与经济条件的变化，故不适于作为矿产资源保护的准则。

实现矿产资源有效利用的可能方式之一是通过市场调节。在此，一个重要的假设是市场价格能够准确地反映供求的实际状况。这种条件下，长期价格趋势会导致原料替代和技术变化，以使需求适应供给成本的变化。具体地说，当矿产价格上升时，表明需求大于供给，该矿产的消费者将寻求廉价替代品，以抑制生产成本的升高。替代方式主要有：

(1) 以不同的原料生产现有产品。如，在高压传输线中以廉价的铝替代价格较贵的铜；

(2) 以不同的产品替代现有产品。如，以通讯卫星替代远程有线电话；

(3) 减少现有产品中矿产的使用量。如,通过改变合金结构来减少永久磁铁中镍的使用量。

替代使某矿产的需求减少,从而使该矿产得以更多地用于满足难以替代、高价格的需求。所以,若价格信号准确,市场调节将导致矿产的有效利用。若价格继续上升,该矿产最终将被完全替代,没有需求,如同资源耗尽,此种状况称为经济耗竭。

在市场调节的情况下,矿产资源保护得以自动实现,人们不必担心资源耗竭。若社会用尽某种矿产,则是因为社会已经从该矿产的使用中获得了最大效益,而有效的可用替代品出现了。但是,市场价格并非总能准确地反映矿产供求状况。所以,在市场失灵的情况下,需要靠政府政策的调控来保证矿产资源的有效利用。

矿产市场失灵的主要原因是由价格机制造成的成本与效益信息的扭曲,常见情况有:

(1) 价格过低。管制价格无法响应市场状况,造成资源利用与可供使用情况的扭曲,进而浪费资源。

(2) 价格过高。垄断价格使矿产的利用趋于偏离最佳,社会效益下降。

(3) 信息不准。有关未来市场供求、技术变化、社会经济等方面信息的不确定性也可能造成市场失灵。此外,外部成本,如环境侵害对社会造成的成本,也难以通过市场价格得到反映。可能导致矿产价格偏低,社会需求趋高。

B 矿产需求的交叉价格弹性

矿产需求的交叉价格弹性是指另一矿产价格的变化对某一矿产需求量的影响,简称为需求的交叉弹性。需求交叉弹性可用交叉弹性系数来表示。交叉弹性系数可用式(3-5)表示:

$$E_{(X,Y)}=\frac{X\text{产品的需求量变动}}{Y\text{产品的价格变动}}=\frac{\Delta Q_X/Q_X}{\Delta P_Y/P_Y}=\frac{\Delta Q_X}{\Delta P_Y}\cdot\frac{P_Y}{Q_X} \tag{3-5}$$

式中 $E_{(X,Y)}$——需求的交叉弹性系数;

P_Y——矿产 Y 的价格;

ΔP_Y——矿产 Y 的价格变化;

Q_X——矿产 X 的需求量;

ΔQ_X——矿产 X 的需求量的变化。

若矿产 X 对矿产 Y 的需求交叉弹性系数为正值时,表明 X 的需求与 Y 的价格呈同方向变化或者与 Y 的需求量呈反方向变化。所以,这两种矿产互为替代品。例如,铜和铝互为替代品。当矿产 X 对矿产 Y 的需求交叉弹性系数为负值时,表明 X 的需求量与 Y 的价格呈反方向变化或者与 Y 的需求量呈同方向变化。所以,这两种矿产为互补品,例如,汽油与汽车为互补品。若交叉弹性系数为零,则所讨论两种矿产在消费中互不相关。

C 矿产需求的收入弹性

经济活动水平的升降交替称为经济周期,它对矿产的需求有着重要的影响。矿产需求对经济活动变化的响应称为矿产需求的收入弹性。之所以如此定义,是因为经济活动依赖于消费水平,而消费水平又取决于收入水平。矿产需求的收入弹性可用收入弹性系数表示。计算公式如下:

$$E_Y=\frac{\text{需求量变动}}{\text{消费者收入变动}}=\frac{\Delta Q/Q}{\Delta Y/Y}=\frac{\Delta Q}{\Delta Y}\cdot\frac{Y}{Q} \tag{3-6}$$

式中 E_Y——收入弹性系数；

Y——收入；

ΔY——收入的变化；

Q——需求量；

ΔQ——需求量的变化。

由于需求与收入一般呈同方向变化,需求的收入弹性系数通常为正值。一般地说,生活必需品的收入弹性比较小,而奢侈品的收入弹性比较大。所以,随着人们收入的增加,用于购买生活必需品的支出比重下降,而用于购买奢侈品的支出比重上升。

在矿业经济中,收入弹性大的矿产,其需求随经济周期的波动大;而收入弹性小的矿产,其需求随经济周期的波动小。

矿产需求的收入弹性还与所考察的时间范围有关。在短期内,决定矿产需求收入弹性的主要因素是使用矿产的产业类型。矿产需求与某些特定产业及产品有关。当这些产业部门的生产随消费水平的变化而变化时,便对作为其生产资料的矿产的需求产生直接影响。所以,矿产,特别是金属矿产作为生产资料的产业部门主要有运输业、建筑业、耐用消费品以及生产工具与设备制造业。这些产业部门的共同特点是,其需求的收入弹性大,这是由其最终产品的性质决定的。这些产品,诸如汽车、电冰箱、电视机等多为高档消费品。当经济萧条时,它们的需求趋于下降,消费者收入的大部分会用于购买生活必需品,没有能力将收入用于高档消费品的需求。这种周期效应会传递到有关产品所需求的矿产上,使这些矿产的需求亦表现出较高的收入弹性。

当然,并非所有矿产对经济活动的响应皆表现如此。某些矿产,特别是工业矿物,主要用于经济活动相对平稳的产业部门,其需求的收入弹性则相对较小。典型的例子是农用化肥原料。由于农产品的需求相对稳定,相应的化肥原料矿产的需求收入弹性亦趋低。

矿产的长期需求收入弹性是一个引人注意的问题。之所以如此,是因为它与矿产需求预测密切相关。人们担心,由于矿产资源的不可再生性,其不断消耗会导致矿产稀缺,最终妨碍预期的经济增长。因此,需要对矿产需求进行长期预测,以研究人类社会发展所需矿产的充足程度。

影响矿产需求的主要因素之一是国民生产总值,即一国经济在一定时期内所生产的最终产品与劳务价值的总和。为了合理地利用国民生产总值这一指标进行矿产需求的长期预测,需要研究矿产长期需求与收入的定量关系。这一关系有时被称为矿产需求规律,以有别于一般商品的需求规律,即需求量与价格间的关系。

在进行自然资源可用性研究时,通常假设矿产需求随收入成比例增长。1972 年,美国麻省理工学院 Meadows 发表研究报告《增长的极限》,Meadows 假设矿产需求随收入呈指数增长。考虑到矿产供给的有限性,Meadows 得出矿产资源最终耗竭,进而妨碍社会经济增长的结论。所以,需要采取矿产资源保护措施,降低其开发与利用水平,以防止因矿产资源稀缺而造成经济灾难。但是,此类研究没有考虑价格与市场的调节作用,也忽略了替代的可能性。

Meadows 引入矿产使用强度的概念,以解释矿产长期需求对收入变化的响应行为。Meadows 认为社会的矿产需求量(如每年人均使用矿产重量)与人均收入呈∩形变化。理论上说,导致矿产需求与收入间这种作用规律的主要原因有三个:

（1）国民经济的性质随人均收入的增加而发生变化。不发达的经济主体从农业向制造业发展，因而矿产的使用强度在人均收入较低的情况下，随人均收入提高而增大；当人均收入达到某一水平时，工业增长减缓，矿产需求相对平稳；之后，当人均收入较高、社会富裕时，国民经济主体便从制造业向服务业发展，此时的矿产需求随人均收入增加而减小。

（2）由于价差的相对变化，其他材料对矿产的替代增加，可能导致矿产需求在人均收入高时，随人均收入增加而减小。

（3）生产工艺技术的变化亦可以促进矿产需求与收入的这种关系的形成。此假说还表明，随着人均收入的增加，矿产资源保护会自动得以实现。当然，服务型经济对矿产的需求少于制造型经济对矿产的需求这一假说未必真实。此外，需求与技术的变化还可能导致这种∩形关系的循环出现。

3.3.3 矿产品价格分析

3.3.3.1 矿产品价格形成的原因

矿产资源价格是矿产资源经济价值（交换价值）的货币表现，矿产资源经济价值及矿产资源价格的形成，是矿产资源的有用性、矿产资源的相对稀少性及其他因素三者相互作用的结果。

（1）矿产资源的有用性。任何商品，要想有价值，首先必须有用，矿产资源同样如此。经济越发展，对矿产资源的需求就越多。

（2）矿产资源的相对稀缺性。矿产资源是耗竭性资源，不可再生，其区域分布极不平衡，这使矿产资源的战略地位较高，价格易形成垄断。

（3）其他因素，比如对矿产资源是否形成现实购买力和有效需求也是矿产资源价格形成的一个主要因素，由于购买力所形成的需求称为有效需求；又如矿山地租和矿产品的可替代性也是矿产品价格形成的不可忽视的因素。

矿产品价格反映着特定时期需求和供应状况的综合影响，在市场经济条件下，矿产品长期价格趋势是矿石长期成本的函数，矿石的长期成本取决于采出矿石的品位和吨矿石的生产成本，由于采矿和矿石加工技术的进步，矿石的生产成本呈下降趋势；但同时，由于矿山不断开采，矿产储量不断耗减，因此采出的矿石的品位也在不断下降，两者相抵消，又会使长期成本提高。故在近20年来，从货币面值上来看，世界上大多数矿产品的实际价格仍呈上升趋势，但如减去通货膨胀等因素的影响，从总体上看还是下降的。此外，还有个重要原因就是随着社会经济的发展对矿产品需求猛增，增加了人们从事矿业开发的热情。另外，因为矿产品属初级工业品，世界工业发展国家都力图压制初级矿产品价格以获取超额利润。

矿产品的市场价格除了整体上呈下降趋势以外，也受市场的供应能力和需求程度的影响，由于供需状况在短期内呈无规律变化。故矿产品的短期价格具有波动的特点（其波动周期通常持续一年以上时间）。这是因为：

（1）矿山建设投资决策时预测的市场条件与矿产品销售时的实际市场条件往往都大不相同，因此，最初的投资决策可能与长达10年或更长一些时间以后的实际需求量不一致，这种市场的不确定性是导致矿产品价格长期无规律变化的重要因素。

（2）由于消费者常受不确定性条件下的市场心理所驱使，往往在价格下跌、需求减少时，不是建立库存，而是用完库存。相反，在价格上涨、供应紧缺时却建立库存，这样做的结果不仅是用低于长期价格趋势所显示的价格购买原料，同时，还会增加短期价格的不稳定性，使市场状况更加趋于波动。

（3）通常对矿产品的需求，起初是呈上升趋势，但当与其密切相关的某些消费品的需求，从一个水平上升到另一水平的时候，对矿产品的需求有时却下降了，这就是矿产品投资需求的波动性，往往会超过某些消费品销售情况的波动。这种现象在生铁、贱金属和烟煤等矿产方面，由于它们与工业市场的关系极为密切，所以表现得极为明显，对于石油和水泥原料的影响就比较轻微。

3.3.3.2　影响矿产品价格的因素

矿产资源的价格水平是由众多因素交互影响汇聚而成的。各种影响矿产资源价格的因素对矿产资源价格的影响程度、影响方向是不尽相同的，至于对矿产资源价格究竟有多大程度的影响，主要靠估价人员长期积累的丰富经验来判断。可将影响矿产资源价格的因素分为如下四类：

（1）矿产品的供求状况。供给和需求是矿产资源价格水平形成的两个最终因素，其他一切因素，要么通过影响供给，要么通过影响需求，来影响价格。矿产资源的价格，是该种矿产资源的需求价格与供给价格相一致的均衡价格。在完全竞争市场，矿产资源价格是由供给和需求决定，与需求成正向关系，与供给成反向关系。

（2）矿业技术水平。矿产资源价格与矿业开采技术水平和选冶技术水平的发展密切相关。影响矿产资源价格的开采条件比较多，如矿体埋藏深度、矿体形态的复杂程度、矿体的走向、倾向、倾角、矿体的厚度、矿石与围岩的稳固性、地质构造的复杂程度、工程地质水文地质状况等，开采条件好，矿产资源价格高。影响矿产资源价格的选冶条件主要有矿石类型、矿物组成、技术品级、矿石结构、主元素和共生伴生元素等，选冶条件好，矿产资源价格高。

（3）储量品位和区位条件。储量大品位高的矿床，开采的经济价值大，矿产资源的经济价值就高。影响矿产资源价格的区位条件有自然地理区位、经济地理区位和交通地理区位。自然地理区位包括矿区地形、地貌和矿区气候；经济地理区位和交通地理区位包括水、电、原材料、劳动力供应状况、矿区及周围经济文化发达程度、交通状况。区位条件优越，矿产资源价格就高；反之，区位条件差，矿产资源价格就低。

（4）政治和经济政策因素。政治安定程度、军事冲突、社会治安程度影响矿产资源的价格；矿业法律、规章、制度也会影响矿产资源的价格。影响矿产资源价格的经济因素主要包括经济发展状况、通货膨胀和政府的经济政策、国际经济状况。这些因素对矿产资源价格的影响比较复杂。

矿产品价格是矿产在市场上交换时确定的。矿产品定价的基本形式有以下两种：

（1）市场竞争定价，即根据市场供求情况，达成买卖双方皆满意的价格，或者由生产者与消费者双方通过谈判制定价格。

（2）生产者定价，即由矿产生产的垄断者或者寡头按照其自已的效益目标制定价格。无论哪种形式的定价，都受矿产市场供求关系的制约，只是影响程度的不同而已。因此，要分析矿产价格，首先要分析矿产需求与供给的变动规律。

A　影响矿产品需求的因素

矿产品多为生产资料，对其需求与工业生产密切相关。因此，常以国民生产总值或者工业生产总值预测矿产需求。此外，矿产需求的变动还有如下规律性：

(1) 新应用领域的研究成果,例如,新合金的研制,趋于增加对有关矿产的需求。

(2) 加工工艺的改进,趋于降低有关矿产的消耗,如电镀热镀减少锡的消耗。因此,技术变化减少对有关矿产的需求。

(3) 替代品影响矿产的消费。

(4) 消费者的消费习惯对某些矿产的需求有影响。如随着化妆品消费量的增加,对铋的需求会相应地增长。

(5) 法律、政策影响对某些矿产的需求。如环境保护政策要求使用无铅汽油,因而减少对铅的需求。

矿产作为中间产品,缺乏短期需求弹性,其原因是:

(1) 矿产占与其最终产品生产成本的比例小。

(2) 由于工艺技术等方面的原因则使矿产缺乏可替代性。

就长期而言,上述约束不存在。矿产可替代性增强和技术的进步,趋于使矿产的长期需求弹性较短期需求弹性有所提高。

替代方式主要有:

(1) 以成本低的矿产替代成本高的矿产。例如,在高压输电工程中,以铝线替代铜线。

(2) 用新的最终产品替代矿产消耗量大的最终产品。例如,以卫星通讯替代有线通讯。

(3) 减少矿产用量。例如,通过改变永久磁铁的构成,可以降低钴的使用量。

B 影响矿产品供给的因素

影响矿产供给的重要因素是生产成本,而矿产成本又受地质、技术和经济等因素制约。地质因素有储量、矿床产状、赋存深度、规模、地质构造、矿岩力学性能、矿石品位及选冶特性、矿产共生情况等。技术因素包括采选技术水平、效率、技术密集程度、生产能力等。经济因素包括资金来源、矿区基础设施、法律政策以及政治经济形势等。

影响矿产品供给的另一个重要因素是矿产储备,包括商业储备和战略储备。商业储备可以处于生产与交换的各个阶段。例如,在采选企业,常有精矿储备;在冶炼厂,可能储备精矿,也可能储备金属,或者兼而有之;在加工制造工厂,一般有一定量的金属储备。商业储备的原因,或者是生产需要稳定的原料供给,或者是动力不足,或者是为了等待有利的市场行情。

另一种重要的商业储备场所是矿产交易市场,这样的储备对矿产市场起着重要的调节与稳定作用。矿产储备量也会受货币利率的影响,高利率趋于养活矿产储备。当然,对于特定的矿产生产与销售环节,常有一个技术要求的最小储备量。只有超过这个最小量的储备,才对矿产市场及价格产生影响。

战略储备是国家政府出于政治、国防因素的考虑而实施的储备。主要的战备储备矿产有铬、锰、镁、锡、钨、锑、石油等。美国是实施战略储备政策最早、储备矿产品种最多、数量最大的国家。战略储备对矿产市场及价格也有一定程度的影响。

矿产废旧利用水平也是影响矿产市场及价格的因素。废旧利用有以下效应:增加矿产供给;削减世界贸易量(因为废旧利用主要在矿产消费国进行);保护矿产资源;减轻环境污染;节约能源消耗。

废旧利用源包括矿浆、炉渣、粉尘、加工碎料、废旧包装、废旧车辆、设备与器械等。废旧利用水平依赖于所论矿产的应用领域和消费增量。例如,铅可以方便地从蓄电池中得到回收,而镀锡则较难以回收。再如,铝的需求量日益增长,所以其回收量占总消费量的比例相对较小。

3.3.3.3 矿产品价格与市场的关系

价格包括生产成本、销售费用、税金和利润等四个要素,这表明在商品定价销售时不仅要使生产成本得到补偿,企业得到盈利,而且国家也能有一定的积累。

A 矿产品价格的功能

矿产品价格的功能主要有:

(1) 可以用来保护先进,鞭策后进,调节国民经济各部门和各矿业生产部门的比例,促进矿业生产和采选技术的发展。

(2) 可以影响矿产品的供需关系,变动社会财富的比例,以调整部门、地区、国家、集体和个人之间的经济关系。

(3) 可以引导矿山企业生产活动的发展方向。

B 矿产品价格的分类

在国际上,不同的市场形式形成不同的价格,矿产品价格一般可分为以下五种:

(1) 交易所价格。交易所价格是在交易所根据当时供需数量形成的价格。如伦敦、纽约等地交易所的价格,又称自由价格。

(2) 议定价格。议定价格是由买卖双方协商的价格。

(3) 垄断价格。垄断价格是由垄断生产者单方面规定的价格。

(4) 调节价格。调节价格是受卡特尔组织或矿产品协定所调节的价格。

(5) 其他价格。其他价格主要是矿山的出厂价格和长期贸易合同的期货价格。

在国内,目前有国家统一规定的国家调拨价格,最高限制(定)价格,一些地方集体企业和个体采矿者销售矿产品的议定价格。一些大中型联合企业内部实行的内部结算价格等。

C 矿产品定价策略

矿山企业在确定矿产品价格时,必须考虑本企业的生产经营特点、市场对矿产品的需求情况、同行之间的竞争情况、货币价格的变动情况、本企业矿产品在市场上的地位、矿产品的性质和质量、矿产品销售费用的高低,以及国家的政策、法律、法规等因素,使所定价格比较合理,既能使矿产品尽快销售出去,不出现积压,又能获得比较多的收益,提高本企业的矿产品在市场上的占有率。当本企业矿产品的质量高、信誉好,而产量又不多,且供不应求时,可采取提高价格的办法,来保证供应,提高效益。

矿产品定价常采取以下策略:

(1) 薄利定价策略(低价策略)。当矿山开发出新产品时,虽然市场需求量大,而自己生产量又很小,生产过程不很复杂时,企业在开始定价时,应采用薄利多销的原则,使其他矿山企业看到虽然市场销路好,但利润少,而且还需投资与试制,因而不愿参加这种矿产品的生产,借以达到防止潜在竞争对手的目的。对某些矿产资源丰富的矿产品采取低价策略,能使销售量迅速增加,从而使矿山企业扩大生产,降低成本、获得较多利润。例如,从我国当前硫精矿市场来看,由于我国进口化肥和硫黄,造成硫精矿严重积压,各企业在国内市场上竞争激烈。因此,应对硫精矿实行薄利多销,以打开产品销路,在分摊硫精矿成本中尽可能减少附加额,使得产品价格较低。相反,若采取高价策略,虽然能一时获利较多,但所有矿山企业都争相进行生产,则很快会出现生产过剩,使矿产品降价,使矿山企业亏损,甚至倒闭。

(2) 高价策略。对于具有垄断性的矿产品可将价格定得高些,对于新开发出来的社会需求量较小,而且短时间不具备大规模生产和大量需求的矿产品,开始可以将价格定得高些,以期获得较好的经济效益,但在销售量不断增长的情况下,应相应地逐步降价,以此来促销,保证获得的利润和市场占有率不断增加。对于市场容量小、用户少、需求量不多的矿产品定价可以高些,这样既不会影响市场的需求量,又可增加矿山企业的收益。此外,对一些价格变化很少影响市场销售量和供不应求且与国计民生关系不大的矿产品,其定价可以偏高一些。

(3) 全国统一价格策略。为了使矿山企业打进远离企业的市场,保持企业信誉,在全国范围内实行统一价格。

(4) 心理价格策略(炫耀价格策略)。根据各企业不同的心理因素,实行不同的定价。如稀有的矿石(如宝石等)、稀贵矿产品,为了显示其质量和购买者的身份,常将价格定得较高或非常高,这样做有时非但不会减少销售量,反而会增加销售量和盈利。

3.3.3.4 *矿产品价格与供应、需求的关系*

矿产品的供应、需求和价格有着内在的联系,它们之间相互影响、相互制约,从理论上讲,当某种矿产品的价格上涨时,则对其需求量会减少。因此需求曲线下降,从而刺激用户设法寻求其他材料代替这种矿产品。当某种矿产品的价格上涨时,则其供应量会增加,导致供应曲线上升,此时,会刺激生产者充分开发利用品位较低、规模小、埋藏深或地处边远地区的矿床。

供应与需求相交点(图 3-5 中 O 点)为供需平衡时的价格(又称为均衡价格)。当市场供大于求时,市场价格将低于均衡价格;当市场需求大于供应时,市场价格就会高于均衡价格。

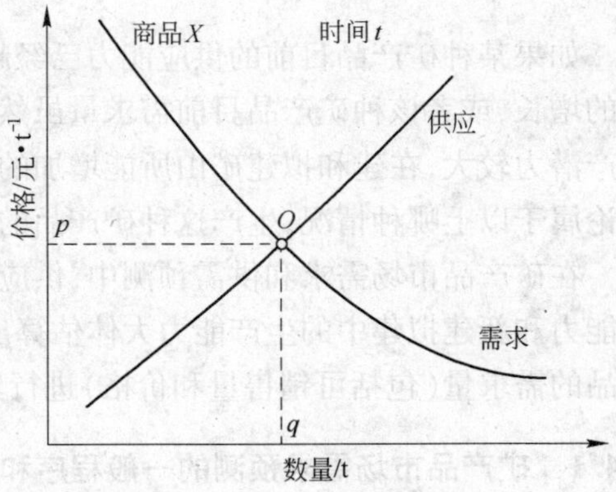

图 3-5 供应和需求与价格关系

需求和供应关系决定了某些矿产品的竞争市场价格。均衡价格(即产品唯一价格)是供应量和需求量相等的价格。竞争均衡点必然是供应曲线和需求曲线的交点。实际上,很难准确绘出供应曲线和需求曲线,因为在不确定性条件下,它们是随时间而变化的,市场调查人员的任务就是设法估计出上述关系,预测它们未来的变化情况,用以指导生产与销售,为国家和企业谋取最佳经济效益。因此,这些曲线还受到下列因素影响:(1) 新的大型矿床的发现;(2) 储量耗减;(3) 加工技术的进步;(4) 环境控制因素;(5) 代用材料的开发;(6) 新产品市场的开发等。

3.4 矿产品市场供需预测

矿产品市场供需预测就是对拟建矿山生产的矿产品的未来供应和需求情况以及发展趋势进行预测。目的是使矿山建成投产后所生产的矿产品能适销对路。只有当矿产品市场供需分析结果确认矿产品在市场上有销路,而且在未来相当长的时期内,矿产品市场需求量大于供应能力的情况下,才值得考虑矿山投资建设和进行其他各项可行性研究。矿产经济学特别关注矿产的市场条件——供应、需求和价格诸因素之间的关系,矿产供应过程(图3-6)是把矿产从地质资源转变成可销产品的一系列多阶段过程。自然界中矿床的天然赋存以及经济上对矿产品的需求是两个基本的刺激因素。如果发现矿产赋存和市场需求之间的关系有利,则可循序进行下列程序:初步勘探、圈定矿体、矿山开发以及建设有关选矿设施,其结果是生产出矿产品来满足市场需求。需求的变化、储量耗减以及选矿技术的进步都使得矿产供应过程具有动态性。每个活动阶段内部以及每个活动阶段之间所需要的投资政策是以评价进一步投资的报酬为依据的。这些决策以及可以用来评价这些决策的经济评价方法乃是矿产品经济研究的主要对象。

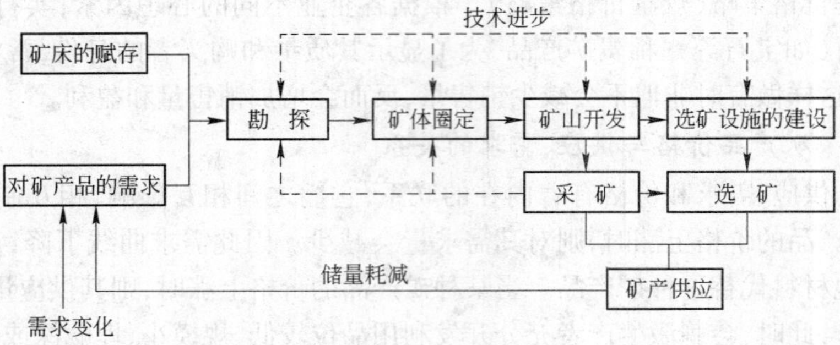

图3-6 矿产供应过程

如果某种矿产品目前的供应能力已经超过需求,而且在一定时期内需求量也不会有较大的增长,或者该种矿产品目前需求量虽然超过供应量,但生产该种矿产品的现有矿山企业增产潜力较大,在建和拟建矿山所能增加的供应能力较大,能够满足未来对矿产品的需求。无论属于以上哪种情况,生产这种矿产品的矿山,暂时都不能考虑投资建设。

在矿产品市场需求和供需预测中,供应情况可通过生产该种矿产品的矿山企业现有生产能力和新建拟建中的生产能力大体估算出来。因此,一般的矿产品市场预测主要是对矿产品的需求量(包括可销售量和价格)进行预测。

3.4.1 矿产品市场需求预测的一般程序和分类

矿产品市场需求预测是根据现在和过去市场需求的规律性,推断未来市场需求情况和发展趋势。一般预测程序:首先是确定预测目标,制订工作计划;其后是通过矿产品市场调查,收集信息资料并建立起反映市场运动规律的模型;然后,根据数学模型测算未来一定时期内矿产品需求量的变化情况和发展趋势;最后,对预测结果进行误差分析和评价,选择最佳的预测方案,从而为制定国民经济和有关部门长远规划和矿山建设投资决策、矿山企业经营决策、地质勘查工作部署提供可靠的依据。

矿产品市场需求预测的分类包括:

(1) 按经济活动范围,可分为宏观预测和微观预测;

(2) 按空间层次不同,可分为国际市场预测和国内市场预测;

(3) 按预测时间长短不同,可分为近期预测和长期预测。

但在矿山建设项目可行性研究中,经常使用的是潜在需求量预测(即近期内可能的最大需求量)和发展趋势预测(即今后一定时期内需求量变化趋势)。

3.4.2 矿产品市场需求的预测方法

矿产品市场潜在需求量预测是对近期内矿产品市场最大需求量的推测。进行市场消耗量预测,需要对社会购买力、生产规模以及矿产品储备情况等进行必要的调查研究。矿产品市场需求的预测方法一般有近似值法、收入消费比重法、弹性系数法、产品消耗(费)系数法等。

A 近似值法

此法是调查分析矿产品当前实际需求量的近似值,可从调查过去和现在的市场情况入手,预测某一年的消耗量。按下式计算:

$$Y = P + (I - E) - (S_V - S_C) \tag{3-7}$$

式中 Y——近似的年消耗量(即需求量近似值);
P——当年的生产量(或实际销售量);
I——当年的进口量;
E——当年的出口量;
S_V——年初库存量;
S_C——年末库存量。

运用该公式测算时,还应分析进出口限制因素,因素对需求量的影响。

B 收入消费比重法

对某种矿产品在国际市场上的潜在需求量预测,常采用这种方法。该法是按一个国家(或地区)的人口总数和人均国民收入中用于消费某种矿产品的比重,来预测矿产品的市场需求量。据此即可估算出各国(或地区)该种矿产品市场的大小:

某国(或地区)矿产品潜在需求量 = 人口总数 × 人均国民收入 × 消费比重 (3-8)

C 弹性系数法(相关产品需求量预测)

设某一经济预测模型为 $y = f(x_1, x_2, x_3, \cdots, x_n)$,可定义为两种变量之间存在着密切的正或负相关关系,因此,可以根据相关自变量的需求量来预测某种因变量的潜在需求量。

所谓弹性系数就是两个相关变量的变化率之比,可按式(3-9)计算弹性系数:

$$\text{弹性系数 } E_i = \frac{\text{关联(因)}}{\text{关联(自)}} = \frac{\text{变量增长率}}{\text{变量增长率}} = \frac{\Delta y_i / y_i}{\Delta x_i / x_i} \quad (i = 1, 2, 3, \cdots, n) \tag{3-9}$$

比如,决定矿产品消费水平的自变量是矿产品价格,当某种矿产品价格变化时需求量会相应发生变化,首先确定需求价格弹性系数(E_p),$E_p > 1$,弹性大,反应灵敏,$E_p \leqslant 1$,弹性小,反应不灵敏。

$$E_p = \frac{Q_t - Q_0}{Q_0} \bigg/ \frac{P_t - P_0}{P_0} \tag{3-10}$$

式中 P_t, P_0——分别为预测期和基准期的价格;
Q_t, Q_0——分别为预测期和基准期的需求量。

由于需求量与价格因素成反比关系,因此在已知矿产品价格变化的条件下,乘以需求价格弹性系数的倒数,即可预测矿产品的潜在需求量,如果知道两个有内在联系因素之间的弹性系数，就可以由一个因素的未来发展状况来预测另一因素的未来发展状况。

D　产品消耗(费)系数法：

矿山建成后向矿产品市场提供矿产品，国民经济各个部门耗用该矿产品的定额指标，称为消耗(费)系数。

$$C_t = \frac{S_t}{GNP_t} \tag{3-11}$$

式中　C_t——t 年某种矿产品的消耗(费)系数；

S_t——t 年某种矿产品国民经济各个部门的消耗(费)量(需求量)；

GNP_t——t 年国民经济各个生产部门规划的产量。

由式(3-11)可见，C_t 随时间变化而变化，如果有较多的历史资料，可以建立以时间为自变量求 C_t 的回归方程，再用该方程式预测未来某年的 C_t 值，再进一步通过 C_t 值预测某年该矿产品的需求量。

因此，国民经济各个部门的未来生产规划产量乘以消耗系数的需求量，汇总各部门的需求量，即为预测矿产品的总需求量。

$$\text{总需求量} = \sum_{i=1}^{n} \text{生产规模}_i \times \text{消耗系数}_i \tag{3-12}$$

式中　i——国民经济的 i 部门。

3.4.3　市场发展趋势预测方法

市场发展趋势就是对某种矿产品今后一定时期内需求是变化趋势的预测，由于矿山生产寿命一般长达 10 年，有的甚至 20 年以上，因此在预测矿产品市场发展趋势时，一般都要进行 10～20 年的长期预测。预测的基本步骤有：(1) 收集当前该矿产品的实际需求量和价格；(2) 调查以往影响需求的主要因素及变化规律等；(3) 预测这些影响需求量的因素和今后的发展趋势；(4) 运用合适的预测方法对今后矿产品的需求量和价格进行科学预测，由此决定矿产品长期的经营方向和发展规模。下面介绍两种主要并常见的预测方法。

3.4.3.1　经验判断法

经验判断法主要根据熟悉未来市场需求情况的人的判断和推测，即靠人的经验和综合分析能力进行预测。使用较多的是用户需要直接调查法，就是直接调查和分析用户对矿产品需求情况，参照市场的未来变化趋势，预测矿产品在某一时期的销售量。另一种方法是专家意见法(或称德尔菲法)。这种方法不是以专家会议的方式，而是组成专家调查组来进行预测，经过反复征求意见以后，所要预测的问题即渐趋一致，这种意见或判断即可作为预测的基础。

德尔菲法具有匿名性、多次反馈、小组的统计回答等特点。由于在矿产品市场发展趋势预测中，既有定量因素，又有难以定量因素，特别是对后者，通过专家打分等办法，使之能进行定量统计。因此，德尔菲法是一种可供选择的手段，采用德尔菲法可进行：

(1) 时间预测。即预测某事件将发生的时间，比如根据科学发展和采选加工技术水平的提高，如预测我国宁乡式铁矿，何时方能开发利用。

(2) 比例预测。即对行业结构、产品产量和品种构成比例等问题的预测，比如在一定矿产勘查条件下,可能获得的各矿种探明储量比例的预测,如果结果表明某些矿种储量比例失调则应对勘查规划和投资比例进行调整。

(3) 择优选择。即在若干可供选择的方案中选择最佳方案。比如对不同勘察设计方案的选优。

(4) 排序预测。比如某地区有几个矿床都可供开采,但目前资金有限,那么究竟先开采哪个矿床,对今后该地区经济发展有利。

3.4.3.2 时间序列分析法

时间序列分析法(或历史引申法、外推法)是利用需求量的历史资料和数据,按时间顺序排列来预测未来矿产品的需求量,使用这种方法的前提是假设未来的趋势和过去的趋势相类似,常用的有以下几种方法:

A 移动平均数法

其具体方法是用前期(三或四年)预测时间每往后推移一年的实际销售量的平均值,作为下期的销售量。接着就要舍弃上次求平均数时所用的最早一年的资料,这种方法不仅可以平滑资料中各年销售量的随机被动,而且可以从平均数的变化中看出销售量增减的趋势。

B 指数平滑法

指数平滑法又称为加权移动平均法。当用于销售预测时,其形式为:

$$F_T = aD_{T-1} + a(1-a)D_{T-2} + a(1-a)^2D_{T-3} + \cdots + a(1-a)^{n-1}D_{T-n} + a(1-a)^nD_{T-(n+1)} \tag{3-13}$$

式中 F_T——下一年销售预测值;

D_{T-1}——本年的实际销售量;

D_{T-2}——前一年的实际销售量;

a——平滑系数,$0 < a < 1$,a 值可通过过去各年的实际数,用 n 个不同 a 进行测算(如 $a = 0.2, 0.4, 0.6, \cdots$),选择各年预测数与实际数的平均误差最小的 a。

在计算时,实际是分别以 a、$a(1-a)$、$a(1-a)^2$、…对过去各年的实际销售量进行了加权、权数反映了各期销售量的不同影响,近年因影响较大,故权数也较大,反之,远年权数较小,由于权数呈指数形式,故名指数平滑法。

C 经济指标预测法

经济指标是经济状况的反映,各种有关经济现象的变化,在时间顺序上往往是有一定规律的,这种规律可从各种经济指标体现出来。例如,石油价格的提高先于化工材料的上涨、棉花的生产先于棉布产量的提高等。经济指标可以分为先导指标、同步指标和滞后指标。经济指标预测法就是通过分析这些经济指标的变化,预测经济的发展。

例如,某矿山企业 1996 ~ 1999 年矿山基建投资与矿产品产值见表 3-4,试预测该矿山企业 2000 年矿产品产值。

表 3-4 某矿山企业 1996 ~ 1999 年基建投资与矿产品产值

年 份	1996	1997	1998	1999
基建投资/万元	4000	3000	5000	5500
矿产品产值/万元	2000	2500	2400	2800

从表3-4中可以看出,1996~1997年基建投资降低,1997~1998年矿产品产值也降低;以此类推,说明基建投资是矿产品产值的先导指标。进一步分析,可知基建投资的最低点,恰是矿产品产值的峰值,其先导期为 t 年,以 $t+1$ 期的矿产品产值与 t 期的基建投资相比,分别求出比值,2500/4000 = 0.625,2400/3000 = 0.800,2800/5000 = 0.560;上述比值的算术平均值为0.662,即矿产品产值大约是上一年基建投资的0.662倍,于是得出2000年的矿产品产值为5500×0.662 = 3641万元。

D 回归分析法

回归分析法(或称为趋势预测法)适用于长期预测,该法是分析过去各年实际资料的数据,从中寻求这些数据演变规律的一种数理统计方法。如果研究的是一个变量对另一个变量所产生的影响称为无线性回归分析法;如果研究两个或两个以上变量对另一个变量所产生的影响则称为一元或多元回归分析法。据此测定今后各年的数据。

a 一元线性回归预测

如果过去各年数据的增减量符合等差级数,则按直线方程式($y=a+bx$)来预测其基本趋势。首先,用最小二乘法从过去若干年实际需求量中找出一条有倾向性的趋势直线(回归直线),该线最能代表实际资料的变动趋势,故可作预测之用,延长此回归直线,即可预测出未来时期的需求量。

用最小二乘法推导出来的这条直线的标准方程式为:

$$\begin{aligned} \sum y_i &= na + b\sum x_i \\ \sum (x_i y_i) &= ab\sum x_i^2 \end{aligned} \tag{3-14}$$

式中 n——已掌握数据的年数;

x_i——各年的代号(如-2年,-1年,0年,+1年,+2年,+3年等);

y_i——各年需求量;

$\sum x_i$——各年代号的总和;

$\sum y_i$——各年需求量的总和。

设已掌握资料的各年的中间年份定为0年,则 $\sum x_i = 0$ 代入式(3-14),得

$$\begin{aligned} a &= \bar{y} - b\bar{x} \\ b &= \frac{\sum x_i y_i - \bar{y}\sum x_i}{\sum x_i^2 - \bar{x}\sum x_i} \end{aligned} \tag{3-15}$$

参数 a、b 一经确定,回归方程的形式也就完全确定,只要知道 x 的未来值,即可求 y 的预测值,见图3-7。

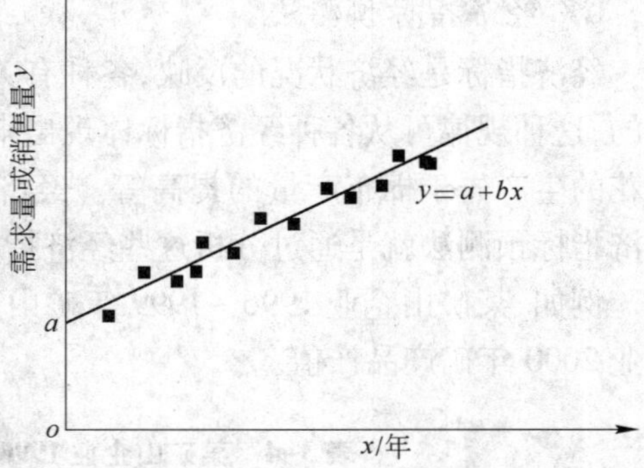

图3-7 一元线性回归预测

b 多元回归预测

如果过去各年的增减量符合等比级数,则其基本趋势可用二次曲线方程表示:

$$y = a + bx + cx^2 \tag{3-16}$$

使用此法时,必须掌握过去较长时期的数据。用最小二乘法推导出来的这条曲线的标准方程式为,式中各符号与前公式中含义一致,见图3-8。

$$\sum y = na + b\sum x + c\sum x^2$$
$$\sum (xy) = a\sum x + b\sum x^2 + c\sum x^3 \quad (3\text{-}17)$$
$$\sum (x^2 y) = a\sum x^2 + b\sum x^3 + c\sum x^4$$

E 产品寿命周期分析法

市场上任何产品的需求,都有发展和衰亡的过程,这个过程称为产品寿命周期。对产品寿命周期内的产品销售量的发展趋势进行预测,是研究市场发展趋势(长期预测)的重要方法。

大多数产品的寿命周期,可分为投产期、成长期、成熟期和衰退期四个阶段。可按过去各年的销售量或企业获得的利润,按时间顺序排列成图(见图3-9),根据图上的曲线观察其发展趋势,判断这一产品处在哪一阶段,确定应否再安排生产项目,这种方法称为销售或利润趋势分析法。从理论上讲,各个阶段的特点为:投入期,新产品试销,销售量不大,增长缓慢,利润少甚至亏损。成长期,成批生产,销售迅速增长,利润亦随之上升。成熟期,大批生产,销售量和利润达最高峰,后期由于需求饱和,销售量和利润开始下降。衰退期,产品老化,消费者转向购买其他产品,销售量和利润急剧下降并出现亏损。

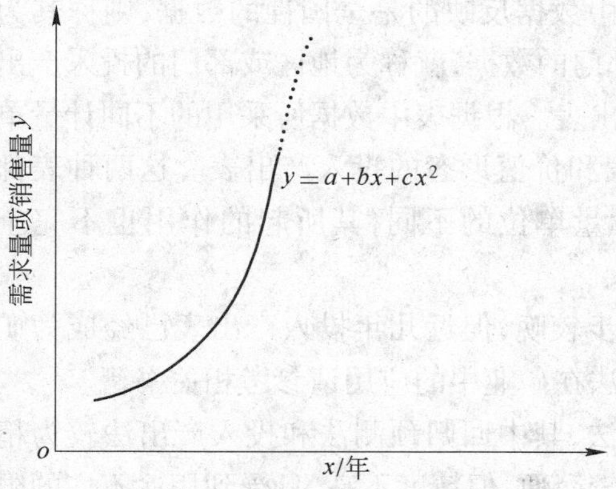

图3-8 多元二次非线性回归预测

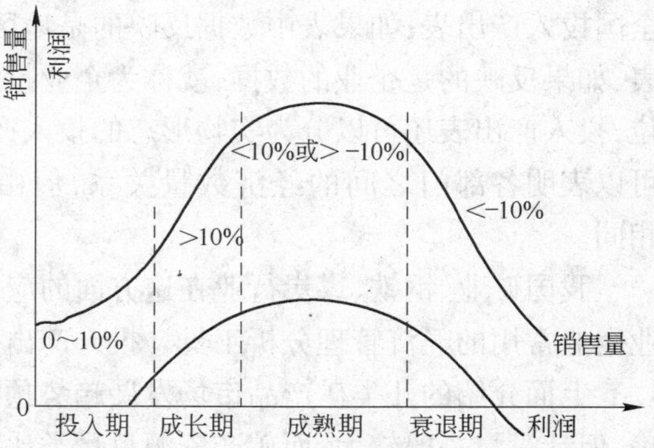

图3-9 产品寿命周期示意图

判断产品所处寿命周期阶段,可采用销售增长率法(销售增加量/时间增加量)设 Δy 表示纵坐标上商品销售量变化的增量,Δt 表示横坐标时间变化的增量(年为单位),则 $\Delta y/\Delta t$ 就是销售增长率。有以下几种情况:

当 $0 < \Delta y/\Delta t < 10\%$ 属于投入期;

当 $\Delta y/\Delta t > 10\%$ 属于成长期;

当 $\Delta y/\Delta t < 10\%$,$\Delta y/\Delta t > -10\%$ 属于成熟期;

当 $\Delta y/\Delta t < -10\%$ 属于衰退期。

另一种判断产品所处寿命周期阶段的方法是人口平均产品普及率法(即社会拥有量法),即(历年生产累计量 + 历年进口累计量 - 历年出口累计量)÷ 人口总数,普及率越高,需求量越低。

F 矿产资源总量类比法

它的基本思路是,地质条件类似的区域,就会埋藏有相近数量的矿产资源,其单位区域内的矿产资源的潜在价值也是相似的。这样,如果已知某个调查区域内的各种矿产资源的单区域矿产数量或价值,就可用以预测类似地质条件的各种矿产资源总量或其潜在价值。由于地球上各个地区间不可能有地质条件完全相同的区域,所以这种方法预测精度很低。但只要注意结合其他实际勘查资料分析,并借助其他预测手段,对于估计总体资源潜力和确定勘查方向,进行长远区域规划有一定的参考价值。

G 投入产出分析法

投入产出法又称为部门联系平衡法、产业关联分析。它是利用数学方法、借助于电子计算机研究各种经济活动的投入与产出之间的数量关系,并用来进行经济分析和预测的一种科学方法。它是由美籍俄侨列昂节夫教授在1936年首先提出的,随后,在美国、西欧、日本、前苏联等国家和地区得以运用,现在已在近百个国家中广泛应用。

早在20世纪60年代初,我国一些经济、数学工作者就开始宣传和应用投入产出法。进入80年代又进一步得到推广。现在,除了编制有全国性的投入产出表以外,山西、广东、黑龙江、河南、上海、天津、北京等省市也均在编制自身的投入产出表,同时其他省市和部门也还在积极推行之中。

投入产出表是一种棋盘式的经济流量平衡表。它是以报告期的统计资料为基础采用矩阵形式编制出来的一张综合性的专用表。如果表中数据反映的是全国性的数据,则称其为全国投入产出表;如果表中数据反映的是地区或部门的数据,就称为地区或部门的投入产出表,如果反映的是企业的数据,就称为企业投入产出表。根据表中数据所采用的不同计量单位,投入产出表还可以分为实物形态的投入产出表和价值形态的投入产出表。这两种表都可以表明各部门之间的经济数量关系,但由于计量单位的不同,其所起的作用也不完全相同。

我国矿业、钢铁、煤炭行业在这方面的应用起步较晚,但近几年投入产出表已经成为矿业企业常用的经济管理分析工具。投入产出分析法在矿业中的应用请参考相关书籍。

上面介绍的几类矿产品市场发展趋势预测方法,其中回归预测法和投入产出法较为精确,但计算量一般较大;而矿产资源总量类比法虽较简便,但精度不高,且受到用途不广的限制(只能用于矿产品需求预测);目前在实际工作中矿产品寿命周期分析法、德尔菲法和时间序列分析法使用比较广泛。因此建议应该根据实际需要,可选择不同的有效方法,同时,可以采用多种方法的联合使用。最后,应该注意的是预测的精度,往往在很大程度上不是取决方法的选择,而是预测者的实践经验和知识水平。

3.5 矿产品市场预测结论与综合分析

3.5.1 矿产品市场预测结论

矿产品市场经过一系列的计算和分析预测一般得出以下结论:

(1) 对矿山建设项目在生产经营期内国内市场和国际市场上竞争能力的分析与评价。

(2) 对矿产品寿命周期进行分析。

(3) 根据预测的数据计算下列需求量:

1) 国内需求量 = 国内总消费量(指直接需求) + 未满足的需求量(包括贮备、库存、再生资源等)；

2）市场总需求量 = 国内需求量 + 向国外的出口量；

3)市场总供应量 = 国内现有生产能力 + 在建生产能力 + 拟开工项目生产能力 + 进口量；

4）总需求不足额 = 市场总需求量 - 市场总供应量。

根据总需求不足额(即潜在需求量)论述矿山建设项目生产规模的选择与矿产品市场需求的适应程度。

(4）将矿产品调查和预测结果的数据资料汇总并制定相应的矿产品需求量与供应量预测表。

如果不同时期预测的总需求量都超过总供应量,则说明矿产品长期处于供不应求,该项目有较可靠的市场;如果两者大致相等,则需要进一步调查预测,查明该项目的矿产品是否确有市场,在肯定确有市场以后,还需要进一步分析是否还有生产同类矿产品的矿山准备上马,内外销的可能性和比重如何,有出口任务的项目,还要调查有无潜在竞争对手,出口对象国的限制性措施等。

3.5.2　矿产品市场预测结果的综合评价与分析

矿产品市场活动的现在和未来、主体和环境(客体)等都是一个运动着的整体,因此,必须用系统观点、整体现点、综合观点来认识矿产品市场在时间上、空间上的变化发展规律。为了得出规律性的认识,通常采用回归分析法、统计图表法和指标分析法等多种方法分析。

矿产品市场调查和预测系统是属于整个社会经济系统中的一个子系统,它是一个发展变化的动态系统,其核心是矿产品的市场需求量和生产能力(供应量)的预测,并分析供需平衡关系,矿产品需求量和生产能力(供应量)预测是相互制约、相互影响的,二者组成结构紧密的系统,如图 3-10 所示。

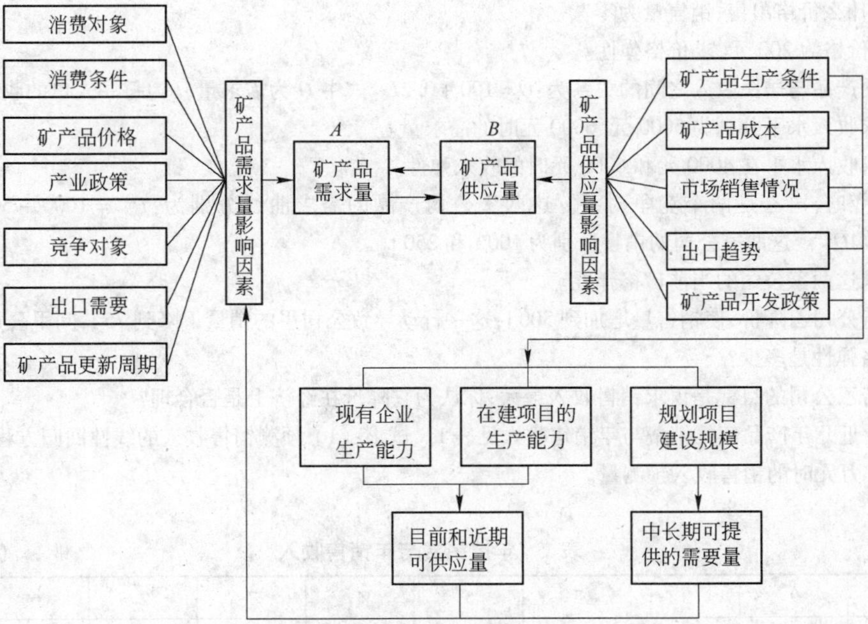

图 3-10　矿产品市场调查和预测系统

（1）当矿产品需求量(A)等于矿产品供应量(B)时，表明生产能力(供应量)能满足需求，两者平衡，不需投资新建或扩建生产规模；

（2）当矿产品需求量(A)大于矿产品供应量(B)时，表明需求量大于生产能力(供应量)，矿产品供不应求，需要投资新建和扩建项目，以扩大矿产品的生产规模；

（3）当矿产品需求量(A)小于矿产品供应量(B)时，表明需求量小于生产能力(供应量)，矿产品供大于求、将出现滞销，因此不需要新建这类项目。

应该提到的是，对于复杂的预测课题，有时要采用不同的方法和模型进行对比。如果结论比较接近，说明结论是可靠准确的，否则，还必须进一步的分析与论证，找出原因，并确定哪种结论更可靠，有时还必须把不同(如供应和需求、宏观和微观、当前和长远等)的结论联系在一起，进行综合论证分析。

思考题

1. 简述矿产品市场的概念。
2. 简述矿产品市场的特点。
3. 矿产品市场如何分类？
4. 如何稳定我国矿产品市场，推动矿业可持续发展？
5. 利用矿产品市场需求的预测方法，预测某种矿产品的市场需求？
6. 试用最小二乘法求矿产品的预测回归曲线。
7. 什么是矿产资源总量类比法？
8. 简述矿产品市场的预测结论。
9. 某公司在决定扩建前，对它的产品的需求进行了分析。初步的分析结果表明，每天的需求量 Q 是价格 P 的函数，其方程式为：$Q=1000-3P$。

   （1）若公司计划销售 400 t，价格应为多少？

   （2）若公司按每吨 250 元出售，每天能销售多少？

   （3）按什么价格出售，销售量为零？

   （4）若价格为 200 元，求价格弹性。
10. 某公司产品与居民收入之间的关系为：$Q=100+0.2I$。式中 Q 为需求量，I 为每一人口的收入。

    （1）求收入水平分别为 5000 元、6000 元时的需求量。

    （2）求收入水平在 4000 元和 6000 元时的收入弹性。
11. 公司甲和公司乙是两个竞争对手。这两家公司产品的需求曲线分别为：$P_{甲}=1000-5Q_{甲}$。$F_{乙}=1600-4Q_{乙}$。这两家公司的销售分别为 100 t 和 250 t。

    （1）求这两家公司的当前价格弹性。

    （2）若公司乙降价，使销售量增加到 300 t，这一行动导致公司甲的销量下降到 75 t，问甲公司产品的交叉价格弹性是多少？

    （3）若乙公司的目标是谋求销售收入最大，你认为它降价在经济上是否合理？
12. 某企业近几年产品年推销费与年销售收入见表 1。试求：（1）预测销售收入的线性回归方程；（2）推销费为 5 万元时的销售收入预测量。

表 1　年推销费与年销售收入　　（万元）

年推销费	9	3	3	5	4	7	2	6	4
年销售收入	46	18	20	22	27	34	14	37	30

13. 某产品 1 ~ 5 月实际销售价见表 2，设 $a = 0.25$，试用简单指数平滑法作下月销售价格预测？

表 2　某产品 1 ~ 5 月实际销售价格

月　份	1	2	3	4	5
销售价格/元	60	65	55	58	64

14. 某产品的历年库存量见表 3，设 $a = 0.25$，试用简单指数平滑法求第 9 年库存量预测值。计算时，以前 6 年库存量的平均值作初始预测值。

表 3　某产品的历年库存量

年	1	2	3	4	5	6	7	8
库存量	90	100	107	113	123	136	144	155

4 矿业企业融资与资金管理

矿业是指从事矿产资源勘查、开发(采选)及其相关中介服务的产业,主要包括地质勘查、矿产开采,以及为矿产勘查和开采服务的企事业单位或中介服务机构。从生产过程看,它包括了矿产勘查、采掘、选矿和部分深加工利用环节;从产业覆盖面看,它涉及煤炭、石油与天然气、冶金等行业。一般而论,矿业主要是指地质勘查和矿产开采业。本书所研究的矿业融资的矿业主要是矿山企业、非油气矿产资源的勘查和开采领域。

矿业融资就是指矿业企业在矿产勘查、开采生产过程中主动地进行的资金筹集和资金运用的行为。矿业由于其自身的勘查开发特点,对于不同的勘探开发阶段其融资方式与取得资金的来源是不同的。矿业勘查阶段融资最大的特点是融资风险高,资金需求量小,成功时收益回报率高,可选择的融资方式相对少;矿山开发阶段的融资特点是矿山开发融资是整个矿山开发中需求资金最大的阶段,与勘查阶段相比较,其风险程度较低,资金回报率有所下降,可选择融资的方式多;矿山经营阶段融资特点是矿山投产进入经营期,它是矿业开发的一个新阶段,这个阶段的资金需求主要是运营资金以及偿还债务。

我国实施勘探体制和矿业行政管理体制改革以前,绝大部分资本是由政府筹集的,所筹集的资金十分有限,远不能适应发展的要求。1998 年之后,随着社会主义市场经济的发展和全球经济一体化及资源全球化的不断深化发展,我国实行了勘探体制和矿业管理体制的改革,旨在进一步开放矿业。随着改革的深化,我国矿业的勘探和开发权利成为财产权利,与其他商品一样,可以进入市场。目前中国的矿业融资(包括国内和国外)不足世界矿业资本融资总量的1%。因此,无论是从国内,还是国际,都迫切需要加大中国矿业融资的力度,进一步吸引国内外资金投资矿业。推动中国矿业的进一步发展,急需按照国际矿业资本市场的运行规律和经验运作,建立具有中国特色的矿业资本市场。当前,国内矿业企业面临跨国矿业(集团)公司及其背后强大的资本市场所带来的压力,而矿业资本市场上的差距正在影响中国企业的国际竞争力。发展矿业资本市场是分散矿业风险、建立多元的市场化风险配置机制的最重要制度措施。同时,发展矿业资本市场,在为矿业企业创造多元化融资渠道的基础上,为其完善公司治理结构,提供了一个市场化的平台,也为矿业企业的国际化即跨国矿业(集团)公司的形成,提供了一个恰当的资本扩展机制,这将在一定程度上铲除小矿经营的经济思维,为矿业企业的国际化路程提供保证。所以,建立我国的矿业资本市场已势在必行。

4.1 企业融资概述

企业融资与经济运行密切相关。从微观层次上看,企业资金流转经常会出现不平衡,这就提出了融资的要求。同时,企业以股东财富最大化或企业价值最大化为目标,而企业的资本结构和股利政策都会影响企业价值(就股份有限公司而言即股票市场价值)。从宏观层次看，宏观经济运行的变化（如经济政策的变更）可能引致企业资金流转不平衡，从而需要融资。

4.1.1 企业融资市场及作用

4.1.1.1 企业融资定义

金融市场是金融资产进行交换（交易）的场所。金融市场有五个主要的经济功能：(1) 将拥有盈余资金一方的资金转移到需要资金投资的一方；(2) 在资金转移的同时将与有形资产现金流相关的不可避免的风险在资金供求双方之间进行重新分配；(3) 金融市场上买方与卖方的相互作用决定了交易资产的价格，即金融市场具有金融资产的价格发现功能；(4) 金融市场为投资者顺利出售和转让金融资产提供了一种机制；(5) 金融市场减少了交易的搜寻和信息成本。

融资是资金融通的简称，是资金从剩余（超额储蓄）部门流向不足（超额投资）部门购买力转移的现象。融资有广义和狭义之分。广义的融资是指资金在供给者与需求者之间的流动，这种流动是双向互动的过程，既包括资金的融入，也包括资金的融出。融入是指资金的来源，即常说的企业通过各种渠道筹集资金；融出是指资金运用，即用筹措来的资金投资于长期资产与短期资产。狭义的融资仅指资金的融入，指企业为了重置设备、引进新技术、进行技术和产品开发，为了对外投资、兼并其他企业，为了资金周转和临时需要，为了偿付债务和调整资本结构等目的，通过筹资渠道和资金市场，运用各种筹资方式，经济有效地筹措和集中资金。

4.1.1.2 企业融资市场

企业融资的来源范围很广，既有长期资金来源，又有短期资金来源。根据资金供求双方关系的不同，长期资金来源又包括内源融资与外源融资，内源融资的对象是企业的折旧基金和留存盈利；外源融资包括股权融资与债权融资，其中债权融资指长期借款与债券融资。短期资金来源包括短期借款与商业信用以及短期融资券。所有这些融资活动都要在金融市场中进行，短期资金要通过货币市场融入，而长期资金要在长期资本市场上融入，两种市场构成了企业融资市场。

融资市场是由市场主体，按照一定的交易规则，进行金融产品交易的活动关系的总和。因此，融资市场的构成有：市场主体、市场客体（金融资产）、交易规则及市场监管者。在企业融资市场中，资金的需求主体是企业；资金的供给主体是投资者（居民、企业或政府部门）。投资者可以直接将剩余资金投资到企业（形成直接融资市场），也可通过银行等中介机构投资到企业（形成间接融资市场）。在这个过程中，政府一般还要承担维持交易秩序和制定交易规则的角色，即裁判员身份，对直接融资市场和间接融资市场进行管理。

4.1.1.3 企业融资的作用

无论企业规模大小，无论企业经营什么，企业存在的目的都是为了获取最大经济利益，管理者经营企业的目标是为股东创造最大价值和利润。美国微软公司、日本索尼公司或德国大众公司与街边不起眼的杂货店一样，制造飞机、汽车或者销售万吨货轮的与售卖汉堡包或者生产纽扣的一样，其存在的目的都是为了获取最大经济利益。

不同的企业管理者通过不同的投资、融资、经营活动来实现“获取最大经济利益”这一相同目标。现实中,企业经营活动的形式复杂多样,且不断变化发展,有的企业是专门制造商品,有的企业专门批发和零售商品,有的企业为消费者提供有偿服务,但其共同点是:企业活动的本质都是通过将一定数量的资金投向能获利的项目中来获得经济利益。

总的来说,企业活动包括投资、融资和经营活动三个基本活动。企业首先要通过融资来获得一定的资金,然后通过投资活动来运用资金,并通过经营管理来获得收入,使资金增值、获利。融资是筹措资金的行为,投资是运用资金的行为,经营是管理资金或资产的行为。企业能否盈利,能否实现利润最大化的经营目标,最终取决于企业投资、融资和经营三大基本经营活动的综合效果。任何人经营企业,其核心都是企业的价值创造,是企业的财富不断增加,这要求企业能尽可能低成本的筹集资金,并将资金投入到能获得最大利益的经营项目中,在一定的经营管理水平下,企业财富是否增加,是融资和投资活动的综合效果的体现,当投资收益大于融资成本,企业财富就增加,当融资成本大于投资获利,企业财富就减少。

显然,企业只能在当融资成本小于投资获利的情况下,即企业财富将增加的情况下,才会去融资。有人说:"企业只是资本运动的一个符号,是原始投入的资本金在寻求增值的运动中的一个符号。"任何人经营企业,只是手段,其目的不是拥有企业,而是通过企业使得资本的价值增加,使企业财富不断积累、增加。为了让企业的自有资金增加,使企业的财富膨胀,一方面要不断提高企业经营收入;另一方面要尽可能降低任何经营活动成本,其中包括要尽可能降低筹集资金的成本。所以,企业要选择一条最有效率、成本最低的融资渠道去筹集资金。

4.1.2　企业融资成本

4.1.2.1　企业融资成本概念及计算

企业融资成本是指企业使用资金的代价,即指企业为获得各种渠道资金所必须支付的代价,也是企业为提供资金的资金供给者支付的资金报酬。如前所述,企业的目标是实现企业市场价值最大化,在某种意义上它等同于企业在具备承受一定风险的能力时,寻求投入成本最小化、资产盈利最大化的融资结构(包括资本结构)。

企业资金的来源渠道不同,则融资成本不同。如果仅靠内源融资即企业的积累基金－折旧基金和留存盈利来投资于下一生产过程,若不考虑机会成本,则企业使用的资金无成本。因为此时资金的所有者和使用者合为同一主体,不必为自有资金支付使用报酬。如果资金来源于外源融资,如通过发行股票、债券或向银行借款来筹资,则存在资金使用权的让渡问题,资金需求者通过这些金融手段、利用这些金融工具,得到了资金供给者的资金,同时它也获得了利用他人提供的资金获取盈利的机会,而若资金供给者不把资金的使用权转移给这个企业,也会通过自己设立盈利实体或将资金提供给其他企业而获取投资收益。资金需求者因此而获得的盈利要与资金供给者共享,也就是要支付一定的资金使用报酬给对方。因此融资成本的实质是资金需求者支付给资金使用者的报酬,它的出现是商品经济条件下,资金所有权与资金使用权分离的必然结果。

因资金来源渠道的不同,资金需求者支付的报酬的形式也不同。如果是以股权融资形式投入的资金,则报酬是企业支付给投资者的股息红利和资本利润收入;如果是以债权形式借入的资金,则报酬的形式是企业支付给债权人债券利息或借款利息。不同来源渠道获取资金的融资费用不同,融资成本有所差别。对企业来说,通过金融市场直接融资的费用要高于其他融资方式，但其灵活性大，所受限制较少。

从理论上讲，企业融资成本包含资金需求者支付给资金使用者的报酬。但从实际的计算上看，融资成本包括筹资费用和使用费用。筹资费用指企业在资金筹集过程中发生的各种费用，如委托金融机构代理发行股票、债券而支付的承销费、注册费、中介评估机构的评估费、评审费等，向银行借款时支付的手续费等。它通常在筹借资金时一次性支付，在用资过程中不再发生，因此可视作融资总量的一项折扣。使用费用指企业生产经营、投资过程中因使用资本而付出的费用，例如，向股东支付的股利、向债权人支付的利息等。长期资金的使用费用因使用资金数量的多少和时期的长短而变动。

融资成本可以用绝对数表示，也可用相对数表示，即用融资成本率来表示，其计算公式如下：

$$K=\frac{D}{P(1-F)}\times 100\% \quad 或 \quad K=\frac{D}{P-f}\times 100\% \tag{4-1}$$

式中 K——融资成本，%；

D——使用费用；

P——筹资数额；

F——筹资费用率，即筹资费用与筹资数额的比率，%；

f——筹资费用。

4.1.2.2 企业融资成本的表现形式

各种融资方式中，企业筹措长期资金所支付的成本占较大比重，因此在分析企业融资成本时重点考察的是长期资本成本，即股权资本成本、债务资本成本与长期负债成本，三者构成了总的资本成本。资本成本有多种形式，一般分为个别资本成本、综合资本成本和边际资本成本。在比较各种筹资方式时，使用个别资本成本；在进行企业全部资本结构决策时，使用综合资本成本；在追加筹资决策时，可以使用边际资本成本。

个别资本成本主要包括长期借款成本、长期债券成本、普通股成本、优先股成本、留存盈利成本。这些单项资本成本的高低可作为比较各种筹资方式优缺点的一个依据。综合资本成本是指企业每个筹资组合中各种资金的个别资本成本的加权平均值，企业比较各个筹资组合方案的综合资本成本的高低以进行资本结构决策。

边际资本成本是指企业在一定资本规模上，另行追加筹资所产生的成本。企业为了扩大生产规模，增加经营所需资产或追加对外投资，往往需要追加筹资，在此情况下，边际资本成本是比较选择各个追加筹资方案的重要依据。

4.1.3 企业融资的构成

4.1.3.1 内源融资与外源融资

在市场经济中，企业一般通过两种方式获取资金：内源融资和外源融资。一般来说，储蓄转化为投资有两种形式：一是同一经济体内的储蓄向投资的转化；二是不同经济体之间的储蓄向投资的转化。前者称为内源融资，后者称为外源融资。任何企业都有一个确定内源融资与外源融资的合理比例问题。所谓企业内源融资，是企业依靠其内部积累进行的融资，具体包括三种形式：资本金、折旧基金转化为重置投资和留存收益转化为新增投资。内源融资对企业资本的形成具有原始性、自主性、低成本性和抗风险性的特点，是企业生存与发展不可或缺的重要组成部分。所谓企业外源融资,则是指企业通过一定方式从外部融入资金用于投资。相对于外源融资,内源融资可以减少信息不对称问题及与此有关的激励问题,节约企业的交易费用,降低融资成本,也可以增强企业的剩余控制权。因此,内源融资在企业的生产经营和发展壮大中的作用是相当重要的。但是,内源融资能力及其增长,要受到企业的盈利能力、净资产规模和未来收益预期等方面的制约。现实中的资金供求矛盾总是存在的,并推动着外源融资的发展。外源融资的发展,可以提高全社会对储蓄资源的动员和利用能力,优化社会资源的配置效率,有利于分散投资风险。外源融资是企业吸收其他经济主体的储蓄,使之转化为自己投资的过程。它对企业的资本形成具有高效性、灵活性、大量性和集中性的特点。因此,在经济日益货币化、信用化和证券化的进程中,外源融资成为企业获取资金的主要方式。一般来说,企业外源融资是通过金融媒介机制的作用,以直接融资和间接融资的形式实现的。

4.1.3.2 直接融资与间接融资

A 两者的定义

直接融资是指企业作为资金需求者向资金供给者融通资金的方式,是资金盈余部门在金融市场购买资金短缺部门的直接证券,如商业期票、商业汇票、债券和股票的融资方式。另外政府拨款、占用其他企业资金、民间借贷和内部集资等都属于直接融资范畴。直接融资具有以下特点:(1) 直接性,即资金直接从资金供给者流向需求者,并在两者之间建立直接的债权债务关系,或资金需求者以股权形式直接取得资金;(2) 长期性,直接融资所取得的资金使用期限要长于间接融资;(3) 不可逆性,采取发行股票形式进行的直接融资,所取得的资金是无须还本的,投资者若需变现就必须借助于流通市场,与发行人无关;(4) 流通性,由于直接融资工具主要是股票与债券,而股票与债券是可以在证券二级市场上流通的。

间接融资则是企业通过金融中介机构间接向资金供给者融通资金的方式。间接融资是由金融机构充当信用媒介来实现资金在盈余部门和短缺部门之间的流动,具体的交易媒介包括货币和银行券、存款、银行汇票等非货币间接证券。另外,像“融资租赁”、“票据贴现”等其他方式也都属于间接融资的方式。间接融资具有与直接融资截然相反的特性,即间接性、短期性、可逆性及非流通性。直接融资与间接融资这种的划分,只是一种理论上的抽象,在现实中要复杂得多。随着全球金融创新的发展,这两者的区别越来越模糊,出现了直接融资间接化、间接融资直接化的趋势。

B 两者的比较

不同的国家由于历史、文化、传统不同,经济发展的水平阶段不同,以及对资金需求程度不同,所选用的金融体制也不相同。纵观世界各国的融资市场,按照直接融资和间接融资在社会融资总量中所占比重,以及对国民经济发展所起的不同作用,相应形成了以直接融资为主导的直接金融体制和以间接融资为主导的间接金融体制。

市场机制比较发达的国家,资金由短缺变为相对充足,各项法规比较完备,资本市场达到一定规模,资讯信息相对公开,能较灵敏、准确地反映企业的经营状况和资产负债状况,有效地抑制过度投机行为,降低了直接融资的风险和交易费用;价格体系基本合理,价格形成的市场机制较完善;企业建立了有效的激励和约束机制。这类国家往往采用直接金融体制。在直接金融体制下,企业更多依靠发行直接证券(债券、股票)等方式从资本市场获取资金。

市场机制相对落后的国家，由于资金短缺与分散，法规不健全，信息不对称，资本市场容易出现过度投机行为，使经济呈现虚假繁荣即泡沫经济，导致大量资金游离于实物经济之外，不能真正改善企业资金短缺状况，对实物经济的发展不能起积极作用。企业财务状况不透明，约束机制不健全，易造成融资行为的扭曲，而金融中介机构在信息收集和监控方面具有相对优势，有利于克服直接融资的局限性，提高资金运用的安全系数，并且发行的间接债券比直接债券更具流动性，更能符合经济行为主体资产选择与组合的需要。因此，以银行为中介的间接融资往往成为后进国家在经济起飞时采用的一种主导性的资金供给方式，是经济增长的必要条件。在间接金融体制下，企业资金来源主要依靠贷款，银企关系较密切。

不同的金融体制规范着企业获取资金的渠道，制约着企业的融资形式和取向。衡量金融体制有效性的标准是看其能否保证资金的有效供给和合理配置。就企业而言，有效的金融体制要有利于企业自由选择和灵活运用各种融资方式，迅速筹集所需资金以保证生产经营的需要；要有利于企业合理运用资金，既可将资金用于购买短期证券，又可存入金融机构以获取利息。

直接融资和间接融资的主要差异。从理论上说，直接融资和间接融资主要有以下差异：

(1) 体现的产权关系不同。直接融资特别是股票融资体现的是所有权与控制权的关系。投资者享有企业剩余索取权和最终控制权，是企业的股东。融资者接受投资者的委托经营其资产，与其是委托－代理关系。间接融资体现的是债权债务关系。贷款者不是企业资产的最终所有者，融资者借入的是一种资金使用权或债务，银行则作为信用中介，拥有对企业的相应控制权，即在融资者能够按合同规定履约付款时，银行不拥有对企业的控制权，只有企业不能按合同履约时，其控制权才自动转移到作为债权人的银行手中。

(2) 资金约束主体不同。直接融资的资金约束主体是居民个人。虽然在直接融资条件下，对资金短缺企业构成约束的主体很多，但从各国金融市场的发展看，居民是其中最重要的投资者，因为他是社会最重要的资金盈余者。企业在金融市场融资，则必须对居民财产负责，即债券到期必须还本付息，股票按时发放股息。间接融资的资金主体是银行，企业需对银行承担还本付息的责任。在市场经济国家，企业通常是以财产作为抵押而取得贷款的，当不能按合同规定履约付款时，银行有权没收其财产，或要求企业破产清算。这种约束是硬约束。在发展中国家，由于处于市场机制不成熟的阶段，企业融资行为易受政府的干扰，往往带有非市场化的倾向。

(3) 融资风险不同。在银行信贷资金的高效运作的前提下，对居民来说，直接融资的融资风险要高于间接融资。居民在金融市场上购买直接证券，由于受单个资本财力的限制，能购买的直接证券种类有限，所面临的融资风险相对较高。居民购买间接证券，金融机构可集中众多投资者的剩余资金，通过资产组合，即购买不同的直接证券，将融资风险降至最低限度。

(4) 融资成本不同。从企业的角度来看，证券利率和股息、红利一般要低于银行利率。同时，企业直接融资还需承担其他费用，如企业评审费、证券印刷费、广告宣传费、代理发行费及兑付费等。因此，对企业来说，直接融资成本要高于间接融资成本。从全社会的角度来看，间接融资的成本并不是无条件地低于直接融资成本。首先，整个社会的融资成本包括企业融资成本和银行融资成本，而企业以低成本取得银行贷款往往是以银行的亏损为代价的。其次，企业融资不仅包括会计成本，还有机会成本。传统的财务会计只反映实际已发生的成本。企业金融学为有效筹集和运用资金,注重各种机会所花费的成本,并从中选择成本最小的机会进行决策,以实现收益最大化。相对会计成本,机会成本是构成企业决策行为的主要依据。从我国的情况来看,企业取得银行贷款的机会成本较高。因此,考虑到银行成本和企业的机会成本,间接融资的成本要较高。

(5) 中介机构在其中扮演的角色不同。在直接融资中,通常也有中介机构的介入,但中介机构的作用仅仅是沟通并收取佣金,它本身不是一个资金供给主体,不发行金融凭证。而在间接融资中,中介机构本身就是一个资金供给主体或需求主体,需要发行金融凭证,并将资金从最终供给者手中引到最终需求者手中。

4.1.4 企业融资风险

从公司本身来看,风险分为经营风险(商业风险)和融资风险(财务风险)。经营风险指生产经营的不确定性带来的风险,企业仅靠自有资金经营时,因资产运营效率低而造成的企业收益不确定性,如因市场销售、生产成本、生产技术等方面的原因以及外部环境的变化而给企业带来的风险。融资风险指企业因借款而增加的风险,是筹资决策带来的风险。企业从多种渠道融入资金后,债务融资下利息的刚性偿还性(定期、定额偿还)及股权融资方式下高分红派息与企业资产收益的不确定性共存将产生一些风险。这里,主要讨论融资风险。

企业融资风险主要有两种表现形式:

(1) 支付风险。企业融资活动因支付能力不足而带来的不利影响的可能性称为支付风险。相比之下,企业因支付能力不足而不能向债权人还本付息所带来的不利影响要比不能向股东支付使其满意的股利所带来的不利影响要大得多。因此,支付风险主要是指企业因支付能力不足而不能按时、足额地向债权人还本付息所带来的不利影响的可能性。

(2) 财务杠杆风险。企业负债成本是作为一项固定的财务费用在税前列支的。在企业资产收益率高于负债利率时,负债融资会给企业带来额外的负债净收益,增加股东每股收益;而当企业资产收益率下降到低于负债利率时,负债融资则会给企业带来负债净损失,减少股东每股收益。这种由于负债融资而给股东每股收益带来不利影响的可能性就是财务杠杆风险。

一般情况下,企业负债越多,融资风险越大。企业全部利用自有资金生产时,几乎没有融资风险;当负债额等于或小于权益资本时,融资风险很小;当负债额大于权益资本时,融资风险比较大。

4.2 国际矿业企业融资模式

国际矿业的主要特点如下:

(1) 资本密集型,投资额度大、回收周期长。

(2) 风险高,地下资源本身的不确定性、资源商品价格周期波动性明显。

(3) 运行模式为资本模式,行业投资主要从资本市场获取,行业资本运动链较完善;且利用金融、期货市场抵御产品价格周期对其的冲击。

(4) 遵循矿业核心特点“重点在于发现资源,而非开采资源”。

矿产开发周期相对漫长,多则十几年,少则也需要三年以上,且在开发过程中的有勘查、开发建设、经营三大阶段。各阶段对资本量的需求、风险及资本回报等又不尽相同。

4.2.1 勘查阶段融资模式

勘查阶段主要以风险资本为主，私人资本为辅（私人资本与风险资本对投资载体的要求恰好与勘查阶段对资本的要求不谋而合，即：高风险、高回报特性）。

矿产勘查在国际上是作为一种传统的风险投资项目，并有一套比较成熟的融资模式。勘查企业可通过直接主板上市（如温哥华证券交易所）、二板上市（多数证券交易所）、借壳上市（通过兼并、收购）、合资合作勘查、项目融资等方式，实现资本获得。

4.2.2 开发建设阶段融资模式

开发建设阶段主要以项目融资、股权合作方式为主（该阶段非常特殊，财务报表状况异常恶劣。国际上通常辅以套期保值、利用资源产品远期价格等手段来抵御价格周期的冲击，以满足资本要求，获取资本投入）。

融资主要有两种方法：一种是组成一个有限责任公司，根据政府有关法规，按授权批准发行一定数量的股票融集所需的资本；另一种是贷款者或资助人将矿地作价给较大的有经济和技术实力的公司进行必要的勘探。

矿山开发阶段融资是资金需求量最大的阶段，风险程度比勘查阶段有所降低，资本回报率有所下降，可选择的融资方式比较多。

（1）多边开发银行贷款融资。1945 年以来，世界银行、国际融资公司（IFC）、欧洲建设与开发银行和非洲开发银行等多边开发银行和投资机构以及其国内的进出口机构为该阶段的矿业项目提供融资渠道，弥补商业银行不愿意为采矿项目提供风险贷款的不足。世界银行、多边投资保证机构（MIGA）或美国海外私人投资公司（OPIC）可为采矿项目的借贷融资提供政治风险保险。

（2）项目融资，以项目本身的资本权益，即大型矿床的矿权价值，作为借款担保来融资。它不需要借款人的资信情况，也不需要政府部门和金融机构的担保，就能融集到有限追索权，以至无追索权的巨额长期信贷资金。贷款是贷给为项目而组成的项目公司，在财务中体现为表外负债。

（3）股本融资。该种模式扩展开来就是股本融资系统（SER），获取权益性资本投入。让投资者或采矿融资公司占有项目的股本，项目开发者则从他们那里获得资金。这是一种非常重要的融资方式，尤其对于基础性的勘探项目。如果不能保证最终得到回报，没有一家银行愿意为矿业项目提供资金，而通过这种方式则可以降低回报风险，获得资本投入。

（4）出口信贷和设备租赁。矿山开发与其他工业开发有较大的区别，整个开发过程都需要大量设备，形成资产负债表外的贷款。设备租赁也是矿山的一种融资手段。设备成本可能只占采矿项目开发成本的 20%。租赁设备或从国家机构获得支持只能解决采矿项目的部分开发资金。当然，将矿山交给承包商开采可以减少基建投资，但这无疑会增加经营成本。

（5）与矿产品挂钩的贷款融资。用预售矿产品还贷，按规定的时间和数量提供矿产品。“借金还金”的黄金矿山融资方式，也属于这种类型的融资。金属套头交易是黄金贷款的延伸和发展。生产商以一定的价格售出未来的产品，以解决资金不足的问题，同时还希望在利率上获得好处。

(6) 政府贷款。政府贷款也是发展矿业的一种重要融资形式，为了鼓励矿业发展，政府往往可以为矿业提供低利率、高额度、中长期的贷款。对于具体某个项目，根据实际情况，可以全部由政府提供贷款，也可以由政府提供部分贷款。

(7) 借贷融资。借贷融资有多种不同的形式，但基本都是金融机构提供的债务性资金，贷款使用者必须在一定时期内分批偿还这笔资金，并按市场利率支付利息。借贷融资已成为新兴市场经济国家采矿和基础设施项目的重要融资渠道。国际融资公司是引人注目的采矿项目借贷机构。世界银行和非洲开发银行则常常为与采矿项目有关的基础设施项目提供贷款，但不直接为矿山开发提供贷款。

4.2.3 经营阶段融资模式

经营阶段主要以首次公开募股(IPO)、银行贷款方式为主(公开上市可将公司承担的风险转移给社会民众)。由于此阶段风险程度大大减小，资金融集可选择的面就很宽，主要有证券性融资和银行信贷，但不论何种方式均取决于投资方(股民、投资机构)对矿地和盈利前景的预期。在加拿大矿业界，发行债券或信用债券，这一融资方式占重要地位，大公司与子公司涉及专有股权时尤其如此。

(1) 商业银行贷款和辛迪加财团贷款。这种贷款方式风险高，成本也高，但仍然是矿业公司外部资金的重要来源。

(2) 国际金融机构贷款。国际金融机构包括世界银行、国际货币基金组织、泛美开发行和非洲开发行等。世界银行通过资金支持成员国，包括矿业部门的改革和企业重组；向政府或国有企业提供特许或非特许权的项目融资；向私人部门提供商业性债务或股本资金；向在发展中国家进行的包括矿业在内的私人项目提供长期政治风险担保或其他特别担保等。

(3) 商品关联贷款。这指的是通过贷款人参与商品价格波动来实现降低融资成本的目的。安排商品关联贷款的项目，一般要求其产品是国际流通性较强、具有国际统一标准的商品，如贵金属、有色金属等。

(4) 发行债券。债券是指矿业公司为融资而发行的、用以记载债券债务关系的有价证券。与其他负债资金融集相比，债券的优点主要是融资对象广、市场大，但是风险较大，限制条件较多。

(5) 可转换债券。这是债券中的一种，介于债券和股票之间的一种融资工具。这种融资方式利率较低、风险性较低，但比较复杂，发行的全部成本一般高于其他形式的债券或股票，基本上是由北美贷款人在欧洲融资时使用的一种矿业融资工具。

(6) 上市 IPO。该方式为众人所熟悉，故不做说明。

从上面的国际模式分析可看出：因为矿业各阶段的工作性质的不同导致在各阶段对资本需求量的大小也就不同，且各阶段资本投入所承担的风险及回报率也不尽相同，这样采取的融资模式也是不尽相同。

大致归纳为：(1) 勘查阶段。融资风险高，资本需求量相对较小，收益回报率高，可选融资方式较少；(2) 矿山开发阶段。融资风险较低，资本需求量相对最大，收益回报率较高，可选融资方式多；(3) 矿山经营阶段。融资风险低，资本需求量相对较大，收益回报率低，可选融资方式多。

4.3 我国矿业企业融资

1998 年地勘经济体制改革后,我国矿业融资逐步由过去单一依靠财政计划投入的融资方式向多元化融资方式发展。矿业投资稳步增长,投资结构不断改善,投融资渠道进一步拓宽,投资主体多元化格局已初见端倪,矿业资金市场有所扩大,矿业权市场正在建立并不断完善,境外矿业投资逐渐增加,矿业投资向着开放化、法制化、市场化方向发展。但是,矿业投资中存在的问题还比较突出。与其他产业相比,20 世纪 90 年代以来,矿业投资增长较慢,低于国民经济整体发展速度,发展后劲显得不足。矿业投资市场化程度较低,银行贷款和中央部门投资比重过大,社会投资和外商投资比重过小。矿业资金市场规模偏小、发育不健全,矿业投资体制需要进一步深化改革。

4.3.1 矿业资本市场

矿业资本市场一般可理解为金融市场的一个特定的组成部分,是矿业资金与信用供求调节、涉矿商务债权和产权票据等金融资产交易的场所。它可以是有形的、公开的,也可以是无形的。

矿业资本市场的参与者主要有五类:

(1) 矿业企业。他们主要是资本的需求者,但有时也是经济意义上的投资者,如利用资本市场筹措资金购置矿业权地,进行投资活动。

(2) 政府。在矿业资本市场上的作用是多重的,既是市场的管理者和监督者,有时又是资本的供应者和需求者。

(3) 资金拥有人。资金拥有人是矿业资金供给者或投资者,一般是通过金融机构作为中介进行投资的。

(4) 金融机构。银行、非银行金融机构,以及一些功能各异的中介机构,他们既不是最初的投资者,亦非最终的资本需求者,但正是通过他们的中介作用,矿业资本市场才能得以有效地运行。

(5) 中介机构。中介性服务机构主要是指评估、咨询、监证、会计等。

4.3.2 我国矿业企业融资体系存在的问题

虽然,目前我国矿业企业融资体制改革取得了一定的成就,但与成熟的市场经济体制相比,还存在较大的差距。

4.3.2.1 企业融资依然受行政审批

政府职能尚未实现根本转换,以行政审批为核心的投融资决策体制没有根本改变;国有企业和地勘单位的投融资决策权没有真正落实,投融资主体不到位,政企不分、权责不清的状况仍然存在,私有企业的一些项目融资受到政府行政审批的限制仍然存在;投融资宏观调控体系不完善,政府部门融资管理职能交叉、政出多门的现象仍然存在;各级政府、国有企业和国有商业银行的投融资风险约束机制和监督机制不健全,投融资决策的科学化水平不高,矿山重复建设屡禁不止,投资效益低下;矿权审批程序复杂,审批时间较长;勘查(资源)公司设立时的注册资本要求不合理,矿业权会计处理有待完善。

4.3.2.2 矿业权流转制度还不够完善

目前,我国虽有《探矿权采矿权转让管理办法》,但只规定了矿业权的一般转让形式即买卖,而矿业权的出租、抵押等可能引起矿业权转让的其他情形却仍然无法可依,这在相当程度上限制了矿业权人对其权利的充分利用,而矿业权的抵押常常是矿业公司融资的必要手段。我国可以在积累和总结《探矿权采矿权转让管理办法》实施经验的基础上,考虑补充矿业权出租、抵押等其他矿业权转让形式的规定,为矿业公司融资提供条件。

4.3.2.3 国内融资结构不合理

国内矿业资本市场不完善,股票、债券等直接融资方式规模较小,矿山企业和资源公司很难通过国内证券市场筹措资金,地质勘查投资总量明显不足,矿业股票、债券等直接融资规模小,明显低于全社会各行业的平均水平;外部融资又过分依赖贷款,高于全行业平均水平;矿业企业资产负债率高,缺乏资金自我积累能力;新项目没有资金来源,靠大量负债上项目难以体现效益。

4.3.2.4 矿业企业资产负债率高、税费负担过重

首先,在1994年税制改革以后,我国矿山企业税费种类主要包括:增值税、所得税、资源税、矿产资源补偿费、城建税、土地使用税、营业税、教育费附加、资源税外的销售税金以及其他税费。繁重的税费,无疑增加了企业的负担,利润总额减少,其结果是盈余大幅度减少,企业资金的自我积累能力减弱,内部融资能力大大下降。其次,1994年税制改革以前,我国只对铁、石油、天然气等部分矿产征收资源税,计征方法是对超过一定利润额以上的利润按一定的比例(百分比税率累进)计算。最后,矿山企业税费重,最集中表现在增值税上。税改前矿山企业交3%的产品税,1994年税改后增值税调至13%。由于矿山的特殊性,基本上不外购原料,只外购少许辅助材料,用于抵扣进项增值税少,实交增值税多。

4.3.2.5 金融中介部分失灵、非金融服务机构不健全

我国金融中介失灵主要表现在:国内储蓄资源越来越难以转化为国内投资资金;同时,长期以来我国的银行系统都是以国有经济为主要服务对象,国有银行的绝大部分资金都归国有企业占有和使用,而非国有矿业企业很难获得国有银行的有效服务。

其次,由于我国矿业资本市场发展缓慢,为其服务的中介机构也相当不成熟和完善,例如我国的矿产资源储量评估中存在许多问题,新的评估体系正在形成但是尚不完善,尤其法律制度方面的建设滞后,评估师及评估机构的权利、义务没有真正的法律保障,监管措施不得利。资源公司上市与交易的场所没有建立,矿业公司的股票交易市场尚不完善,没有配套的上市规则,也没有矿业专业人员配备,缺乏应有的监督保障;在矿权评估中,现有的矿权评估制度透明性差,评估方法的选择仍然存在问题;矿业专业协会的地位、作用没有充分发挥,评估人员的综合素质、知识水平急需提高,评估机构的业务范围、影响力、权威性有待增强,评估的软、硬件设备需改善等。

4.3.2.6 利用外资少、结构不合理

我国矿业利用外资主要集中在石油领域,固体矿产勘查和开发利用外资所占比例很小。此外,外资利用结构不合理,外资特别是外商直接投资地区分布不均匀,主要集中在东部地区。海外融资受限,即使勘查企业或资源公司具有在国际矿业资本市场上发行证券的条件,但因国内政策限制,几乎使之被排除在国际矿业资本市场之外。

4.3.2.7 融资竞争不公平、吸引力较差

矿业勘查项目或开发项目,存在着项目本身吸引力差、企业信誉不足等问题,使项目外部融资变得很困难,使投资者不愿或不敢对其进行风险投资。我国矿业企业很难通过股市筹集到矿产勘查和开发资金,到国外股市上市融资则更少。这成为阻碍我国矿业发展的主要因素。

4.3.3 我国矿业企业融资的特点

从全球范围来讲,对矿产品的需求呈现出高速增长的趋势,矿产品的开发和矿业项目的开展也愈显重要。在矿业项目的勘探、开发到运营的各个环节中,资金都起着重要作用,并且对资金量需求巨大,往往企业的自有资金难以满足,融资应该是矿业项目今后一段时间的必然趋势,选择合适的融资方式是重中之重。

矿产资源具有分布不均匀性、不易储存性、利用的复杂性、资源的衰竭性、能源的替代性等特性,由此以矿产资源为生产对象的矿业项目的融资具有以下特点:

(1) 融资周期长。矿产品从上游的勘探开发到中下游的加工销售具有十分紧密的相互依赖和制约。从勘探、开发到建成投产,以及为保证资源不断地寻找新的储量,都需要持续地投入资金。矿业从资源勘查到投产出矿,一般需要 10 年左右或更长时间。据 B. W. 麦肯齐对加拿大 1951 ~ 1974 年间 86 个金属矿山的研究资料,矿床的平均勘查时间为 8 年,矿山建设为 2 年,即勘查建设平均周期为 10 年。2005 年,中国地质调查局地质调查项目《危机矿山资源潜力调查与评价》对我国 25 种主要金属矿产 10618 座矿山的矿产资源形势及开发利用现状等作了详尽的剖析,矿山勘查、建设融资周期有所变短,一般在 6 ~ 8 年左右。

(2) 融资规模大。地质勘探开发属于资金密集型项目,开发利用矿产品需要投入大量的资金。从总体上看,随着勘探开发难度的加大、经济发展对资源的需求的增加,矿产品投资扩大的趋势不可避免。这意味着从矿产勘查开始就需要大量的资金投入,据澳大利亚的统计资料,每个重要商业性矿床的平均勘探投入为 2.57 亿美元。

(3) 融资风险高。矿业项目涉及地质勘探、圈点布井、钢铁制造业、化工业、电力业、机械设备制造业等领域,融资风险很大。上游涉及矿产资源探明、风险勘探开采;中游的开发设备的布置,矿产品的深加工,石油天然气项目还会有管道设计、施工和输送等风险;在下游,市场开发具有众多不确定因素;除了项目本身的风险外,整个勘探开发项目的系统风险也不容忽视。

(4) 融资费用高。由于矿业项目主要依赖项目的现金流量和资产进行融资,多利用长期、复杂的贷款和证券融资,其融资所需的费用比一般项目要高很多。

(5) 矿业活动的阶段性,决定了矿业投资的多阶段性及复杂性。因为投资矿业的风险高,所以需要对矿业投资风险进行分散。矿业活动要经过矿产勘查、矿产开采可行性研究、矿山建设设计、矿山基本建设、矿山投产经营等许多阶段。由于不同阶段的主要任务不同,决定了各阶段的投资需求量、投资回收期、投资回报率,乃至投资风险的不同。如勘查阶段的投资是一种风险资金投入,一旦勘探成功,就可以获得较大的风险收益,包括探矿权转让收益或优先取得采矿权后的开采收益;而万一勘探失败,则需要承担风险损失。矿山开发阶段,投资的需求与收益,同矿山的兴建期—上升期—鼎盛期—衰退期紧密关联,并随时间受到市场需求与矿产品价格的影响,而呈现出错综复杂的状况。

（6）资金回收期长。矿业项目在初期勘探阶段处于盈利少或亏损状态，但是随着企业的发展，当处于中下游时利润逐步增加，矿业项目的周期长注定了项目收益达到能够弥补项目投资的水平需要较长的时间。

（7）矿业在国民经济中的基础性产业地位，决定了投资矿业可获得政府的支持。矿产资源的开发利用、矿业的发展与国民经济的发展及稳健运行息息相关，这就决定了国家将采取一些优惠政策支持对矿业的投资。

4.3.4 我国矿业企业融资风险

矿业项目的周期长，涉及因素较多，必然面临很多风险因素。

4.3.4.1 自然风险

自然风险是指由于自然因素的不确定性对矿业项目造成的影响，以及对矿山、矿产品产生的直接破坏，从而对项目出资方和经营方造成经济上的损失，包括地勘风险、储量风险、环境风险和灾害风险。

（1）地勘风险。此类风险主要是针对探矿权而言，对探矿权价值的评估是一项主观性很强的工作，探获一个经济矿床成功的概率也很低。由于地质条件的复杂性和矿产资源的自然特性，决定了地质勘查工作的风险及其成果的不确定性，从普查发现新矿点到勘探完毕全过程中，每个阶段都要进行筛选，将那些不具备工业意义的、不能开发利用的矿产地淘汰掉。所以地勘投入在整体上属于风险投资。地质勘查风险贯穿地质勘查工作的始终，在不同的阶段、不同的工作时期，其存在形式和表现方式是不同的。具体表现为在地质勘查活动中，直接由自然条件所决定的对于勘查效益的不确定性。主要包括能不能找到矿的风险；由于区位不同而造成的最终收益不同的区位风险；由于矿床矿石质量的不同，导致采用的采选技术的不同引起的收益不同的质量风险等。

（2）储量风险。储量是决定矿山服务年限的主要因素之一，矿产资源的可耗竭性、稀缺性、丰度上的差异性及位置上的固定性等特点，决定了矿产资源储量的不确定性。储量风险包括许多种，并且固体矿床与流体矿床还各有不同，综合各种矿床的共性可将储量风险分为以下几类：

1）储层风险。这是由矿产资源的自然属性带来的主要风险，来自于矿业资源的产出形态，与其厚度、赋存深度、品位等有关。比如赋存 1 m 厚的煤层与赋存 5 m 厚的煤层储量不一样，而面积为 3 km^2 的铁矿床与 30 km^2 的铁矿床价值大不一样。

2）地质构造风险。矿产资源不是独立存在于地层之中，而与周围的围岩相接触，与本地的构造密切相关的，对于固体矿床而言，矿层是否被断层切割破碎、矿层所处的构造位置与开发的难度密切相关，而对于流体矿床，其构造所产生的生、储、盖条件是重要的因素。伊拉克境内的石油的静态储量很大，居世界第二位，但由于处于低端，只要科威特的开采量增大，由于石油的流动性，其可采量就减少，这也是当年伊拉克入侵科威特的原因之一。

3）有益/有害矿产风险。由于矿产资源具有共生性和伴生性，其共生或伴生的有益矿产会降低储量风险，而有害矿产的共生或伴生则会加大风险。如在褐煤中伴生有益矿产锗，锗是重要的信息产业、航空、航天产业的重要原料，褐煤的价格就会成倍提升，使储量风险得以降低；而如在煤中伴生大量的硫成分，则开采价值不大，且由于脱硫的成本较高，不具工业生产的价值。

4）其他开采技术条件风险。包括水文地质风险、工程地质风险、其他矿井越层越界开采风险等。

(3）环境风险。随着生活水平的提高,世界普遍开始关注工业项目对自然环境、人类健康和生活所造成的负面影响。一个总的发展趋势是对工业项目的排放标准、废物处理、噪声、能源使用效率、自然植被破坏等有关环境保护方面的立法规定在世界上多数国家变得越来越严格。项目投资者有可能因为严格的环境保护立法而迫使项目生产效率降低,增加项目生产成本,或者增加新的资产投入以改善项目的生产环境,更严重的会迫使项目无法继续生产下去。对于项目融资的贷款银行,环境保护风险不仅表现在由于增加生产成本或资本投入而造成项目降低甚至丧失原有的经济强度而且表现在一旦项目投资者无法偿还债务时,贷款银行取得项目的所有权和经营权之后也必须承担同样的环境保护的压力和责任。进一步,由于存在环境保护方面的问题,项目本身的价值也降低了。所以,在项目融资期内有可能出现的任何环境保护方面的风险都应该和上述其他风险一样得到充分的重视。

由于环境保护问题所造成的项目成本的增加,最主要的表现形式首先是对所造成的环境污染的罚款以及为改正错误所需要的资本投入;其次还需要考虑到为了满足更严格的环境保护要求所增加的环境评价费用、保护费用以及其他一些成本。在项目融资中环境保护风险通常被要求由项目的投资者或借款人承担。并且,投资者被认为对项目的技术条件和生产条件的了解比贷款银行要多得多。环境保护问题也通常被列为贷款银行对项目进行常规性监督的一项重要内容。

(4）灾害风险。包括火灾风险、风暴风险、洪水风险、地震风险、滑坡风险、泥石流风险、雪灾风险、气温风险、塌方风险等,这些风险出现的机会较少,但是一旦出现,造成的灾害是相当严重的。

4.3.4.2 政治与法律风险

项目的政治风险可分成两类,第一,国家风险,即项目所在国政府由于某种政治原因或外交政策上的原因,对项目实行征用、没收,或者对项目产品实行禁运、联合抵制,中止债务偿还的潜在可能性;第二,国家政治、经济政策稳定性风险,即如外汇管理、税收、劳资制度、审批制度、环境保护、资源主权等的调整和变化。

法律风险是指东道国法律的变动给项目带来的风险。世界各国的法律制度不尽相同,经济体制也各有特色。跨国贷款可能面临因法律制度不同而引发的争议。一些国家担保法的不健全可能导致获得担保品成为困难;一些国家对知识产权的保护可能尚处于初级阶段;还有些国家缺乏有关公平贸易和竞争的法律等。1997年初,为了规范和鼓励项目融资方式在我国的运作,国家计委与外汇管理局共同发布了《境外进行项目融资管理暂行办法》,我国颁布了《担保法》、《保险法》、《贷款通则》,人民币经常项目可兑换,经批准进口设备可免征关税和进口环节增值税等,这为项目融资的项目建造、经营、风险分担等运作提供了较为完善的法律环境和较好的经济效益。

4.3.4.3 信用与金融风险

有限追索的项目融资是依靠有效的信用保证结构支撑起来的。组成信用保证结构的各个项目参与者是否有能力承担其职责,是否愿意并且能够按照法律文件的规定在需要时履行其应承担的对项目融资的信用保证责任,就构成项目融资所面临的信用风险。

信用风险贯穿于项目整个阶段。提供项目信用保证的项目参与者的资信状况、技术和资金能力、以往的表现和管理水平等都是评价项目信用风险程度的重要指标。信用风险是一种综合性风险，其他风险的变化都将会影响到信用风险。在一个融资结构已经确定的项目中，相关利益方理所应当合理分担风险。但是，如果在项目建设和运营期间，由于某一因素的影响，任一方所承担的风险突然加大，超出其所能承受的程度时，将会引发严重的信用风险。

在项目融资中，项目发起人和贷款人必须对自身难以控制的金融市场上可能出现的变化加以认真分析和预测，如汇率波动、利率上涨、通货膨胀和国际贸易政策的趋向等，这些因素会引发项目的金融风险。金融风险主要表现在利率风险和汇率风险。利率风险指项目在经营过程中，由于利率变动直接或间接的造成国内项目价值降低或收益受到损失。投资方利用浮动利率融资，一旦利率上涨，项目生产成本就会上升；而采用固定利率融资，将来市场利率下降会造成项目机会成本的提高。反之，银行则存在相反的风险。

项目外汇风险通常包括三个方面：东道国货币的自由兑换、经营收益的自由汇出以及汇率波动造成的货币贬值问题。比如我国是外汇管制的国家，而且《境外进行项目融资管理暂行办法》明确规定项目境内收费不得以外币计价。外汇风险是项目融资中参与各方尤其是投资方和运营方十分关心的问题。

4.3.4.4 市场风险

市场风险是指在一定的成本水平下能否按计划维持产品质量和产量，以及产品市场需求量与市场波动带来的风险。主要包括供求风险、价格风险和竞争风险三个要素。三种要素之间相互联系和影响。项目参与方在投资项目时必须考虑以下几种因素：是否存在该矿产品的国内和国外市场；可能的竞争激烈程度怎样；是否有相似项目竣工；预计矿产品的国际价格、适用关税和贸易壁垒；市场准入情况；当项目到运营阶段时，矿产品是否仍有较好的市场需求。市场风险对矿业项目的影响比较大，直接关系着项目现金流的实现。有些市场风险可控，但有些却是环境因素引发的。市场风险主要由投资方、承建方、运营方、东道国政府等承担。

4.3.4.5 生产风险

生产风险是指在项目试生产阶段和生产运营阶段中存在的技术、资源储量、能源和原材料供应、生产经营、劳动力状况等风险因素的总称。它是项目融资的另一个核心风险。生产风险主要表现在生产能力风险、能源供应风险、经营管理风险，主要由运营方承担。

(1) 生产能力风险。对于很多采矿企业来说，近些年来大多数贷款违约现象及资本结构重组问题均起源于错误地估算了生产能力。生产能力过高超出了实际需求水平，就会占用大量流动资金，短期难以变现，生产能力过低，利润率就会较低。

(2) 能源供应风险。能源的价格波动和供应可靠性是影响项目经济强度的一个主要因素。长期的能源供应协议是减少项目能源供应风险的一种有效办法。

(3) 经营管理风险。主要表现为实际生产成本超出预期生产成本的风险。它是评价项目经营者对于所开发项目的经营管理能力的标准，而这种能力是决定项目的质量控制、成本控制和生产效率的一个重要因素。矿业投资项目开发需要经过矿产勘查、矿山开采可行性研究、矿山建设设计、矿山基本建设、矿山投产经营以及选冶加工等过程。在整个开发过程中，存在风险的环节很多，但主要的风险环节有两个：投资决策的失误、经营管理不善引发的安全与环保问题。

4.3.4.6 技术风险

矿业融资项目生产技术风险是指由于科学技术的进步、技术结构及其相关变量的变动给矿业项目出资方和经营者可能带来的损失，包括技术替代风险、生产安全风险和其他生产技术风险。

(1) 技术替代风险。技术替代可以分为两种情况：一种是局部性替代，即构成替代关系的技术之间具有一些相同的功能，又有各自的特长，它们的适用范围部分地重合在一起，如竖井采煤与斜井采煤；另一种是旧技术整体上被新技术取代，其过程不可逆转。无论是哪种情况，技术替代都会改变产业的竞争态势，例如综合机械化采煤代替了传统的炮采，正确把握住技术方向的企业后来居上，占据了产业的领先地位，而对技术竞争反应迟钝的企业却失去它们的原有优势。这些现象既说明了技术替代的巨大力量，也说明了替代风险的双重性，项目运营方如能及早发现替代技术，就有可能把这种风险转化为实现进一步发展的机遇。

(2) 生产安全风险。在矿业项目开发的过程中都涉及生产安全。特别对于煤矿建设、开发安全问题是不容忽视的，是一个越来越受重视的因素。

(3) 其他生产技术风险。主要包括设计变动或计算失误风险、设备故障或损坏的风险、生产力因素短缺风险、信息风险等。

4.3.4.7 完工风险

完工风险是指项目无法完工、延期完工或者完工后无法达到预期运行标准而带来的风险，主要包括资本成本超支、项目拖延及厂房运作不善，或由于种种原因项目迟迟达不到设计额定的技术经济指标，主要由项目承建方承担。

完工风险存在于矿山建设阶段，它是项目融资的主要核心风险之一。对项目构成综合性的负面影响，如项目建设成本增加，贷款利息支出增加，项目现金流量不能按计划获得，贷款偿还期限的延长，市场机会的错过等。项目建设期出现完工风险的概率比较高，国际范围内的调查统计表明，2/3 的矿业项目其资本成本是超支了，其中 56% 的项目超支 20%，78% 的项目难以实现设计生产能力。

项目的“商业完工”标准是贷款银行检验项目是否达到完工条件的方法，其包含一系列经专家确定的技术经济指标，且根据具体项目，标准也有很大差别。例如如果在开采前矿山的最终储量还不能最后确定下来，则最小证实储量会被包括在项目的完工标准中。

4.3.4.8 社会风险

社会风险因素主要是指由于人文社会环境因素的变化对矿业项目的影响，从而给项目出资方与经营者带来损失的可能性。

(1) 建设规划风险。建设规划主要是指城市规划、公路建设规划、铁路建设规划等，它对矿业项目影响主要有两个方面，一是建设规划改善了矿业项目所在地的外部环境，对矿业项目的顺利完成有积极影响；二是由于建设规划造成压覆资源，带来负面影响，对项目参与者造成经济上的损失。

(2) 区域发展风险。区域发展风险是指由于周围环境的矿业项目开发影响自身项目，给投资者带来损失的风险。

(3) 公众干预风险。因矿业项目影响到周围居民的利益而使公众自觉性地进行干预，阻止该项目发展从而可能给矿业权项目投资商带来各种形式的损失。

4.3.5 我国矿业企业融资模式

矿业融资是指矿业企业在矿产勘查、开采生产过程中主动地进行的资金筹集和资金运用的行为。不同阶段矿业融资的方式与取得资金的来源不同。

4.3.5.1 我国矿业融资的主要方式

A 财政融资

财政融资是一种政策性融资,是指国家财政部门作为资金供给者向需求资金的矿业企业融出资金的形式和方法。它不同于一般的财政投资,也不同于一般的商业性投资,而是介于两者之间的一种新型的政府投资方式。矿业企业要想获得国家计划安排的资金,必须使自己的融资活动符合国家政策要求。预算内拨款和国家投资是地质勘查资金的主要来源,地勘企业应该积极争取国家地勘经费;预算外专项建设基金是我国固定资产财政投资的重要组成部分。

我国财政投融资起源于20世纪50年代,进入80年代以后得到迅速发展。但随着我国市场经济的日渐完善和公共财政框架的逐步确立,原有财政投融资体制的问题日益突出,对其进行改革的必要性和紧迫性大大增强。

B 证券融资

证券融资包括股票融资和债券融资;两者又包括私募和上市发行,上市发行包括国内上市和国外上市。股票具有收益证券和支配证券的双重性质,从本质上不同于债券、基金等其他证券形式。对于我国矿业来说,发行股票的条件较高,只适合于大型地质勘查公司和矿山企业。对于大型企业尤其开采能源矿产的企业,以及开采金属矿产中的深加工企业来说,上市融资确是好的融资方式。债券是债务人依照法律手续发行,承诺按约定的利率和日期支付利息,并在特定日期偿还本金的书面债务凭证。债券不同于一般的借贷凭证,它将借贷关系证券化了,是发行人对全体应募者所负的标准化证券,具有公开性、社会性和规范性的特点,一般可以上市流通转让。

对于我国矿业来说,发行股票的条件较高,只适合于大型地质勘查公司和矿山企业。矿山企业中,据2000年的统计资料,大型矿山企业只有464家,加上1145家中型企业也仅占矿山企业总数的1.05%。而绝大多数的小型矿山企业,几乎不具备上市条件。因此,对于大型企业尤其开采能源矿产的企业,以及开采金属矿产的深加工企业来说,上市融资的确是较适合的融资方式。至2007年年底,全国规模以上煤炭企业达到7066家,只有28家煤炭企业上市,直接融资1521亿元。上市公司的最大优势在于它获得了通过其股票价格变动反映公司业绩和前景的市场评价机制,比一般企业有更广泛的社会知名度,因而能更大规模地筹集资金,使公司快速成长。

C 商业融资

商业融资,也称为商业信用融资,是指矿业资金需求者向企业以商业信用或消费信用等形式取得的资金,这是矿业企业的一种重要短期融资方式。商业信用绝不是银行信用所能完全替代得了的。商业信用融资是与特定的商品交易联系在一起的,具有其内在的质的规定性。在我国矿业缺乏长期资金的条件下,企业间的商业信用融资成为获得长期资金的重要渠道。商业信用融资对资金实力雄厚的大公司比较容易,对资金实力薄弱的小公司比较难,对有长期供货关系的企业比较容易,对无长期稳固供货关系的企业比较难。

D 贷款融资

贷款融资包括国内银行贷款、国内其他金融机构贷款和国外贷款,其中国外贷款包括政府贷款、国外金融机构贷款等。目前我国矿业取得国外贷款比较困难。但是,矿业企业中生产效益好、潜力巨大的(特)大型矿山开采企业,尤其是有深加工的复合型企业,取得国外贷款融资也是一种较好的融资方式。

银行融资是以银行为中介的融通资金活动,属于贷款融资方式中的一种。它是我国目前融资活动的主要形式,属于间接融资。银行融资灵活多样,银行作为借贷双方的中介,可以提供不同的数量和方式以满足双方融资选择。银行可以为需求资金的企业提供数量大小不等、期限长短不一的贷款。因为具有太大的风险性,目前我国矿山企业与矿产勘查公司在矿山建设阶段和矿产勘查初期很难向银行取得贷款。但对于矿山企业中生产效益好、潜力巨大的(特)大型矿山开采企业,尤其是深加工的复合型企业,在金融专家对企业经营概况调查后,取得银行贷款相对容易一些。

E 风险投资

风险投资又称为风险资本或创业投资、创业资本,是一种以某种方式募集资金,以公司等组织形式设立,投资于未上市的新兴中小型企业的一种承担高风险、索求高回报的投资形式。在美国,风险投资资金被理解为是由投资者向创业者或年轻企业提供的种子期、早期以及发展期所需的资金,以获取目标企业的股权,并最终获得高额回报;而在欧洲是由投资者向私人企业(非上市企业)提供的所有权益性资金以获取目标企业的股份,并使资本最大限度地增值。风险投资的突出特点是长周期、强竞争、高风险和高收益。从事风险投资的主体主要是风险投资公司,其经营风险投资的资金通常依靠发行风险投资基金来筹集,其资金主要来源于六个方面:政府资金、金融机构风险投资、企业风险投资、富裕家庭和个人、创业基金的风险投资、国外资金的风险投资。对矿产勘查进行投资的风险投资机构包括上市的风险投资公司、私人风险投资公司、大型跨国矿业公司或银行的风险投资机构等。有些上市的风险投资公司、私人风险投资公司专营矿产勘查的融资。它的活动应遵循市场经济的原则,民间资本具有很高的市场敏感性和很高的决策效率,而政府投资在这方面难以适应。因此,我国风险资本的筹措应以民间资本为主。

F 项目融资

项目融资是以特定项目的资产、预期收益或权益作为抵押而取得的一种无追索权或有限追索权的融资或贷款。项目融资始于20世纪30年代美国油田开发项目,后来逐渐扩大范围,广泛应用于石油、天然气、煤炭、铜、铝等矿产资源的开发。项目融资作为国际大型矿业开发项目的一种重要融资方式,是以项目本身良好的经营状况和项目建成、投入使用后的现金流量作为还款保证来融资的。它不需要以投资者的信用或有形资产作为担保,也不需要政府部门的还款承诺,贷款的发放对象是专门为项目融资和经营而成立的项目公司。参与融资的利益主体概括起来主要包括:项目公司、项目投资者、银行等金融机构、项目产品购买者、项目承包工程公司、材料供应商、融资顾问、项目管理公司等。项目融资一般要经历融资结构分析、融资谈判和融资执行三个阶段。项目融资对我国矿业企业的发展起到积极的推进作用。利用项目融资减轻了矿业企业的对外负债,提高对外融资的能力;不动用国家的外汇储备或国家的财政资金来偿还外债；降低了参与人的投资风险；同时有利于学习国外先进的管理经验，也有利于引进和吸收外国先进的采矿设备和生产技术。

4.3.5.2　不同矿业投资阶段的融资途径选择

表4-1是表明了我国矿业融资在不同阶段一般采用的融资方式。

表4-1　我国矿业融资方式

融资途径	矿业勘查阶段	矿业开采阶段	矿业经营阶段
财政融资	★★★		
贷款融资		★	★★
证券融资		★★	★★★★
项目融资		★★★★	★
风险投资	★★		★
国际融资	★	★	★★★

注：★代表被采用的融资方式，★越多代表此种融资方式越适用。

融资方式的选择是在综合了矿业投资不同的特点和融资途径的不同后所做出的。在矿产勘查阶段，由于风险极大，所需资金数量相对于矿业经营阶段来说比较少。鉴于商业性勘测融资市场在我国还未完全培育起来，因此，政府应该加大财政投入，弥补商业性矿产勘测的不足，以满足日益增长的矿产资源的需要。风险投资在国外矿产勘查阶段运用得比较充分，这也和国外完善的风险投资资本市场有关。在我国当前的情况下，随着加入WTO，金融业对外开放，我国也应该加快金融市场的改革，促进有实力的企业和个人支持矿业勘查项目。结合当前银行及证券市场的特点，贷款融资和证券融资都不太适用此阶段的融资需求。

矿业开发阶段，首先推荐的是项目融资方式。矿产开发也存在着许多风险，但相对于矿产勘查阶段，风险程度有所降低。根据勘测结果，储量、市场预期等也有一定程度的估计。正如前面介绍的一样，项目融资具有许多的优点，在国外的一些矿业项目上也得到了广泛的运用。当前，我国矿业企业资信度不高，通过国内外贷款等方式筹集到的资本有限。运用此种融资方式可以根据矿业项目的可盈利性吸引国内外的投资者。一般来说，项目融资程序比较复杂，因此，企业在选用此种融资途径前一定要学习好相关规则，使其在项目开发过程中处于一个比较有利的地位。矿业经营阶段同矿产勘查、矿产开发阶段相比，风险性又有所降低，融资渠道也比前两阶段更加广泛。所谓风险与收益成正比，矿业经营企业要想在这个行业做强做大，必须根据自身的特点制定相关的战略。有关专家指出，矿业并购是我国矿业企业发展壮大的一个重要途径。矿业并购案涉及金额巨大，而证券市场能为企业筹集到大量的资本，促进企业各方面的进步。因此，证券市场应得到很好的利用。此外，国际融资、贷款等方式也应该在这一阶段根据企业自身的特点得到相应的运用。

4.3.5.3　改善我国矿业融资的政策建议

（1）政府应该加强对基础性地质工作的投入，鼓励社会资金用于商业性勘查，扭转地质勘查滞后、资源连续性下降的局面。同时，政府也应该合理地界定自己的角色，主要运用政策调控，通过制定法律法规、政策等一系列措施，改善矿业投资环境，发挥引导和促进作用。因为对于市场经济来说，企业才是主体。所以，在矿产勘查阶段，政府应该继续坚持深化改革，通过事企分离和矿业权资本化等措施深化国有地勘单位和国有矿业企业的改革,建设有竞争力的矿产勘查公司。同时,大力扶持民营企业、股份制企业以及外资企业等进入矿产勘查领域,促进矿产勘查市场资金来源的多样化,加强竞争,使矿产勘查市场能够进一步发展。

(2) 扩大我国矿业企业的直接融资渠道。证券市场对于矿业企业来说,是一个非常重要的融资方式。从全球范围来看,矿业公司股票上市证券交易市场包括纽约证券交易所、伦敦证券交易所、多伦多证券交易所集团、澳大利亚证券交易所和约翰内斯堡证券交易所。其中,多伦多证券交易所集团的主板市场,是世界最大的矿业融资中心,其创业板市场则是世界上最大的为矿业企业提供风险或种子资金的交易场所。发达的资本市场为西方矿业投资提供了大量的资金,从而使矿业发展极其迅速。目前,我国证券市场还十分不完善,在所有的矿业上市公司中,多是石化、钢铁、化工类企业,并且是以加工贸易为主,采矿公司很少,矿产勘查开发公司几乎没有。我国也没有针对中小型矿业企业融资而设立的小型资本市场或创业板市场,使得中小型矿业企业融资渠道不断收缩,资金成为制约其发展壮大的一个“瓶颈”。因此,我国应该完善矿业企业进入资本市场的相关规定,并且鼓励有条件的矿业企业进入国际资本市场,利用国外的资源发展壮大自己。

(3) 扩大银行间接融资、鼓励项目投资等,促进矿业融资体系的完善。我国银行体系拥有数目庞大的存款,如何积极引导这些资金的流向,不仅对于银行金融系统,对整个社会经济的发展也意义深远。目前,矿业行业有着良好的发展机遇,国内经济发展迅速,对各种矿产品的需求量十分大,而矿业行业的利润率目前来看也比较高。因此,应鼓励商业银行,特别是国家政策性银行在现有业务范围内,支持符合国家产业政策的重要矿产项目的发展,比如提供担保和贷款等。项目融资在发展中国家,如今运用得更多的是大型基础设施建设和公共工程的建设,但其实是一种非常适合矿业的融资方式,并在其他的一些国家和地区得到了广泛的运用。项目融资最大的特点是“有限追索”和“风险分担”,从而降低了参与人的风险。目前我国矿业企业的资信等级不高,用传统的融资方式很难从国际市场上筹集到资金。而项目融资以项目本身未来的预期收益和资产为发放贷款的主要依据,而且贷款是贷给为项目而组成的经济实体,从而减轻了矿业企业的对外负债,提高了对外融资的能力。

(4) 企业应该加强创新,提高活力。前面所讨论的都是为矿业融资营造一个良好的外部环境,而作为市场经济主体的企业,才是决定经济发展的核心力量。矿业企业在自身发展过程中,应该进行良好的定位,找到自己的核心竞争力,然后进行相应的专业化或一体化发展。在投融资方面,企业应该结合自身条件,选择适合自己的投融资方式,有效地控制收益与风险,提高自身的盈利水平。我国矿业企业尽管近年来发展迅速,仍然存在着许多问题,例如矿业行业集中度低,矿业企业严重依赖国家地方政府的扶持,企业目标定位过于空洞。因此,企业应该不断创新,寻找适合自己的发展道路。只有把企业做好,才会吸引社会的注意力,吸引更多资金、技术、人才的投入,从而使整个矿业发展进入一个新的阶段。

4.4 矿业企业资金管理

企业的资金管理贯穿于企业的各个环节,在企业管理中具有核心职能,资金是企业赖以生存的重要因素,如何管理好企业的资金非常重要。什么是企业的资金管理？概括的讲，就是利用先进的管理体制和方法以及相应的信息管理手段，结合金融市场上的产品，进行最优化的财务结构，降低企业财务成本，并且在风险可控的基础上提高整体的资金收益。概念看似简单，但是由于每个企业所处的行业环境不同，自身的组织架构，经营状况不同，因而导致每个企业对于资金管理的需求和关注点各有不同，因此实际操作起来不能简单地一概而论。

4.4.1 企业如何做好资金管理

企业的资金管理人应当从哪些方面着手更好地强化内部的资金管理效果呢？主要可以从以下四个方面出发：

（1）关注企业的日常购销活动。企业的日常购销活动，主要涉及企业商品的销售和原材料的购入，这些活动产生了企业的应收账款和应付账款。同时值得注意的是目前国内市场上相应的投资产品数量较少，除了企业可以将多余的资金进行委托贷款，购买一些货币基金、国债、新股申购、QDII之外，似乎其他相应的人民币投资产品就比较欠缺，这使得企业无法将多余闲散的资金得到有效的利用和增值。

（2）资金头寸的管理。切实管理好企业的资金头寸可以使企业的资金充分发挥最大的效益。例如当前的企业现金池就是管理企业头寸的有效工具。现金池可以帮助企业将各个子账户的资金按照企业自身的需求进行相应的归集，加强了内部资金的整合和统筹管理，实现内部资金的相互平衡，提高了企业资金的适用效率。长期以来企业认为手头资金充裕就说明企业资金的现状良好，其实不然，过多的闲散资金正说明了企业资金管理效率的低下。企业在正确预测出未来一段时间内资金的需求量之后，可以预留一部分资金以备不时之需，其他的闲置资金则可以投向风险小、收益稳定的产品中，争取获得比银行存款利息更高的收益，或是还可以借助现金池实现内部融资，这样的话既能实现较高的收益，又能降低企业的财务成本，使得资金发挥最优化的效益。

（3）做好现金流的预测。现金流预测在企业决策上十分有用。准确的现金流预测对于企业的经营决策具有深远的意义。企业资金管理人可以根据预测到的数据及时了解到企业的资金管理能力、变现能力、盈利能力等是否还存在有待改善的地方。另外，决策者还能根据预测到的资金缺口采取及时的应对对策。

企业现金流的预测是建立在对于企业应收、应付账款准确判断以及未来资金需求量的基础上的。企业现金流的预测主要可以从现金的流入和流出这两方面进行。现金的流入主要包括经营活动、投资活动和筹资活动的现金流入。经营活动的现金流入主要包括主营业务收入、其他业务收入等。投资活动的现金流入包含出售固定资产和无形资产的营业外收入，企业并购收入等。筹资活动的现金流入包含企业长期借款、股利的收入。现金的流出主要包括营业活动、投资活动和筹资活动的现金流出。营业活动的现金流出主要包括期间费用的支付，各种税金的支付等。投资性活动的现金流出主要包括固定资产、各种款项的投出。筹资活动的现金流出则主要包括支付股利、赎回债权本金。

在企业内可以按照不同的时间段分为短、中、长期预测。通常情况下，短期现金流预测的准确性最高。而长期预测，由于未来有很多不确定的因素，因此要能够准确地对长期现金流进行判断对于企业资金管理人来说确实是一个挑战。

（4）做好企业的投资管理。企业进行投资就是利用闲散的资金进行更具价值的活动，创造出更大的收益。企业可以根据自身流动性、安全性、收益性的需求进行相应的投资活动。不同的安全性需求往往会导致企业最后的收益性差异。但是安全性又是企业不得不考虑的因素,因为投资活动的失败就意味着企业将蒙受资金损失,有违最初投资的初衷。

近年来,各大企业内的应收、应付账款数额居高不下。对于企业来说特别是应收账款的难以收回造成了企业流动资金流入速度缓慢,导致企业内资金头寸的不足,严重影响了企业资金的使用效率和资金运行的质量。因此对于企业资金管理人来说应当加强对于企业日常购销交易活动的监管,准确掌握应收、应付账款的详细情况。其中主要包括掌握应收账款的账龄、数量、类别、缘由,及时与欠款单位进行核对,并根据不同的性质建立相应的档案。对于应付账款也要及时、主动与供货商核对,建立相应档案。争取以企业应收、应付账款管理为切入点,强化资金管理,完善企业内部财务管理制度,提高资金使用效率。

4.4.2 企业资金管理的发展趋势

4.4.2.1 企业现金池的运用

当前许多大型企业已经开始着手建立集团内部的现金池。现金池以其高效、节约成本、便于集团资金的集中化管理,提升企业整体价值的特性,被视为企业资金管理的有效工具,正得到越来越多企业的青睐。

在国外市场上,现金池作为一种较成熟的银行资金管理类工具被广泛使用,但是在国内它却是近几年来才被推出的新型产品,许多大型的集团公司仍未能好好地利用现金池这种高效的资金管理工具来帮助企业进行资金流的监控和管理。

在现金池中,企业可以按照自身的实际情况来设定零余额和目标余额的额度。在集团内部为了使集团现金池内的信息得到及时的互通,许多跨国公司正着眼于在全球范围内使用同一种现金池技术,尽量减少合作银行的数量,从而使得当地的系统就可以将集团的信息整合到自己的现金池结构中去。目前在国内由于政策上的限制,虚拟现金池在国内是不允许进行操作的。而且在国内即使允许建立虚拟现金池,但是由于会计标准和税收制度,虚拟现金池是很难实现全球化的统一标准。

4.4.2.2 实施集中化管理

总的来说集中化的资金管理有助于企业实现整体利益的最大化;有利于投资方向的调整,使其能够集中进行战略方向调整;有效地降低企业控制成本,提高企业整体信用等价,降低财务费用的支出。集团现金池就是资金集中化管理的一个重要产品。

从集中化的银行管理来看,就是要尽量减少合作银行的数量,突出核心的合作银行。这样一来,一方面企业通过同一银行系统就能够及时地将银行信息进行归集和整理。另一方面,通过与银行的集中合作,企业成了银行的重点客户,获得长时间的稳定合作,从而获取一定的优惠价格。此外,集中化的投资和融资还能使企业获得额外的收益。

4.4.2.3 借助企业资源计划(ERP)系统实施企业内部信息沟通

企业资金管理部门和营运部门之间的有效沟通是企业进行成功的流动性管理的首要条件。通过与各个部门之间的信息互通,可以帮助企业司库进行高效的资金流的预测,获得确切、可靠的会计信息。例如,对于外汇风险的预测、长期资产余额的预测、企业间的日常借贷情况、中短期融资需求、投资需求、内部的账务管理。

为了更好地整合内部信息,当前企业内部都会使用一些技术支持,如ERP系统。ERP系统将企业内各部门之间的信息进行了一个整合,使得资金管理部门和企业内部的其他的营运部门之间形成了良好的信息沟通。ERP系统为企业提供了准确、清晰的买卖和收付情况的记录。但是该系统还是会存在一定的风险,例如,如果最后时间段,交易突然发生了变化,这就很可能会直接影响到最后会计信息的可信性。

企业司库将流动性管理进行外包之后,就可以将精力集中在其他方面,例如风险管理、营运资金管理、应收应付的管理等,这些方面对于企业的资金管理可能更为重要。通过外包服务之后,企业司库就可以有效地对资金流进行监管、控制和风险控制,同时还能够运用当前的资源进行一些增值的活动。通过外包服务企业还能够分担掉一部分的风险,减少和控制营运成本,创造现金流入。企业在进行外包服务的过程中,应基于成本和效率的考虑,当然最终是否要进行外包服务还是要取决于企业自身的需求,企业司库应当选择更为高效、有利的方式来进行资金管理。

4.4.2.4　外包使资金管理更具有效率

据了解,当前有不少企业正在考虑在未来将自己企业的资金流动性管理外包给一些专业的公司进行管理。

在一些中小型企业中,由于生产经营的需要,可能在将来会建立自己的专业的资金管理团队。在这个过程中,可以选择在公司内部进行自身系统的维护,组织架构的改革。当然也可以选择将这部分的业务进行外包。

一项好的管理信息系统为企业的资金流管理提供了基础。通过企业信息的整合,借助一定的系统使得高效的内部信息交流成为可能。

4.4.3　矿业企业资金管理

资金是企业财产物资的货币表现,包括货币本身即在生产经营活动中的劳动资料、劳动对象等一切财产物资的货币表现。如企业的厂房、原材料、燃料、辅助材料、低值易耗品、包装物等。资金按其分布形态和占用状况分为固定资金、流动资金、专项资金和其他资金四大类。固定资金是指固定资产所占用的资金,即固定资产的原价扣除已提固定资产折旧后的差额又称为净值、折余价值。流动资金分为定额流动资金和非定额流动资金两大部分,定额流动资金主要由储备资金(材料、燃料等)、生产资金(在产品、半成品等)、成品资金(产成品),除此以外在定额流动资金中还包括超储积压物资占用资金,待处理流动资产损失占用资金(待处理流动资产损失减去待处理流动资产盘盈后的差额)。非定额流动资金包括货币资金、发出商品、特种准备物资、应收销货款、应收票据和未弥补亏损等。专项资金中包括专项存款、专项物资、专项工程支出、专项应收款等。其他资金中主要包括国库券、商标等。

4.4.3.1　做好货币资金的管理

货币资金是工业企业资金的一个重要组成部分,企业的有关收支经济业务都依靠货币资金来进行。货币资金包括:现金、银行存款和其他货币资金。在企业生产经营过程中有大量的业务表现为货币资金的收付业务,企业向国家的上级主管部门之间的资金交拨经济业务;企业向其他企业单位购入材料或销售产品而发生的购销业务,企业向职工发放工资和奖金的经济业务等。由于在企业日常生产经营活动中,经常发生货币资金收付业务,因此加强对货币资金的管理,严格遵守国家有关货币资金的管理制度,对于促进企业增加收入和节约支出，正确处理企业同各方面的经济关系，维护财经纪律有着重要的意义。

4.4.3.2 做好储备资金的管理

材料、设备的货币化就表现为资金即储备资金。储备资金占用的合理与否，不仅关系到企业经济效益的好坏，而且影响着企业再生产活动的进行。如果企业资金占用大，甚至超储积压，则会造成整体资金运行的堵塞，影响工业企业生产经营活动的进行；相反如果储备资金管理好，可以减少资金占用，节省利息支出，促进再生产活动的正常进行。由此可见，储备资金管理对企业来讲是十分重要的一项内容，必须加强储备资金的管理，完成储备资金管理的任务。

在储备资金管理中，应按照生产计划及时的组织生产所需的各种材料物资，以保证生产的需要。但是，由于准备的材料占用着资金即储备资金，因此，又必须有计划的供给，防止材料的积压和物资的超储，特别是在资金紧张的情况下，材料的储备计划显得更为重要。加强计划管理就是必须兼顾生产的需要和资金的节约两个方面的因素。

4.4.3.3 做好生产资金的管理

生产资金是产品从投入生产开始到产品完工入库为止的整个生产过程中占用的资金。生产资金的实物表现是在产品、自制半成品和其他的费用。

生产资金是企业流动资金的重要组成部分。企业的资金包括专项资金、流动资金和固定资金三大部分，其中流动资金是其主要的部分，特别是定额流动资金中生产资金占有十分突出的地位。长期以来，在企业的生产经营活动中，注重生产的组织管理，却忽视了资金管理；注重了生产进度却忽视了资金利用的效果；注重生产资金的注入却忽视了生产资金潜力的挖掘，造成了生产资金的不合理占用和低效率的使用。

从资金的循环来看，生产资金在供产销资金运动中起着承上启下的作用，一方面储备资金以材料等形式投入生产，构成生产资金的占用形态；另一方面，生产资金随同产品加工的进度的推进，产品完工入库，又变成为成品资金的形态。因此，生产资金起着对资金运动的协调性。

从资金管理对象而言，生产资金管理发生作用的范围是企业的生产过程，它区别于储备资金和成品资金及货币资金，是企业内部处于相对独立的资金。加强生产资金的管理具有十分重要的意义。

4.4.3.4 做好专用资金的管理

专用基金是指具有专门用途的资金。企业的专用基金主要包括更新改造基金、大修理基金、新产品试制基金、生产发展基金、职工福利基金、职工奖励基金和后备基金等，还包括专用借款、专项拨款等。专用基金是企业资金的一个重要组成部分，它与基本业务资金（即固定资金，流动资金）既有区别又有联系。专用资金与基本业务资金的区别在于：生产中的基本业务资金直接用于产品的再生产过程，而专项资金主要用于与产品再生产过程有关的固定资产购置、更新、改造和修理以及职工福利和奖励等方面；基本业务资金是处于生产流通领域之中的资金，而专用基金却是处于生产流通领域之外的资金。

对于专项资金的使用，要遵守国家的制度和财经纪律，正确使用各种专用资金，坚持“专款专用”的原则，划清各种资金开支的界限。

4.4.3.5 做好固定资金的管理

企业的固定资产是劳动者用来改变劳动对象的物质条件。有的用于直接传导劳动者的劳动,改变劳动对象,如机器、设备;有的虽不直接改变劳动对象,但对改变劳动对象有辅助作用,如运输工具等;有的是进行生产活动的必备条件,如房屋、建筑物等。企业固定资产所占用的资金称为固定资金,是企业资金的一个重要组成部分,但相对稳定,流动性不大。因此,在管理上区别于流动资金,而且管理的方法相对来讲还简单一些,管理的工作量要小一些。

4.4.4 矿业企业资金管理的具体方法

4.4.4.1 建立以现金流量控管为核心的资金管理机制

资金作为一种价值形态,伴随着企业循环往复的供、产、销活动,不断地进行着货币运动和周转。企业资金周转是以现金流转为中心进行的,它的每次循环总是以现金流出为起点,以现金流入为终点,即由供到产到销的过程。企业经营活动中收回必要数额的现金不仅是完成一个资金循环的重要标志,也是维持企业再生产和扩大再生产的基本前提。按现行会计制度规定,企业销售收入按责权发生制确认,即不论企业是否收到现金,这样就可能导致有的盈利企业会因资金短缺而陷入财务危机,所以企业生产经营一是要有一定的资金,二是要控制好现金流入、流出在时间和数量上相适应,三是要保持足量现金的流转畅通,这样才能保证企业在良好的资金状况支持下稳健经营。基于上述认识,应牢固树立"企业管理以财务管理为中心,财务管理以资金管理为中心,资金管理以现金流量管理为核心"的企业经营方针和资金管理理念,突出现金流量控管的核心位置,围绕核心抓资金管理。

实际工作中,在现金流入的控管上,坚持"分流管理",对现金流入实施"扩主流、疏支流",即努力开拓矿产市场,扩大主产品销路,提高收入,同时积极发展副产品产业,理清债权,增加营业外收入。在现金流出的控管上,采取"控主流"、"截支流",严格控制成本投入,减少非生产性支出,压缩不合理资金占用,采用科学合理的债务偿还方式和支付手段。通过调控现金流量的流入流出,以求得现金净流量的增加。

(1) 追求利润最大化,增收节支,确保现金净流量。企业的生产经营可概括为筹资活动、投资活动、经营活动。追求利润最大化、提高现金净流量是矿业企业生产经营的两大目标。从某种意义上讲,利润是现金净流量的真正来源,是现金净流量的主要"增长点"。然而,要实现利润的最大化,就必须紧紧抓住"增收节支"这根主线,围绕主线强化流量的控管,开展经营工作的管理创新。

坚持每月在编制成本利润计划的同时,组织人员认真编制月度现金流量计划表。规定每月在确保完成成本利润的基础上,必须完成现金流量的净增加倾向,否则要分析原因追究责任,属流入量中收入不到位的要核减营销部门人员工资,属流出量中支出超计划的要核减该部门人工资。在现金流入的管理上,重点抓产品销售收入,在增收上做文章,以销售为龙头,大力开拓矿产品市场。

在现金流出的管理上,树立广义的资金支出概念,即企业的一切支出都是现金流出的表现,加大"控主流"、"截支流"的工作力度。重点抓成本投入,实施预算管理,遵循"以销定产、以产定掘、以产掘定人"的原则。每年年末,根据目标利润,采用倒推成本法计算出目标成本,将其细化分解成若干小指标,横向落实各分管领导和职能部门的管理责任,纵向按区队、班组、个人的成本控制网络逐级承包。对影响成本较大的现金流出,坚持在预算管理下,按材料费所占成本的比重，实施重点控制。对材料采购、仓库管理、供应发放、生产消耗、回收复用等制定了一系列的管理制度和办法，并明确管理责任。企管科、计划科负责材料消耗计划、修旧利废指标的落实；供应科按限额领料本额度分定额、限额材料，按任务进度发料；财务科负责按迎头、硐室、工作面、工程项目核算材料消耗，并实行日报制度，及时反馈信息，为领导决策提供依据。

在掘进成本的投入和巷道管理上，树立资金的时间价值观，优化采掘布局，探索巷道的支护方式及参数，努力做到既保证采掘生产的正常接续，既要避免因掘进成本的早期投入发生机会成本，又要避免因巷道在籍过长所发生的维修及通风等费用增加成本支出。

在安撤面[1]的施工上，除对工程量、工期、质量、安全有明确要求外，均实行单项工程预算管理，并分别与工资挂钩；在质量标准化建设过程中，务求实效，避免盲目追求高投入，造成工程功能过剩所带来的浪费；对各种非生产性支出、办公费等实行定额管理，承包到单位、科室，年总额控制用完停支，超支不补。控制维简工程和大修理工程支出，杜绝计划外工程发生。对新上投资开发项目，按“合法、合理、合算”的原则，进行经济性、技术性、可行性研究和投入产出论证分析，集体研究确定，对既无社会效益，又无经济效益的项目，严禁开工。

(2) 压给盘活存量，减少占用，增加现金净流量。因矿业生产企业自身的特点，矿业企业的流动资金大部分以储备资金、产成品资金的形态占用在供产环节，所以在不影响安全生产和矿产品销售的前提下，一定时期内压缩盘活“两金”的占用，就会带来现金流量的增加。在产成品的管理上，以“零存货”为目标，坚持“以销定产、以销促产”的原则，尽最大限度压缩库存，根据市场需求组织生产。

在储备资金的管理上，及时根据生产、市场情况，划分长短线物资，核定最低储备量，优化库存结构。采购过程中，做到“货比多家”，降低采购成本。坚持低价少储，选择部分材料，积极探索“代储制”，即为供货商提供仓储条件，代为保管，用后再办理付款，这样做既节省了资金占用，也为使用中出现的质量索赔创造了有利条件。

对积压物资，应采用内部调剂、让售、改制、与厂商串换等方式，盘活存量，减少沉淀，活化了资金周转，增加了现金净流量。

(3) 抓债权债务管理，加大清欠，补充现金净流量。在现金流出的债务偿还上，在严格遵守国家有关结算纪律、制度的基础上，认真研究银行的多种结算办法，针对不同的经济业务，选择有利的结算方式，如在物资采购、工程款、土地使用费等大额款项的支付上，最好分期付款，注意把握付款节奏，努力扩大银行承兑汇票的使用面，部分采用委托付款和托收承付，尽量少用银行汇票和转账支票，以规避付款上的财务风险，延缓现金流出企业的时间。

在债权的管理上，一是重点抓应收账款的清理，首先制定了《产品营销管理规范》，从购销合同、发票管理、发矿授权书、收货回执单、货款结算、档案管理等方面规范基础工作，堵塞资金回笼方面的漏洞。同时根据客户的用产品量、资信程度等划分 ABC 分类管理，严格执行“三不政策”，杜绝新欠发生。对旧欠款，采取组织专职队伍和全员参与相结合的方式，利用“分片、蹲点、盯人”的办法进行清欠，并适时制定修改清欠奖励政策，激励大家积极参与。对债权中的其他应收款项，实行科目负责制，定期或不定期地组织人员进行核对、清理，防止

[1] 安撤面是指安装和撤除的工作面。

呆坏账发生。二是采取措施，压缩矿属单位的资金占用。三是管好用好备用金，严格控制借款范围及额度，限定报销及还款时间。

4.4.4.2　资金预算"分块"管理

资金预算是实现资金良性循环的首要环节。有效的资金预算制度能为企业提高资金使用效率、促进有效使用资金打下良好的基础。近几年来，山东淄博矿业集团有限公司改革改制不断推进，政策性关闭破产、主辅分离和移交企业办社会职能三大改革涉及单位多，工作艰巨，资金需求量大。集团公司不断加大省外煤炭后备资源的开发投资，资金的需求量也不断增加。如何将资金管好用好，使资金预算合理化、科学化，仍是需要探讨研究的问题。

A　资金分块管理的原则

(1) 各单位根据"以收定支，先收后支，收支平衡，略有节余"的原则对年度或月度货币资金收支进行分析，按照确保安全生产，考虑接续与发展的原则，确定三块资金支出额度，按月分别编制三块资金收支预算。

(2) 分块资金的管理使用，原则上不混淆、不相互调剂，做到专款专用。遇特殊情况需要调整时，须报请集团公司批准。

(3) 集团公司对"分块"资金分别实行"分块总量控制，分批拨付"的管理办法。资金拨付后由各单位根据具体情况进行资金支付。

B　分块管理的具体实施

(1) 日常生产经营资金的管理。日常生产经营资金是指维持日常生产经营所需的资金。各单位要根据日常生产经营实际，遵循"以收定支、略有节余"的原则，安排资金收支，编制资金收支预算。日常生产经营资金收入预算由财务部门根据销售部门编制的当期产品销售计划、劳务收入、回款计划等编制。日常生产经营资金支出预算，要根据生产成本费用、期间费用分析编制。生产成本费用支出在按照计划产量和标准成本、其他业务支出、营业外支出等基础上，扣除折旧、维简及井巷费、安全费用等不发生现金流出的项目，确定费用支出总额；期间费用包括管理费用、财务费用、营业费用，其支出应遵循月度均衡的原则，按照日常费用支出项目在扣除无形资产、递延资产摊销等不发生现金流出的支出后，确定支出总额。

(2) 维简及安全工程资金的管理。维简及安全工程资金包括维持简单再生产工程支出和煤矿安全生产工程支出所需资金。对维简及安全工程资金的管理，要根据两项工程资金来源及集团公司审定的年度维简工程和安全费用支出计划，分解落实月度资金支出预算。各单位必须严格执行集团公司下达的维简计划和安全费用支出计划，并根据工程进度情况按月编制工程资金支出预算。内容主要包括：设备购置、土建施工、工程物资、费用性支出等，杜绝计划外工程支出。凡是特殊原因确需支付的计划外项目，需说明原因，报集团公司批准后支付。

(3) 基本建设及重大技改项目资金的管理。基本建设及重大技改项目资金是指经集团公司批准的非煤新建项目及重大技改项目建设所需的资金。各单位的非煤新建项目及重大技改项目，坚持"先落实资金来源和额度，后开工建设"的原则，由各单位根据项目建设情况和具体工程进度，编制资金支出预算，报集团公司审批。各单位分块资金收支预算每月初上报集团公司财务部,财务部对上报预算进行审核汇总后,报总会计师、总经理审批。经审批后的预算及时反馈各单位。

4.4.4.3 加强矿业企业的财务管理和监督

(1) 实施源头控制,加强建设项目前期工作的财务管理和监督。建设项目前期工作是从建设项目酝酿、决定到开工建设前进行的各项工作,主要包括提出项目建议书、可行性研究报告、初步设计和施工图设计,以及按照管理权限提请有关部门审批这一时期。建设项目的前期工作一般委托具有相应资质的专业设计研究部门实施,工作由工程技术人员完成,建设项目财务人员很少参与,财务管理和财务监督基本是空白,财务监督职能作用无从发挥。正是由于这种习惯做法,造成项目的前期工作财务监督缺位,使得部分建设项目在实施过程中出现预算超概算,投资规模一再突破,形成“钓鱼”工程、“胡子”工程,人为地拉长基建战线。因此,在项目前期工作阶段,财务管理、监督的重点在建设项目立项、工程可行性研究阶段。具体包括:

1) 建设项目资金筹措的管理和监督。建设项目的建设资金来源主要由项目资本金、借入资金构成。对于项目资本金的监督必须按照国家有关规定,确认项目资本金筹集的可能和可信度,以及资本金筹集是否符合国家法律法规,确认项目资本金能够达到规定的最低限额以上,以保证建设项目的资产负债比达到合理的水平,为项目投产后的运营提供良好的基础。对于借入资金的监督,主要是拟建项目准备利用国内(外)银行贷款或国际金融组织贷款是否经有关部门批准,银行是否出具贷款承诺意向书等,以保证项目实施时能够按计划、按进度及时借入资金,确保建设项目顺利实施。

2) 加强对建设项目经济效益、财务效益的预测分析和评价,建立健全一套完整的评价分析指标体系。建设项目在立项、工程可行性研究阶段,重点是对建设项目在技术上、经济上是否可行进行研究,采取需要-可能-可行-最佳步骤对项目进行科学决策。因此,在项目立项、初步可行性研究阶段,应根据国家的现行财税政策和价格体系分析、计算项目的财务效益和费用,编制财务报表,计算评价指标,考察项目的盈利能力、偿债能力和外汇平衡等财务状况,以判断项目的财务可行性,并结合国民经济评价进行综合考虑,提出投资决策建议。财务监督就是对所作的财务预测分析要客观公正和实事求是地评价,对收益的预测不宜过分乐观,对项目风险要尽可能预防,防止人为地提高财务收益来达到项目建设的目的这种违背经济规律的现象发生。

(2) 开展过程控制,加强建设项目实施过程的财务管理和监督。建设项目能否在批准的概算投资内按质按量完成,投资效果的好坏是检验建设项目管理、财务管理效果的标准,因此应在建设项目实施环节加强财务管理和监督工作。

1) 加强建设项目招投标的财务监督和管理。建设项目招投标的财务管理和监督主要是对参与竞标企业的财务状况进行分析评价,重点分析评价企业的资金流动状况、偿债能力、企业经营所产生的现金流量,如流动比、速动比等指标体系,以确认竞标企业在项目实施过程中有财务履约能力,保证项目能够按合同约定的工期完成,提高投资效果。

2) 加强建设项目的财务管理和监督工作。

① 规范建设项目的会计基础工作,结合国家现行财政法规,健全各项财务规章制度,保证建设项目资金监管有章可循、有法可依。

② 建立健全内部控制制度。一是建立组织机构。建设单位内部机构的设置和分工,应

本着合理解决领导层、各职能部门及各个环节之间相互牵制的问题，形成互相制约的机制。二是建立健全规章制度和明确职责分工。将各项经济活动划分到具体工作岗位，按照岗位需要确定任务、职责和权限，用制度来规范建设项目的各项经济活动和管理工作。三是完善内部监督和检查机制。按照制定的各项制度定期和不定期对建设项目的资金管理、工程进度、工程质量等进行检查，并对现存的内控制度进行评价，达到不断完善内部控制制度的目的。

③ 强化建设资金监管。建设单位要合理安排和使用建设资金，建立有效的资金运行机制，强化建设资金使用的控制和约束，具体为：一是对建设资金实行专款专用，实行专户储存，不得挤占和挪用；二是落实建设资金监管责任人，建设单位负责人对本单位的建设资金监督、管理、使用负责，建设单位内部各职能部门按职责分工，落实建设资金监管的各项职责，共同监督管理；三是建设资金监管按照效益原则进行，确保厉行节约，防止损失浪费，降低工程成本，提高资金使用效益。

④ 加强工程价款结算的管理和监督。一是审核工程价款结算的手续是否完备、结算审批程序是否规范；二是审核结算凭证的合法性和真实性，防止高估冒算和虚报冒领。

（3）严格末端控制，强化建设项目竣工的财务管理和监督。为了确保建设项目新增资产价值正确全面地反映投资者的权益，要加强对项目竣工的财务管理和监督。

1）竣工项目财产物资、债权债务的清理。建设项目竣工后，应对各种物资、材料、设备、债权债务及时清理，做到工完账清；清理核实各项资产，妥善保管，处理的财产物资收入按照规定冲减相关成本；报废工程需按规定的程序上报有关部门批准。

2）结余资金的管理和监督。建设项目实际到位资金与建设成本之差，是结余资金。对结余资金的管理和监督，一是严格按照财政法规进行分配处理，该上交的要全部上交，不得截留和挪用；二是建设单位留成收入要按规定计提和开支范围使用。

3）收入管理和监督。在建设项目施工过程中形成的各项工程建设副产品变价净收入、负荷试车运行收入及其他收入构成建设项收入。要加强这些收入的管理和监督，按照税法规定缴纳所得税，按规定将税后净收入作为建设单位留成收入，留成收入按国家财政法规的规定进行分配使用。

（4）加强建设项目财务管理和监督的保障措施。

1）实行会计机构委派制。双元控制主体管理组织结构是票据监督弱化的土壤。兖矿集团对所有的建设项目实行会计机构委派制，成立对财务进行管理和监督的“监事会”结合目标责任制，行使监督权，将定期审计和不定期财务抽查结合起来，选派较为固定的人员负责固定地区。

2）建立财务业绩评价体系。财务业绩评价是指运用科学和规范的管理、财务和数理统计方法，对建设项目的资金使用情况进行定量和定性的考核、分析，作出客观、公正的综合评价。财务业绩评价体系由评价目标、评价对象、评价指标、评价标准和评价报告五个基本要素组成。一方面，在财务活动、预算执行过程中，通过财务业绩评价信息的反馈及相应的调控，随时发现和纠正实际结算与预算的偏差，从而实现对财务管理过程的控制；另一方面，预算编制、执行、评价作为一个完整的系统，应使之相互作用、周而复始地循环，以实现对整个建设项目的最终控制。

思 考 题

1. 简述企业融资的概念及作用。
2. 简述国际矿业的融资模式。
3. 直接融资和间接融资的比较。
4. 中国矿业融资体系存在哪些问题?
5. 简述矿业企业融资的风险。
6. 简述国内矿业的融资模式。
7. 阐述矿业企业资金管理应注意的事项。

5 矿山建设项目可行性研究与经济评价

矿山建设项目可行性研究是整个矿山技术经济工作的一部分，它是对矿山建设、生产、产品销售全过程的预测。为了使这种预测做到尽可能符合客观实际，需要对矿山的建设、生产和产品销售等各个方面的每一个环节进行充分的、有根据的调查、分析、估计，以对该投资项目的经济效果做出较全面的评价，为项目是否应当实施提出决策性建议。

5.1 资金的时间价值

任何投资项目或方案的经济评价，都存在一个投入的费用与其产生的收益发生在不同时期的问题。有的项目建设时间长，有的建设时间短；有的项目见效快，有的项目见效慢。由于资金的时间价值，今天一定量的资金要比未来的等量资金更值钱。为了使项目方案发生在不同时期的费用和收益具有可比性，必须把发生在不同时期的资金都折算成相同时间的资金，在等值基础上进行项目方案的经济评价。因此，应研究资金的价值与时间的关系问题。这对投资周期及生产年限较长的矿山企业尤为重要。

5.1.1 资金时间价值的概念

资金的时间价值，是指资金在时间推移中的增值能力，是社会劳动创造价值的能力的一种表现形式。资金有时间价值并不意味着资金本身能够增值，而是因为资金代表着一定量的物化劳动，同时它在生产和流通中与劳动力相结合才产生并得到报酬。利息是贷款者的报酬，而利润则是生产经营者的报酬。在经济评价中用以度量资金时间价值的“折现率”，是指贷款人或企业经营者对其投资得到的利息率或利润率。衡量资金时间价值的尺度是社会平均资金收益率（或社会折现率）。折现率反映了对未来货币价值所作的衡量。资金时间价值的理论具有广泛的实用性。在项目经济评价中，根据这一原理，可以将不同时间的费用或效益折算为同一时点的等值费用或效益并进行方案选优，有利于有效地利用资金、发挥投资的经济效益。

5.1.2 现金流量及现金流分布

5.1.2.1 现金流量及现金流量图

对于矿业生产活动，可以从物质形态与货币形态两个方面进行考察。从物质形态来看，矿业生产活动表现为人们使用各种工具、设备，消耗一定量的能源，生产出各种矿产品供给国民经济各部门；从货币形态来看，矿业生产活动表现为投入一定量的资金，花费一定量的成本，通过矿产品销售获取一定量的货币收入，这些都可看成是以货币形式体现的资金流出和资金流入。在技术经济分析中，把各个时间点上实际发生的这种资金流出或资金流入称为现金流量。现金流量图是将现金画在一个时间坐标系中的图示方法。由于资金具有时间价值,一定量的资金必须赋予相应的时间才能表达其确切的量的概念。两笔金额相同的资金,由于发生在不同时间,其价值是不相等的。为了便于对项目进行经济评价和对方案进行比较,反映项目和各技术方案的费用、效益的大小和相应发生的时间,因此,需要用一个平行的坐标系来反映项目经济活动的全过程。图 5-1 中横轴表示从 0 开始到 n 的时间 t 序列,每一个坐标刻度表示一个时间单位(或一个计息期)。随计息时间长短的不同,时间单位可取年、半年、季或月等。0 表示该时间序列起点,通常以现值时为零点,同时它又是第一个计息期的起始点。从 1 至 n 分别代表各计息期的终点,第 1 个计息期分别代表各计息期的终点,第 1 个计息期的终点也是第二个计息期的起点。纵轴表示发生的费用或效益的金额。在横轴上方的箭头表示正的现金流量(效益),横轴下方的箭头表示负的现金流量(费用)。

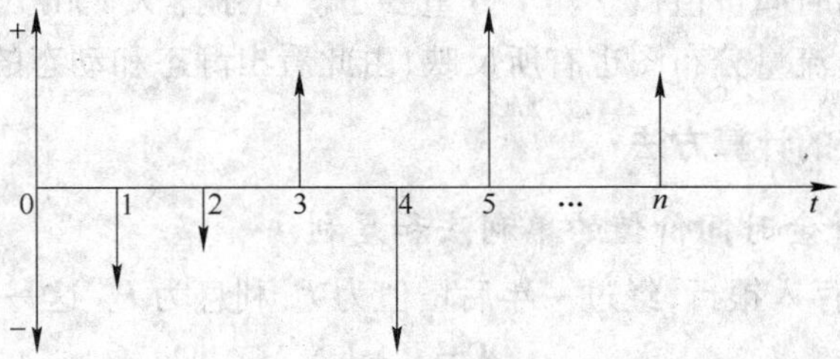

图 5-1 现金流量图

5.1.2.2 现金流分布

每个矿山建设项目的经济效益可以用预期的实际现金收益和成本来描述,每一个方案在不同时期有不同的收益和成本,这就是现金流量。现金流量是特定时期的收益和成本之差,即:

$$现金流量 = 年收益 - 年成本 \tag{5-1}$$

如年收益超过年成本,则净收益叫做正现金流量;如果年成本超过年收益则产生负现金流量。其大致构成为:收益要素包括销售收入、残值、流动资金回收;成本要素包括投资费用、经营成本、利息支付。因此,矿山投资方案的经济效益可用预期现金流量的时间分布来描述。某矿山开发所用某个方案的现金流量的时间分布见表 5-1。

表 5-1 某矿现金流量分布表 (万元)

时间/a	投资费用	销售收入	经营成本	税金支付	资金回收	现金流量
1	5000					-5000
2	7000					-7000
3		6000	2000			+4000
4		6000	2000			+4000
5		6000	2000	200		+3800
6		6000	2000	600		+3400
7		6000	2000	1000		+3000
8		6000	2000	1600		+2400
9		6000	2000	1900		+2100
10		6000	2000	1900	700	+2800

现金流量(按全部投资)可分为流入与流出两大类,而这两大类还可再细分为:

(1) 销售现金。包括流入收入、回收固定资金、回收流动资金。

(2) 现金流出。包括基建投资、流动资金、经营成本、设备更新、开拓延深、增值税及附加(按1994年实行的税制规定)、资源税、营业外支出净值。

上述现金流量的计算,既有静态的(货币值不变),又有动态的。但实际上是不能按不变的货币单位计算,因为在不同时间购买物品的能力是变化的,所以应予以动态地计算货币的单位数,以现价货币单位反映特定年代的实际货币值。这种价值如按其购买力加以确定,则这种不变货币与现行货币之比为通货膨胀率。在动态估算中,还要考虑一个重要的因素,即投资的利率问题。希望项目投资后的现金流量分布所反映的预期报酬必须超过估算的投资费用,这种估算中的时间价值概念就十分重要了。对于露天矿山开采而言,由于采矿量、剥离量的不同,其现金流量分布图也有所反映,由此看出静态和动态的区别是较大的。

5.1.3　资金时间价值的计算方法

5.1.3.1　计算资金时间价值的单利法和复利法

若将一笔现金 P 存入银行,经过一年后增值为 F,利息为 I。这一过程可表示为:

$$F = P + I$$

利息是指占用资金所付的代价。利率(i)是在一个计息周期内所得的利息额与借贷金额(即本金)之比,一般以百分数表示。

$$i = \frac{I}{P} \times 100\% \tag{5-2}$$

若将现金 P 投入某个项目,一年后增值为 ΔP,通常称 ΔP 为收益。

$$R = \frac{\Delta P}{P} \times 100\% \tag{5-3}$$

式中　R——收益率或投资收益率。

计算资金时间价值的方法有单利法和复利法。

单利计息是指仅用本金计算利息,利息不再生利息,单利计息时的利息计算式为:

$$I_n = Pni \tag{5-4}$$

n 个计息周期后的本利和为:

$$F_n = P(1 + ni) \tag{5-5}$$

我国国库券的利息就是以单利计算的,计息周期为“年”。

表5-2是单利法计算公式的推导过程。

表5-2　单利法计算公式的推导过程

时间/a	年初欠款	年末欠利息	年末欠本利和
1	P	Pi	$P + Pi = P(1+i)$
2	$P(1+i)$	Pi	$P(1+i) + Pi = P(1+2i)$
3	$P(1+2i)$	Pi	$P(1+2i) + Pi = P(1+3i)$
⋮	⋮	⋮	⋮
n	$P[1+(n-1)i]$	Pi	$P[1+(n-1)i] + Pi = P(1+ni)$

复利计息时,是用本金和前期累计利息总额之和进行计息,即除最初的本金要计算利息外,每一计息周期的利息都要并入本金,再生利息,复利计算的本利和公式为:

$$F_n = P(1+i)^n \tag{5-6}$$

我国基本建设贷款等是按复利计息的。

表 5-3 是复利法计算公式的推导过程。

表 5-3 复利法计算公式的推导过程

时间/a	年 初 欠 款	年末欠利息	年末欠本利和
1	P	Pi	$P+Pi=P(1+i)$
2	$P(1+i)$	$P(1+i)i$	$P(1+i)+P(1+i)i=P(1+i)^2$
3	$P(1+i)^2$	$P(1+i)^2 i$	$P(1+i)^2+P(1+i)^2 i=P(1+i)^3$
⋮	⋮	⋮	⋮
n	$P(1+i)^{n-1}$	$P(1+i)^{n-1}i$	$P(1+i)^{n-1}+P(1+i)^{n-1}i=P(1+i)^n$

复利计息比较符合资金在社会再生产过程中运动的实际状况,在技术经济分析中一般采用复利计息。

5.1.3.2 名义利率、实际利率

在实际情况中,计息周期并非都是一年,有时会出现诸如一年计息两次的“半年息”及“季息”、“月息”等情况。计息周期的不同对利息的计算是有影响的。

【例 5-1】 某有色金属矿山开采项目贷款按月计息,月利率为 1%,则年利率为严格地讲它是按月复利计算的年利率,它同按复利计算的年利率 12% 是有差别的。假如初始投资 1000 元算,按月利率 1% 计算,至 12 月底本利和即为:

$$F=P\left(1+\frac{0.12}{12}\right)^{12}=1000\times1.127=1127\text{ 元}$$

若按年利率 12% 计算,至年底则为:

$$F=P(1+0.12)=1000\times1.12=1120\text{ 元}$$

按年利率计比按月计少 7 元。由例 5-1 可知,按月计息的年利率 12%,实际上相当于按年计息的年利率 12.7%,这样在一年末所得的利息才相等。因此,把前者称为名义利率,而后者称为实际利率。

假设名义利率为 r,每年计息 m,则每个计息期的实际利率为 r/m,按复利计息公式,年末的本利和为:

$$F=P\left(1+\frac{r}{m}\right)^m$$

其中利息部分为:

$$I=P\left(1+\frac{r}{m}\right)^m-P$$

根据定义,利率是利息与本金之比,故年实际利率为:

$$i=\frac{P\left(1+\frac{r}{m}\right)^m-P}{P}=\left(1+\frac{r}{m}\right)^m-1 \tag{5-7}$$

由式(5-7)知:

当 $m=1$ 时,即一年仅计息一次,则年名义利率 r 等于年实际利率 i;

当 $m>1$ 时,即一年中计息多次,则年名义利率[式(5-8)]可按二项式定理展开

$$i_{实}=\lim_{m\to\infty}\left[\left(1+\frac{r}{m}\right)^{m}-1\right]=\lim_{m\to\infty}\left[\left(1+\frac{r}{m}\right)^{\frac{m}{r}}\right]^{r}-1=e^{r}-1 \tag{5-8}$$

$$i_{实}=1+m\frac{r}{m}+\frac{m(m-1)}{2!}\cdot\left(\frac{r^{2}}{m}\right)+\cdots-1=r+\frac{m(m-1)}{2!}\cdot\left(\frac{r}{m}\right)^{2}+\cdots>r$$

即年实际利率大于年名义利率。

5.1.3.3 资金时间价值计算的基本公式

在技术经济分析中,为了考虑投资项目的经济效果,必须对项目寿命期内不同时间发生的全部费用和全部收益进行计算和分析。在考虑资金时间价值的情况下,不同时间发生的收入或支出,其数值不能直接相加或相减,只能通过资金等值计算将其换算到同一时间点上进行分析。资金等值计算公式和复利计算公式的形式是相同的。其主要计算公式如下。

A 一次支付

一次支付又称为整付,是指所分析系统的现金流量,无论是流入还是流出,均在一个时点上一次发生。其典型现金流量图如图 5-2 所示。

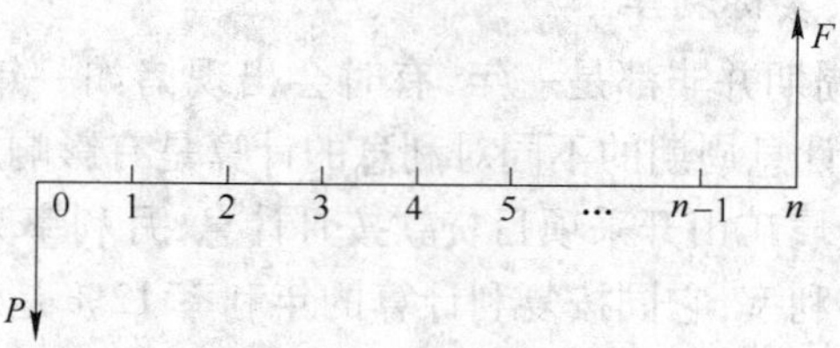

图 5-2 一次支付现金流量图

一次支付的等值计算公式有两个:

(1) 一次支付终值公式。

$$F=P(1+i)^{n} \tag{5-9}$$

式(5-9)与复利计算的本利和公式是一样的。但在等值计算中,一般称 P 为现值;F 为终值;i 为折现率;n 为时间周期数。此公式表示在折现率为 i、周期为 n 的条件下终值 F 和现值 P 之间的等值关系。系数 $(1+i)^n$ 称为一次支付终值系数,也可用符号 $(F/P,i,n)$ 表示。其中,斜线右边大写字母表示已知因素,左边表示欲求的因素。式(5-9)可以写成 $F=P(F/P,i,n)$。

【例 5-2】 某铅锌矿山进行技术改革,向银行借款 1000 万元,年利率为 10%,贷款期限为 8 年,到第 8 年末一次偿清,应付本利和多少元?

解:$P=1000$ 万元,$i=10\%$,$n=8$

$$(F/P,i,n)=2.1436$$

$$F=1000\times2.1436=2143.6(\text{万元})$$

(2) 一次支付现值公式。这是已知终值 F 求现值 P 的等值公式,是一次支付终值公式的逆运算。由式(5-9)可直接导出

$$P=F\left[\frac{1}{(1+i)^{n}}\right] \tag{5-10}$$

系数 $\frac{1}{(1+i)^{n}}$ 称为一次支付现值系数,也可记为 $(P/F,i,n)$。它和一次支付终值系数

$(1+i)^n$互为倒数。式(5-10)可以写成 $P=F/(F/P,i,n)$。

【例 5-3】 某人计划 30 年后从银行提取 1 万元,如果银行年利率为 5.4%,现在应存入银行多少钱?

解:$P=F(1+i)^{-n}=1\times(1+5.4\%)^{-30}=0.2064$ 万元

所以,该人现在需存款 2064 元。这也就意味着在年利率 5.4% 时,30 年后的 10000 元相当于现在的 2064 元。

B 等额支付

等额支付是多次支付形式中的一种。多次支付是现金流入和流出在多个时点上发生,而不是集中在某个时点上。现金流数额的大小可以是不等的,也可以是相等的。当现金流序列是连续的且数额相等,则称为等额系列现金流。等额系列现金流有四个等值计算公式。

(1) 等额支付终值公式。如图 5-3 所示,从第 1 年到第 n 年,逐年年末以等额资金存入银行或投入某一项目或从项目得到收益,都可以理解为等额序列资金。

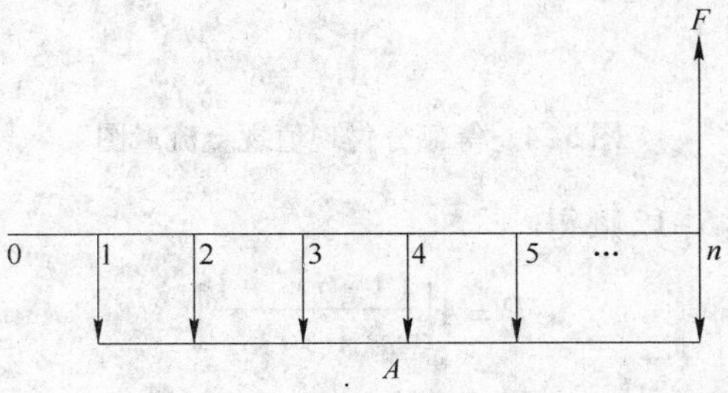

图 5-3 等额分付现金流量图

已知 n 年内每年年末投入 A,年利率为 i,则 n 年末的终值(本利和)为:

$$\begin{aligned}F&=A+A(1+i)+A(1+i)^2+\cdots+A(1+i)^{n-2}+A(1+i)^{n-1}\\&=A[1+(1+i)+(1+i)^2+\cdots+(1+i)^{n-2}+(1+i)^{n-1}]\\&=A\left[\frac{(1+i)^n-1}{i}\right]\end{aligned}\qquad(5\text{-}11)$$

$\frac{(1+i)^n-1}{i}$称为等额分付终值系数,通常用$(F/A,i,n)$表示。所以式(5-11)又可以写成 $F=A(F/A,i,n)$。

【例 5-4】 某铜矿山工程项目,5 年中每年年末向银行借款 200 万元,年利率 10%,问第五年末应向银行偿还本利和多少?

解:已知 $A=200$ 万元,$i=10\%$,$n=5$

$$(F/A,i,n)=6.1051$$

$$F=200\times6.1051=1221.02\text{ 万元}$$

(2) 等额支付偿债基金公式。等额支付偿债基金公式是等额支付终值公式的逆运算。即已知终值 F,求与之等价的等额年值 A。由式(5-11)可直接导出

$$A=F\left[\frac{i}{(1+i)^n-1}\right]\qquad(5\text{-}12)$$

$\frac{i}{(1+i)^n-1}$称为等额分付偿债基金系数,通常用$(A/F,i,n)$表示。所以式(5-12)又可

以写成 $A=F(A/F,i,n)$。

【例 5-5】　某矿山企业欲积累一笔福利基金，用于 3 年后建造工会职工俱乐部。此项投资总额为 200 万元，银行利率 5.4%，问每年末至少要存款多少？

解：由式(5-12)可得出

$$A=F\left[\frac{i}{(1+i)^n-1}\right]$$

$$=200\times\left[\frac{0.054}{(1+0.054)^3-1}\right]=63.19\text{ 万元}$$

(3) 等额支付序列现值公式。已知 n 年内每年年末有等额的费用或效益 A，求其现值，也就是在已知 A、i、n 的条件下，求 P。等额支付现值的现金流量图如图 5-4 所示。

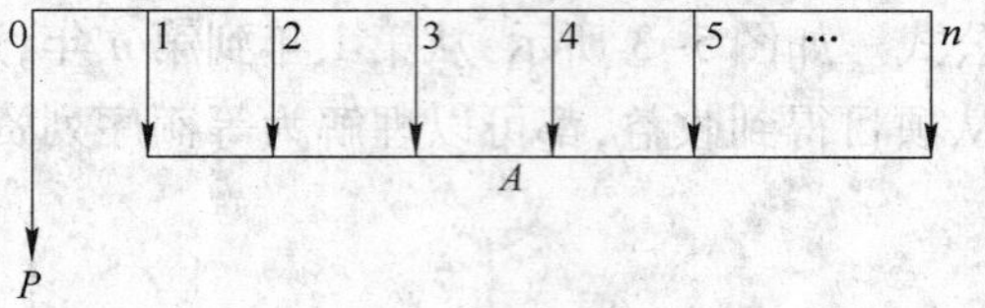

图 5-4　等额分付现值现金流量图

将式(5-10)代入式(5-12)，得

$$P=A\left[\frac{(1+i)^n-1}{i(1+i)^n}\right] \tag{5-13}$$

$\frac{(1+i)^n-1}{i(1+i)^n}$称为等额分付现值系数，通常用$(P/A,i,n)$表示。所以式(5-13)又可以写成 $P=A(P/A,i,n)$。

【例 5-6】　某小型煤矿工程项目投入运营后，每年净收益 50 万元，年收益率不低于 10%，项目的经济寿命期为 10 年回收全部投资，那么，这个工程项目初始投资不能超过多少？

解：已知 $A=50$ 万元，$i=10\%$，$n=10$ 年

$$P=50\times(P/A,10\%,10)=50\times6.1446=307.23\text{ 万元}$$

即这个工程项目初始投资不能大于 307.23 万元，否则在 10 年内就不能回收全部投资及利息，或者说不能满足收益率不低于 10% 的要求。

(4) 等额支付资金回收公式。等额支付资金回收公式是等额分付现值公式的逆运算，即已知现值，求与之等价的等额年值 A。其现金流量图如图 5-5 所示。

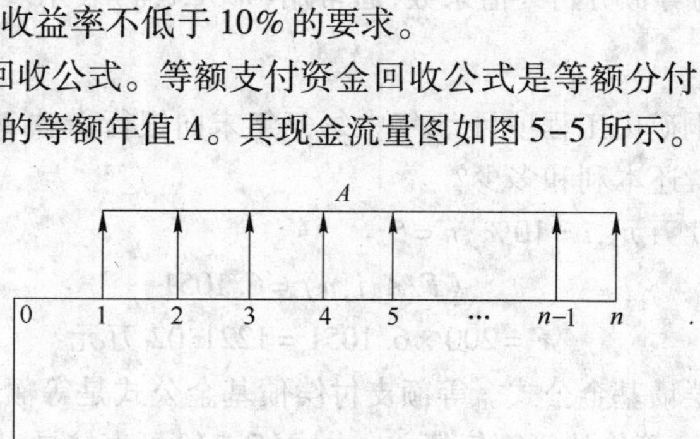

图 5-5　等额分付资本回收及现金流量图

$$A=P\left[\frac{i(1+i)^n}{(1+i)^n-1}\right] \tag{5-14}$$

$\dfrac{i(1+i)^n}{(1+i)^n-1}$称为等额分付资本回收系数，通常用$(A/P,i,n)$表示。这是一个重要的系数，对工业项目进行技术经济分析时，它表示在考虑资金时间价值的条件下，对应于工业项目的单位投资在项目寿命期内每年至少应该回收的金额。式（5-14）又可以写成$A=P(A/P,i,n)$。

【例5-7】　某铁矿投资项目贷款200万元，银行4年内等额收回全部贷款，已知贷款利率为10%，那么项目每年的净收益不应少于多少万元？

解：根据资金回收公式得

$$A=P\frac{i(1+i)^n}{(1+i)^n-1}=200\frac{10\%(1+10\%)^4}{(1+10)^4-1}=63.09\text{ 万元}$$

所以，项目每年净收益至少应为63.09万元。

上述公式汇总在表5-4中。

表5-4　六个常用资金流量等值公式

类别		已知	求	现金流量图	计算公式	复利系数名称与符号
一次支付	终值	P	F	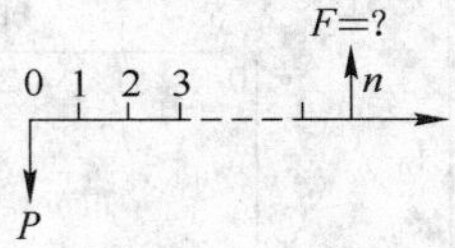	$F=P(1+i)^n$	一次支付终值系数 $(1+i)^n$ $(F/P,i,n)$
	现值	F	P	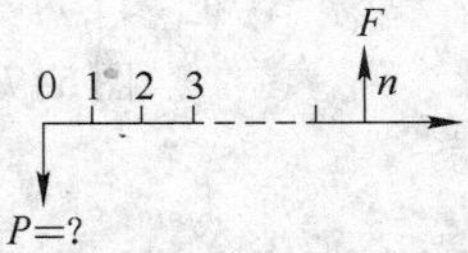	$P=F(1+i)^{-n}$	一次支付现值系数 $\dfrac{1}{(1+i)^n}$ $(P/F,i,n)$
等额分付	终值	A	F	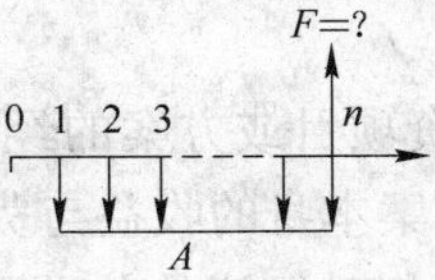	$F=A\dfrac{(1+i)^n-1}{i}$	等额分付终值系数 $\dfrac{(1+i)^n-1}{i}$ $(F/A,i,n)$
	偿债基金	F	A	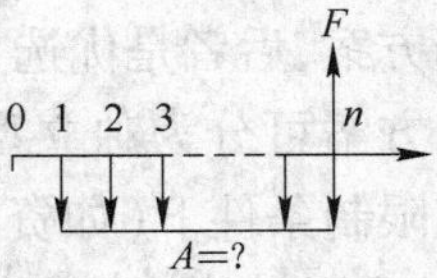	$A=F\dfrac{i}{(1+i)^n-1}$	等额分付偿债基金系数 $\dfrac{i}{(1+i)^n-1}$ $(A/F,i,n)$
	现值	A	P	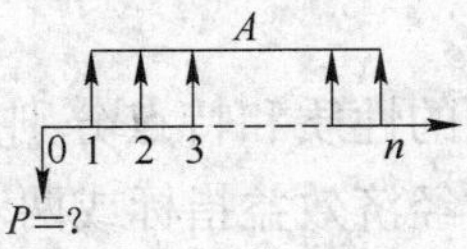	$P=A\dfrac{(1+i)^n-1}{i(1+i)^n}$	等额分付现值系数 $\dfrac{(1+i)^n-1}{i(1+i)^n}$ $(P/A,i,n)$
	资本回收	P	A	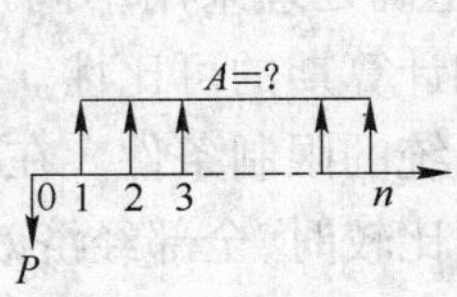	$A=P\dfrac{i(1+i)^n}{(1+i)^n-1}$	等额分付资本回收系数 $\dfrac{i(1+i)^n}{(1+i)^n-1}$ $(A/P,i,n)$

C 不等额分付

(1) 不等额分付终值公式。若某期末(从 1 至 n 期末)的净现金流量不相等,分别为 A_1、A_2、…、A_{n-1}、A_n,到 n 期末的终值可按下式计算,其现金流量图如图 5-6 所示。

$$F = A_1(1+i)^{n-1} + A_2(1+i)^{n-2} + \cdots + A_n$$

$$= \sum_{t=1}^{n} A_t(1+i)^{n-t} \tag{5-15}$$

(2) 不等额分付现值公式。若每到期(从 1 到 n 期)末的净现金流量分别为 A_1、A_2、…、A_{n-1}、A_n,折算到零年末的现值可按式(5-16)计算:

$$P = \frac{\sum_{t=1}^{n} A_t(1+i)^n}{(1+i)^n} \tag{5-16}$$

其现金流量图如图 5-7 所示。

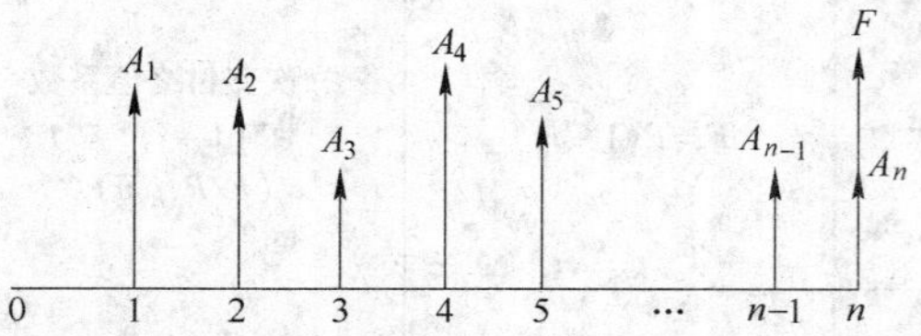

图 5-6 不等额分付现金流量图

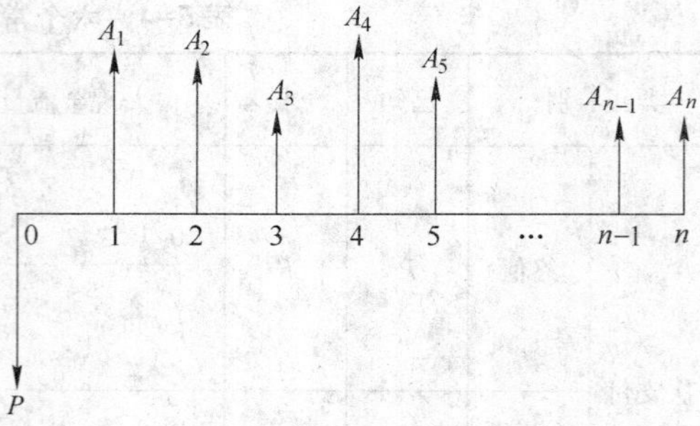

图 5-7 不等额分付现金流量图

5.2 技术经济效果基本评价指标及方法

投资经济效益的评价指标与方法投资项目或方案的经济评价采用两种基本方法:一是确定方案的全部经济效益,即通过项目方案本身的收益与费用比较、计算经济效益等判别标准进行对比并选择方案;二是确定方案的相对经济效益,即仅就方案的不同要素部分比较、计算经济效益,以取舍方案。前者是筛选方案,后者是优选方案。在技术经济评价中两者是相辅相成的。按照方案之间的关系不同,方案可分为独立型和互斥型两种。独立型方案的特点是诸方案之间不具有排他性,在一定限制条件下(如资金),几个方案可以同时并存,其经济效益是可以相加的。互斥型方案的特点是诸方案之间具有互斥性,在多方案中只能选择一个。

项目方案的比较和选择,应根据问题的性质和特点分别采用费用最小或收益最大等原则,计算不同方案的全部经济指标或相对经济效益指标或两者均计算,并进行比较。无论采用哪一种方法,均需注意其适用条件,并正确处理采用不同指标可能出现相反结论的问题。对互斥型方案的比较,应注意方案目标和计算期的可比性。对独立型方案的选择,不要求其目标和计算期的可比性,但应注意评价系统的限制条件。在一般情况下,单方案或独立方案采用全部经济效益评价方法;互斥型方案比较时,全部经济效益法和相对经济效益法都可采用,为了简化起见,一般采用后者。技术经济评价方法采用以方案为对象的分类,比以指标为对象的分类更简单明确、便于应用。

项目方案的全部经济效益,也称为总效益。根据项目方案计算期内的现金流量,确定其全部经济效益。表示项目全部经济效益的指标有投资回收期、投资利润率、净现值、等额率值、净现值率、内部收益率等。常见项目经济评价指标分类见表5-5。

表5-5　项目经济评价常用指标分类表

项　　目		时间性评价指标	价值性评价指标	比率性评价指标
全部投资经济评价指标	静态评价指标	静态投资回收期 静态差额投资回收期	累计净现金流量	简单投资收益率
	动态评价指标	动态投资回收期 动态差额投资回收期	净现值 净年值 净终值	内部收益率 外部收益率 费用效益比率
总投资经济评价指标	静态评价指标	—	—	投资利润率 投资利税率
	动态评价指标	—	—	—

常见指标的计算公式介绍如下。

5.2.1　投资回收期

投资回收期是指从项目投资年算起,用项目各年的净收入偿还总投资所需的时间。它是反映项目财务上偿还总投资的能力和资金周转速度的综合指标,一般是越短越好。

(1) 静态投资回收期(PBP')计算公式。

$$\sum_{t=0}^{PBP'}(CI_t - CO_t) = 0 \tag{5-17}$$

式中　PBP'——以年表示的投资回收期;

CI_t——t年现金流入;

CO_t——t年现金流出。

投资回收期更为实用的表达式为:

$$PBP' = m' - 1 + \frac{\left|\sum_{t=0}^{m'-1} NC_t\right|}{NC_{m'}}$$

用文字表述为:

$$PBP' = \begin{pmatrix}\text{累计净现金流量}\\ \text{开始出现正值的年份}\end{pmatrix} - 1 + \frac{|\text{上年累计净现金流量}|}{\text{当年净现金流量}}$$

即:

$$PBP' = m' - 1 + \frac{\text{第}(T-1)\text{年累积现金流量的绝对值}}{\text{第}\,T\,\text{年的净现金流量}} \tag{5-18}$$

式中　m'——项目各年累积净现金流量首次为正值年数。

判别准则:设基准投资回收期为T_0,若$PBP' \leqslant T_0$,则项目可以考虑接受;若$PBP' > T_0$,则项目应予以拒绝。

我国部分行业的标准投资回收期见表5-6。

表 5-6 我国部分行业的标准投资回收期

行 业	基准折现率 i_0/%	标准投资回收期 PBP'/a
冶 金	9~15	8.8~14.3
煤 炭	10~17	8~13
有色金属矿山	8~15	9~15
油田开采	12	6~8
机 械	7~20	7~15
化 工	9~14	9~11
纺 织	8~14	10~13
建 材	8~10	11~13

（2）动态投资回收期（PBP''）计算公式。

$$\sum_{t=0}^{PBP''}(CI_t - CO_t)(1+i_0)^{-t} = 0$$

$$PBP'' = m'' - 1 + \frac{\left|\sum_{t=0}^{m''-1} NC_t(1+i_0)^{-t}\right|}{NC_{m''}(1+i_0)^{-m''}} \tag{5-19}$$

式中 m''——累计净现金流量现值开始出现正值的年份数。

判别准则：设基准投资回收期为 T_0，若 $PBP'' \leqslant T_0$，则项目可以考虑接受；若 $PBP'' > T_0$，则项目应予以拒绝。

但是，投资回收期指标存在如下局限性：(1) 没有考虑投资计划的使用年限；(2) 没有考虑投资回收期以后的收益；(3) 没有考虑投资方案的整个计算期内现金流量发生的时间。因此，把投资回收期作为判据时，有时会使决策失误。一般与其他指标结合使用，以弥补其不足。

【例 5-8】 有两个矿山技术投资方案，前五年投资与净收益无差异，后三年的净收益不同，有关资料见表 5-7。

表 5-7 两个技术方案的数据 （万元）

时间/a	方案 A		方案 B	
	投 资	年净收益	投 资	年净收益
0	100		100	
1	30	10	30	10
2		25		25
3		55		55
4		60		60
5		80		80
6		80		75
7		80		70
8		80		65

若标准投资收益率为10%,则A、B方案的静态与动态投资回收期分别为:

$$PBP' = 4 - 1 + \frac{40}{60} = 3.7\ 年$$

$$PBP'' = 5 - 1 + \frac{15.2}{49.7} = 4.3\ 年$$

如果用回收期分析,则两方案的回收期均相同,方案一样好。但实际上,由于方案A回收期以后的净收益比方案B大,因此,方案A较好。

投资回收期法虽然不宜作为评价经济效益的主要方法,但由于它具有简单易用的优点和一定的评价风险的作用,所以在下列情况下,仍然有一定的使用价值:

(1)资金来源困难的企业,期待尽早收回资金。采用回收期法,把投资回收速度作为评选方案的标准,对加速资金回收有一定的意义。

(2)缺乏预测能力的企业或投资风险较大的方案,为避免蒙受损失,少担风险,采用回收期法也具有一定的价值。

(3)当企业投资的目标是以盈利为主,兼顾资金回收速度时,可以同时采用两种方法进行评价,即*NPV*或*NAW*为主度量投资的盈利水平,以回收期法为辅测定资金的回收速度,做到两者兼顾。

5.2.2 投资利润率

投资利润率是项目达到设计生产能力后的一个正常生产年份的年利润总额(净收益)与投资总额的比值。对生产期内各年的利润总额变化幅度较大的项目应计算生产期内年平均利润总额与总投资的比率,如矿区建设项目大多数情况为分期建设,故生产期内各年的利润总额相差较大,因此计算该项指标时应按生产期年平均利润总额进行计算,其表达式为:

$$ROI = \frac{NB}{K} \tag{5-20}$$

式中 ROI——投资利润率;

NB——年利润总额或平均利润总额;

K——投资总额,$K = \sum_{t=1}^{m} K_t$,K_t为第t年的投资额,m为投资年限。

年利润总额=年产品销售收入-年总成本(费用)-年销售税金及附加-年营业外净支出-年资源税-年增值税

年销售税金及附加=年产品税+年增值税年营业税+年资源税+年城市维护建设税+年教育费附加

投资总额=固定资产投资+投资方向调节税+建设期利息+流动资金

当式(5-20)中的分子项为利润与税金之和时,表示为单位投资的年利税额,称为投资利税率。

计算所得的项目方案利税率,必须与部门或行业计算所得的项目方案利润率、平均投资利润率(一般用行业基准收益率表示)对比,以判别项目单位投资盈利能力是否达到本行业的平均水平。

基准收益率(i_0)是评价项目方案经济效益的合理性尺度,是选择方案的决策标准。基准收益率应表明,在任何时间对任何专用设备、新产品、建筑物或土地进行投资时,一个备选方案是将相同的资金投资于其他场合是否有吸引力的判别标准。

基准收益率应由国家、部门或行业制订,作为企业或组织机构对其预期投资所愿意接受的投资利润率。

工业发达国家在当前条件下基准收益率为13% ~15%。

基准收益率是一个重要参数,定得过低过高都会导致决策失误。基准收益率定在高于贷款利率,既可以考察投资项目的经济合理性,控制投资项目;又可以考虑投资项目的风险性,留有一定的安全系数。

基准投资回收期,*PBP* 与基准收益率 i_0,在概念和作用上是一致的,都应由国家或部门制订,在数值上与基准收益率互为倒数。

5.2.3 净现值

净现值是指方案在寿命周期内收入(现金流入)的现值总额(*PCI*)与支出(现金流出)的现值总额(*PCO*)的差额。它表示方案在整个寿命周期内各期的净收益按一定折现率折算为起始点的总纯经济效益,其实质可视为净收益的现值总额,净现值的计算公式为:

$$NPV = PCI - PCO = \sum_{t=0}^{n} (CI_t - CO_t)(1 + i_0)^{-t} = \sum_{t=0}^{n} NC_t(1 + i_0)^{-t} \tag{5-21}$$

式中 NPV——净现值;

n——项目的计算年限;

i_0——基准折现率;

NC_t——第 t 年的净现金流量。

判别准则:对单一项目方案而言,$NPV \geqslant 0$,则项目方案应予以接受,若 $NPV < 0$,则项目方案应予以拒绝。若多方案比较时,净现值越大的方案相对优越。

在矿业工程上,净现值是指工程方案在工程服务或计算年限内的总收益的现值和总费用现值之差,也可表示为服务年限内逐年净收益现值之总和。

但是,净现值指标用于多方案比较时,不考虑各方案投资额的大小,因而不直接反映资金的利用效率。为了考察资金的利用效率,人们通常用净现值率(*NPVR*)作为净现值的辅助指标。净现值率是项目净现值与项目投资总额现值之比,其经济含义是单位投资现值所能带来的净现值。其计算公式为:

$$NPVR = \frac{NPV}{K_p} = \frac{\sum_{t=0}^{n} (CI_t - CO_t)(1 + i_0)^{-t}}{\sum_{t=0}^{n} K_t(1 + i_0)^{-t}} \tag{5-22}$$

式中 K_p——项目总投资现值。

对于单一项目而言,若 $NPV \geqslant 0$,则 $NPVR \geqslant 0$,因为 $K_p > 0$;若 $NPV < 0$,则 $NPVR < 0$。故用净现值率评价单一项目经济效果时,判别标准与净现值相同。

【例5-9】 某矿山企业旧设备还能用两年,每年生产净现金流入为4000万元,现打算以旧换新。新设备投资额为1500万元,使用期限为3年,每年生产净现金流入降为7000万元,企业的资本成本为6%,现有三种方案可供选择;一是现在更新,二是使用旧设备一年后更新,三是不更新。试用现值法评价各方案的优劣。[给定有关系数(*P/F*,6%,1)=0.943;

$(P/A,6\%,1)=0.943$；$(P/A,6\%,2)=1.833$；$(P/A,6\%,3)=2.673$；$(P/A,6\%,4)=3.456$]

解：第一种方案：$NPV=-1500+NC_t(P/A,6\%,3)=-1500+7000\times2.673=17211.0$

第二种方案：$NPV=4000(P/F,6\%,1)-1500+NC_t(P/A,6\%,2)(P/F,6\%,1)=3772-1500+12099.633=14371.6$

第三种方案：$NPV=4000(P/A,6\%,2)=4000\times1.833=7332.0$

根据上述，应该选第一种方案。

5.2.4 净年值

净年值是通过资金等值换算将项目净现值分摊到寿命期内各年的等额年值。其表达式为：

$$NAW=NPV(A/P,i,n)=\sum_{t=0}^{n}(CI_t-CO_t)(1+i_0)^{-t}(A/P,i_0,n) \tag{5-23}$$

式中 NAW——净年值；

$(A/P,i,n)$——资金回收系数。

判别准则：若 $NAW\geqslant0$，则项目在经济效果上可行；若 $NAW<0$，则项目在经济效果上不可行。

【例 5-10】 按例 5-9，计算净年值。

$$NAW_1=NPV(A/P,i,n)=17211.0\times0.3741=6438.6$$
$$NAW_2=NPV(A/P,i,n)=14371.6\times0.3741=5376.4$$
$$NAW_3=NPV(A/P,i,n)=7332.0\times0.3741=2742.9$$

同样得出结论：应该选第一种方案。

就项目的评价结论而言，净年值与净现值是等效评价指标。净现值给出的信息是项目在整个寿命期内获取的超出最低期望盈利的超额收益的现值。与净现值所不同的是，净年值给出的信息是寿命期内每年的等额超额收益。由于信息的含义不同，采用净年值比采用净现值更为简便和易于计算，故净年值在经济评价指标体系中占有相当重要的地位。

5.2.5 内部收益率

若把考虑资金时间价值的净现值、净年值指标概括为价值型指标，那么内部收益率就是考虑资金时间价值的比率型指标。内部收益率是项目方案财务盈利性分析的重要评分判据。内部收益率 IRR 是指项目在建设期和生产期内，各年净现金流量现值累计等于零时的折现率。

$$0=\sum_{t=0}^{n}(CI_t-CO_t)(1+IRR)^{-t} \tag{5-24}$$

判别准则：设基准折现率为 i_0。

若 $IRR\geqslant i_0$，则项目在经济效果上可以接受；

若 $IRR<i_0$，则项目在经济效果上不可接受。

在技术经济分析中，通常利用净现值与收益率的关系，采用试算和直线内插法求解内部收益率（图 5-8），计算过程如下：

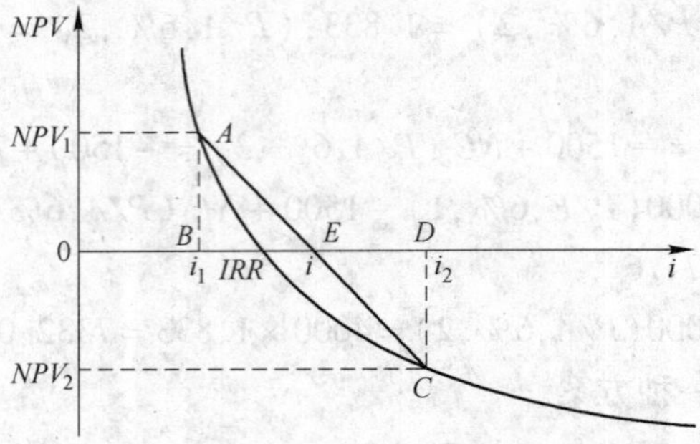

图 5-8　净现值与收益率的关系

$$NPV_1 = \sum_{t=0}^{n} (CI_t - CO_t)(1 + i_1)^{-t} > 0$$

$$NPV_2 = \sum_{t=0}^{n} (CI_t - CO_t)(1 + i_2)^{-t} < 0$$

$$0 < i_2 - i_1 \leqslant \delta(\text{精度要求,一般取 }3\% \sim 5\%)$$

则内部收益率必介于 i_1 和 i_2 之间,用插值法计算可得到内部收益率的近似解,即:

$$IRR = i_1 + \frac{NPV_1}{NPV_1 - NPV_2}(i_2 - i_1)$$

【例 5-11】　有一铜矿企业投资方案,投资的数据见下表:

投资/万元	年收入/万元	年经营成本/万元	残值/万元	寿命期/a
1000	1500	900	450	2

试计算其内部收益率。

解:$NPV = -1000 + (1500 - 900)(P/A, i, 2) + 450(P/F, i, 2)$

下面对几个收益率进行试算:

当 $i = 10\%$ 时,$NPV_1 = 413.2$ 万元;

当 $i = 30\%$,$NPV_2 = 70.1$ 万元;

当 $i = 36\%$,$NPV_3 = 7.2$ 万元;

当 $i = 37\%$,$NPV_4 = -2.1$ 万元。

所以方案的投资内部收益率为:

$$IRR = 36\% + \frac{7.2}{7.2 + 2.1}(37\% - 36\%) = 36.8\%$$

5.3　建设项目可行性研究概述

5.3.1　可行性研究概述

5.3.1.1　建设项目的定义

可行性研究中所指的建设项目是广义的,既包括基本建设项目,也包括更新改造措施项目。由于项目的建设总是以投入一定数量和质量的经济资源为手段,故建设项目习惯上也称为投资项目。

就我国投资管理体制而言,通常将投资项目划分为建设项目和更新改造项目两大类。

建设项目是“基本建设项目”的简称,是指在一个或几个施工场地上,按一个总体设计进行施工的各工程项目的总体。在我国,一般以一个企业、一个事业单位或一项独立工程作为一个建设项目。如一个工厂、一个国有农场、一条铁路、一个机场等,都可以分别构成一个建设项目。在一个总体设计范围内,分批分期进行建设的若干个工程项目,均算作一个建设项目。

更新改造项目有时也统称为“技术改造项目”或“技术革新项目”,它是指原有企业进行设备更新或技术改造的项目,是我国投资项目的重要组成部分。

5.3.1.2 建设项目的可行性研究定义

建设项目的可行性研究,是根据国民经济长期发展规划、地区发展规划和行业发展规划的要求,对与拟建项目有关的社会、经济、技术等各方面情况进行深入细致的调查研究,对各种可能拟定的技术方案和建设方案进行认真的技术经济分析和比较论证,对项目建成后的经济效益进行科学的预测和评价。在此基础上,对拟建项目的技术先进性和适用性、经济合理性和有效性,以及建设可能性和可行性进行全面分析、系统论证、多方案比较和综合评价,由此确定该项目是否应该投资和如何投资等结论性意见,为项目投资决策提供可靠的科学依据和为开展下一步工作打下基础。简言之,可行性研究就是在建设项目的投资前期,对拟建项目进行全面、系统的技术经济分析和论证,从而为项目投资决策提供可靠依据的一种科学方法和工作阶段。

从研究范围来看,可行性研究必须对建设项目所涉及的所有方面进行调查研究和综合论证,使拟建项目拥有全面、可靠的科学依据,从而保证拟建项目在技术上适度,在经济上合理,在效益上最优。可行性研究,从总体上讲,必须回答这样一些问题:

建设项目的必要性是什么?

建设项目所需资源(如财力、人力、技术和信息资源等)是否有保证?

产品的市场容量和市场占有率多大?

建设项目的选址何处最佳?

建设项目的规模多大为宜?

资金渠道是否畅通?

能源和电力是否有保障?

原材料及外部协作条件是否落实?

引进技术的消化吸收能力是否具备?

此外,还要考虑到其他一些特定的内容。对以上这些方面都必须给出确定的答案,以判定拟建项目是进行建设还是放弃。上述这些问题可以归纳概括为建设条件是否具备、技术上是否适度和经济上是否合理三个方面。

一项好的可行性研究,应向投资者推荐技术经济最优的方案,即在各种可行的投资方案中选择最佳方案。其研究结论,可使企业领导明确,从企业角度看该项目具有多大的财务获利能力,投资风险有多大,是否值得投资建设;可使主管部门领导明确,从国家角度看该项目是否值得支持和批准;可使银行和其他资金提供者明确,从贷款者角度看该项目是否能够按期或者提前偿还他们提供的资金。这种在建设前期进行全面、系统的分析研究,是保证弄清拟建项目在技术、经济、工程上的可行性,避免和减少建设项目的决策失误,加强投资决策的科学性,提高建设项目的综合投资效益的根本措施。在我国,在项目投资管理中推行可行性研究工作,是促进经济建设各部门、各地区、各企事业单位尊重客观实际,按照经济规律办事、提高投资经济效果的最基本的有效措施,也是提供给有关部门对建设项目进行合理决策的最重要的科学依据。

5.3.2 可行性研究的阶段划分

建设前期实际上就是进行可行性研究时期。这一时期通常又分为机会研究、初步可行性研究、详细可行性研究辅助研究及评价与决策等五个阶段。同时,还要进行一些特定要求的专题辅助研究。

5.3.2.1 机会研究

投资机会研究,又称为投资机会确定,其任务是提出建设项目投资方向的建议,即在一个确定的地区和部门内,根据自然资源、市场需求、国家产业政策和国际贸易情况,通过调查、预测和分析研究,选择建设项目,寻找投资的有利机会。

投资机会研究一般比较粗略,它主要是从投资的收益和盈利的角度来研究投资的可能性,进行投资机会鉴别,提出备选项目,以引起投资者的投资兴趣和愿望。投资机会研究一般是从可能成为备选项目优势条件的某一方面为出发点展开的。它一般从这几个方面着手开展工作:

(1) 以开发、利用本地区的某一丰富资源为基础,谋求投资机会。

(2) 以现有工业的拓展和产品的深加工为基础,通过增加现有企业的生产能力与生产工序等途径创造投资机会。

(3) 以优越的地理位置、便利的交通运输条件为基础分析各种投资机会,进行研究,如在边境城市、沿海地区可考虑兴建“三来一补”及“三资”企业。

对于大中型项目,机会研究所用的时间一般为 1 ~ 2 个月,而小型项目或不太复杂的项目一般能在 2 周内完成,机会研究所需费用约占投资的 0.1% ~ 1%。

机会研究又可分为一般机会研究和特定项目机会研究两种。所谓一般机会研究,是指在一个特定的地区或部门内,根据对自然资源状况的了解,通过市场调研和预测来选择建设项目,寻找最有利的投资机会,即通过多方面的比较和研究,选择最有前途的投资方向。

所谓特定项目机会研究,是指在一般机会研究的基础上,在一般机会研究做出最初鉴别之后,将项目设想转变为概略的投资建议,并对该项目的主要投资方面加以确定。如果得到的结论是可取的、满意的,就可以进行初步可行性研究工作。机会研究的内容是针对一些大的方面进行的考察。

机会研究是全部可行性研究工作的重要基础和起点。可以说,除一些明显具有投资效益的项目外,绝大多数的建设项目都来自于机会研究。

5.3.2.2 初步可行性研究

初步可行性研究又称为预可行性研究,是介于机会研究和详细可行性研究之间的研究阶段。进行初步可行性研究的目的和原因有两个。

(1) 确定是否进行详细可行性研究。分析投资机会研究的结论,并在有较详细资料的基础上做出初步投资评价,进一步弄清项目的投资规模、原材料来源、工艺技术、厂址、组织机构和建设进度等情况,进行经济效益评价,判断项目的可行性。如果经过初步可行性研究,表明该项目具有较好的可行性,但某些资料还不充足,某些数据还不很精确,则可以确定该项目需要进行详细可行性研究;否则,经过初步可行性研究发现项目不可行,就可以做出不再进行详细可行性研究的决定。

(2)确定出哪些关键性问题需要进行辅助性专题研究。经过初步可行性研究,分析出哪些资料和数据还不够充分,哪些关键性问题还需要进行辅助性专题研究。例如,市场需求预测和竞争能力研究,原料辅助材料和燃料动力等供应和价格预测研究,中间工厂试验、厂址选择、合理经济规模,以及主要设备选型等研究。在广泛的方案分析比较论证后,对各类技术方案进行筛选,选择最佳效益方案,排除一些不利方案,缩小下一阶段的工作范围和工作量,避免不必要的时间、精力和费用耗费。

一些较小的建设项目,一般通过初步可行性研究就可以得到肯定(或否定)的结论,也就没有必要进行详细可行性研究了。初步可行性研究所允许的投资估算误差为20%以内,所需的研究费用一般为投资费用的0.25%~1.5%。研究所需时间一般为4~5个月。

5.3.2.3 详细可行性研究

详细可行性研究又称为最终可行性研究,一般简称为可行性研究。详细可行性研究与初步可行性研究相比,在内容的详尽程度上要求更为严格。它要为投资决策提供技术上和经济上充分可靠的依据,对建设项目所涉及的全部因素进行准确的分析、计算和论证,提出完备的可供优选的方案。详细可行性研究的投资估算误差须在10%以下,所需的研究费用,中小型项目为投资额的1.0%~3.0%,大型项目为投资额的0.2%~1.0%。

详细可行性研究阶段的主要目标是:

(1)提出项目建设方案。必须深入研究有关产品方案、生产流程、资源供应、厂址选择、工艺技术、设备选型、工程实施进度计划、资金筹措计划,以及组织管理机构和定员等各种可能选择的技术方案,进行深入的技术经济分析和比选工作,并推荐一个以上可行的投资建设方案。

(2)效益分析和最佳方案选择。着重对投资总体建设方案进行企业财务效益和国民经济效益的分析与评价,对投资方案进行多方案比选,确定一个能使项目投资费用和生产成本降到最低限度,并能取得显著经济效益和社会效益的最佳方案。

(3)确定项目的最终可行性和选择依据标准,对拟建项目提出结论性意见。可行性研究的结论,可以是推荐一个最佳的建设方案,也可以提出一个以上可供选择的方案,说明各自利弊和可能采取的措施,也可以提出项目“不可行”的结论。如果最终评价结果的数据表明项目是不可行的,则应该调整各种参数和设计方案,调整原材料投入或工艺技术,以便提出可行方案;当方案调整后经过经济评价仍属不可行,则对此拟建项目不能进行投资。最后,按照可行性研究结论编制出可行性研究报告,作为项目投资决策的基础和重要依据。

详细可行性研究内容一般包括:

(1)总论。综述项目概况,包括工程项目的名称、主办单位、承担可行性研究的单位、工程项目提出的背景、投资的必要性和经济意义、投资环境、提出项目调查研究的主要依据、工作范围和要求、项目的历史发展概况、项目建议书及有关审批文件、可行性研究的主要结论概要和存在的问题与建议。阐述对推荐方案在论证过程中曾有的重要争论问题和不同的意见与观点，并对建设项目的主要技术经济指标列表说明。

(2) 市场情况。国内外现有生产能力和状况，国内外市场需求预测，以及价格和产品竞争状况、竞争能力分析。

(3) 建设规模。建设规模的技术经济比较和分析，老企业技术改造与新建企业的技术经济比较和分析。

(4) 工程条件。资源储量、原材料来源、厂址、气象、工程地质、水文地质、交通运输、水电气及动力供应、辅助工程及文化生活设施的技术经济比较和分析。

(5) 环境保护与劳动安全。对项目建设地区的环境状况进行调查，分析拟建项目"三废"(废气、废水、废渣)种类、成分和数量，并预测其对环境的影响，提出治理方案的选择和回收利用情况，对环境影响进行评价，提出劳动保护、安全生产、城市规划、防震、防洪、防空、文物保护等要求及采取相应的措施方案。

(6) 资金和成本。项目投资成本分析、资金的筹措及偿还方式和偿还期限等。

(7) 劳动力。劳动力来源和费用、人员培训、劳动定员及工厂组织结构设计。

(8) 经济效果评价。包括总投资费用、各项建设支出和流动资金的估算；资金来源、筹集方式，各种资金来源所占的比例；资金的数量和资金筹措成本；总生产成本、单位生产成本的计算，财务内部收益率、净现值、投资回收期、固定资产投资借款偿还期、外汇效果分析、不确定性分析等财务效益评价和国民经济效益评价。

(9) 结论和附件。附图、附表和协议文件等。

通过上述的各项分析，应提供建议项目在经济、技术、环保以及社会影响等综合分析基础上的各种可能方案，阐明较优或更优的方案，做出可行或不可行的建议性结论。

就一般的建设项目来讲，都要经过上述三个阶段的工作，即首先进行机会研究，得到可行的结论后，再进行初步可行性研究；得到"可行"的结论，然后转入详细可行性研究，得出最终"可行"的结论。如果在任何一个阶段得到"不可行"的结论，就没有必要继续研究下去，研究工作就此终止。

5.3.2.4 辅助研究

辅助研究是新建设项目的某个专题进行的研究，故又称为专题研究或功能研究。辅助研究在一般情况下可与可行性研究同时进行。对于较大的建设项目也可以先行。如果通过辅助研究证明建设项目中具有毫无生命力的消极因素，就可以中止可行性研究工作。

5.3.2.5 评价与决策

项目评价是对可行性研究所得出的结论进行全面的综合评价，这种评价不仅要对拟建项目企业本身的经济效益进行分析和评定，还要从地区和国家的角度，来考察和评价它的国民经济效益。同时，还要从全社会的角度来评价它的社会效益。即，由于国家资源有限，必须从国民经济整体发展需要和社会发展需要，来考虑和评定建设项目的优势，使有限的资源实现最优(最满意)的分配。

5.3.3 可行性研究的步骤

可行性研究的步骤如下：

(1) 筹备和拟定研究工作计划。可行性研究一般是在接受委托者的委托下开始的。因此,要明确委托者的意图和目标,了解项目的背景和开展可行性研究工作的依据。在此基础上,要确定研究项目的范围、界限和内容,并据此拟定研究工作计划(包括分工、进度和其他要求)。

(2) 调查研究。调查研究包括市场、技术和经济三个方面内容。这是可行性研究工作中投入人力和时间较多,工作量较大的一个环节。每项调研的每个专题都要分别做出评价。

(3) 优选方案。将上面调查研究的各个方面进行设计组合,推选出多种可供选择的方案,然后根据委托者提供的各种条件、信息和要求,推荐出最优(最满意)的方案。

(4) 分析研究。对选出的方案进行更详细的研究,确定项目的具体范围,估算投资费用,制订资金筹措计划,估算经营费用和收益,并进行经济评价。

(5) 编写研究报告书。

5.3.4 可行性研究的具体内容

可行性研究的具体内容如下:

(1) 总论。

1) 项目概况。项目名称,项目承办单位或建设单位,项目拟建地点,可行性研究编制单位的全称及承担可行性研究的资格证书编号。

2) 研究工作的依据及研究工作概况。主要包括:列举所依据的重要文件名称、文号、日期。如项目建议书及其审批文件、可行性研究报告书、环境影响报告书、厂址选择勘察报告、有关生产性试验报告、经批准的资源勘探报告、技术引进项目的考察及询价等文件、资料。项目建议书的主要内容及其审批意见。复述项目建议书的要点及审批意见,有初步可行性研究报告的项目应列举其研究结论及提出的问题、研究工作概况、建设方案与建设规模、厂址概述、环境保护、项目总投资的组成及分析、项目实施进度建议、存在问题及解决办法的建议。

3) 研究结论。根据技术、经济分析和论证结果,提出对建设项目的综合评价、抗风险能力和研究结论。

(2) 项目背景与发展概况。

(3) 市场需求预测与建设规模。

(4) 建设条件与选址。

(5) 工程技术方案。

(6) 环境保护。建设地点环境现状,主要污染源与污染物,综合利用与治理方案,绿化,环境监测(有环境监测要求时,对监测目标、方法作简要说明),环境保护所需费用估算,环境影响评价。

(7) 项目实施进度建议。

(8) 项目的招标方式(委托招标或自行招标)以及招标范围(发布初步方案)。

(9) 投资估算与资金筹措。主要包括:1) 估算依据及说明;2) 总投资估算额,包括:固定资产投资(其中含固定资产投资方向调节税、建设期价格变动引起的投资增加额、建设期借款利息、汇率变动部分等动态投资)和流动资金;3) 工程投资构成分析;4) 资金用款计划及筹措;5) 有偿使用资金落实还本付息计划。

5.4 矿山建设项目可行性研究概述

矿山建设项目可行性研究是在矿山建设投资决策前,对拟建项目进行全面技术经济分析论证的科学方法和工作阶段,包括对拟建项目有关的社会、经济和技术等方面情况,进行深入细致的调查研究,对各种可能拟定的技术方案和建设方案进行认真的技术经济分析和比较论证,从中选出投资少、效益高、产品销路广的最佳建设和生产方案,对项目建成后的经济效益进行科学的预测和评价。在此基础上,综合研究项目的技术先进性和适用性、经济合理性和有效性,以及建设可能性和可行性。依此确定该项目是否应该投资和如何投资、或者就此终止投资,还是继续投资使之进入开发建设的下一阶段等结论性意见,为项目投资决策提供可靠的科学依据,作为开展下一步工作的基础。

通过可行性研究确定的技术经济最佳方案,可使矿山企业领导明确该项目是否值得投资建设;可使部门领导明确该项目是否值得支持和批准;可使银行和资金提供者明确该项目能否按期偿还资金。这种矿山建设前期所进行的全面、系统的综合研究,其目的主要是为了避免和减少矿山建设项目决策的失误、加强投资决策的科学性和客观性,提高矿山建设投资的综合效益。

5.4.1 矿山建设项目可行性研究阶段

矿山建设项目可行性研究阶段是指矿山建设投资前期亦即矿山基建投资决策前的各个工作阶段。我国矿山建设前期的矿产地质勘查工作,一般划分为普查、详查、勘探三个阶段。为了合理开发利用矿产资源、全面完成矿产地质勘查工作各阶段的任务,避免矿产勘查和矿山建设投资失误,提高矿产开发的社会、经济效益,各个阶段在对矿床进行地质评价的基础上,同时还要根据矿床开发的技术和经济条件,进行矿床技术经济评价。矿床技术经济评价大致相当于矿山建设可行性研究,所以过去有人曾称之为“地质勘探可行性研究”。三个地质勘查阶段均需进行相应的可比技术经济评价,即普查阶段进行的概略的矿床技术经济评价,详查阶段进行的初步的矿床技术经济评价,勘探阶段进行的详细的矿床技术经济评价。它们大致可与工程建设项目可行性研究的机会研究、初步可行性研究和可行性研究阶段相对应。根据国家政策,在详细矿床技术经济评价完成之后,还要以此为依据,进行矿山建设可行性研究,实际就是工程项目投资前期的详细可行性研究阶段。此外,在整个矿山建设可行性研究阶段划分中,当然也应该包括最后的评估和决策阶段,此外还应包括厂址选择报告,供水、供电调查报告,环境影响评价报告和自然灾害资料文件等。

5.4.2 矿山建设项目可行性研究各阶段的工作目的和要求

矿山建设项目的不同阶段,具有不同的目的和要求。

(1) 普查阶段(或矿床概略技术经济评价阶段)。其目的在于判定已经找到的矿床具有工业意义的可行性。这种评价一般花费不多,在未来开发中,即使有一定的经济效益,但由于工作程度低和不确定因素较多,许多参数是靠推测和假设求得的,所以也是不可靠的、不落实的。

(2) 详查阶段(或矿床初步技术经济评价阶段)。矿床经过详查以后,对矿量和矿床开采技术、矿石选冶试验等方面,取得了比较可靠的资料(其中有些资料如选矿、销售等还是假设的),以此为基础,进行矿床开发经济效益的初步评价。

(3) 勘探阶段(或详细矿床技术经济评价阶段)。矿床经过勘查以后,在详细分析矿产资源形势、市场条件、产品方向与前景,并根据矿山总体规划的具体要求,以及未来矿山设计、建设与生产经营的具体条件的基础上,结合矿床具体技术、经济条件,采用符合矿区实际情况的参数和标准,计算矿床未来开发的经济效益,并进行详细综合评价。

(4) 详细可行性研究阶段。通过对矿山建设项目进行技术经济分析和多方案优选,提出结论性意见,作为投资决策的基础和依据。在详细可行性研究报告中,首先必须明确表明是否能够满足投资者的经济要求;其次可以作为向银行贷款的依据;最后,还要为该项工程是否上马做出确定性结论,以便作为进一步工程设计和施工图的基础。

(5) 评估和决策阶段。对最终可行性研究报告进行评估和全面审核,分析判断项目的社会和经济效益以及可靠性和真实性,提出项目评估报告,对项目投资做出最终决策。

5.4.3 矿山建设项目可行性研究的基本内容

可行性研究是在对项目进行深入细致的技术经济论证的基础上,经多方案优选提出项目投资最后决策的结论性意见,其内容应能满足编制和审批可行性研究报告的要求。现将其基本内容加以综合,根据国家规定应包括以下几方面。

(1) 总论。综述项目概况、可行性研究的主要结论和存在的问题与建议,阐明对推荐方案过去的争论问题和不同意见的观点,对项目的主要技术经济指标列表说明,项目的背景、投资环境、项目投资的必要性和经济意义,提出项目调查研究的主要依据、工作范围和要求、项目的历史发展概况、项目建议书及有关审批文件。

(2) 矿产品的市场供需预测。调查国内外市场近期需求情况、国内现有矿山企业生产能力的估计、销售预测、价格分析、产品竞争能力、进入国际市场的前景、建设项目的生产规模、产品方案的技术经济比较。

(3) 矿产资源、燃料和公用设施情况。经过全国矿产资源储量委员会正式批准的矿产储量、保有储量和质量、开采利用情况、技术经济状况和发展趋势、所需燃料、辅助材料的种类、数量、质量及其来源和供应的可能性,所需动力(水、电、气)、公用设施的数量、供应条件,外部协作条件以及签订协议和合同的情况。

(4) 建设条件。包括矿区的自然条件和社会条件,包括地理位置、气象、水文、地形条件、地震、洪水等情况和社会经济现状,交通运输及水、电、气、热的现状和发展趋势,以及矿区面积、占地范围、总体布置方案、建设条件、地价、拆迁和其他工程费用情况。

(5) 采矿选矿生产技术条件。矿床的开采方式和方法(包括矿床开采方法、矿床开拓方式、采矿方法)必须和运输、通风、排水、供水供电等系统结合起来,才能形成一个完整的开采系统。基建工程量和主要设备、主要技术经济指标的比较论证,根据服务年内生产计划的安排,计算每年采出的矿石量和质量(品位),以及首采地区的选择、论证。根据矿石选矿试验结果确定矿石的选矿加工处理方法和工艺流程及其应用于工业的可能性,主要选矿设备处理的矿石量及精矿的产量和质量(品位),以及各种选矿指标是否达到先进水平的论证。生产辅助设施和生活福利设施,包括道路、运输、动力、供水、燃料与通讯、厂房、办公室、职工住宅以及各种建筑物和设备。通过矿山建设总平面图,把采矿、选厂工业场地、废石和尾矿堆积场地、矿山内部和外部运输方式、洪水、供电、尾矿输送等线路布置，以及生产辅助和生活福利设施场地布置等表示出来。

此外，还应进行项目工程设计方案研究，如总图和交通运输设施多方案优选，厂内外主体工程和生产辅助工程的方案比较论证，采用技术和工艺方案的选择论证，主要设备选型方案和工艺比较论证等。

(6) 环境保护与劳动安全。矿区环境现状调查，"三废"的种类、成分和数量，对环境影响的预测，治理方案的选择和回收利用情况，对环境影响的评价，劳动保护和安全卫生，矿区规划、防震、防洪、防灾、文物保护等要求，以及应采取的相应措施方案。

(7) 生产组织、劳动定员和人员培训。矿山企业生产管理体制、机构设置方案的选择论证，技术人员和管理人员的素质和数量要求，劳动定员的配备方案，人员培训的规划和费用估算。

(8) 建设工期预计。实施计划和进度要求，建设前期工作安排，根据矿山设计、设备制造、工程施工、安装、试生产所需时间与进度要求和指定的建设工期，选择整个建设项目的实施方案和总进度，并用网络图来表述最佳实施计划方案的选择。

(9) 权利、所有权的法律事项。矿产所有权和探矿权、采矿权、地租或矿区使用费，矿山地产、地面权(如土地、水源和道路使用权等)的取得，施工和生产的开业执照和许可证，雇佣本地和国外职工的规定，税金、货币兑换与财政事务的法律特点，公司的组成和企业合伙人之间的协议等。

(10) 财政与税金事项。企业组织形式(如有限公司、合股公司或合伙公司)，资金筹措和偿付债务的条款，外汇兑换和再转兑外汇权，税制(单一的还是多重的)，折旧年限与税率，对采矿权的特许税金及其交涉程序，可分配利润的批准和分摊。

(11) 投资估算与资金筹措。包括各项基建费用、流动资金和项目总投资的估算，项目资金来源和筹措方式与贷款计划，企业生产成本估算。

(12) 经济效益和社会效益的分析与评价。项目财务评价，国民经济评价和不确定性分析，叙述项目给地区或部门经济发展带来的效果。根据具体情况，抓住特点进行深入分析。比如，对环境保护和生态平衡的影响，对提高地区或部门科技水平的影响，对提供就业机会的影响，对资源利用和远景发展的影响，对提高人民物质文化生活及社会福利和社会进步的影响等。

(13) 评价结论。矿山建设方案的综合分析评价与方案选择。运用各种数据，从技术、经济、社会和财务等各方面论述项目的可行性，推荐最佳方案，提出决策参考，指出项目存在的问题、结论性意见和改进建议。

5.5　矿山建设项目经济评价的主要参数

影响矿山建设项目经济评价的因素(参数)很多，有矿产资源因素、矿山外部建设因素、矿床采选技术因素和环境保护因素等。这里主要讨论的是决定矿床是否具有经济价值，未来能否被开采利用的关键因素。这些因素(参数)包括矿产品价格、建设资金、生产成本、利息率、收益率、税金等经济因素(参数)，还包括工业指标、生产规模和采选技术经济参数等。

5.5.1 矿产品价格和销售收入

在影响矿山经济效益的因素中销售收入的变动往往比费用更加敏感,而销售收入又受品位、生产能力、金属回收率和矿产品价格所控制。对于矿产品价格的估计是非常困难的,因它随时间而变化,而且与供需关系有关。

产品理论价格是按照马克思主义价格形成理论设计的、反映价值转化形态的一种测算价格。它排除了供求、国家政治经济需要及其他人为因素的干扰,力求比较客观地反映价值。因此,产品理论价格是一种比较接近价值或其转化形态的测算价格。理论价格是衡量现行价格合理程度的标准。它为价格管理决定提供信息,为有计划地调整各类商品价格、编制价格长期计划以及确定价格体系改革的目标提供了比较科学的依据。

商品的价值可以分解为 $C+V+M$,C 为已消耗的生产价值;V 为劳动者必要劳动创造的价值,即劳动者自己劳动所创造的价值;M 为劳动者的剩余劳动创造的价值,即劳动者为社会创造的价值。价格是价值的货币表现,与价值的三个组成部分相对应。价格也可分为三部分:物质资料耗费支出、劳动报酬(工资)支出和平均利润(包括企业利润和上缴税金)。$C+V+M$ 的货币表现,就是产品的成本。

$$商品的价格 = C + V + M$$

又:

$$商品的价格 = 产品成本 + 盈利$$

在近几年我国价格改革理论讨论中,有些学者提出要以均衡价格或供求平衡价格为基础的主张,即价值由自由市场上的供求关系来决定。这一理论认为:一种商品的价格不仅取决于它本身的供给和需求状况,而且还受到其他商品价格和供求的影响。因而一种商品的价格和供求的均衡,只有在所有商品的价格和供求都达到均衡时才能实现。应该说,均衡价格理论或供求决定价格理论在描述现实的市场价格运动时,确实揭示了一些规律性的现象。但是价格的决定因素毕竟不是供求关系,而是商品中所含的价值量。供求关系的变动只影响价格围绕价值上下波动。

关于矿产品的价格在前面的章节中已作了详细的介绍,这里就不赘述了。

销售收入是销售商品产品、自制半成品或提供劳务等而收到的货款、劳务价款或取得索取价款凭证确认的收入。销售收入按比重和业务的主次及经常性情况,一般可分为主营业务收入和其他业务收入。销售收入是指企业在一定时期内产品销售的货币收入总额,用公式表示如下:

$$销售收入 = 产品销售数量 \times 产品单价$$

销售总额与销售收入都是指销售收入,但两者有时是一致的,有时又有差异,如实行总价法核算销售收入时,销售总额就比销售收入大。在总价法下,企业让渡给购货人的现金折扣不在收入中抵减,只记作企业的融资费用。

5.5.2 建设投资和资金筹措

建设投资包括固定资产投资、流动资金和固定资产借款利息(资本化利息)三个部分。由于固定资产投资在基建投资中所占比例最大,有时也专指基建投资。

在矿山可行性研究中,使用的投资指标要比上述定义灵活一些,投资的概念要广一些。根据其分类和计算范围不同,经常使用的有:

（1）绝对投资。绝对投资也称为全部投资，是指建设矿山企业或实施工程项目实际需要的全部投资。绝对投资可以作为国家编制投资计划、银行贷款和矿山筹集建设资金的依据。

（2）相对投资。相对投资也称为比较投资，通常使用于方案比较。在方案比较时为了简化计算，减少重复工作，可以不计算各方案相同项目的基建费用，而只计算不同项目和不同工程量的投资，此时使用的投资就是相对投资。相对投资只能用于方案比较，不能作为国家投资计划和矿山筹集资金的依据。用相对投资进行方案比较，不影响方案经济效果评价的结论，也不影响方案选择的正确性。

（3）评价投资。在方案比较和经济效果评价中，为了使比较的方案具备可比条件和客观地评价矿山企业的经济效益，除计算矿山实需投资外，有时还要计算建设矿山所必需的相关部门投资。考虑了相关部门投资后的投资就是评价投资。评价投资不是矿山企业未来实需的投资额，它只适用于方案相互比较评价，不能作为安排投资计划的依据。因为其中的相关投资可能发生，或部分发生，也可能不发生。

5.5.2.1　固定资产投资

固定资产投资是指花费在工程建设上的全部活劳动和物化劳动的总和。其中绝大部分用于建设场地的准备、主要生产设施、辅助性生产设备和矿山生产外部条件的建设，包括建设场地的开拓、平整和排水的费用，原有建筑的拆迁和重建费用，以及破坏环境的赔偿；包括采矿基建、采准工程的费用，露采的初期剥离费用，选厂厂房和通往选厂的运输线的建设费用，生产设备装卸设施、堆矿场和仓库的建设费用；包括排水、通风、安全技术、工业卫生、机修车间和生活服务设施的建设费用；包括矿山的铁路、公路、车辆和电话、供电工程（专用电站、输电线、配电所等）、供排水工程等费用。它们构成矿山企业的固定资产，将通过折旧形式转移到产品中去。小部分用于施工管理、职工培训、勘测设计、地质勘探、矿石技术加工试验、矿山建设可行性研究等费用，这部分不形成固定资产。、

固定资产投资与矿床的特点、产出条件、矿山企业生产规模、矿床开采和技术加工方法、经济自然地理等因素有关，其估算的准确程度（精度）取决于工作的深度和广度，以及资料的占有情况，具体计算方法有扩大指标法、生产规模指标法、分项工程累加法。

A　扩大指标法

扩大指标即单位产量固定资产投资额，所谓扩大指标法就是将扩大指标与拟建矿山企业的年生产能力的乘积作为拟建矿山企业固定资产投资的方法。其计算公式如下：

$$T = T_u N \tag{5-25}$$

式中　T——拟建矿山企业基建投资，元；

T_u——扩大指标，元/t；

N——拟建矿山企业年生产能力，t/a。

扩大指标是根据大量设计和实际投资指标的统计分析确定的。实际应用时，要尽量选取与拟建矿山地质条件类似、开采方法与选矿方法相似、生产能力相近的矿山的实际指标来估算固定资产投资。

B　生产规模指标法

生产规模指标法（又称为0.6指数法）的实质是利用已知企业的投资指标来概略地估

算同类型,但不同规模企业的投资额,其计算公式为:

$$G=\left(\frac{N}{N_u}\right)^n G_u \tag{5-26}$$

其中 G——拟建矿山企业的固定资产投资,元;

N——拟建矿山企业的生产能力,元;

N_u——类似已建矿山企业的年生产能力,t/a;

G_u——类似已建矿山企业的固定资产投资,元;

n——投资指数,通常取0.6~0.8,如果用增加设备能力来增加企业年生产能力时取0.6~0.7,如果用增加设备的数量来扩大企业生产能力时取0.8~1.0。

C 分项工程累加法

根据矿山建设的全部图纸、工程和设备清单及重要工作量,计算单项工程和设备项目的直接费用、各种间接费用,以及不可预见费用等,然后累计求和。

5.5.2.2 流动资金

流动资金是企业在生产经营过程中占用在流动资产上的资金,具有周转期短、形态易变的特点。拥有较多的流动资金,可以在一定程度上降低企业的财务风险。它是企业理财工作的一项重要内容。要求掌握现金、应收账款和存货等主要流动资金项目的管理方法,以达到既能节约合理使用流动资金,又能加速流动资金周转,提高使用效率,降低风险的目的。流动资金是指项目投产后,为进行正常生产运营,用于购买原材料、燃料,支付工资及其他经营费用等所必不可少的周转资金。具体计算方法为:

流动资金=流动资产-流动负债

流动资产=应收账款+预付账款+现金+存货

存货=外购原材料、燃料、其他材料+在产品+产成品

流动负债=应付账款+预收账款

流动资金本年增加额=本年流动资金-上年流动资金

在计算时要注意以下两个方面:

(1) 按行业或前期研究阶段的不同,选用扩大估算法或分项详细估算法。

(2) 投产第一年所需的流动资金应在投产前安排。

流动资金额多采用以下几项扩大指标:

(1) 按流动资金占固定资产资金率计算,如有色金属矿山采选企业流动资金约占固定资产金额的15%~20%,化学矿山定额流动资金约为固定资产金额的10%~25%。

(2) 按流动资金占年经营费资金率计算,如黑色冶金矿山定额流动资金约占年经营费的50%。

5.5.2.3 固定资产贷款利息

固定资产贷款是指中国银行为解决企业固定资产投资活动的资金需求而发放的贷款。企业固定资产投资活动包括:基本建设、技术改造、开发并生产新产品等活动及相关的房屋购置、工程建设、技术设备购买与安装等。固定资产贷款分为下列各项用途的长期贷款、临时周转性贷款和外汇转贷款。基本建设是指经国家有权部门批准的基础设施、市政工程、服务设施和新建或扩建生产性工程等活动。技术改造是指现有企业以扩大再生产为主的技术改造项目。科技开发是指用于新技术和新产品的研制开发并将开发成果向生产领域转化或

应用的活动。其他固定购置是指不自行建设，直接购置生产、仓储、办公等用房或设施的活动。

矿山企业基建期间因不生产产品，无力偿还应支付的贷款利息，不得不另行借贷，以偿还基建期间所发生的利息，故又称资本化利息。

资金筹措包括资金筹集和资金运用。我国建设资金的来源主要靠国家内部积累，但在一定条件下，也可把国外借贷的资金作为补充来源。国内资金来源的渠道有财政拨款、银行贷款和企业自筹资金等；国外资金来源主要有政府贷款、出口信贷及补偿贸易和合资经营、国际金融市场及自由外汇等。

资金运用的合理性主要表现在对贷款数额的认真估算、年度用款计划和贷款占用时间等方面，在满足项目用款需要的前提下，要尽量削减贷款数量，合理安排年度用款计划，减少贷款占用时间。

5.5.3　生产成本及折旧费

矿产品成本是反映矿山企业生产活动劳动消耗的综合性指标，是评价矿山企业经济效益不可缺少的指标。矿产品的成本除与矿山企业的生产经营水平有关外，还与矿床地质条件和开采技术条件以及矿山企业的技术经济参数有很大的关系。矿山生产成本是指矿山企业为生产和销售矿产品而支付的一切费用。它包括已耗费的生产资料的价值，如原材料及辅助材料、燃料、动力费，工资及附加费，固定资产折旧费，销售矿产品的开支（如保管费、运输费、销售费等），上级公司的行政管理费等。

5.5.3.1　生产成本估算

生产成本主要是根据过去的统计资料和经验确定的，常用估算方法有扩大指标法、分项成本累加法两种。

A　扩大指标法

就是根据单位成本扩大指标或类似矿山的实际单位成本直接选取，要尽量选取与被评价矿床的地质特征、矿山生产能力、开采方法、开拓方式、采矿方法、选矿加工工艺、装备水平等相类似的矿山，矿产品种类不同，成本估算也不同。

（1）原矿成本的估算，可按式（5-27）计算：

$$S_1 = e(1+\xi) + d \tag{5-27}$$

式中　S_1——露天采矿成本，元/t；

e——矿岩生产经营成本，元/t，可以根据国家相关规定取值；

ξ——剥采比，t/t；

d——维简费，元/t，可以根据国家相关规定取值。

（2）精矿成本的估算。当采矿成本与选矿加工费用确定以后，可按式（5-28）计算精矿的成本：

$$S_2 = (S_m + S_d)q \tag{5-28}$$

式中　S_2——精矿成本，元/t；

S_m——采矿成本，元/t；

S_d——1 t矿石选矿加工费，元/t；

q——选矿比，生产1 t精矿所需要的矿石量，是入选原矿量与选矿精矿量的比值。

选矿加工费用可按矿石性质、加工方法及生产规模等，以相应地质勘查阶段的实验结果为依据逐项计算，如条件不具备，可采用扩大指标。

B 分项成本累加法

该法是按照成本构成逐项进行估算，然后累加求和。采矿成本通常包括辅助材料费、燃料及动力费、生产工人工资及工资附加费、大修理费及维修费、折旧费或维简费、行政（企业）管理费、地勘工作补偿费等。

5.5.3.2 折旧费

固定资产折旧是指一定时期内为弥补固定资产损耗，按照规定的固定资产折旧率提取的固定资产折旧，或按国民经济核算统一规定的折旧率虚拟计算的固定资产折旧。它反映了固定资产在当期生产中的转移价值。各类企业和企业化管理的事业单位的固定资产折旧是指实际计提的折旧费；不计提折旧的政府机关、非企业化管理的事业单位和居民住房的固定资产折旧是按照统一规定的折旧率和固定资产原值计算的虚拟折旧。原则上，固定资产折旧应按固定资产当期的重置价值计算，但是目前我国尚不具备对全社会固定资产进行重估价的基础，所以暂时只能采用上述办法。

为了更换生产性资产留出的准备资金称为折旧费。折旧仅仅是成本分析，折旧不是对资产进行计价，其本身既不是资金来源，也不是资金运用。因此，固定资产折旧并不承担固定资产的更新。但是，由于折旧方法会影响企业的所得税，从而也会对现金流量产生一定影响。可折旧固定资产并不是所有固定资产都计提折旧，可折旧固定资产应具备条件是使用年限有限而且要以合理估计，也就是说固定资产在使用过程中会被逐渐损耗直到毫无使用价值，土地就是典型的不可折旧固定资产。固定资产折旧的因素在计算固定资产折旧时应当考虑三个因素：固定资产成本、残值和使用寿命。

A 直线折旧法

直线折旧法也称为平均折旧法、原始价值百分法或使用年限法，指先预计固定资产的使用年限，然后按年或月平均计取折旧费计入产品成本的方法。采用此法计提的折旧额，在使用年份或月份一律平均，折旧额的累计额呈直线上升。采用此方法，要求确定固定资产原价，估计固定资产的使用年限，估计固定资产将来报废清理时所取得的残值收入和所支出的清理费用（如预计清理费用数额不大，也可不予计算）。计算公式为：

$$\text{折旧费用}=(\text{取得成本总额}-\text{残值})/\text{使用寿命}=(C-R)/N$$

B 单位产量折旧法

单位产量折旧法的公式为：

$$\text{折旧额}=\frac{\text{期末未摊销成本}}{\text{期初储量}}\times\text{本期产量}$$

单位产量折旧法对资本化成本进行折旧折耗和摊销时，资本化成本按每一矿区单独归集，也可选择把具有相同地质结构特征或地层条件（如一个油藏或油田）的矿区归集起来计算折旧折耗和摊销。但应特别注意：是以相同地质构造的矿区归集资本化成本，而不是以企业行政单位所属全部矿区为成本归集中心。

C 加速折旧法

快速折旧法又称加速折旧法、递减折旧费用法，即固定资产每期计提的折旧费用。在前期提得较多，务使固定资产的成本在使用年限中尽早地得到补偿的一种计算折旧方法。常用的主要有双倍余额递减法和年数总和法两种。依据现行的2006年颁布的《企业财务通则》（财政部令第41号）规定，在我国只有那些在国民经济中具有重要地位、技术进步快的电子生产企业、船舶工业和船舶运输企业、生产“母机”的机械企业、飞机制造企业、汽车制造和汽车运输企业、化工生产企业、医药生产企业以及其他经财政部批准的企业，其机器设备可以采用双倍余额递减法或年数总和法。

加速折旧法使折旧费用呈递减的状态，则企业缴纳的所得税便呈递增的状态。与直接法相比，所得税的现值总和就更低，这实质上可以使企业获得一笔无息贷款。从这个意义上讲，折旧是国家的一项宏观经济政策，可用于鼓励某一行业的发展或刺激投资。

5.5.4　利率和贴现率

5.5.4.1　利率

利率，就其表现形式来说，是指一定时期内利息额同借贷资本总额的比率。利率是单位货币在单位时间内的利息水平，表明利息的多少。多年来，经济学家一直在致力于寻找一套能够完全解释利率结构和变化的理论。

5.5.4.2　贴现率

贴现率又称为折现率，是指今后收到或支付的款项折算为现值的利率，常用于票据贴现。企业所有的应收票据，在到期前需要资金周转时，可用票据向银行申请贴现或借款。银行同意时，按一定的利率从票据面值中扣除贴现或借款日到票据到期日止的利息，而付给余额。贴现率的高低，主要根据金融市场利率来决定。将未来支付改变为现值所使用的利率，或指持票人以没有到期的票据向银行要求兑现，银行将利息先行扣除所使用的利率。这种贴现率也指再贴现率，即各成员银行将已贴现过的票据作担保，作为向中央银行借款时所支付的利息。贴现率政策是西方国家的主要货币政策。中央银行通过变动贴现率来调节货币供给量和利息率，从而促使经济扩张或收缩。当需要控制通货膨胀时，中央银行提高贴现率。这样，商业银行就会减少向中央银行的借款，商业银行的准备金就会减少，而商业银行的利息将得到提高，从而导致货币供给量减少。当经济萧条时，银行就会增加向中央银行的借款，从而准备金提高，利息率下降，扩大了货币供给量，由此起到稳定经济的作用。但如果银行已经拥有可供贷款的充足的储备金，则降低贴现率对刺激放款和投资也许不太有效。中央银行的再贴现率确定了商业银行贷款利息的下限。

5.5.5　税金

根据现行法律法规，中国专门对矿产资源征收的收费主要有资源税、矿产资源补偿费、探矿权使用费、采矿权使用费、探矿权价款、采矿权价款等六种。

5.5.5.1　资源税

资源税是以各种自然资源为课税对象，为了调节资源极差收入并体现国有资源有偿使用而征收的一种税。资源税是对纳税义务人在中华人民共和国境内开采资源税暂行条例规定的矿产品和盐所征收的税种；是中央和地方共享税，其中海洋石油资源税（不收资源税而收矿区使用费）作为中央税收，其他资源税作为地方税收。资源税由税务机关从量计征，纳入地方财政收入。

5.5.5.2 矿产资源补偿费

矿产资源补偿费是对开采矿产资源并取得矿产品的矿山企业征收的费用。矿产资源补偿费所调整的是国家作为矿产资源所有者与采矿人之间的经济关系,是采矿权人开采不可再生的矿产资源而对作为矿产资源所有者的国家的补偿。我国对中外合作开采陆上和海洋石油资源征收的矿区使用费与矿产资源补偿费属同一性质。《矿产资源补偿费征收管理规定》第二条的规定,对中外合作开采石油资源征收矿区使用费后不再征收矿产资源补偿费。矿产资源补偿费的计费依据是按照矿产品销售收入的一定比例计征,从价征收,费率平均为1.18%,由资源管理部门征收和管理;矿产资源补偿费征收后,直接进入中央金库。中央与省、直辖市按5:5分成,与各自治区和2个边境省按4:6分成,或者按照中央与省(市、区)以3:7比例分成,主要用于矿产资源管理和寻找新的矿藏。

5.5.5.3 探矿权使用费

《矿产资源勘查区块登记管理办法》第12条第1款规定:"国家实行探矿权有偿取得的制度。探矿权使用费以勘查年度计算,逐年缴纳。"

5.5.5.4 采矿权使用费

《矿产资源勘查区块登记管理办法》第9条规定:"国家实行采矿权有偿取得的制度。采矿权使用费,按照矿区范围的面积逐年缴纳。"

5.5.5.5 探矿权价款

《矿产资源勘查区块登记管理办法》第12条第1款规定:"申请国家出资勘查并已经探明矿产地的区块的探矿权的,探矿权申请人除依照本办法第十二条的规定缴纳探矿权使用费外,还应当缴纳经评估确认的国家出资勘查形成的探矿权价款……"

5.5.5.6 采矿权价款

《矿产资源开采登记管理办法》第10条第1款规定:"申请国家出资勘查并已经探明矿产地的采矿权的,采矿权申请人除依照本办法第九条的规定缴纳采矿权使用费外,还应当缴纳经评估确认的国家出资勘查形成的采矿权价款……"

除了资源税以外,对矿山企业的影响较大的是增值税。目前,我国对石油、天然气的增值税税率为17%,固体矿产的增值税为13%,对黄金免征增值税。

5.5.6 工业指标

工业指标是指在当前技术经济条件下,矿床达到利用所规定的综合标准,也是矿山企业对矿产质量和开采条件所提出的要求。它能保证合理地圈定矿体,计算储量,正确进行可行性研究和经济评价,促进矿产资源的合理利用以及确定最优的矿床开采方案,从而取得最大的经济效益。

工业指标通常包括边界品位、最低工业品位、最低可采厚度、夹石剔除厚度、含矿系数和百分率等。这些参数的变化,往往会影响矿床经济评价的改变,如品位指标的变化,会导致矿体厚度、矿石平均品位和储量的改变,进而影响到开采方法、生产规模和矿床开发利用的经济效果。所以品位指标确定是否正确,既关系到矿产资源的合理利用,又关系到矿床开发利用的经济价值和经济效益。故在进行矿山建设可行性研究经济评价时,务必选择好合理的品位指标。

5.5.7　采矿技术经济指标(参数)

采矿常用的技术经济指标(参数)有以下几种:

(1) 采掘总量,包括矿山采矿、掘进(包括地质探矿、生产探矿、矿山开拓、采准、切割等工程)作业的工作总量。

地下开采矿山:　　采掘总量 = 采矿量 + 掘进量 + 其他采掘量

露天开采矿山:　　采掘总量 = 采矿量 + 剥离量 + 其他采掘量

(2) 采矿量,是指已完成最后生产过程,从采场掌子面爆破下来的,包括不能分采而连带崩落的围岩在内的矿石量。

(3) 采出矿石量,是指自掌子面爆破下来,并运出坑口的原矿数量。地下开采的采出矿石量包括采矿量和其他采出的矿石量。

(4) 采矿损失率,采矿损失率(K_1)是采矿过程中损失的矿石量(Q_1)与计算范围内工业矿石储量(Q)的百分比值,即 $K_1 = (Q_1/Q) \times 100\%$。

(5) 矿石贫化率,矿石贫化率(K_f)是指采矿过程中混放矿石中的围岩数量(Y)与实际开采出来的工业矿石量(Q')的百分比值,即 $K_f = (Y/Q') \times 100\%$。

实际工作中矿石贫化率则根据矿体范围内,工业矿石储量的有用组分含量(C)及采出矿石中的有用组分含量(C_1)和围岩中有用组分含量(C_2)计算,即:

$$K_f = [(C - C_1)/(C - C_2)] \times 100\%$$

当围岩品位为零时,则

$$K_f = [(C - C_1)/C] \times 100\% = (1 - C_1/C) \times 100\%$$

(6) 采矿品位,是指采下矿石中所含金属量的百分比。采下矿石量中的金属量,应根据各个采场采样化验的原矿品位用平均法计算。

5.5.8　选矿技术经济指标(参数)

选矿技术经济指标(参数)有以下几种:

(1) 原矿品位,即入选矿石品位,也就是采出矿石品位。

(2) 精矿品位,它是反映精矿产品质量的指标,为了冶炼和销售,国家对精矿质量提出要求,常见精矿的国家规定的产品质量标准可以到相关网站查询。

(3) 尾矿品位。它是废弃矿石中的品位,是反映选矿过程中有用组分损失情况的指标。

(4)选矿比。选矿比是指处理原矿量与获得精矿量的比例,也即获得单位精矿所需的原矿量,它是反映矿石质量的指标,通常用倍数表示。

(5) 富集比。富集比是指原矿通过选矿后,有用组分富集到精矿中的比例,它是评价矿石选矿性能和作业优质的指标,一般来说富集比越大,表示矿石易选和选矿作业效率高,可用公式表示:富集比 = 精矿品位/原矿品位。

(6) 选矿产出率。选矿产出率是指采出矿石量通过选矿处理后,获得精矿数量的百分率,也就是精矿量和采出量之比或者选矿比的倒数。

(7) 选矿回收率。选矿回收率是精矿中某金属质量与原矿中该金属质量之比。

(8) 金属平衡。金属平衡就是选矿工艺过程中各阶段所获得的(包括尾矿在内)各种产品的金属量总和必须等于原矿金属量,它是选矿工艺流程设计的一项重要的计算工作。

原矿金属量 = 各种精矿金属量 + 中矿金属量 + 尾矿金属量

以上选矿工艺过程中,常用的各项指标是相互关联的,也是可以互算的。

5.6 矿山建设项目经济评价的方法和指标

矿山建设项目的企业经济评价是从企业的角度出发,在现行的价格和财政政策的基础上,对矿床未来开发的经济价值和经济效益所进行的评价。计算出的经济价值和经济效益是微观的、近期的、局部的,属于企业盈利性分析、企业经济评价最重要的指标。

5.6.1 矿山建设项目财务评价简述

财务评价是可行性研究的核心内容。它包括盈利能力分析、清偿能力分析和风险分析等内容。盈利能力分析有两类评价指标:一类是静态评价指标,另一类是动态评价指标。

5.6.1.1 静态评价法

静态评价法是指矿床整个开发周期内不考虑时间因素对货币价值的影响,选择适合于评价矿床的参数,计算全采期可能获得的经济价值和经济效益的一种评价方法,又称为不计时评价法。

A 静态评价的总利润额

由于是概略计算,可将税金忽略不计,故采用:

总利润额 = 总提取价值 - 总生产成本

产品是精矿粉时,1 t 矿石的利润公式:

$$P_0 = Z_{02} - (S_e + S_m + S_d) \tag{5-29}$$

式中 P_0——1 t 矿石的利润,元;

Z_{02}——产品为精矿粉时,1 t 矿石的提取价格,元;

S_e——1 t 矿石应偿还的地质勘探费,元;

S_m——1 t 矿石的开采成本,元;

S_d——1 t 矿石的选矿成本,元。

如果已知 1 t 精矿粉的价格 Z_d,则

$$Z_{02} = Z_d(C/C_d)(1 - K_r)K_d = Z_d\delta \tag{5-30}$$

式中 C——矿石平均品位;

C_d——精矿粉的平均品位;

K_r——矿石贫化率;

K_d——选矿回收率;

δ——选矿产率,即由 1 t 矿石生产的精矿粉量。

将式(5-30)代入式(5-29),则有:

$$P_0 = Z_d\delta - (S_e + S_m + S_d) \tag{5-31}$$

B 静态评价的净利润

从总利润额中一次扣除矿山建设总投资后,即为净利润额(NP):

$$NP = P - J \tag{5-32}$$

C 静态评价的投资收益率

投资收益率是指矿山企业在正常年份的净收益与投资总额的比值。

$$ROI = \frac{NB}{K} \tag{5-33}$$

式中 K——投资总额,可以是全部投资额,也可以是投资者的权益投资额;

NB——正常年份的净收益,可以是利润,可以是利润税金额,也可以是年净现金流入等。

根据 K 和 NB 的具体含义 ROI 可以表现为各种不同的形态:

全部投资收益率 =(年利润 + 折旧与摊销 + 利息支出)/全部投资额

权益投资收益率 =(年利润 + 折旧与摊销)/权益投资额

投资利税率 =(年利润 + 税金)/全部投资额

投资利润率 = 年利润/权益投资额

D 静态评价的投资回收期

投资回收期就是从项目投建之日起,用项目各年的净收入 NB(年收入 B 减年支出 C)将全部投资 K 回收所需的期限。可以分为静态和动态投资回收期。

静态投资回收期是在不考虑资金时间价值的条件下,以项目的净收益回收其全部投资所需要的时间。投资回收期可以从项目建设开始年算起,也可以从项目投产年开始算起,但应予注明。

静态投资回收期可根据现金流量表计算,具体计算又分以下两种情况:

(1) 项目建成投产后各年的净收益(即净现金流量)均相同,则静态投资回收期的计算公式如下:

$$PBP' = K/A \tag{5-34}$$

式中 A——年净现金流量。

(2) 项目建成投产后各年的净收益不相同,则静态投资回收期可根据累计净现金流量求得,也就是在现金流量表中累计净现金流量由负值转向正值之间的年份。其计算公式见式(5-18),判断准则同前。

动态投资回收期是把投资项目各年的净现金流量按基准收益率折成现值之后,再来推算投资回收期,这就是它与静态投资回收期的根本区别。动态投资回收期就是净现金流量累计现值等于零时的年份。

求出的动态投资回收期也要与行业标准动态投资回收期或行业平均动态投资回收期进行比较,低于相应的标准认为项目可行。

投资者一般都十分关心投资的回收速度,为了减少投资风险,都希望越早收回投资越好。动态投资回收期是一个常用的经济评价指标。动态投资回收期弥补了静态投资回收期没有考虑资金的时间价值这一缺点,使其更符合实际情况。动态投资回收期的计算公式见式(5-19),判断准则同前。

按静态分析计算的投资回收期较短,决策者可能认为经济效果尚可以接受。但若考虑时间因素,用折现法计算出的动态投资回收期,要比用传统方法计算出的静态投资回收期长些,该方案未必能被接受。

投资回收期指标优点:概念清晰,简单易用;能同时反映项目的经济性和风险大小。

投资回收期指标缺点:没有反映资金的时间价值;不能全面反映项目寿命期内的真实效益。

5.6.1.2 动态评价法

动态经济评价在评价时考虑了时间因素对货币价值的影响,使发生在不同时间的费用及其产生的经济效益具有可比基础,故又称为计时评价法。动态评价的实质是按一定的贴现率(折现率)将矿山企业各年获得的利润折算到评价时(矿山开始基建时或投产时,在以下叙述中若无特别说明系指投产时)的现值。因此,也有人把动态评价法称为贴现法。

A 动态评价的总现值计算方法

总现值是把矿山企业各年开采期望利润按事先规定的贴现率逐一贴现成投产之日或某一规定时间的现值,然后将各年现值累计相加获得“总利润现值”的评价方法,又称为贴现现金流法。

$$V = \frac{a_1 - R_1}{1 + r_1} + \frac{a_2 - R_2}{(1 + r_1)(1 + r_2)} + \cdots + \frac{a_n - R_n}{\sum_{i=1}^{n}(1 + r_i)} \tag{5-35}$$

式中 V——总现值;

a_i——第 i 年的纯收益;

R_i——第 i 年的资产收益

$$R_i = Nt_i \cdot \rho_i$$

Nt_i——第 i 年的净资产;

ρ_i——第 i 年的社会净资产收益率,即第 i 年的社会折现率;

r_i——第 i 年的行业折现率;

n——开采年限,即矿业权使用年限。

B 动态评价的净现值计算方法

净现值(NPV)是按一定的贴现率将项目寿命期内各年净现金流量贴现到同一时点的现值累加值,是评价投资方案的一种方法。该方法是利用净现金效益量的总现值与净现金投资量算出净现值,然后根据净现值的大小来评价投资方案。净现值为正值,投资方案是可以接受的;净现值是负值,投资方案就是不可接受的。净现值越大,投资方案越好。净现值法是一种比较科学也比较简便的投资方案评价方法。

净现值的计算公式如下:

$$NPV = \sum_{t=1}^{n} \frac{CI_t}{1 + i} - \sum_{t=1}^{n} \frac{CO_t}{1 + i} \tag{5-36}$$

式中 CI_t——第 t 年的现金流入量;

CO_t——第 t 年的现金流出量;

i——折现率;

n——投资项目的寿命周期。

净现值法具有广泛的适用性,净现值法应用的主要问题是如何确定贴现率,一种办法是根据资金成本来确定,另一种办法是根据企业要求的最低资金利润来确定。

C 动态评价的净现值比计算方法

净现值比（PVR）即为矿山企业从投产到采掘工作结束全采期间所得利润的总现值（$FNPV$）与矿山基建期间总投资的现值（PVI）之比，基准时间为投产开始，年初贷款。在选择方案时，如果两个方案财务净现值相同（同一折现率时）而投资额不同，则投资额较小的方案为好，即单位投资能够得到的财务净现值越大越好。财务净现值率（现值比）即为单位投资现值能够得到的财务净现值。

$$PVR = FNPV/PVI \tag{5-37}$$

D 动态评价的净现值函数

净现值函数就是净现值 NPV 与贴现率 i 之间的函数关系。净现值函数有如下特点：同一净现金流量的净现值随贴现率 i 的增大而减小。故基准贴现率 i_0 定得越高，能被接受的方案就越少。

E 动态评价的内部收益率计算方法

内部收益率（IRR），是一项投资可望达到的报酬率，是能使投资项目净现值等于零时的折现率。就是在考虑了时间价值的情况下，使一项投资在未来产生的现金流量现值，刚好等于投资成本时的收益率。说得通俗点，内部收益率越高，说明你投入的成本相对地少，但获得的收益却相对地多。比如 A、B 两项投资，成本都是 10 万，经营期都是 5 年，A 每年可获净现金流量 3 万，B 可获 4 万，通过计算，可以得出 A 的内部收益率约等于 15%，B 的约等于 28%。这些其实通过年金现值系数表就可以看得出来。净现值法和内部报酬率法都是对投资方案未来现金流量计算现值的方法。

运用内部报酬率法进行投资决策时，其决策准则是：IRR 大于公司所要求的最低投资报酬率或资本成本，方案可行；IRR 小于公司所要求的最低投资报酬率，方案不可行；如果是多个互斥方案的比较选择，内部报酬率越高，投资效益越好。

内部收益率法的优点是能够把项目寿命期内的收益与其投资总额联系起来，指出这个项目的收益率，便于将它同行业基准投资收益率对比，确定这个项目是否值得建设。使用借款进行建设，在借款条件（主要是利率）还不很明确时，内部收益率法可以避开借款条件，先求得内部收益率，作为可以接受借款利率的最高限。但内部收益率表现的是比率，不是绝对值，一个内部收益率较低的方案，可能由于其规模较大而有较大的净现值，因而更值得建设。所以在各个方案选比时，必须将内部收益率与净现值结合起来考虑。

根据净现值的计算公式

$$NPV = I_0 + \frac{I_1}{1+r} + \frac{I_2}{(1+r)^2} + \cdots + \frac{I_n}{(1+r)^n} \tag{5-38}$$

给出一系列净收益值（I），求得使方程 $NPV = 0$ 成立的 r 值就是内部收益率了。

F 动态评价的动态投资回收期

动态投资回收期是现金流入现值与现金流出现值相等时的期限。动态投资回收期也是能使下式成立的 PBP''。

$$\sum_{t=0}^{PBP''} (CI_t - CO_t)(1 + i_0)^{-t} = 0 \tag{5-39}$$

式中 CI_t——现金流入额；

CO_t——现金流出额。

设基准动态回收期为 PBP'',判别准则为:若 $PBP'' \leqslant T_0$,项目可以被接受,否则应予以拒绝。

5.6.2 矿山建设项目的国民经济评价简述

5.6.2.1 国民经济评价概述

国民经济评价是根据国民经济长远发展目标和社会需求来衡量矿山建设项目对国家经济发展战略目标和对社会福利的实际贡献,它是从国民经济的全局出发,立足于国家、社会的立场上来考察和研究投资给国民经济做出的贡献大小,并根据对社会的贡献大小对项目进行评价和取舍。国民经济评价既考虑其直接效益,又兼顾其产生的间接效益或相关效益,不仅要计算本部门的经济效益,还要计算有关相关部门和使用部门的经济效益。国民经济评价是宏观的、长远的和全局的经济评价,也就是对建设项目投资进行国家盈利性分析。

在进行矿山建设项目经济评价时,特别是大中型项目,为了满足不同层次的要求,不仅要进行企业经济评价,而且还要进行国民经济评价,做到既要重视微观经济效益,又要兼顾宏观经济效益。在一般情况下,两者的经济效益是一致的,当两者不一致发生矛盾时,则应强调微观服从宏观、局部服从整体、企业目标服从社会目标,只有这样才有可能全面实现企业经济效益。

5.6.2.2 矿山建设项目的国民经济评价的指标和方法

当前工业发达国家普遍采用全面的国民经济评价,是我国正在探索研究的一种评价方法。它同企业经济评价一样,以投资项目本身作为评价对象,只是站在更高的层次,从国民经济的角度出发,利用调整价格、调整汇率等修正过的经济参数计算国民经济的全部指标或一部分指标。

由于现行市场价格受财政、经济、社会和行政政策等某些因素的影响,不能反映其真正的社会费用,所以在国民经济评价时,要对价格进行适当调整。调整后的价格称为调整价格,国外也称为影子价格。但是国内现行产品价格存在不少不合理的因素,要对所有产品和投入品的价格都进行调整还是比较困难的,通常只调整对经济评价影响较大,明显不合理的价格。价格调整应以相应产品的国际市场实际价格为基础。

A 国民收入净增值(净产值)

国民收入净增值(净产值)是国家全部物质生产部门的劳动者在一定时期(通常是一年)内创造出来的价值,包括国家净收益和工资。

$$\sum_{t=0}^{n} VA_t = \sum_{t=0}^{n} P_t + \sum_{t=0}^{n} W_t \tag{5-40}$$

式中 VA_t——第 t 年国民收入净增值;

P_t——第 t 年国家净收益;

W_t——第 t 年的工资额;

t——评价年份。

评价矿床勘查项目时,其值越大越好。

国家净收益是用调整价格和调整汇率计算的矿山企业服务年限内的产出与投入之差,

包括税金、净利润和国内贷款利息等。

$$\sum_{t=0}^{n} P_t = \sum_{t=0}^{n} [PO_t - (MI_t + I_t + W_t + RP_t)] \tag{5-41}$$

式中　PO_t——第 t 年的产出价值(即社会总产值)；

MI_t——第 t 年不包括折旧、流动资金利息、工资和职工福利基金的投入价值；

I_t——第 t 年的投资，包括建设期贷款利息；

RP_t——第 t 年流入国外的资金，包括国外贷款利息、国外股本及利息、外籍人员的工资。

B　国民收入净增值现值

国民收入净增值现值是将各年的国民收入净增值，按一定的社会贴现率，折算到某一基准年的现值之和。

$$\sum_{t=0}^{n} PVA_t = \sum_{t=0}^{n} [PO_t - (MI_t + I_t + RP_t)] a_t \tag{5-42}$$

式中　a_t——第 t 年按社会贴现率(r)得到的贴现系数，$a_t = (1+r)^{-t}$。

C　国家净收益现值

国家净收益现值是将各年的国家净收益，按一定的社会贴现率，折算到某一基准年的现值之和。

$$\sum_{t=0}^{n} PP_t = \sum_{t=0}^{n} [PO_t - (MI_t + I_t + RP_t)] a_t \tag{5-43}$$

D　投资国民收入净增值率

投资国民收入净增值率(E_c)是指矿床开发期间正常年份创造的国民收入净增值(VA)与矿床勘查及开发总投资额(I)的比率。

$$E_c = VA/I \times 100\% \tag{5-44}$$

该指标属于静态相对效益指标，往往用于不同项目、不同方案的比较。对于同一项目，当投资国民收入净增值率大于或等于国家规定的基准收益率时项目是可以接受的，否则不能接受。

E　投资国家净收益率

投资国家净收益率(E_p)是指矿床开发期间正常年份创造的国家净收益(P)与矿床勘查及开发总投资额(I)的比率。

$$E_p = P/I \times 100\% \tag{5-45}$$

F　投资国民收入净增值现值比

投资国民收入净增值现值比(PE_c)是国民收入净增值现值(PVA)与矿床勘查及开发总投资现值(PI)的比率，是反映评价项目单位投资为国民经济所作贡献的相对效益指标。

$$PE_c = PVA/PI \tag{5-46}$$

G　投资国家净收益现值比

投资国家净收益现值比(PE_p)是国家净收益现值 PP 与矿床勘查及开发总投资现值(PI)的比率。

$$PE_p = PP/PI \tag{5-47}$$

H 国家收益率

国家收益率是按调整价格和调整汇率计算的国家净收益（社会盈余）的现值和等于零时的贴现率 r，即当：

$$\sum_{t=0}^{n} PVA_t = \sum_{t=0}^{n} [PO_t - (MI_t + I_t + RP_t)](1+r)^{-t} = 0 \qquad (5\text{-}48)$$

时的贴现率 r。

I 一些辅助指标

（1）就业效果。就业效果包括就业机会（人数）和就业系数。就业机会是指评价对象所创造的就业人数，包括直接就业机会和间接就业机会。投资就业系数是指单位投资创造的就业机会，一般以人数/万元为单位。就业系数分为直接投资就业系数、间接投资就业系数和总投资就业系数三种。

（2）分配效果。分配效果是指国家、企业和职工所得的收益在国民收入净增值中所占的比重，用百分数表示。主要包括：职工收入分配效果，是指职工收入在国民收入净增值中所占的比重；企业（或部门）收入分配效果，是指企业（或部门）收入在国民收入净增值中所占的比重；国家（包括地区）收入分配效果，是指国家或地方财政所获收益在国民收入净增值中所占的比重；不参加分配的增值，是指扩建基金、设备基金和社会福利基金在项目国民收入年净增值中所占比重。

（3）净外汇效果 $P(FE)$。净外汇效果 $P(FE)$ 是指外汇流入与流出差额的现值，即净外汇流量的现值，其数学表达式为：

$$P(FE) = \sum_{t=0}^{n} (FI_t - FO_t) a_t \qquad (5\text{-}49)$$

式中 FI_t——项目在第 t 年的外汇流入；

FO_t——项目在第 t 年的外汇流出；

a_t——第 t 年对应社会贴现率的贴现系数。

（4）换汇率和创汇率。

$$换汇率 = \frac{年外汇销售收入(美元)}{年矿山完全成本(人民币元)} \times 100\%$$

$$创汇率 = \frac{年外汇销售}{原进口支付外汇额} \times 100\%$$

（5）国际竞争能力。国际竞争能力是出口产品的净外汇流量的现值与该出口产品的国内资源投入值的现值比。

$$IC = \sum_{t=0}^{n} (FI_t - FO_t) a_t / \sum_{t=0}^{n} DR_t \qquad (5\text{-}50)$$

式中 IC——国际竞争力指标；

DR_t——项目在第 t 年为出口产品所用的国内资源投入值。

J 其他社会效果

其他社会效果是指矿床的勘查开发过程中，对国家和地方的文化、技术、经济发展的影响和贡献。其中矿床开发对环境的影响应考虑：对周围环境（农田、林场、湖泊、历史文物、风景等)的破坏和影响程度;对人畜健康和各种作物生长的影响;对生态平衡的影响;为保护环境和生态平衡所花投资的影响。

5.6.3 不确定性分析

不确定性分析是研究技术方案中不确定因素(参数)对经济效益影响程度而进行的一种经济分析方法。

在矿山技术经济评价中,由于评价所依赖的大部分数据,例如矿产品销售价格、产量、成本和投资等都是预测和估算的数字,都具有不确定性,加之影响矿山经济评价的某些地质资料和数据,例如矿产储量和矿石品位等,大都是根据抽样观察获得的结果推断确定的,使得矿山建设项目不确定性的程度比其他工程项目更高。这些因素的不确定性,使评价结果也不可避免地存在不确定性。使矿山开发决策具有较大的潜在风险,容易造成决策上的失误。为了尽量查明和减少不确定性因素评价的影响,使评价结果更好地为决策服务,就必须进行不确定性分析。不确定性分析通常包括盈亏平衡分析、敏感性分析和概率分析。

5.6.3.1 盈亏平衡分析

盈亏平衡分析可以判断投资方案抗风险能力的大小。这种方法常用于进行生产性建设项目的抗风险能力分析。产量的盈亏平衡分析是假定在一定时期内,固定成本、单位产品的销售价格和变动成本都保持一个确定的量值条件下所进行的分析。

假设生产性建设项目投产后正常年份中,生产并销售的产品数量为 Q,单位产品的销售价格为 P,单位产品的变动成本为 V,年固定成本为 F,设年总销售收益为 R,年总成本为 C,年销售利润为 E,则有:

$$R=PQ \tag{5-51}$$

$$C=F+VQ \tag{5-52}$$

$$E=PQ-(F+VQ) \tag{5-53}$$

若使年销售利润恰好等于零,即使该项目既不盈利,也不亏本时的产量称为盈亏平衡点,则有:

$$E=PQ-(F+VQ)=0 \tag{5-54}$$

若用 Q^* 表示盈亏平衡时的生产并销售的产品数量,根据上式,可得:

$$Q^*=\frac{F}{P-V} \tag{5-55}$$

同理,可根据式(5-54)分别得出单位产品销售价格的盈亏界限 P^*、单位产品变动成本的盈亏界限 V^* 和固定成本的盈亏界限 F^* 分别为:

$$P^*=\frac{F+VQ}{Q} \tag{5-56}$$

$$V^*=\frac{PQ-F}{Q} \tag{5-57}$$

$$F^*=(P-V)Q \tag{5-58}$$

若用纵轴表示销售收入和成本,横轴表示生产并销售的产品数量,则产量的盈亏平衡关系可以用图 5-9 表示。

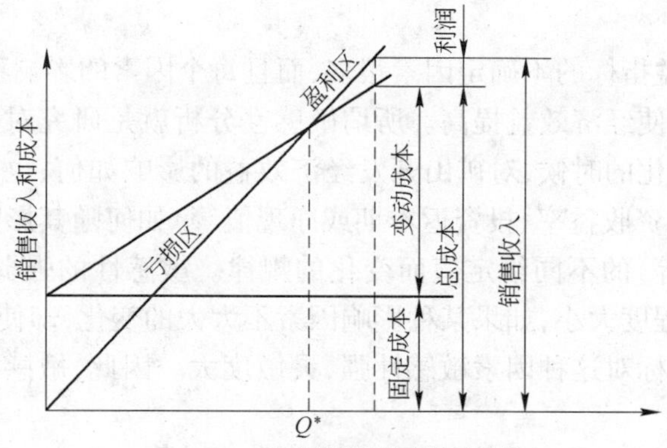

图 5-9 盈亏平衡关系图

当生产性建设项目产品的设计生产能力为 Q_0、盈亏平衡点产量为 Q^*，则可以得到衡量风险程度的另一指标——生产负荷率。它是盈亏平衡点产量 Q^* 占设计生产能力 Q_0 的百分比，若用 BEP 表示生产负荷率，则有：

$$BEP = \frac{Q^*}{Q_0} \times 100\% \tag{5-59}$$

生产负荷率是衡量建设项目生产负荷状况的重要指标。该值越小，则风险越小，即可以承受较大的风险；该值越大，则风险越大，即承受风险的能力差。

【例 5-12】 某有色金属矿山建设项目的年设计生产能力为 5000 t，每吨产品的销售价格为 1500 元，单位产品的变动成本为 900 元，每吨产品的税金为 200 元，年固定成本为 120 万元。试求该项目建成后的年最大利润、盈亏平衡点和生产负荷率。

解：当达到设计生产能力时年利润最大，因而最大利润为：

$$E = PQ - (F + QV) = 1500 \times 1500 - [1200000 + 5000 \times (900 + 200)] = 800000 \text{ 元}$$

盈亏平衡点产量可按式(5-55)求得：

$$Q^* = \frac{F}{P - V} = \frac{1200000}{1500 - (900 + 200)} = 3000 \text{ t}$$

$$BEP = \frac{Q^*}{Q_0} \times 100\% = \frac{3000}{5000} \times 100\% = 60\%$$

5.6.3.2 敏感性分析

敏感性分析是通过分析，预测投资方案主要因素发生变化时对经济评价指标的影响，从中找出敏感因素，并确定其影响程度。所谓敏感因素，就是当该因素的量值发生很小变化时，就对评价指标产生很大影响，甚至使投资方案变为不可行的因素。因此，敏感因素对投资方案的风险影响是最大的。

敏感性分析通常是分析不确定性因素中某一因素单独变化，其他因素保持原有预测数值不变时，对经济评价指标的影响，例如对净现值、内部收益率等指标的影响；亦可分析不确定性因素中某几个因素发生变化，其他因素保持原有预测数量不变时，对经济评价指标的影响。后者较为繁杂，一般仅进行前者的分析。投资方案经济评价指标对某种因素的敏感程度可以表示为该因素按一定比例变化时使评价指标变动的幅度，可以表示为评价指标达到临界点，如投资方案的内部收益率等于基准收益率，净现值为零时，允许某个因素变化的最大幅度,即极限变化。

影响矿山经济效益指标的不确定因素很多,而且每个因素的影响程度不尽相同,有的使经济效益降低,有的则使经济效益提高。所谓敏感性分析就是研究对经济评价起作用的各个因素,在它们发生变化的时候,对矿山开发经济效益的影响如何,也就是研究反映矿山经济效益的指标(例如投资收益率、投资返本期或净现值等)如何随其影响因素(例如储量、品位、售价、成本和投资等)的不同给定值而变化的规律。敏感性的强弱,是指经济效益指标对其影响因素的敏感程度大小,如果某种影响因素不太大的变化,却使经济效益指标发生较大的变化,则说明该指标对这种因素敏感性强,灵敏度大。因此,敏感性分析也称敏感度分析或灵敏度分析。

敏感性分析是矿山经济评价中常用的一种研究不确定性的方法。通过敏感性分析,可以掌握每个因素的变化与经济效益的关系,了解相互变化的规律和数量关系,找出影响矿山经济价值和经济效益的有利因素和不利因素,以及影响矿山开发经济生命力的最关键因素,从而为决策者和经营者提供科学依据。

影响矿床经济效益的因素很多,实际评价时,是不是对每个因素都要进行敏感性分析呢?一般来说,凡是被认为关键性的因素,都应对其进行敏感性分析。所谓关键性因素就是具有高度不确定性,而且当它一发生变化就会引起经济效益指标较大变化的因素。分析时往往更侧重于对不利因素及其程度的分析。实际应用时,常常作敏感性分析图来表示各种因素的影响程度,有的也称其为蜘蛛网图。

下面用一个具体的例子说明敏感性分析的具体做法和过程。

【例 5-13】 某地区最近发现铁矿石矿床,如果该矿床有开发价值,则进行投资。根据调查和分析,其基本情况是:初期投资(设备、铁路、公路、基础设施等)约需 5.4 亿美元;含铁量为 60% 以上有开采价值的铁矿石储量为 30 亿吨;根据市场预测,每年的销售量可达 1000 万吨,即该矿床可持续开采 300 年;按现在的物价水平,作业费用(以年生产并销售 1000 万吨计)每年约为 2.4 亿美元,其中,固定费用为 1.2 亿美元;产品的销售价格每吨为 30 美元。若该矿床开发后有支付利息和偿还能力,则银行可予以贷款,贷款的利率 $i=10\%$。试对该投资方案进行敏感性分析。

解:按现在的预测值,每年折旧和支付利息前的净收益为 1000 万吨 × 30 美元/吨 − 2.4 亿美元 = 0.6 亿美元,其现金流量图如图 5-10 所示。当所有数值都与预测值相同时,该投资方案的净现值为:

$$NPV = 0.6 \times (P/A, 10\%, 300) - 5.4 = 0.6 \text{ 亿美元}$$

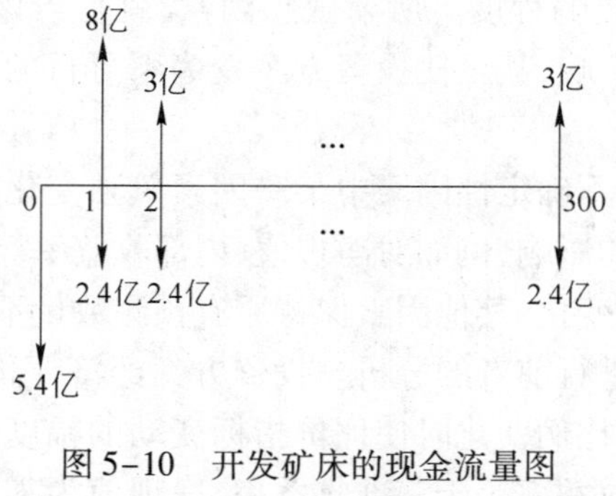

图 5-10 开发矿床的现金流量图

对于长期投资方案而言，不确定性是难免的，其中储量和年市场需求量的预测值令人不安。对此，下面对该两个因素进行敏感性分析，看该两个因素单独变化时对经济评价指标值（在这里为净现值）的影响程度。

当储量比预测值小，例如仅为 3 亿吨时，该投资方案的净现值为：

$$NPV = 0.6 \times (P/A, 10\%, 30) - 15.4 = 0.256 \text{ 亿美元}$$

上述计算结果说明，当储量发生了不利于投资方案的重大变化，即由预测储量 30 亿吨变为 3 亿吨，其他预测数值不变时，该项投资仍然是可行的（净现值大于零）。因而储量不是敏感性因素，储量的变化不会产生致命的威胁，方案对储量变化的风险抵抗能力很强。

当需求量比预测值 1000 万吨少 10% 时，销售收益为 2.7 亿美元，此时的作业费用为：

$$1.2 + 1.2 \times (1 - 0.1) = 2.28 \text{ 亿美元}$$

假如其他所有量值保持预测值不变，则此时投资方案的净现值为：

$$NPV = (27 - 2.28) \times (P/A, 10\%, 300) - 5.4 = -1.2 \text{ 亿美元}$$

可见将使方案变为不可行。说明需求量的敏感度大，即使有 10% 的偏差也会给投资方案以致命的打击。

按照以上的思路，也可对其他不确定性因素进行类似的分析，从而搞清哪些因素是敏感性因素，哪些因素是不敏感性因素，以此判定投资方案对各个不确定性因素的抗风险能力。

为了对该投资方案的特点有更为清醒的认识，求出各个不确定性因素变化至何种程度时投资方案变至可行与不可行的临界状态，即盈亏平衡点值，将给投资方案各因素的抗风险能力的分析带来极大的方便。下面就进行这种分析。

设年销售量为 X，单位产品的销售价格为 P，年固定经费为 f，可开采的年限为 n，作业费用为 q，初期的投资额为 K_0，资本利率为 i，则本题的预测值分别为：$X = 1000$ 万吨，$P = 30$ 美元/t，$q = 12$ 美元/t，$f = 1.2$ 亿美元，$n = 300$ 年，$i = 10\%$。此时，应有下式成立：

$$A = (P - q)X - f - K_0(A/P, i, n)$$

以年销售量 X 为例求盈亏平衡点值。此时设除 X 值之外，所有的其他量值都与预测值相同，则有下述等式的关系存在：

$$A = (30 - 12)X - 1.2 \text{ 亿} - 5.4 \text{ 亿} \times (A/P, 10\%, 300) = 0$$

解上式可得：$X = 967$ 万吨。即，当每年的销售数量为 967 万吨时，该投资方案处在可行与不可行的临界点上。

同理，可分别求出 P、q、n、f、K_0 的临界点值。为使问题的分析方便、清晰，上述结果和该值与预测值偏差率见表 5-8。

表 5-8　不确定性因素的敏感性分析值

不确定性因素	盈亏平衡点值	盈亏平衡点值与预测值的偏差率	不确定性因素	盈亏平衡点值	盈亏平衡点值与预测值的偏差率
X	967 万 t/a	−3.3%	n	24 年	−92%
P	29.4 美元/t	−2.0%	f	1.26 亿美元	+5%
q	12.6 美元/t	+3.3%	K_0	6 亿美元	+11%

根据表 5-8 即可判定投资方案对各个不确定性因素的抗风险能力。表中盈亏平衡点值与预测值的偏差率是盈亏平衡点值减去预测值后的差值与预测值的比值。例如年销售量

的该值为：(967 - 1000)/1000 = -3.3%。该值越大，说明该不确定性因素的变化对经济评价指标值的影响越小，方案越安全，抗该因素风险的能力越强。该值越小，说明该不确定性因素越敏感，方案对该因素变化的抗风险能力越差。

5.6.3.3　概率分析

敏感性分析是一种实用的不确定性分析方法，但它对不确定因素造成的风险难以做出定量的分析。而对风险的定量分析则有赖于不确定因素的概率分析。概率分析又称为风险分析，它可以定量地预测投资方案经济效益成功或失败的可能性。

概率分析，通过计算项目目标值（如净现值）的期望值及目标值大于或等于零的累积概率来测定项目风险大小，为投资者决策提供依据。

概率分析的指标分为经济效果的期望值和经济效果的标准差。

进行概率分析的方法主要有期望值法、效用函数法和模拟分析法等。

A　期望值法

期望值法在项目评估中应用最为普遍，是通过计算项目净现值的期望值和净现值大于或等于零时的累计概率，来比较方案优劣、确定项目可行性和风险程度的方法。

B　效用函数法

效用是对总目标的效能价值或贡献大小的一种测度。在风险决策的情况下，可用效用来量化决策者对待风险的态度。通过效用这一指标，可将某些难以量化、有质的差别的事物（事件）给予量化，将要考虑的因素折合为效用值，得出各方案的综合效用值，再进行决策。效用函数反映决策者对待风险的态度，不同的决策者在不同的情况下，其效用函数是不同的。

C　模拟分析法

模拟分析法就是利用计算机模拟技术，对项目的不确定因素进行模拟，通过抽取服从项目不确定因素分布的随机数，计算分析项目经济效果评价指标，从而得出项目经济效果评价指标的概率分布，以提供项目不确定因素对项目经济指标影响的全面情况。

概率分析的步骤：

(1) 列出各种欲考虑的不确定因素。例如销售价格、销售量、投资和经营成本等，均可作为不确定因素。需要注意的是，所选取的几个不确定因素应是互相独立的。

(2) 设想不确定因素可能发生的情况，即其数值发生变化的几种情况。

(3) 分别确定各种可能发生情况产生的可能性，即概率。各不确定因素的各种可能发生情况出现的概率之和必须等于1。

(4) 计算目标值的期望值。可根据方案的具体情况选择适当的方法。假若采用净现值为目标值，则一种方法是，将各年净现金流量所包含的各不确定因素在各可能情况下的数值与其概率分别相乘后再相加，得到各年净现金流量的期望值，然后求得净现值的期望值。另一种方法是直接计算净现值的期望值。

(5) 求出目标值大于或等于零的累计概率。对于单个方案的概率分析应求出净现值大于或等于零的概率，由该概率值的大小可以估计方案承受风险的程度，该概率值越接近1，说明技术方案的风险越小，反之，方案的风险越大。可以列表求得净现值大于或等于零的概率。

概率分析是根据不确定因素在一定范围内的随机变动，分析并确定这种变动的概率分布，从而计算出其期望值及标准偏差为项目的风险决策提供依据的一种分析方法。

5.7 矿山综合评价分析

综合评价是在企业经济评价和国民经济评价的基础上，从技术、经济、政治、社会、国防、环保、资源等各个方面对评价对象进行全面系统的综合分析和论证，从而做出最后决策，这就是传统的所谓的论证分析的方法。

在评价若干个矿山建设项目，如果其中有一个项目，不论是国民经济评价，还是企业经济评价各项指标都好，承担的风险也小，毫无疑问这个项目应优先投入开发建设。但是，在更多的情况下，往往遇到各项指标不平衡的情况。即有的指标好，有的指标不好；或者评价若干个项目时，有的项目某些指标很好，有的项目却是另外一些指标很好，此时必须对各项指标进行综合分析、综合论证。抓住影响评价结论的主要指标以便做出结论。除此而外，也可以采用评分法、判断矿山开发的总体综合效益。选择其中综合效益最大的矿山项目优先开发建设。常用的评分法有加法评分法、连乘评分法、加乘混合评分法等。

5.7.1 加法评分法

首先将各矿山综合评价的项目或内容，按实现程度分成若干等级，分别确定各等级的评分标准，然后根据各矿山对评价项目的满足程度按标准打分，最后汇总各矿山得分总数或平均分数。视总分多少或平均分数高低确定矿山综合效益的优劣。计算公式如下：

$$U_{加} = \sum_{j=1}^{n} U_j \quad 或 \quad \overline{U_{加}} = \frac{1}{n}\sum_{j=1}^{n} U_j \tag{5-60}$$

式中 $U_{加}$——矿山得分总数；

$\overline{U_{加}}$——矿山得分平均数；

U_j——第 j 项内容得分数（$j=1,2,\cdots,n$）。

5.7.2 连乘评分法

将各个矿山每项评分内容得分数的连乘积或连乘积开方后的根值作为区分矿床综合经济效益优劣的标准，计算公式如下：

$$U_{乘} = U_1 U_2 \cdots U_n \tag{5-61}$$

$$\overline{U_{乘}} = \sqrt[n]{U_1 U_2 \cdots U_n} \tag{5-62}$$

5.7.3 加乘混合评分法

加乘混合评分法是加法评分法与连乘评分法的结合。计算公式如下：

$$U_{加乘} = \overline{U_{加}} + \overline{U_{乘}} \tag{5-63}$$

或

$$U_{加乘} = \frac{1}{n}\sum_{j=1}^{n} U_j + \sqrt[n]{U_1 U_2 \cdots U_n} \tag{5-64}$$

式中　$U_{加乘}$——加乘混合评分法计算的综合单目标数值,该值越大越好。

实际应用时,要根据具体情况有选择地使用这三种评分方法,当评价项目得分差距较大,而重要程度差异不大(或相同)时,采用加法评分法较好;得分差距不大,而重要程度差异较大,采用连乘评分法为宜;得分差距和重要程度差异都很小,采用加法评分法和连乘评分法都合适;加乘混合法兼有加法和连乘评分法的优点,适用于任何情况。评价时是采用百分制,还是五分制、十分制或其他评分制,要以是否能清楚地反映各级之间的差异程度为原则来决定。

思　考　题

1. 什么是建设项目可行性研究,为什么要进行建设项目的可行性研究?
2. 可行性研究可分为哪几个阶段,每个研究阶段的主要目标是什么?
3. 简述可行性研究的步骤和具体内容。
4. 矿山建设项目可行性研究有哪几个阶段,每个阶段的工作目标和要求是什么?
5. 简述矿山建设可行性研究的基本内容。
6. 矿山建设项目经济评价的主要参数有哪些?
7. 比较固定资产折旧的三种方法。
8. 盈利能力分析的两类评价指标有什么不同,简述两类指标的特点。
9. 试论述经济评价和国民经济评价的区别。
10. 某矿冶公司从银行贷款1000万元,年利率为10%,按单利法和复利法分别计算第10年末一次偿还本息额。
11. 某人借款10000元,偿还期为5年,年利率为10%。试就下面四种还款方式,分别计算5年还款总额和利息。
    (1) 每年末等额偿还本息;
    (2) 每年末支付当年利息,偿还2000元本金;
    (3) 每年末支付当年利息,第5年末一次偿还本金;
    (4) 第5年末一次偿还本息。
12. 某铜矿企业从银行借款1000万元,年利率为10%,偿还期为5年,每年末等额偿还。问第3年偿还的本金和利息各为多少?
13. 某钢铁厂计划从现在算起,第6年末和第10年末分别需从银行提取现金80万元和100万元。若年利率为8%,从现在起每年年末等额存款,连存5年。求:(1) 每年需要存多少?(2) 存款所得利息多少?
14. 某小型铜矿企业预计3年以后需10万元作为技术改造经费。为筹集该项资金,该企业在今后3年内,每年将存入银行等额的资金,年利率为8%。当企业在年末存款时,每次应存多少资金?若改为年初存款时,每次又应存多少?
15. 某冶炼公司拟购置一台新计算机,价值10万元,可一次付清;也可分期支付,先付2.5万元,余款每年末支付1万元,连续支付10年。若公司投资年收益率为8%,哪种方案更合适?
16. 某矿山技术改造工程计划3年建成,各年分别投资400万元、300万元和300万元,若贷款年利率为8%,问:(1) 相当于期初投资多少?(2) 到建成时的实际投资为多少?
17. 某小型铁矿开采工程1年建成并投产,寿命10年(投产后),每年净收益为10万元。按10%的折现率计算,恰好能够在寿命期内把初期投资全部收回。问该工程期初所投入的资金为多少?
18. 某煤矿工程项目期初投资3000万元,建设期1年,投资产后,每年销售收入1680元,经营成本720万元。寿命期为10年,还能回收资金240万元,若基准收益率$i_0=12\%$,试判断该项目是否可行。
19. 某矿山项目第0、1、2年的投资分别为200万元、300万元和500万元,其后10年每年的净现金流入为

200 万元，固定资产的残值可忽略不计。若基准收益率 $i_0=10\%$，问此基础上是否可行？若基准收益率 $i_0=15\%$，那又如何？

20. 项目第 1 年和第 2 年各有固定资产投资 400 万元，建设期 2 年、第 3 年投入流动资金 300 万元并当年达产，第 4 年及以后每年有销售收入 580 万元，生产总成本 350 万元，折旧费 70 万元，项目寿命期 10 年，期末有固定资产残值 100 万元，并回收全部流动资金。若基准收益率 $i_0=10\%$，试求：(1) 计算各年净现金流量，并做现金流量图。(2) 计算该项目的静态投资回收期(包括建设期)。(3) 计算净现值，并判断项目是否可行。

21. 某工业项目年设计生产能力为生产某种产品 3 万件，单位产品售价 3000 件，总成本费用为 78000 万元，其中固定成本 3000 万元，总变动成本与产量成正比例关系，求以产量、生产能力利用率、销售价格单位产品变动成本表示的盈亏平衡点。

22. 某企业的生产线设计能力为年产 100 万件，单价 450 元，单位变动成本 250 元，年固定成本为 8000 万元，年目标利润为 700 万元。试进行盈亏分析，并求销售量为 50 万件时的保本单价。

6 矿业权及其评估

矿业权是以矿产资源为基础,以市场为导向,通过相应的市场法则,将资源转换成资本,将技术成果转换成商品,形成具有新的价值的财产权。随着我国矿业权市场的逐步建立和完善,矿业经营、矿权流转正在逐步纳入市场经济体系。作为国有资产的矿产资源如何有效地按市场规律运行,已成为建立我国现代矿产资源管理体制的核心问题。

在传统的行政审批无偿的资源配置体制下,地质勘查单位形成了“等、靠、要”的思想,缺乏压力和动力,而且资源浪费严重。在计划经济时期,我国是按国家计划对矿产资源进行勘查和开采,矿业公司依照行政划拨无偿取得矿业权,在这种矿业运行机制下,没有必要进行矿产资源和矿业权的价值评估。1996 年修订的《中华人民共和国矿产资源法》第三、五、六条都已规定:“矿产资源属于国家所有,由国务院行使国家对矿产资源的所有权……国家实行探矿权、采矿权有偿取得的制度……而且规定探矿权、采矿权可以依法流转。”这种新的矿业运行机制以及我国进入 WTO 的现实必然要求对矿产资源和矿业权进行评估。

截止到 2009 年初,我国共有 95 家评估机构分布在 26 个省、市、自治区。随着近年来矿业的发展,矿业权评估的社会需求明显增长。2001 ~ 2005 年,矿业权评估项目从 281 件增长到 3000 多件。2006 年矿业权评估全行业完成评估项目 5747 个(其中,探矿权评估项目 1152 个,采矿权评估项目 4595 个);2007 年完成评估项目 5649 项(其中,探矿权评估项目 1409 项,采矿权评估项目 4237 项)。但是,与此同时,矿产资源却存在评估行为不规范、评估机制不合理、评估理论方法不完善等问题。其中原因之一便是评估委托机制不完善。所以,全面整顿规范矿产资源评估行为、完善评估委托机制势在必行。对政府出让矿业权或以往国家出资形成矿产地的评估,凡符合规定可以采用市场方式出让的,一律实行竞争性出让,采取评估咨询、市场定价的方式确定出让价格。对以协议方式出让矿业权、矿业权转让、改制补交价款等情况,提倡交易主体双向评估,以市场为基准确定交易价格。凡政府需要评估的,必须以公开、公平的方式委托评估,彻底改变申请人委托评估带来的种种弊端。2007 年初,国土资源部首次通过公开摇号方式,从 51 家矿业权评估机构中选择出 4 家机构评估出让的 4 个矿业权项目,分别是内蒙古自治区东胜煤田红庆河区乃马岱勘查区煤炭资源详查、内蒙古自治区鄂尔多斯市东胜煤田察哈素区煤炭详查、阳泉煤业(集团)有限责任公司五矿整合区以及中国铝业猫场铝土矿。经过摇号,南京鹏翔矿业科技咨询有限责任公司、青海金石资产评估咨询有限责任公司、河北矿产资产评估有限责任公司以及湖南万源矿业权评估咨询有限公司分别获得了以上 4 个矿业权评估项目。2008 年 4 月,财政部、国土资源部联合印发了《关于探矿权采矿权有偿取得制度改革有关问题的补充通知》,根据该通知,国土资源管理部门将加强对改革试点中分期缴纳矿业权价款的管理,凡未足额缴纳矿业权价款的,将一律不得办理登记发证和年检手续。与此同时,在矿业权价款分成问题上,通知明确指出省以下地方分成的矿业权价款收入,原则上向资源产地倾斜。

6.1 矿业权概述

6.1.1 矿业权定义

矿业权这个概念早在古罗马时期就已出现,在当时,矿产资源被归为物的范畴在古罗马的法律中规定:"矿产资源的所有权属于国家,但国家可以将有些矿产出租给贵族和私人去开采。"如在马其顿,很多自由人直接从国家和私人的矿产中租下单矿坑,这些小矿主要向国家缴纳一定数量的产品。凡愿意开采的开采者,个人可获得矿坑中产品的一半,另一半归国家。工业发达国家在20世纪60年代使矿业权概念得到了发展和完善,私人探矿采矿的活动也在90年代达到了顶峰。

世界各国的矿业法律制度中对矿业权有不同的划分:一分法、二分法和三分法。

矿业权的一分法就是只申请一次就获得了勘查、开发和采矿等活动的权利,而不需要再经过任何重新申请就获得矿权;矿业权的一分法的法律规定在《土耳其采矿法》中得到最明确的体现,该法第3条规定:"通过申请一次采矿权,即可获得探矿权和采矿权以及矿业权经营权。"1992年的《俄罗斯联邦地下资源法》也规定:"只要取得了地下资源使用许可证即可拥有整个矿业权。"

矿业权的二分法就是将矿业权的申请分为探矿权和采矿权两种权利进行申请,并分别授予,世界上多数国家都是采用这种方法。尽管对探矿权和采矿权所采用的名称和方式不同,加拿大等国均将矿业权划分为探矿权和采矿权。加拿大则将矿业权分为探矿许可证和采矿租借两种。巴西的矿业权划分为勘查批准书和开采特许证两种。巴西《矿业法典》第7条规定:"矿床的开发须有矿业能源部长颁发的勘查批准书和共和国总统通过法令颁布的开采特许,批准书和特许仅赋予巴西人或在国内组织的采矿企业。"这表明探矿权和采矿权是分别申请的,不因为拥有了探矿权就拥有了采矿权。我国采取的是二分法,即把矿业权分为探矿权和采矿权,因此,我国的矿业权是探矿权和采矿权的合称。

矿业权的三分法则是将矿业权分为探矿权、矿产开采评价权和采矿权。设立矿产开采评价权是为探矿权人考虑优先取得采矿权所作的可行性论证、市场调查、融资和技术设备等准备。矿产开采评价权是在勘查期满后,由探矿权人申请取得的,其评价面积成倍递减,只保留矿区范围,削减的面积他人可以再申请勘查。也有学者把矿业权制度分为非排他性探矿权、排他性探矿权和采矿权,并称之为矿业权的三分法,这一说法值得商榷。

矿业权是指在依法有偿获得勘查许可证或采矿许可证规定的范围内勘查或开采矿产资源和获得所开采矿产品的权利,其内涵是由探矿权和采矿权组成的,简称为矿权。探矿权是指享有法定主体资格的地勘单位向法定主管部门申请登记,取得勘查许可证,在规定的区域范围和期限内,对规定的矿产资源进行地质勘查的权利,探矿权又可细分为普查权、详查权和勘探权三种。采矿权是指在依法取得采矿许可证规定的范围和期限内,对矿产资源进行开采等一系列生产经营活动的权利,是一种特许经营国家所有的矿产资源的权利。

6.1.2 矿业权价值

矿业权价值是指矿业权人在一定期限内通过对矿产资源客体的活劳动和物化劳动的投

入而可能产出的投资收益额。

矿业权价格是指矿业权价值的货币表现。在矿业权市场中,矿业权价格是矿业权人买卖矿业权的交易额,一般而言,应由交易双方议定。

矿业权价款是指探矿权价款或采矿权价款。矿业权价款的实质是国家勘查投资的收益,特指国家将其出资勘查形成的矿产地的矿业权出让给他人,或者矿业权人将国家出资勘查形成的矿产地的矿业权转让给他人,按国家规定向矿业权人或受让人收取的款项。

矿业权市场是因矿业权流转、交易所产生和形成的经济关系和行为的总和。市场的产生和形成源于商品。矿业权市场的商品就是矿业权。

矿业权市场所包含的主要经济关系可概括为:矿产资源所有者与矿业权人的关系;地矿行政管理机关与矿业权人的关系;矿业投资人与矿业权人的关系;中介组织与矿业权市场主体(地矿行政机关、矿业权人、矿业投资人)的关系。这些经济关系表现为管理与被管理、服务与被服务、平等交易的相互关系。矿业权市场的这些经济关系是通过申请、审批、授予、买卖、合作、合资、委托等行为建立起来的。

6.1.3　矿业权的特征

矿业权是矿产资源所有权派生出来的一种权利,其特征有:

(1) 按物权理论,矿业权是他物权、准物权。物权是权利人在依法规定的范围内按照自己的意志支配自己所有的物或者依照授权支配他人的物,直接享受物的效益的排他性财产权,其中,支配自有物的为自物权,即所有权;支配他人的物的为他物权。矿业权评估的客体是国家所有的矿产资源,但矿业权又不是一般意义上的他物权,因为矿产资源不同于一般的物,一般意义上的物是能够被人支配的现实的实体或自然力,而作为探矿权客体的矿产资源却不一定具有现实性或可支配性。另外,矿产资源本属于国家,但采矿权人对于自己采出的矿产品拥有所有权,可以自主、自行销售和出卖,因此,民法上一般将矿业权“视为物权”,准用物权的有关法规,因此是一种“准物权”。

(2) 矿业权又被称为不动产权,即权利人应占有和支配特定的不动产而直接享有利益的权利。

(3) 矿业权具有排他性或称独占性属性。矿业权是一种物权,具有物权“一物一权”的特性,即具有排他性。

(4) 矿业权具有商品属性,即它是有偿取得的,而且可以转让,具有流转性。修改后的《矿产资源法》规定矿业权可以转让,国家投入可以从矿业权的流转中得到回报。矿业权的流转可分为两级:即一级市场和二级市场。一级市场的转让方是国家,国家通过出让矿业权获得矿业权出让金;二级市场是矿业权人之间的交易。

(5) 矿业权具有法律依据,矿业权的获得、转让、出租等都是依法进行的。

(6) 矿业权能的逐渐消失性。由于矿产资源是一次性的不可再生的资源,随着开采的进行,矿产资源将被逐渐消耗,其派生的矿业权的权能也随之缩小,直至最终消失。也就是说,矿业权是有一定的服务年限的,在服务年限内,矿业权的权能将不断缩小,但矿业权人的权利和义务将保持不变。

(7) 矿业权主体资格的特定性。矿业权并非所有的单位和个人都能取得,只有有能力从事矿产资源勘查和开发的法人,经过国家严格审查批准后,方可取得矿业权。国家对矿业权主体资格的审查贯穿于矿业权流转的全过程,包括转让、出租、抵押环节,即受让人、承租人、抵押权人取得矿业权并不是无条件的,仍然要在国家对其审查资格后,才能进行矿业权的交易。

6.2 矿业权评估概述

6.2.1 矿业权评估的意义

我国矿产资源蕴藏量巨大,资源改革正在逐步深化,而进一步完善矿业权相关法律制度,无论是对于保护其民事主体利益、维护合法的交易安全,还是对于保障市场经济的良性发展、维护矿业秩序、促进矿业发展都有着十分重要的特殊意义。

(1) 为国家有偿出让矿业权提供价值依据,为矿业权转让方与受让方提供矿业权转让的价格参考。《中华人民共和国矿产资源法》第五条规定:“国家实行探矿权、采矿权有偿取得的制度……”,第六条规定了转让的条件:“(1)探矿权人有权在划定的勘查作业区内进行规定的勘查作业,有权优先取得勘查作业区内矿产资源的采矿权。探矿权人在完成规定的最低勘查投入后,经依法批准,可以将探矿权转让他人。(2)已取得采矿权的矿山企业,因企业合并、分离、与他人合资、合作经营,或者因企业资产出售以及有其他变更企业资产产权的情形而需要变更采矿权主体的,经依法批准可以将采矿权转让他人。并禁止将探矿权、采矿权倒卖牟利。”为了使我国矿产资源的国家所有在法律上得到体现,也为了保证国家财产不致流失,有限的矿产资源得到最佳利用,必然要求有偿使用矿产资源,而且出让或转让矿业权时都必须由具备矿业权评估资格的评估机构对矿业权进行评估,评估值可为转让方或出让方提供参考。

(2) 评估的矿业权价值可作为资本入股、发行股票或公司债券、向银行筹集资金的依据。当矿业公司以矿业权为依托在证券市场上市时,必须先对矿业权进行评估,上市后,如果矿产地有重要发现或矿业权有重要变更,也必须对矿业权重新评估,当以矿业权为抵押向银行或其他金融机构贷款时,也必须先对作为抵押物的矿业权进行评估。

(3) 矿业权评估可以为矿业企业的发展规划、投资决策和经营管理提供依据。矿业权人掌握矿业权价值有益于矿业的发展,可以为政府提供合理的矿业权价值,有利于国家进行宏观调控,为国家规划及统计提供新的内容,为制定矿业政策提供参考。

(4) 建立健全矿业权市场体系的需要。矿业权转让的一级市场——纵向转让市场和二级市场——横向转让市场的建立,都必须依托于矿业权的评估,因为矿业权的价值是转让价格的主要考虑因素,我国目前矿业权(特别是探矿权)交易不多,管理松散,矿业投资活动缺乏,我国矿业公司目前面临着国外实力雄厚的矿业公司的挑战,这一切都要求建立健全矿业权市场体系。

(5) 矿业权人掌握矿业权价值有利于核算矿产资源的收益,可更好地对矿山开发投资做可行性分析。

(6) 处理矿产资源纠纷的需要,为社会仲裁、司法公正提供依据。实行矿产资源的有偿取得,可更好的杜绝乱采滥挖、资源浪费、环境恶化现象,可更好地制止哄抢资源的现象,减少资源纠纷,为社会仲裁、司法公正提供价值依据。

(7) 为加快矿业权评估,探索出适合我国评估实践的理论和方法提供借鉴。

6.2.2 矿业权评估内涵

矿业权估价理论是建立在矿产资源价值理论基础之上,其概念是指为特定的目的评估矿产资源的特定权益于特定时间的科学与艺术。其更精确的定义是:矿业权专业估价人员和评估机构根据估价目的,遵循估价原则,按照估价程序,采用科学的估价方法,根据估价经验和对影响矿业权价格因素的分析,对矿业权的客观、真实、合理的价格做出估计推测和判断。矿业权评估是从企业角度出发考虑企业投资风险收益和成本来确定矿业权的价值,是对矿业权资产某一基准时间的价格进行估算,是以动态模拟矿业权市场的经济活动中对矿业权资产用货币形式进行科学评定与估计。评估时应考虑矿产资源的特性和矿业权市场的所有潜在因素。

矿业权估价比其他资产的估价更加复杂,而且难度也更大,往往需要专业人士提供估价服务。矿业权评估可分为探矿权和采矿权评估两种(二分法)。适应采矿权评估的方法有贴现现金流量法和可比销售法;适应探矿权评估方法有:约当投资—贴现现金流量法、重置成本法、地勘加和法、地质要素评序法、粗估法、联合风险勘查协议法等。

6.2.3 矿业权评估的原则

矿业权评估除了遵循一般的资产评估原则外,还应遵循矿业权评估的特有原则:

(1) 维护国家利益的原则。矿产资源的所有权属于国家,我国通过将矿产资源的所有权和使用权分离的方法,使使用权在市场上流通,促进矿产资源按市场规律来配置,更好地利用有限的矿产资源,但无论使用权如何流转,矿产资源的所有权始终属于国家,在对矿业权进行评估时,必须维护国家的利益,不应使国有资产流失。

(2) 遵循经济规律和地质科学规律的原则。首先应遵循以最小的投入,获得最大的经济效益的经济规律,其次在对参数的选取、评估方法的选择、评估条件的假设等方面要充分尊重地质科学规律,充分考虑利率、通货膨胀、投资政策等经济因素和社会因素的影响。

(3) 公平、公正的原则。在矿产资源所有权人(国家)、采矿权人(矿主)、投资经营人(业主)三者分配矿业开发所得的利润时,应力求做到公平、公正和合理。利润分配时,应先满足国家的利益,超额利润再在矿主和业主之间合理分配。

(4) 经济评估应以技术评估为基础的原则。因为随着开采的进行,对矿产资源的质和量的认识会有变化,不同的质和量会有不同的评估结果,因此经济评估应以技术评估为基础。

(5) 客观性和预测性相结合的原则。对矿业权的评估应对未来的收益做出预测,预测带有主观性,但矿业权价值的确定离不开矿产资源的实际情况,评估者应力求使预测和客观之间的误差最小。

(6) 最有效利用原则。即矿业权评估不仅要在矿产资源合法开采的条件下进行,而且要以矿产资源的最有效利用为前提。

6.2.4 矿业权评估的主要操作程序

按照现行法规和部门规章的规定,矿业权评估操作程序主要有评估委托、评定估算、评估结果确认三个主要步骤。

6.2.4.1 评估委托

A 确认委托方

探矿权的评估,除了以登记机关出让国家出资勘查形成的探矿权或以收取探矿权价款为目的的探矿权评估由登记机关委托评估机构评估外,以探矿权转让为目的的评估,必须由探矿权人来委托。非国家出资形成的矿业权评估,具体由谁来委托并不受上述限制。探矿权申请人可以委托评估机构进行评估,但政府确认部门并不受理其评估结果的确认申请,评估结果也不作为登记机关出让矿业权收取矿业权价款的依据。

采矿权的评估,可以是采矿权人,也可以是采矿权转让的受让人来委托;国家出让采矿权的,委托方就是政府部门的采矿权登记机关。

B 项目接洽与业务受理

(1) 项目接洽。委托方通过各种途径,找到自己信赖的矿业权评估机构后,双方进行初步的相互了解。在这一阶段,评估委托方应向评估机构介绍项目的大体情况,告知自己的评估目的及各项具体要求;评估机构则应向委托方介绍本评估机构的以往业绩、评估收费标准和对本项目的相关建议等情况。

(2) 风险判断。了解了项目的大体情况后,评估机构应及时地对项目的固有风险情况进行分析判断,以确定是否接受委托方的评估委托。

(3) 项目委托。确定接受评估委托后,委托方可以以书面形式给评估机构下一评估委托书。委托书的内容主要包括评估对象、评估目的、要求事项、单位电话、地址及联系人、评估背景材料、委托单位及委托时间等,但内容应简明扼要。

(4) 起草项目建议书。评估项目小组成立后,项目负责人应根据委托方介绍的项目情况,起草相应的项目建议书,以明确委托方应进行的评估项目前期准备工作。

(5) 签署评估合同。矿业权评估合同是矿业权评估工作的一项十分重要的具有法律效力的文件,是委托方与评估机构双方在平等互利、协商一致的基础上就评估内容、期限、费用、违约责任等内容达成的书面协议。其主要条款包括评估项目名称、评估目的、评估对象、评估范围、评估基准日、评估期限、评估资料提交时间、收费金额和付款方式、违约责任、合同生效日期等。

需要注意的是,评估合同的签字人一定是双方的法定代表人,如果是非法定代表人签字,则必须有法定代表人的授权委托书。否则,确认部门将不予确认。矿业权评估合同具有经济合同的性质,一经双方签字盖章,便产生法律效力,合同双方均应认真履行。

6.2.4.2 评定估算

A 前期工作

(1) 确定评估基准日。由于矿业权资产的评估价格与其他资产的评估价格一样都是一个时点价格,因而确定评估基准日便成为一项十分重要的工作。确定评估基准日的意义也正在于:评估基准日是责任划分的界限和确定矿业权资产时点价格的界限。只有确定了评估基准日,委托方才能根据该日期来准备资料、填写表格,评估机构也才能根据该日期搜集资料、评定估算。评估项目小组应合同委托方,根据企业改制、合资及上市等目的的不同要求,合理选定评估基准日。

（2）拟定评估工作方案。评估工作方案是项目负责人为全面履行评估合同而拟定的评估工作思路和具体实施步骤。其主要内容应包括评估项目名称、评估目的、评估基准日、评估工作阶段划分及各阶段的主要内容及时间安排、评估小组成员间的分工、企业配合评估的人员和分工、评估报告提出日期等。评估工作方案应该涵盖评估工作的全过程，评估小组全体成员从接受评估任务至评估项目完成的整个过程中，都应执行评估工作方案。

（3）收集、整理资料。

探矿权评估应收集的资料有：

1）综合类。矿产资源勘查许可证（复印件）；地勘成果登记证；矿产发现获奖证明；其他有关产权证明；探矿权（地质勘查成果）转让协议书（或合同书）；探矿权（地质勘查成果）转让批准文件；中外合资（合作）企业章程；项目可行性研究报告；资产占有方、委托方企业简介及营业执照；委托单位或资产占有单位声明书（声明书格式由评估机构提供）。

2）地质类。地质勘查全过程所取得各类地质勘查报告意见书，或交易双方的储量审核意见书；填报下列登记表：机械岩心钻探登记表、取样钻孔登记表、槽探登记表、浅井登记表、坑探登记表、地质勘查成果其他实物工作量登记表；重要图件：包括矿业权区块图；矿区（勘查区）地质图；工程布置平面图（实际材料图）；重要的、有代表性的勘探线剖面图；高精度勘查阶段探矿权评估所填报表的格式与采矿权评估所填报表相同。

3）财务类。地质勘查期间的历年财务决算报告；地质勘查期间的历年统计年报；历年完成的勘查实物工作量及投入的地勘费。

采矿权评估应提供的资料：

1）综合类。采矿许可证（复印件），标明采矿许可证范围的地质和工程图件；采矿权无争议证明，由省一级地矿厅出正式文件；委托单位声明（格式可由评估机构提供）；委托单位、资产占有单位简介（文字资料）；企业合资、合作、联合经营协议书（复印件）；资产评估委托书；企业法人营业执照（复印件），采矿权转让协议书（复印件）。

2）地质类。委托评估的采矿权所涉及的全部地质勘查报告（包括储量审批意见书，或交易双方的储量审核意见书）（原件）；矿床储量计算（核查）汇总表（表格式由评估机构提供）；矿产资源储量评审认定意见书或认定意见书（原件）。

3）采矿、选矿类。矿山建设项目可行性研究报告（或预可行性研究报告）（原件）；矿山建设初步设计、矿山设计概算（原件）；前五年采矿回收率、选矿回收率、贫化率（文字资料）；矿山采巷分布图；选矿工艺流程；已消耗的储量详细说明（文字资料）；现保有储量（文字资料）；地质品位、原矿品位、入选品位（文字资料）；伴生、共生矿回收情况（文字资料）。

4）财务类。包括企业概况一览表；生产规模及经济技术效益分析表；矿产品历年产量及销售量，固定资产投资计算表；采、选矿材料消耗计算表；采、选燃料反动力消耗计算表，采、选矿单位成本计算表；总成本计算表；管理、销售费用计算表；剥离后的企业销售成本；评估基准日前五年企业财务决算报告（资产负债表、损益表、财务状况变动表或现金流量表）；评估基准日当月或上月的企业财务报表（资产负债表、损益表）；企业交纳的税种及免税事项（文字资料）；评估基准日前五年产品销售价格（文字资料）。

此外，还需提供评估机构及评估结果确认部门要求提供的与评估有关的其他资料（特殊矿种采矿权评估时有一些特殊要求）。

(4) 实地核查。虽然在项目接洽阶段,评估人员已经从委托方那里了解到一些有关评估对象的情况,但这种情况还是浮浅的、片面的,要想深入了解评估对象的全面情况,就必须亲临实地进行核查、拍照。同时,根据现行有关规章规定,到现场实地核查是矿业评估工作的一个重要环节,评估项目小组尤其是专业技术人员必须到勘查作业区或矿山企业进行实地核查。现场实地核查的内容主要包括勘查作业区现状、勘探工程、矿区范围、现状,井巷工程等。

(5) 资料验收。从一般意义上讲,矿业权评估工作是建立在委托方提供资料的基础之上的。许多资料诸如矿业权证书、地质报告及其审批意见书、有关图件、矿山建设的可行性研究报告及初步设计、会计报表、各种评估用表等,是评估报告的法定附件,为保证这些资料的真实可靠、妥善保管和及时提供,评估机构应加强资料的验收工作,并和委托方对重要资料办理签收手续。办理资料签收手续的目的在于:保证重要资料的正常交接,避免丢失、重复提供造成的损失;避免委托方与评估机构因重大协议"空口无凭"而造成的理解偏差;重要资料要求保密。

B 确定评估方法、进行评定估算

对收集的资料归纳、整理后,评估小组就可依据矿业权无形资产的类型及掌握的评估资料程度来确定该项目使用的评估方法,并进行评估测算,逐步形成评估报告初稿。评估方法确定后,评估的过程是:评估参数的选取;中间过程计算;评估结果汇总。

a 确定评估方法

按照现行部门规章的规定,矿业权的评估方法主要有收益现值法(贴现现金流量法)、现行市价法(可比销售法)、重置成本法、地质要素评序法、联合勘查风险协议法、地勘加和法等。采矿权评估可选用的方法有收益现值法(贴现现金流量法)与现行市价法(可比销售法)等,但由于我国的矿业权评估工作开展的时间不长,市场不够完善,可作比较的实例少,因而在现阶段采矿权的评估方法一般采用收益现值法(贴现现金流量法)。探矿权可选用的评估方法则比较多,根据勘探程度的高低,可分别选取收益现值法(贴现现金流量法)、重置成本法、地勘加和法及联合勘查风险协议法等。

b 评定估算

(1) 评估参数选取。由于评估方法不同,所需用的参数不尽相同,参数的多寡也不一样。选取参数时应注意的问题是:所选参数值必须是在评估基准日现行有效的数值,若要使用以往的数值时,也必须首先换算或调整到评估基准日期;所选重要参数诸如边界品位、工业品位、采矿回收率、选矿回收率、贫化率、行业平均利润率、贴现率、风险利率、风险系数等均应在评估报告里注明其依据或出处。

(2) 中间过程计算。矿业权资产价格的计算过程一般是通过一些相互关联的表格来完成的,不同的评估方法所采用的表格各不相同。具体的计算表格可以参照其他教材或者资料。

(3) 评估结果汇总,一般主要是通过表格进行汇总,并对评估的结果进行比较得出理由充分和可靠的结论。

6.2.4.3 评估结果确认

矿业权评估结果汇总一般用一张表来表示。按照《探矿权采矿权评估管理暂行办法》第14条、第15条和第17条的规定进行审核。审核各项资料后,负责审核的人员应提出准予确认或不准予确认的结论,并在"评估结果确认审批表"审核人员一栏签署意见,签字后呈请司领导批示。对确认申请人具备《探矿权采矿权评估管理暂行办法》所规定各项条件,且提交资料完备、有效的,准予确认。申请人的确认条件之一不具备的,或申请人提交的资料经核实存在问题的,不予确认。对经审查、复查认为需请示专家会会审或部内会审的重大问题、难点问题或复杂技术问题,负责审核的人员应进行审核并提出相关意见。

6.2.5 不同的地质勘查阶段矿业权评估方法

矿产勘查工作划分为普查、详查、勘查三个阶段。普查阶段之前,为区域地质调查工作,勘探阶段之后,为矿山开发地质工作。

(1) 普查阶段之前。主要为矿点检查,物化探异常查证的成果。这一阶段为探矿权资产评估,主要采用重置成本法和联合风险勘探协议法。

(2) 普查阶段。普查阶段目的和任务是对已发现的矿点和地质、物化探等异常进行普查工作,查明是否有进一步工作的价值,提交普查报告,一般探求 D + E 级储量,为是否进行详查工作提供依据,这一阶段为探矿权资产评估,主要采用重置成本法和贴现现金流量法,但采用贴现现金流量法时应注意降低储量级别,因此时的储量不能作为矿山设计的依据。

(3) 详查阶段。详查阶段目的和任务是对经过普查阶段工作证实具有进一步工作价值的矿体,做出是否具有工业价值的评价,提交详查报告,一般探求 C + D 级储量,其中 C 级储量,一般金属矿 10% ~20%,非金属矿 20% ~50%,为是否进行勘探阶段工作提供依据,并可提供矿山总体规划和作矿山项目建议书使用。这一阶段为探矿权资产评估,主要采用重置成本法、贴现现金流量法和市场比较法。

(4) 勘探阶段。勘探阶段的目的和任务是经过详查阶段工作证实具有工业价值,并对拟近期开采利用的矿床进行勘探,按全国矿产储量委员会制定的有关规范探求各级储量,一般探求 B + C + D 级储量,提交勘探报告,作为矿山建设可行性或采矿权的评估,一般采用贴现现金流量法和市场比较法。

(5) 开发后矿床的采矿权评估。主要采用贴现现金流量法,但应注意矿山保有储量的多少以及矿床的工业品位等技术指标是否有变化。

6.3 探矿权评估的方法

我国对矿业权评估的研究起步较晚。原因主要是由于我国长期的计划经济时代对矿产资源采取的封闭式的管理、非流转方式转让矿产资源等经济模式;其次是我国没有切合实际的符合市场经济理论的完善的矿业权估价理论和方法,可以供评估使用。工业发达国家矿产资源及其矿业权评估起步较早,其基本理论是建立在地租理论的基础上,认为矿产资源是一种资产,作为一种生产要素参与生产,应该获取报酬——矿山地租。

根据地质勘探程度和评估对象的不同,目前常用的传统的矿业权评估方法可以归纳为三类:(1)成本类方法,包括地学排序法、重置成本法、勘查费用倍数法、联合风险勘查协议法等,主要用于对探矿权的价值评估;(2)市价类方法,包括可比销售法、以单位国土面积价值为基础的粗估法等,可用于探矿权和采矿权的价值评估;(3)收益类方法,包括贴现现金流量法(净现值法、内部收益率法、投资回收期法等)、模拟净现值粗估法,主要针对采矿权的价值评估。

6.3.1　地学排序法

1992 年,澳大利亚学者将加拿大学者 L. C. Kilburn 于 1990 年提出的地质工程法修改成地学排序法。地学排序法的基本原理是,根据勘查区的具体资料,对影响探矿权价值的 6 个基本地质要素,即区域成矿地影响探矿权价值的地质条件、物化探异常显示、矿化强度及蕴藏规模显示、矿石加工技术性能显示、矿产品及矿业权市场条件和基础设施条件等,主观评价其预示勘查区进一步找矿潜力和资源利用前景的“价值指数”,并对勘查投入重置成本的实际价值进行修正,达到对该探矿权价值的评估。

该方法可以根据以下公式进行计算:

$$P = C_{\mathrm{R}} r = C_{\mathrm{R}} r_1 r_2 \cdots r_n \tag{6-1}$$

式中　P——探矿权评估价值;

C_{R}——基础购置成本;

r_i——价值系数;

r——调整系数,其中 $r = r_1 r_2 \cdots r_n = \prod_{i=1}^{n} r_i$。

式(6-1)通过价值指数来反映投资(基础购置成本)的未来增值潜力。

6.3.1.1　基础成本的确定

基础成本是指经效用系数调整过的勘查重置成本,计算公式:

$$C_{\mathrm{R}} = \left[\sum_{i=1}^{n} U_{bi} P_{ui} (1+\varepsilon)\right] F + C_{探} \tag{6-2}$$

式中　U_{bi}——各类地质勘查实物工作量;

P_{ui}——各类地质勘查实物工作量相对应的现行市价;

F——加权平均效用系数;

n——地质勘查实物工作量项数($i = 1, 2, 3, \cdots, n$);

ε——其他地质工作、综合研究及编写报告、岩矿实验、工地建筑等四项费用分摊系数;

$C_{探}$——探矿权费用。

6.3.1.2　地质要素及其价值指数的确定

A　地质要素的构成

地质要素分为六类,详见表 6-1。

表 6-1　地质要素分类及价值指数表

要素分类		分级	要素标志	价值指数
第Ⅰ类	区域成矿地质条件	1	区域成矿条件一般,勘查区外围无关联矿点或成矿预测区	0.5～0.8
		2	区域成矿条件较好,勘查区外围有关联矿点或成矿预测区	0.8～1.0
		3	区域成矿条件好,勘查区外围有关联已知矿点	1.0～1.2

续表 6-1

要素分类		分级	要素标志	价值指数
第Ⅱ类	物化探异常显示	1	勘查区内除已查明矿致异常外，尚有 1 个关联的物化探异常靶区	0.5～0.8
		2	勘查区内除已查明矿致异常外，尚有 2～3 个关联的物化探异常靶区	0.8～1.0
		3	勘查区内除已查明矿致异常外，尚有 3～4 个关联的物化探异常靶区	1.0～1.2
第Ⅲ类	矿化强度及蕴藏规模显示	1	未发现明显的矿化显示	0.2～0.5
		2	有明显矿化，具有进一步工作意义	0.5～0.8
		3	经过勘查发现边界品位以上的矿体	0.8～1.0
		4	勘查工程控制的资源量已达到矿产地标准	1.0～1.5
		5	勘查工程控制的资源量已达到小型矿床标准	1.5～2.0
		6	勘查工程控制的资源量已达到中型矿床标准	2.0～3.0
		7	勘查工程控制的资源量已达到大型矿床标准	3.0～4.0
第Ⅳ类	矿石加工技术性能显示	1	经过选冶实验或者类比，选冶性能差	0.5～0.8
		2	经选冶实验或者类比，选冶性能好，综合利用困难	0.8～1.0
		3	经选冶实验或者类比，选冶性能好，综合利用好	1.0～1.2
第Ⅴ类	矿产品及矿业权市场条件显示	1	矿产品市场中，目标矿种供大于求，区域内矿业权已有五年以上无人申请	0.2～0.5
		2	矿产品市场中，目标矿种供求平衡，区域内矿业权已有两年以上无人申请	0.5～1.0
		3	矿产品市场中，目标矿种供小于求，区域内矿业权申请人较多	1.0～1.5
第Ⅵ类	基础设施条件显示	1	基础设施条件差	0.5～0.8
		2	基础设施条件基本具备	0.8～1.0
		3	基础设施条件好	1.0～1.2

第Ⅰ类　区域成矿地质条件：是指在待评估的勘查区块外，是否存在与目标矿种有关联的成矿远景区（带）和已知或已开采的矿点、矿床等，显示探矿权勘查区所处的区域成矿环境是否有利，按具体显示特征分为三级。

第Ⅱ类　物化探异常显示：待评估的勘查区块内，除已勘查的异常区外，是否还有目标矿种的物、化探异常靶区，按异常靶区的多少分为三级。

第Ⅲ类　矿化强度及蕴藏规模显示：待评估的勘查区块内，是否存在显示矿产资源潜力的矿化、矿体、矿床，根据勘查控制的矿化情况或资源量规模的大小分为七级。

第Ⅳ类　矿石加工技术性能显示：根据勘查区有关矿石选冶性能的资料或类比资料、评价资源回收利用的可能性及性能的优劣分为三级。

第Ⅴ类　矿产品及矿业权市场条件显示：根据目前矿产品市场情况及供需趋势、矿业权被申请的频度和竞争程度、推测开发前景分为三级。

第Ⅵ类　基础设施条件显示：对影响未来开发利用的基础设施条件，如配套能源、供水、道路交通等进行评判，按条件好坏分为三级。

B　价值指数的确定

一般应采用专家评判的方法确定价值指数。6 类地质要素共 22 个级别，对应包括 22

个价值指数值。对一个具体的探矿权，应全面评判其在6类地质要素中的级别，赋予相应的6个价值指数值。

6.3.1.3 价值指数的评判赋值

参加地质要素价值指数评判的专家，应是实践经验丰富的、具有高级工程师及以上技术职称的地质专业人员，人数应为6人左右。其中至少应有2/3以上的专家，从事过待评估探矿权目标矿种的矿产勘查工作，熟悉该矿种的成矿规律、勘查技术规范、勘查方案设计和施工。评判价值指数的专家不得包括委托方的专家。根据待评估探矿权的勘查工作程度和所采用的勘查技术方法，确定专家组成的专业技术结构。一般以地质矿产专业为主，根据需要兼顾其他有关专业的专家。

专家评判程序及方法：

(1) 评估人员详尽收集有关地质报告、图件等资料；

(2) 评估人员向专家介绍评估对象的情况，讲明地质要素评判赋值的规则和注意事项；

(3) 专家查阅、分析、研究待评估探矿权的地质报告和地质资料，必要时可以由评估机构组织专家到勘查区进行实地调查；

(4) 专家归纳、提取待评估探矿权勘查成果中显示的各类地质要素定性及定量信息，对照"地质要素分类及价值指数表"评判价值指数；

(5) 评估人员汇总、计算专家评判的各类价值指数平均值(按四舍五入取至小数点后一位)，并填写"探矿权地质要素价值指数评判结果表"。

6.3.1.4 调整系数的确定

评估机构对专家的评判赋值进行审核、分析。当认为评判的依据充分、结果合理时，即可将根据多位专家评判的价值指数所计算的平均值，作为被评估探矿权的调整系数；当发现评判结果中存在明显不合理的问题时，评估机构可以根据被评估探矿权地质要素的具体特征，对价值指数平均值进行调整，但应写明调整的理由。平衡后的价值指数对调整系数的影响，一般应控制在20%以内。调整系数确定后，按计算方法所给出的公式计算探矿权评估价值。

地学排序法主要适用于预查及普查工作阶段的探矿权评估业务。在初期勘查阶段，使用地学排序法评估探矿权价值，地学排序法可作为发现经济矿床的基础工作。在只有少量地质矿产资料数据和技术经济参数的条件下，对反映探矿权找矿潜力的地质要素进行综合评判，具有一定的主观性。选聘的专家应具有丰富的经验，能够胜任此项工作。专家的数量应达到规定要求，以降低主观风险；被评估探矿权的面积较大，且成矿地质条件差异较大时，应根据地质矿产差异情况将其划分适当的评判单元，分别确定价值指数和调整系数，然后加权平均求出勘查区总体调整系数，参与探矿权价值评估计算。

6.3.2 勘查费用倍数法

勘查费用倍数法是指用所发生的勘查费用和/或未来承诺将发生的勘查费用乘上某一个主观倍数的结果作为探矿权基础价值，再使用市场溢价/贴现、勘查队伍质量等，得出探矿权的公平市场价值的一种方法。这种方法常用于评估处于最早期的勘查阶段的矿权地，在澳大利亚、美国和加拿大等国家使用较为广泛。

该方法有两个基本因素：一是勘查费用，这是客观数据；二是倍数，也称"前景提高倍数”或称“前景倍数”,是主观选定的。倍数大于1表示已有的勘查支出显示出良好的勘查成果,从而提高了此矿权地的价值及潜力,倍数小于1表示勘查支出显示的勘查成果没有吸引力。

6.3.2.1 确定有效的勘查费用

使用勘查费用倍数法进行探矿权评估,关键的问题之一是确定勘查支出是多少,这种支出必须是相关的和有效的,才可以计算在内。需要注意以下几个问题:

(1) 以前的其他矿业权人在此矿权地上发生的支出是可以计算在内的。对此问题的看法有不同意见。一些人认为若当前矿业权人是从以前矿业权人手里购买的矿业权,则前矿业权人的勘查支出已经反映在矿业权的购买价格中;若现矿业权人是重新申请前矿业权人放弃的矿业权,则过去的勘查支出所形成的勘查成果(地质资料/报告)是存在于政府部门的,可以免费查询,所以也不应该将过去的勘查支出计算在内。另有些人认为,由于新的勘查思路、矿产品价格的上升、冶炼技术进步提高了回收率或采矿技术进步降低了开采成本、开辟新的市场、未识别出过去勘查成果的意义等原因,前矿业权人可能未充分认识到其矿权地的价值。

在计算相关勘查支出时,还需要考虑勘查业的一般标准问题。一般来说,勘查费用包括直接费用和间接费用。直接费用由购置费用、第三方进行的合同工作和由公司人员进行的工作费用组成。间接费用包括法律方面的费用、勘查的维护费、行政管理费用和一般费用等。这些费用通常反映勘查业的一般标准,超量部分一般在估算时是要剔除的。

(2) 采用重置成本法换算以前的勘查支出。一旦确定过去的勘查支出是相关而且有效的,则需将其换算成现值。不少估算师在换算时是采用消费者价格指数或其他通货膨胀指数进行调整的,但这未必合适。因为勘查工作的成本变化除了与通货膨胀率有关外,更重要的还取决于勘查技术进步、勘查观念发展等因素。因此建议采用重置成本法,即用目前的价格测算过去的那些实物工作量所需要的费用。

(3) 与资产的账面价值的关系。根据过去勘查费用得出的基础勘查费用与项目的目前账面价值之间并不是必然相关的。账面价值一般是根据购置成本以及其后的资本化费用和摊销或折旧得出的。如果过去所有的勘查费用都已经被资本化,而且评估师已经把过去的勘查费用作为不相关因素未给予考虑的话,其账面价值可能高于基础勘查费用。相反,拥有矿业权的公司已经购销了过去勘查费用。而评估师认为这笔费用为一笔相关费用,则账面价值会低于基础勘查费用。

6.3.2.2 确定前景提高倍数

前景提高倍数是根据以前的勘查结果和目前对进一步勘查发现经济矿床的概率的理解来确定的。M. J. Lawrence(1993)提出,前景提高倍数一般在0.5~3之间,但最低可以是0,最高可以是5。前景倍数小于1表示迄今为止相关的勘查工作没有能够提高此探矿权的远景和潜力,而当潜力耗尽时,潜力下降为0,该值甚至可以是负数,比如投入了大量的勘查费用,不仅什么也没发现,还留下一大堆的责任,比如环境恢复、植被再造等。但是当前景和潜力提高,也就是前景倍数大于1时,如何确定前景提高倍数是一个非常复杂的问题。一般认为,若符合以下3个条件,前景提高倍数可以选其上限:(1)迄今为止的工作或历史数据证明值得进行下一步的高级勘查工作或可行性研究工作;(2)查明了潜在经济矿化的强显示;(3)有指示经济资源存在的“钻石级品位”的岩芯或露头。同时,不少评估师还认为,所选择的前景倍数不应该大于3(也有人说5)。

6.3.2.3 溢价或折旧

原则上,对于用勘查费用法得出的探矿权内在价值,利用适当的市场溢价或折旧进行调整与使用其他方法评估探矿权时进行市场溢价或折旧进行调整没有什么区别。但是实际上,大多数评估师都把市场溢价或折旧与前景倍数结合起来。

6.3.2.4 方法的局限性

以勘查费用为基础进行探矿权评估有很多局限性,其中最重要的是判断有效的勘查费用和前景提高倍数时具有很大程度上的主观性。从理论上讲,探矿权的价值与在该矿权地上投入的勘查费用并没有内在的直接关系,勘查费用对矿权地的价值的贡献可能仅仅在于勘查费用提高了,矿权地风险水平就会降低,因此探矿权的价值也就提高了。但是勘查费用和勘查工作量是两个不同的概念。同样的实物工作量,不同的公司其所花费的勘查费用往往也是不同的,同样的勘查费用取得的勘查结果也会因为公司的勘查效率差异而不同。而勘查费用倍数方法没有对这类异常因素进行校正。另外,在所投入的勘查费用中,只有产生效果的勘查费用才应该计入。而实际上,人们可以根据经验判断一个勘查队伍是否是高质量、高效率的,但是一项勘查工作到底是否有效是很难判断的。

总的看来,在探矿权评估时,尤其是处于初级勘查阶段的探矿权。勘查费用倍数法用得比较多,包括上市公司招股说明书中也广泛地使用了该方法。此外,在双方谈判联合风险经营合同时,用这种方法求出的评估价值往往是谈判的出发点。但是,勘查费用倍数法由于其主观性比较强,因此当数据比较多、比较可靠时,可以使用更可靠的探矿权评估方法的情况下,一般是不使用该方法进行评估的。

6.3.3 重置成本法

重置成本法是指在评估矿业权时按被评估矿业权资产的现时重置成本扣除其各项损耗价值来确定被评估矿业权价值的方法。其计算公式如下:

$$P = C(1+F)(1-\varepsilon) \tag{6-3}$$

式中 P——矿业权的评估净值;

C——重置成本;

F——风险系数;

ε——贬值系数。

(1) 重置成本的估算方法一般有:1)直接法,也称重置核算法,是指按资产成本的构成,根据实际投入的工作量按资本市场价格计算重置成本的一种方法;2)特价指数法,这种方法是在矿业权资产原始成本基础上,通过现时物价指数确定其重要成本。

$$\text{矿业权资产重置成本} = \text{矿业权原始成本} \times \left(\frac{\text{矿业权资产评估时物价指数}}{\text{矿业权资产购建时物价指数}}\right)$$

(2) 风险系数。通过对风险的认识、评估、评价,然后得出的风险值称为风险系数。

$$\text{风险系数} = \left(\frac{\text{全部项目耗费的地勘费总额}}{\text{有成果项目耗费的地勘费总额}}\right) - 1$$

(3) 贬值系数。贬值系数是指由于矿床处的位置交通、自然地理和经济地理条件以及矿床的开采条件、水文地质条件不同而引起矿床的经济性贬值。

(4) 技术性贬值是指在地质勘查技术上,造成探矿权所依托的地勘成果质量出现问题,或者探明的矿产储量,由于某种原因造成损失,而影响探矿权持续使用,降低获利能力,因此需作技术性贬值处理,它主要包括:

1) 勘探工程质量差,影响确定矿体的精度。应根据影响的幅度来确定贬值系数,一般采用地质专家评判的方法来确定。

2) 控制精度不够。在该勘查阶段中,应使用的勘查手段而没有使用,造成对矿体的评价不够确切,影响使用。

3) 在勘查过程中或者在转让前已被开采了部分储量降低了探矿权的获利能力,影响使用,降低了开采过程中的采矿权的使用年限。

4) 技术性贬值系数的确定非常困难,评估过程中很多定性问题无法量化,但又不能不考虑其贬值,最终只能由地质专家和评估师凭实际经验来确定。

应用重置成本法应注意的问题:(1)在计算重置成本时应严格界定是否属于该矿区投入的实际工作量和实际成本,并剔除那些未达到地质目的的工作量和实际成本;(2)原始成本要求真实、准确;(3)物价指数应采用矿业权资产的个别和同类物价指数。这种方法显然完全没有考虑资源的数量因素,更没有考虑资源的未来价值变化(只考虑现在的重置全价,连基本的投资收益都没有考虑),即完全没有考虑矿业投资项目的期权价值;(4)如果这个探矿权的购买者是国外企业,这种方法也不能反映国内外重置成本的差异。

6.3.4 联合风险勘查协议法

目前,矿产资源勘查逐渐向联合勘查发展,在联合勘查协议中体现了双方共同投资、共担风险、共享收益的权利和义务关系。联合风险勘查协议是根据该勘查区已签订的经营协议条款,或者根据附近类似的勘查区所签订的经营协议条款,按照合作公司所承诺的勘查投资所获得相应的股权,评估探矿权价值。应用此方法应注意的问题:会计核算要真实、准确,严格界定是否属于该项目发生的实际成本。

6.3.5 粗估法

评估人员根据长期积累的信息和数据,对勘查区的探矿权粗估计一个近似值,称为粗估法。这是国外经纪公司常用的一种简单评估方法。

这种方法适合于各种情形的矿业权转让,这种方法很简单,所需要的参数不多,只要满足其设定的参数就可以采用。这种方法可以分为两类:资源品级价值粗估方法和以单位国土面积资源价值为基础的粗估法。

(1) 资源品级价值粗估法。对于金属矿产资源而言,总是可以了解到勘查区内资源的品位和质级数据,与已知矿产地的品位质级价值进行比较,凭经验判断出待评估探矿权的勘查区内资源品级价值。由于地下资源变化叵测,必须主观地确定一个取得比例,后得出评估结果,国外称“原始价值粗估法”,在此称它为“资源品级价值粗估法”。

(2) 以单位国土面积资源价值为基础的粗估法。目前国际上许多国家都在进行矿产资源核算,其中也作了净价值核算。在我国虽然没有正式开展这项工作,但在各省并不难获得单位国土面积资源净价值量。那么,勘查区的探矿权的价值,就可以以此来进行评估。这种评估方法缺点是:面积越大,价值也就越大,可能使人难以接受,但是在急需的时候,如果运用得好,也不失为一种有效的方法。

粗估法适合于只有少量并且不全的勘查资料的勘查区探矿权评估。因为方法简单,所需要参数少,只要满足其设定的参数,均可采用。对于那些具有一定勘查精度的矿区进行探矿权评估,都不宜采用此法。这种方法的适合条件:

(1) 资源品级价值粗估法是建立在资源本身丰度基础上的估价方法,原矿产品含有用组分越高,售价越高,获得净收益越高,探矿权转让价格越高。该方法主要适合于以金属矿产为勘查目的的探矿权评估。

(2) 以单位国土面积资源价值为基础的粗估法,适合于各类矿产资源勘查的探矿权评估。从勘查程度而言,更适合于对早期勘查阶段,即地质信息量(地质资料)很少的勘查区进行探矿权评估。

(3) 两种粗估法虽简单,但取得所需的参数数据很难。矿产品价格在不断变化,资源品级价值也随之发生变化;资源量受开发利用程度的影响,也在发生变化,也就是说单位国土资源价值与单位资源品级价值都是动态参数,为此,采用此方法需要一个十分有效的市场信息系统支撑,否则难以取得较好的评估效果。

该方法既可以用于探矿权的价值评估,也可以用于采矿权的价值评估。

6.4 采矿权评估方法

采矿权评估发生在探矿权人放弃优先采矿权并依法转让探矿权和采矿权人依法转让采矿权之时,此时一般都探明了矿产储量,获得的地质、技术和经济信息也比较充分,其评估方法也比较固定,采矿权的评估主要有可比销售法和贴现现金流法。

6.4.1 可比销售法

随着市场经济的发展,现代企业制度的健全,矿业权二级市场的日趋活跃,为可比销售法的应用提供了条件。在工业发达国家的矿业权评估实践中,比较广泛地使用了这种方法。

6.4.1.1 可比销售法基本原理

可比销售法的原理是在评估某一矿业权的价值时,根据替代原则,将待评估的矿业权与在近期完成交易的、类似环境和类似地质特征的矿业权的地质采选等各项技术、经济参数进行对照比较,分析其差异,对参照矿业权价值进行调整,调整后的价值作为待评估矿业权的价值。根据可比销售法的原理,只要符合方法所要求的条件,它既可适用于采矿权的评估,也可适用于探矿权的评估。

6.4.1.2 可比销售法应用的前提条件

应用可比销售法进行矿业权评估,必须具备以下前提条件:

(1) 要有一个发育的活跃的矿业权市场。矿业权市场虽不会像一般商品市场的交易那样频繁,但其频数相对增多,就会使寻找相似样本的机会增多。对于一项买卖双方在无任何第三方干预下所完成的市场交易,可以认为其交易价格是公平的,可被用于类比定价。

(2) 类似参照物是可以找到的。虽然有了矿业权市场,假如从市场上找不到一个近期的、相邻的、可比的参照物,同样是无法运用可比销售法进行矿业权评估的。所谓近期,是指距评估基准日 1~2 年内交易或评估的矿业权,在此期间社会和行业内经济条件变化不大。

在现时矿业权市场不发育的情况下，如果物价波动不大，时间可以在2~3年内。所谓相邻，是区位条件不能有大的差异，地理位置不能相距过远。所谓可比，是应该在地质条件、类型、规模、建设条件、交易条件等各方面都具有可比性。

（3）参照物与待评估矿业权可比较的指标、技术参数等资料是可以搜集到的，运用可比销售法，重要的是能够找到与待评估矿业权相类似的可比参数。客观上与待评估矿业权完全相同的参照物是很难找到的，这就要求对待评估矿业权与类似的参照矿业权可比参数必须是存在的、可以搜集到的，这是可比销售法成功运用的关键。

6.4.1.3 可比销售法的计算公式

可比销售法是利用已知采矿权转让中的市场成交价，来评估未知采矿权转让价的评估方法。前者称为"参照的采矿权"，后者称为"被评估的采矿权"。评估时将被评估的采矿权所具备的经济的、地质的以及采选矿的各类经济技术信息差异要素，与参照的采矿权的上述经济技术信息差异要素进行对比，由专家评判，得出差异要素评判值，再将评判值进行加权平均，最后得出差异要素调整系数，然后利用调整系数计算被评估的采矿权的转让价格。

该方法的计算公式为：

$$P_s = P_x \mu \zeta \varphi \theta \tag{6-4}$$

式中 P_s——被评估的采矿权价值；

P_x——参照的采矿权价值；

μ——规模调整系数

$$\mu = \frac{Q_{gb}}{Q_{gs}}$$

Q_{gb}——被评估采矿权探明储量；

Q_{gs}——参照的采矿权探明储量；

ζ——品位调整系数

$$\zeta = \frac{C_{pb}}{C_{ps}}$$

C_{pb}——被评估采矿权精矿平均品位；

C_{ps}——参照的采矿权精矿平均品位；

φ——价格调整系数

$$\varphi = \frac{B_a}{B_s}$$

B_a——被评估采矿权采用的矿产品价格；

B_s——参照的采矿权采用的矿产品价格；

θ——差异要素调整系数

$$\theta = \frac{A_b}{A_s}$$

A_b——被评估采矿权差异要素评判总值；

A_s——参照的采矿权差异要素评判总值。

在确立规模调整系数时，对单一矿床而言，以其探明储量进行计算；如果是共生、伴生多金属矿床，则要以共生矿种的探明储量进行计算；如果是伴生多金属矿床，则以主矿种探明储量进行计算。

矿产开发中的矿石品位有四种，即地质品位、入选品位、精矿品位和原矿品位，应该采用哪个品位作为计算的参数，则要根据评估的要求和所获得的资源信息情况而定，原则上采用地质品位和精矿品位为好。

要将两个不同时期、不同评估基准日时点上的矿产品价格进行对比，找出影响评估价格的系数，借以调整被评估矿业权的价格，该系数大于1，说明被评估采矿权的当期矿产品价格高于早期交易的参照采矿权产品价格。

差异要素为表6-2中的四类20项，每项都作为影响转让价值的参数，但是每项参数影响的幅度不是相同的，四项中地质采选条件权重为最高，在此强调了专家评判，目的是用资源经济专家的智慧和经验，来对每项参数进行评判，被评估的采矿权与参照的采矿权的各项指数，都是相对的，当给出一项判断值时，则必须考虑同项的判断值，专家专业结构越合理，给出的判断值就越趋于实际区域值。

表6-2 差异调整系数差异要素评判

项　目		被评估矿业权	参照的矿业权
交通条件25%	公路类型	3	4
	与国道接口距离	2	5
	距火车站距离	1	5
	距市中心距离	2	4
	距公共设施距离	1	4
自然条件25%	地形环境	3	3
	水源状况	4	2
	气候环境	3	5
	土地状况	2	2
经济环境20%	劳动力状况	3	4
	供电供气状况	1	1
	农业状况	2	2
	所在地国民收入	3	3
	地方经济政策	3	3
地质采选条件30%	埋藏深度	3	5
	矿床工业类型	5	3
	矿石选冶性能	4	5
	水文工程地质条件	3	3
	开采方式	4	4
	采选规模	8	6

注:1. 百分数为各项要素的权重。

2. 资料来源:国土资源部编写的《探矿权、采矿权评估方法》。

该方法既可以用于探矿权的价值评估，也可以用于采矿权的价值评估。使用该种方法的关键是确定各调整系数。

6.4.1.4 应用可比销售法需要注意的问题

应用可比销售法进行矿业权评估,评估对象与参照物的相似程度越高,评估的准确性越好。如果差异较大,则不宜使用这种方法。因此应注意以下几个问题:

(1) 参照物与待评估矿业权必须是同矿种和相同或相似成因类型。否则,不能选用该方法;

(2) 参照矿业权与待评估矿业权之间必须存在可比因素,若要素相差悬殊,调整系数可能无法调整,此时,要寻求其他调整途径;

(3) 由于矿业权的未来收益具有高风险性,不同形式的交易其表现出的价值是不同的,在我国矿业权市场尚不发育时期,有些矿业权交易并不一定表现出其真实价值,所以,选择参照矿业权必须注意交易形式及交易背景的附加条件;

(4) 所选择参照矿业权的信息和待评估矿业权的信息应是丰富的,在有关资料信息不详时,无法采用该方法;

(5) 应用该方法时,对每个差异要素的调整要给予充分的说明;

(6) 成本调整系数和差异调整系数不能在同一个公式中使用;差异调整系数中的每项差异要素,除待评估采矿权和参照的采矿权都不存在的要素外,都必须赋值,如果待评估采矿权和参照的采矿权一方缺项,该项要素赋值为0。

6.4.1.5 应用可比销售法评估矿业权的程序

应用可比销售法评估矿业权的程序如下:

(1) 明确评估对象,考察评估对象的特征。

(2) 进行市场调查,选择可比参照物。

(3) 对可比要素充分对比与分析,收集相关资料,利用科学方法将两者的差异进行量化。

(4) 对评估结果进行分析,在确认评估的矿业权价值具有一定可靠性、准确性的情况下,做出结论,撰写资产评估报告。

6.4.2 贴现现金流法

贴现现金流法最根本的基础原理就是现金的时间价值。贴现现金流法是一个被全球投资界广泛认同的重要投资分析工具。在进行实际投资决策时,可以通过评估未来的现金流和其风险,并把风险评估纳入分析,然后找到现金流的现存价值,来完成现金流贴现法。投资价值直接取决于被期望产出的资产的现金流(也称现金流量)。这个对未来的现金流的评估过程被称为现金流贴现法(DCF)分析。一些普通的应用包括了评估公司的资金成本、新投资项目的价值、收购对象的价值,甚至于股票的投资价值等。

6.4.2.1 贴现现金流法的原理

贴现现金流法是资产评估中广泛使用的基本方法之一,是通过估算被评估资产的未来预期收益,并折现成现值,借以确定被评估资产价值的一种资产评估方法。这种方法是基于:无论谁占有该项资产,都能获得一定的期望收益,而且在产权交易中,无论是买者还是卖者,所获得或支付的货币量都不会超过该项资产的期望收益折现值。那么究竟获得多少货币量又基于一个基本的原则,即在未来经营中谁都应获得风险以外的超额收益,也就是说,除获得折现率水平收益外,还能获得一定的超额收益,但都不能获得全部风险外的超额收益。

在矿业权评估中,贴现现金流法是指通过估算被评估矿业权的未来收益并折现成现值,借以确定被估价的矿业权价格的一种资产评估方法,同时根据与成本比较得出的差值来决定是否投资。矿业权所有者在开采某一矿产资源时,获得的预期现金流与成本之差的现值,就是矿业权的实质价值,它也就是适当的客观的交换价值。由于矿产资源开采具备独立的连续获得预期收入的能力,且满足未来的预期收入能够用货币衡量,其所有者所承担的风险也能够用货币来衡量,因此可以用贴现现金流法来评估矿业权。

这种方法是静态评估,实际上是贴现现金流法基本原理的公式化,但只有理论分析上的意义,在实际估价中是无法操作的。在实际评估中可以采用年本金化价格法、预期收益能力法和剩余法。

年本金化价格法的基本思想是根据矿山企业以往的生产经营状况和企业的外部条件,预测出企业每年的平均收益额然后扣除净资产收益的收益额折现以确定矿业权价值。预期收益能力法的基本思想是充分了解委托评估对象矿业权主体的内部经营管理情况及外部环境的基础上,根据矿山企业的前几年的经营状况以及产品在市场上的销售情况,预测企业在未来五年的收益、净资产收益和超额收益,并假设从第六年开始到开采期结束,企业将保持等额的超额收益,分别将两部分收益进行折现处理,最后计算矿业权的评估价格。剩余法的基本思路是将全部投资(包括矿业权价款、勘探、开发投资)投入矿山的开发生产活动,用贴现现金流法评估矿山的服务年限内的总收益,然后从总收益中扣除勘探、开发投资应分配的部分,即得到矿业权价格。

采用贴现现金流法评估矿业权有三个重要步骤和一个关键参数。三个重要步骤是:一为核实储量,计算可采储量;二是合理确定假设条件,拟定开发方案;三是建立财务模型,列出现金流量表。一个关键参数,即贴现率。

6.4.2.2 贴现现金流法的计算方法

贴现现金流法在矿业权评估中的最一般的计算公式同式(5-34)。

使用现金流贴现分析的实际流程可以分为五步:

(1) 评估未来的现金流。为一些资产评估未来的现金流,比如相对比较容易做到的债券。在这种情况下,由于资产的现金流有固定合同保证,除非出现债券发行者拖欠的意外,否则现金流动一定会实现。但是预测其他类别资产的现金流是非常困难的,这是因为其他类别资产的现金流量很难被精确评估。

矿业活动是从地质预查开始,经普查、详查、勘探评价,到矿山设计,进入矿山建设、生产、直至闭坑结束。矿业权交易活动可以发生在各个阶段,用贴现现金流法进行矿业权评估,既适用于采矿权各个时期,也适用于达到详查以上的探矿权。适用范围较大。因此,矿业权所处矿业活动阶段的不同,现金流量的内容会有一定变化。地质详查、勘探阶段的探矿权,其地质工作程度还达不到开采的要求,需要进一步做地质工作,现金流量表要考虑评估基准日之后的地勘投入和适当的地质工作期限,这时在表中建设期内有地勘投资流出,参与建设期和正常生产期各年的现金流入与流出计算。完成勘探工作的探矿权和矿山拟建阶段的采矿权,其矿床地质勘探已结束,有完整的地质报告资料和符合地质规范要求的矿产储量,具备了开发建设的条件,此时现金流量表中应有建设期和生产期。

(2) 评估现金流的风险。由于现金流天生的不确定性,只用单一的情况来评估现金流通常是不充分的。因此在评估现金流时还需要去量化风险的数目。

(3) 把风险评估纳入分析。资产价值的风险影响可以从这样两个方法来进行分析:确定性等值(CE)法、风险调整贴现率(RADR)法。

(4) 在确定性等值法中,预期现金流量被削弱或项目现金流的风险越高,风险调整越低。在风险调整贴现率中,项目风险越高,贴现率越高。在具体事件中,风险贴现率将会从两个来源对风险产生影响:项目现金流的风险(经营风险)和项目融资方式产生的财务风险。

(5) 找到现金流的现存价值,即计算现金流的现存价值,也就是未来现金流在今天值多少钱。

6.4.2.3 贴现现金流法在采矿权评估中应用

由于采矿权是企业法人财产权,属于企业资产,它具备独立的能够连续获得预期收益的能力,并且资产未来的收益能够用货币来计算,资产未来的收益中包含风险收益等前提条件,所以可以用贴现现金流法来评估采矿权。

用贴现现金流法对采矿权评估时首先要计算两类参数:

(1) 矿山经营过程中的技术参数,包括矿山生产规模、矿石的品位、矿石的回收利用率、矿床地质特征、矿石的贫化率等指标。

(2) 矿山经营过程中的经济参数,包括矿产品价格、国家的通货膨胀率、固定资产投资、利率、资源使用税、生产指数(PPI)和消费物价指数(CPI)、国际矿产品价格和消费趋势等。

具体来说,运用贴现现金流法对采矿权进行评估时,必须对以下指标进行动态分析:(1)边际品位;(2)工业品位;(3)综合工业品位;(4)矿石品级;(5)伴生有用和有害组分;(6)矿区(矿床)平均品位;(7)有害物质允许含量;(8)精矿质量要求;(9)矿石或矿物物理技术性能方面的要求。上述参数中最关键的是边际品位和工业品位,在用贴现现金流法评估采矿权时,要对工业指标进行认真分析,特别是边际品位指标要进行动态分析,要选择最优的边际品位,确定在当前技术经济条件下最佳的经济效益的资源储量。

在应用贴现现金流法评估采矿权时,其收益能力受矿产品市场、资本市场、国际矿产品市场和金融、期货和股票市场等的影响,所以要合理地选择社会经济技术参数指标进行评估。包括:国内和国际矿产品市场价格、银行贴现率、风险溢价、安全利率、国家各种税率(特别是资源使用税等)、资源补偿费率、采矿的固定和流动资本投资、选矿的固定和流动资本投资、采矿显性成本和隐性成本、选矿显性成本和隐性成本。其中,银行贴现率、风险溢价、资源补偿费率和国家各种税率等比较稳定,可以查阅国家相关文件直接引用;而矿产品价格、投资额和成本等参数受时间和地区以及技术影响比较大,需要评估人员综合考虑;另外,贴现率的选取要反映资金的时间价值,不能低于银行的存款利息率和风险溢价之和,同时考虑通货膨胀率的影响综合考虑。

计算公式中的合理的服务年限的确定也是非常重要的。矿山生产合理服务年限是指一个矿山企业以最佳经济效益确定的矿山建设规模及保有的工业储量求得的服务年限,可以按经验公式确定,也可以按建设周期确定,还可以按固定资产折旧年限来确定。结合矿床可开采储量处于所属规模的上、中、下限来确定,一般可以按表6-3来参考选取。

表 6-3 矿山合理服务年限

计算方法	矿山合理服务年限/年		
	大型矿山	中型矿山	小型矿山
经验公式法	28	19	13
建设周期法	26	18	9
平均折旧法	25	19	11
推荐指标	25 以上	18 以上	10 以上

注:数据表来自国土资源部编写的《探矿权、采矿权评估方法》。

6.4.2.4 应用该方法的程序

应用该方法的程序如下:

(1) 确定评估基准日;

(2) 核实矿产储量;

(3) 确定生产规模和生产年限;

(4) 确定合理的评估参数;

(5) 确定贴现率;

(6) 评估计算的程序是:1)固定资产投资计算;2)流动资金计算;3)销售收入计算;4)固定资产折旧计算;5)生产成本计算;6)税费计算;7)矿业权价值计算。

6.5 矿业权评估的实物期权方法

6.5.1 国内外矿业权评估的实物期权方法

实物期权的兴起源于学术界和实务界对传统投资评价的净现值技术的置疑。企业的投资决策一般伴有三个主要特征:投资的不可逆性、投资收益的未来不确定性以及投资时机的选择。这三者间的相互关系是传统的以边际收益、边际成本为基准的净现值法所忽略的。净现值(NPV)规则是讲授给经济学本科生和研究生的新古典投资理论的基础,从中可以发现利用标准增量或经济学家的边际方法所表达的规则:直到增加的单位资本的价值正好等于其成本就进行投资。投资经济学中的理论与实证无论是从乔根森(Jorgenson,1963)的理论派生的,还是源于托宾(Tobin,1969)理论,背后的基本规则都是净现值法。然而 NPV 法隐含的一些假设被忽略了,麻省理工学院的迈尔斯(Myers,1977)教授首先指出,当投资对象是高度不确定的项目时,传统净现值理论低估了实际投资。迈尔斯认为不确定性下的组织资源投资可以运用金融期权的定价技术。组织资源投资虽然不存在正式的期权合约,但高度不确定下的实物资源投资仍然拥有类似金融期权的特性,这使得金融期权定价技术可能被应用到这个领域。

我国基本上是采用上述传统的评估方法来评估矿业权的,但随着期权方法及其应用的升温,我国目前也有学者热衷于用实物期权方法来研究矿业投资。国内学者从 1998 年左右开始进行实物期权的研究工作,起初主要是通过对发达国家公司估价思想和方法的研究,进行有关实物期权概念的导入工作,随后一些学者开展了更多的研究工作。在矿业投资决策中实物期权应用方面也取得一定成果。

国内用期权研究矿业投资的成果有:刘朝马研究了存在市场风险和非市场风险的情况下的矿业投资决策,即在矿产品价格和矿床地质和储量不确定的条件下,遵循期权定价过程,建立预查、普查、详查和勘探阶段的矿产资源投资评估模型,目前已完成了以下三方面的研究:(1)采用几何布朗运动或均值回归过程模拟矿产品价格风险;采用漂移率为零的维纳过程模拟地质风险与储量风险。(2)建立了生产阶段矿山价值评估模型。将期权理论引入到矿山价值评估,遵循期权定价过程,建立一个包含矿山价值及其矿产品期货合约的证券组合,得到矿山价值的微分方程。(3)建立了开发阶段矿产资源投资价值评估模型。遵循期权定价过程,建立包含投资价值,矿产品期货合约和项目开发投资成本远期合约组成的证券组合,得到矿产资源投资价值微分方程。谢英亮教授提出了一个基于期权定价理论的矿山资产评估简化模型,该模型既考虑了风险条件下经济主体的主动性,同时计算方法又比现有的模型大为简化。彭红枫等利用期权方法分析了矿产资源开采时机的选择问题。沈洪等研究了煤炭开采权的期权评价方法。廖作鸿博士研究了矿产品价格的随机波动以及不确定条件下的矿业权的评估问题。

在国外用期权方法研究矿业投资的学者比较多,也比较成熟。国外早期实物期权理论都是应用于石油天然气等矿产资源的开发方面。因为矿产资源价格波动性比较大而且投资存续期间比较长,因而产生了价值较高的期权。Brennan 和 Schwartz(1985)应用对生产、停产和封存矿山的经营建立了评估矿业工程的一种新方法。Paddock,Siegel 和 Swith(1988)探讨了沿海石油矿藏的评价,建立了美式买权定价模型,并与传统的投资决策等理论进行了比较,指出未来不确定性因素越多,实物期权的价值越大。Trigeorgis(1996)针对跨国石油公司的矿产开采计划,提出了开发方案中含有多种期权,比如开发阶段的放弃期权,提出了开发阶段的放弃期权,营运阶段的扩张期权和中止期权等,并针对这些期权提出了评价模型。1990 年,在 Mkinsey 公司从事咨询工作时,Copeland 等人(1990)研究了期权定价,在研究石油开采和租赁时,其客户有推迟开采和扩大生产规模的选择权。Bjerksund 和 Ekern 对未来开发的挪威北海油田的研究表明,优化投资时间可增加 63 万美元的现金流量,占 DCF 法计算的期望现金流量的 12.6%。1992 年,Cavender 应用期权定价理论对一个美国小型金矿的研究表明,关闭矿山和恢复生产的管理当局选择权的应用,可增加 3.8 万美元的现金流量,占 DCF 法计算的期望现金流量的 16.6%。据 1996 年 10 月 25 日采矿杂志 25 期报道,南非黄金采矿公司 JCI 应用期权定价理论研究了一个深部黄金开采的案例,结果是在当前的市场条件下(即金价)和开采冶金技术条件下,开采该矿床是不经济的。1996 年,Moyen 等人应用期权定价理论建立了一个评估金属市场价格和生产技术所决定的价值模型,并利用一个加拿大铜矿进行了验证。

6.5.2 实物期权及其定价

6.5.2.1 期权与实物期权

期权是以约定价格在约定时期内买入或卖出某种标的资产的权利。期权合约是一种赋予权利而不是义务的标准化契约,即在某一段特定时间内,以期权合约成交时双方同意的期权费,买卖特定价格、特定数量与质量的相关产品。期权合约是给投资者一种权利(而非义务),在一定的时期内以双方约定的行权价格买进或者卖出某种商品或者金融资产(包括股票、股票指数、债券等)。约定价格也叫执行价格,即期权买方据以向期权出售方买进或者卖出一定数量的某种资产的价格，这一价格是在期权合约买卖时就已经确定的，在期权的行权有效期内，无论相应物品上涨或者下跌到什么水平，只要期权购买者要求执行该期权，期权出售者都必须以此价格履行其义务。期权到期日即是指期权合约所规定的，期权购买者可以实际执行该期权的最后日期。

根据不同的标准可以将期权做如下分类：

（1）根据期权合约持有者有权进行的行为可以分为看涨期权和看跌期权。看涨期权是指在规定期限内以约定的价格和数量购买某种交易标的资产的权利，在期权规定的有效期限内，期权卖方有义务应期权买方要求，以期权合约预先规定的执行价格卖出相关的期货合约。看跌期权是指在规定期限内按约定的价格和数量卖出某种标的资产的权利，在期权规定的有效期限内，期权卖方有义务应期权买方要求，以期权合约预先规定的执行价格买进相关的期货合约。

（2）根据是否提前执行可将期权分为美式期权、欧式期权。美式期权是指能在有效期内的任何一天提前执行的期权，欧式期权是指只能在到期日才能执行的期权。全球交易的期权大多是美式期权。美式期权比欧式期权更灵活，赋予买方更多的选择，而卖方则时刻面临着履约的风险，因此，美式期权的权利金则相对较高。

（3）根据期权合约的标的物的不同，可以分为商品期权（粮食、金属、钢铁等）、外汇期权、股票期权、利率期权和股指期权等。

（4）根据期权履约价格与标的物市价的关系来划分，可以将期权分为实值期权、平值期权和虚值期权。实值期权是看涨期权（看跌期权）的履约价格低于（高于）标的物价格，买方立即执行就可获利的期权；平值期权是看涨期权（看跌期权）的履约价格等于或近似等于标的物价格，买方立即执行不盈不亏的期权；虚值期权是看涨期权（看跌期权）的履约价格高于（低于）标的物价格，买方立即执行会亏损的期权。执行价格与期货市场价格相差越大，实值额或虚值额越大，称为深度实值期权或深度虚值期权。期权交易过程中，实值期权、平值期权和虚值期权随期货价格变化而发生变化。

期权的全部价值分为内在价值和时间价值，期权的约定价格和现货价格之间的关系用内在价值来表示，而与未来标的物价格的关系则用时间价值来表示。期权的内在价值是指期权立即执行产生的经济价值。内在价值的大小，取决于期权标的资产的现行市价与期权执行价格的高低。对看涨期权而言，内在价值 = 标的物市价 - 合约执行价格；对看跌期权而言，内在价值 = 合约执行价格 - 标的物市价。内在价值不同于到期日价值。期权的到期日的价值取决于“到期日”标的股票市价与执行价格的高低。如果是目前到期，则内在价值与到期日的价值相同。

期权可分为金融期权和实物期权两个大类，将金融期权的基本思想应用到现实的市场上就是实物期权。实物期权的概念是麻省理工大学的 Stewart Myers 教授在 1977 年提出的。他提出：一个投资项目产生的现金所创造的利润，乃是来自于对目前所拥有资产的使用，再加上一个对未来以一定的价格取得或者出售一项实物资产或者投资计划，而取得此项权利的价格则可以使用期权定价公式计算出来，所以实物资产的投资可以应用类似于评估一般金融期权的处理方式来进行评估。因为其标的物为实物，所以他把这种性质的期权称为实物期权。

实物期权是指以实物投资为标的资产的期权，具体表现为在经营、管理、投资等经济活动中,以各种形式获得的进行或有决策的权利,它是金融期权理论在实物投资领域的发展和应用。它的标的资产是复杂的实物资产,其定价方法可以类似于金融期权的估值,计算过程融入了“最优决策”的思想,使投资者对于不确定性的评价更为科学可靠。与金融期权的概念类似,实物期权指期权持有人持有在未来一段时间内进行某项经济活动的权利而不是义务。这类权利包括等待一段时间后进行项目投资、放弃项目投资、增加项目投资或改进项目投资等。特点是期权持有人可以根据各种条件的变化情况,等到最适当的时机才做出取舍该权利的重大决策,从而长期保持其增长能力。实物期权在战略、决策及投资中的应用越来越深入,特别是在航空航天研发、石油化工生产、矿山能源开发、风险投资等高风险领域尤为突出。

根据实物期权所带来的不同的经营灵活性,实物期权的种类主要有推迟期权、放弃期权、悬置期权、分段期权、规模期权、变换期权、成长期权和组合期权等。

(1) 推迟期权。在现实投资中,投资机会不会马上失去,投资机会的选择具有一定的灵活性,这种可以推迟的可能性称为推迟期权。延迟投资的期权类似于一个美式看涨期权,过早地投资意味着牺牲延迟投资期权的价值,而这个期权价值的损失就相当于额外的投资机会成本。在为资源开采、农业、不动产开发等项目确定价值时,延迟投资期权特别有用,因为这类项目都有不确定性程度高和长程投资的特点。尽管在现实生活中出于战略考虑,有时不得不迅速投资,但多数情况下推迟是可行的,但推迟也会有代价的,如对手的进入或现金流的损失,但这种代价会由等待获得新信息的报酬而平衡。这种等待的价值在具有高度不确定性、投资周期长的项目(如矿产资源的开发、房地产等项目)中更大。像其他实物期权一样,可能的结果不确定性越大,推迟期权的价值就越大。

例如,1986 年 McDonald 和 Siegel 分析了不确定条件下的投资时机的选择问题。他们认为,在进行投资决策时,如果投资者可以推迟投资以等待更多的信息的话,那么推迟项目的等待将创造“等待价值”,由于该价值的存在,使得 NPV 为负值的项目加上推迟期权价值成为正值。因此,他们建议投资者应以扩充的 NPV 法做决策(即用实物期权的观点修正贴现现金流方法)。又如,1993 年 Smith 和 Ankum 也曾分析了投资时机问题。他们得出结论认为:在完全竞争市场中,由于竞争者的不断加入,即使存在推迟期权,投资者也应尽早投资抢占先机。在垄断市场下,由于垄断者拥有独占能力,在推迟期权有效期间内不会因为竞争者的加入而减少投资项目的价值。如果投资项目的价值低,投资者将选择等待,如果投资项目的价值高,投资将会提早投资。

(2) 放弃期权。如果项目的市场状况变化,严重衰退,并且预测未来不会有好的转机,导致运营成本过高,利润受到损害,管理者可以选择永远放弃的选择,即永久性地放弃该项目以交换它的残余价值的期权。在民航、铁路、金融服务业和在不确定的市场上推广新产品经常会有放弃期权的例子出现。当然,若非考虑了所有的成本、企业在本行业的竞争能力、成长的机会以及损失是否最终无法挽回等因素,放弃并不应轻率而为。面对永久放弃型的期权,投资者就好比手中拥有了一个美式卖权,标的物是该投资项目,执行价格是变卖资产的价值。

1990 年 Myers 和 Majd 利用美式卖权的观念衡量具有放弃项目执行权利的投资项目的价值时发现,投资项目残值增加、波动率变大及项目执行时间延长均会提高放弃期权的价值。

(3) 悬置期权。由于投资具有不可逆性,项目一旦放弃,要再启动需要很高的重启成本。所以当市场状况不好,前景不够明朗时,投资者会尽可能地选择延缓项目的进程,甚至冻结该项目,这种延缓或冻结的可能性就称为悬置期权。比如临时关闭或者暂停经营,特别是经营和闲置之间的相互转换的成本相对比较小时可以选择这种经营的柔性。

(4) 分段期权。分段期权又称为分期建设期权,在大多数的实际工程项目中,投资的实际支出并不是一次完成的,而是按时间顺序分成若干相互联系的部分。在每一个节点上都可以根据获得的新信息决定是否放弃还是继续,只有进行了前一阶段的投资才可以考虑是否进行下一阶段的投资,而是否继续下一阶段的投资决策取决于投资可能产生的结果,这种分阶段进行投资规划的管理灵活性具有期权价值。这种期权经常出现在以下行业中:研发密集型如高科技行业、资本密集型、不确定性程度高和风险投资业等。

(5) 规模期权。在项目设计规划时,设计规模变化的灵活性和柔性便赋予了项目一个规模期权,即在未来的项目经营过程之中拥有扩大或者缩小规模的可能性。因为任何生产规模不可能一成不变,如果市场条件和前景变好,公司可以扩大生产规模以利用市场条件创造最优的利润;相反,如果市场条件比预期的糟糕,则可以缩小生产规模,以减少损失。

(6) 变换期权。原材料组合和产品组合具有变换的灵活性所带来的期权价值称为变换期权。一般说来,这种生产流程的灵活性不仅可以通过诸如在技术上保持对不同能源的可转换性,还可以通过与许多供应商之间保持业务关系,根据相对价格的变化在其中进行转换而获得。

(7) 成长期权。一项战略性的早期投资,也许本身并不直接产生现金流,但是却开创了未来的盈利机会,是一系列后续相关项目的前提,这类投资具有成长期权,具体是指一个项目与其他有价值的项目之间构成了一个价值链,因此该项目的实施可能为企业今后的发展创造更加广阔的空间和机会。一切基础建设或者战略性投资都具有成长期权。更一般地说,企业的许多先行投资项目,如 R&D、租赁尚未开发的或可能蕴藏石油资源的土地、战略性兼并等都包含着企业成长期权,最典型的就是 R&D 投资了。这些项目具有以下共同点:对这些项目的投资都可以看作是其他投资的必要前提,这些项目的价值并不取决于其本身所产生的净现金流的大小而是表现在其所提供的未来价值增长机会,如提供新一代的产品、充足的资源储量、进入新市场的通道、企业核心能力的增强、战略地位的提高等。从实物期权角度看,企业成长期权属于复合期权(即期权的期权)。

(8) 组合期权。现实生活中的投资项目一般都不止一种期权,往往包含多种期权在内,它们的组合价值不是所有组分价值的简单求和,而要考虑它们之间的相互强化或者削弱的作用,其实就是一个组合期权。

6.5.2.2 实物期权定价

实物期权的定价充分借鉴了期权定价的原理,其基本思想就是通过将实物资产在金融市场中的演变情况与企业最优决策规则相结合,而实现对企业拥有的各种或有决策的回报方式的模拟,最终计算得出其价值。期权定价模型更全面地考虑了影响投资机会价值的多方面因素,但它并不排斥传统的贴现现金流方法,而是对其具有兼容性。实物期权不像金融期权,没有明确标明期权的执行价、期权到期日、决策模式等,因此,对实物期权定价,首先要对其按金融期权的形式进行分析,找出并定量估计影响实物期权价格的主要因素。如标的资产价值、波动率、执行价格和风险溢价等,在上述因素确定之后,再由期权定价公式估算出实物期权的价值。

基于期权的定价方法体现了在经营和决策中的柔性,以及不确定事件在逐渐明朗的时候相机决策的可能性,使得管理者在估计投资机会价值时能够正确地反映各种实物期权的价值。

A　Black-Scholes 定价模型

连续条件下实物期权定价方法,最广泛使用的方法是 Black-Scholes 定价模型。1973 年,Black 和 Scholes 在完全市场和股票价格对数正态分布的假定条件下,通过建立一个包含期权和股票的无风险利率,得到基于股票的期权价格的微分方程,他们成功地求解了该微分方程,得到欧式看涨期权和看跌期权的精确公式,即著名的 Black-Scholes 模型,该模型业已成为期权交易的标准工具。两个月后,Merton 独立完成了类似的工作。鉴于期权定价理论与方法在金融投资领域长达 20 多年的广泛应用和取得的巨大成功,瑞典皇家科学院将 1997 年诺贝尔经济学奖授予了两位美国学者 Scholes 和 Merton,以表彰他们对这一理论的建立及应用所做出的开创性贡献。

Black-Scholes 模型的推导建立在六个假设基础上:(1)期权的基础资产为有风险的资产,可以被自由地买进和卖出,没有交易成本和税收;(2)无风险收益率是常量;(3)在期权到期日前,基础资产无任何收益(如股息、利息等)支出;(4)基础资产价格的变动符合几何布朗运动;(5)交易市场是连续开放的;(6)期权是欧式期权。这六个假设条件使 Black-Scholes 模型建立在与真实市场相差较大的“理想市场”基础上,近 20 多年来,经济学家们试图在“放松”这些假设条件情况下,寻求更贴近实际市场的期权定价模型,取得了许多优秀成果,极大地丰富和发展了期权定价理论。正确使用 Black-Scholes 公式必须注意其他几个参数的选择:

(1) 该模型中无风险利率必须是连续复利形式;

(2) 期权有效期 T 应折合成年数来表示,即期权有效天数与一年 365 天的比值;

(3) 对波动率的计算。通常通过标的资产历史价格的波动情况进行估算。

对所建立的微分方程,可以采取有限差分法和 Monte Carlo 模拟来求其数值解。有限差分法的基本思想是利用网格线将定解区域化为离散点集,在此基础上,通过适当的途径将微分方程离散化为差分方程,并将定解条件离散化,这样将微分方程定解问题化为代数方程组,通过求解得出离散解,再利用插值方法便可以离散解得到定解问题在整个定解区域上的近似解;Monte Carlo 模拟法的基本思想是首先建立一个概率模型或随机过程,使它的参数等于问题的解,然后通过对模型或过程的观察和抽样实验来计算所求参数的统计特征,最后得出所求解的近似值,而解的精度可用估计值的标准误差来表示。运用 Black-Scholes 定价模型进行估价时需要的几个数据:(1)约定价格 X;(2)到期期限 T,一般以年为单位;(3)年无风险的复合利率 r;(4)一年股票复合回报率的标准差 σ;(5)股票的当前价格 S。

运用 Black-Scholes 定价模型进行估价时计算步骤:

第一步,计算 $d_1 = \dfrac{\ln\left(\dfrac{S}{X}\right) + \left(r + \dfrac{\sigma^2}{2}\right)t}{\sigma\sqrt{t}}$ 和 $d_2 = \dfrac{\ln\left(\dfrac{S}{X}\right) + \left(r - \dfrac{\sigma^2}{2}\right)t}{\sigma\sqrt{t}} = d_1 - \sigma\sqrt{t}$;

第二步,计算出 $N(d_1)$ 和 $N(d_2)$;

第三步,计算买权或者卖权的价格。

B 二叉树定价模型

离散条件下实物期权的定价方法,通常是采用二叉树期权定价方法,二叉树定价模型是由 Cox、Ross、Rubinstein(CRR)1979 年在 Journal of Financial Economics 上发表的一篇文章中提出的,后来 Cox、Rubinstein 在 1985 年对它精细化,使它广泛应用于期权估价。其方法是在每一期将出现两种可能性的假设下构筑的现金流或某种价格波动的模型,它从期权有效期的末尾倒推回到开始位置获得期权的当前价值。

二叉树模型是一个重要的概率模型定价理论,它同 Black-Scholes 模型在很多方面都十分相似,运用这两个模型对期权定价的结果基本上一致。从逻辑原理来看,二叉树定价模型可以说是 Black-Scholes 模型的逻辑基础,虽然 Black-Scholes 模型是被较早提出。但 Black-Scholes 模型过于抽象,且其中包括 Pindyck 所提出的项目未来受益的不确定性服从几何布朗运动的假设,导致模型复杂求解困难,成为实物期权推广中的最大障碍。而二叉树定价模型直观易懂,优点有:(1)适用范围广;(2)应用方便,仍保留 NPV 法分析的外观形式;(3)易于理解,易列出不确定性和有决策的各种结果。

二叉树方法的基本概念是先求得风险中性假设下未来现金流量的期望值,再以无风险利率折现而得到期权的现值。CRR 模型的基本假设有:

(1) 标的资产的未来价格只有上涨或下跌两种情况;

(2) 标的资产的未来价格上涨或下跌的报酬率已知,且投资人能利用现货市场及资金借贷市场,建立与期权报酬变动完全相同的对冲资产组合;

(3) 无摩擦之市场,亦即无交易成本、税负等,且证券可以无限分割;

(4) 借贷利率均相等,皆为无风险利率;

(5) 每一期的借贷利率(r)、上涨报酬率(u)及下跌报酬率(d)均为已知,且存在以下关系,否则将出现无风险套利机会:

$$\begin{cases} u>1 \text{ 且 } d<1 \\ u>R>d, \text{其中 } R=l+r \end{cases}$$

二叉树定价模型估值方法具有风险中性假设,即假定管理者对不确定性持有风险中性态度,其核心环节是构造出风险中性概率。

以二步二叉树图为例(图 6-1),股票的初始价为 S,其上升和下降的倍数分别是 u、d,P 为上升的概率(伪概率),$1-P$ 为下降的概率,节点上、下的数据分别是股票的价格和期权的价值 ,直线上或下的数据为股票的价格变化的概率。r 为无风险利率,Δt 为每个单步二叉树图的时间长度,则用下列式子可计算出期权的价值:

$$f_u = e^{-r\Delta t}[Pf_{ud} + (1-P)f_{dd}]$$

$$f_d = e^{-r\Delta t}[Pf_d + (1-P)f_d]$$

$$f = e^{-r\Delta t}[Pf_u + (1-P)f_d]$$

二叉树法推广到多步时同样可用上述公式类似地计算出期权价值。但用二叉树图法为美式期权估价时要在每个节点处检验提前执行是否最佳,在最后节点的美式期权与欧式期权价值相同,在较早的一些节点,期权的价值是取以下两者之中的较大者:(1)用公式求出的期权的价值;(2)提前执行所得的收益。

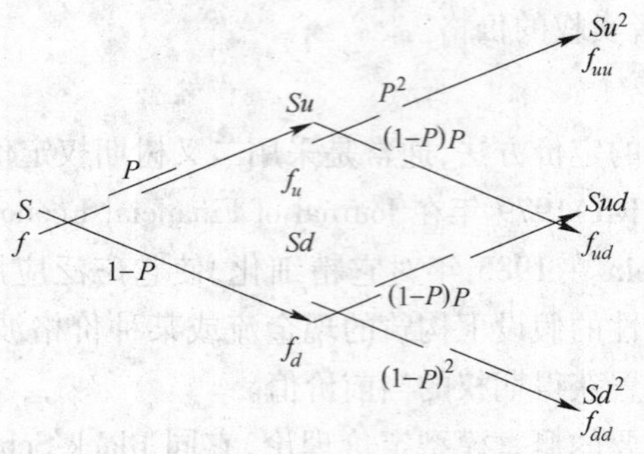

图 6-1 一般的两步二叉树图中的股票价格和期权价格

6.5.3 实物期权理论在矿业权评估中的应用

6.5.3.1 实物期权定价理论在矿业权价值评估中的应用简介

在矿业经营中,管理当局有一定程度的选择权。取一个极端的情况,管理当局对停产有一定的选择权。如果矿产品价格下降到足够低而 R 持续时间比较长的话,管理当局就可选择停产。Brennan 和 Schwartz 应用对生产、停产和封存矿山的经营选择权的评估建立了评估矿业工程的一种新方法。他们应用 Black-Scholes 模型确定产品的现货价格,遵循标的报价的期权定价过程,建立了一个矿山多头及其产品期货合约空头的虚拟证券组合。根据不存在套利的论点,其直接回报率等于无风险的利率。也就是说他们遵循了经典的期权定价过程,即应用给定了边界条件的一系列偏微分方程,能求出产品限价的显解或数值解,使企业能够做出从停产到永久放弃等决策。

按照 Brennan 和 Schwartz 的步骤,Plam 等人提出了一个应用期权定价评估一个高成本铜矿的案例。1988 年,Palddock 等人应用期权定价理论研究了海上石油租赁开采的问题。1990 年,在 Mkinsey 公司从事咨询工作时,Copeland 等人研究了期权定价。在研究石油开采和矿山租赁时,他们的客户对推迟开采和扩大规模有选择权。另一个例子是一个正在生产的矿山,该矿山可根据金属的现货交易价格来确定停产或生产,而金属的现货交易价格变动性很大。他们的应用只包括停产、生产、封存矿山。Bjerksund 和 Ekern 对未开发的挪威北海油田的研究表明,优化投资时间可增加 63 万美元的现金流量,占 DCF 法计算的期望现金流量的 12.6%。1992 年,Cavender 应用期权定价理论对一个美国小型金矿的研究表明,关闭矿山和恢复生产的管理当局的选择权的应用,可增加 3.8 万美元的现金流量,占 DCF 法计算的期望现金流量的 16.6%。Dixit 和 Pindyck 的著作给出了好几个案例。一个涉及评估一个尚未开发的海上油田,另一个调查了火力电厂降硫问题。空气净化法规要求降低 SO_2 的排量,火力电厂可选用化学方法除硫,但需昂贵的除硫设备投资,或者接受处罚,但可以继续污染空气。问题是允许排放的费用是未知的。据 1996 年 10 月 25 日采矿杂志 25 期报道,南非黄金采矿公司 JCI 应用期权定价理论研究了一个黄金开采的案例,结果是在当前的市场条件(即金价)和开采冶金技术条件下,开采该矿床是不经济的。1996 年,Moyen 等人应用期权定价理论建立了一个评估金属市场价格和生产技术所作决策选择的价值模型,并利用一个加拿大铜矿进行了验证,但其本质上是一个以 DCF 法为基础的决策树法。

目前该方法在我国还只是停留在理论研究的阶段,该方法要真正投入到实际的矿业权评估中应该还有一段很长的距离。

(1) 矿业权开发投资项目的特殊性。矿业权,主要包括探矿权和采矿权两种。矿产的开发投资项目风险大,不确定性高,具体表现在四个方面:1)前期需要大量的投资和固定费用,回收期长;2)投资的收益受到资源丰度和品位的限制,差别很大;3)储量难以准确可靠地加以预测;4)矿产品的价格波动很大,市场周期性非常强。另外,矿业权开发投资涉及勘查-采选-冶炼-加工等产业链各个环节,如图6-2所示。它通过向整个产业链上各环节延伸投资,以规避矿产品价格波动风险,提高矿山投资价值;因此,此种投资往往涉及实物期权的多阶段投资,并且是一个包含数种实物期权类型的复合型实物期权。

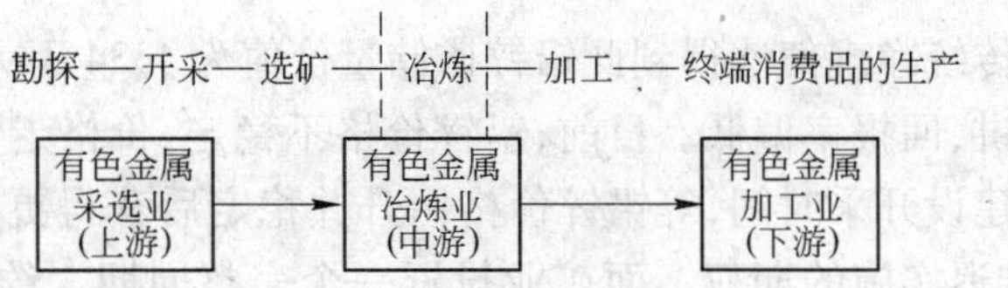

图6-2 有色金属产业链

(2) 应用的合理性和可能性。

1) 实物期权法主要用于解决风险大、不确定性大的项目经济评价和投资决策,而矿业权开发投资项目最大的特点恰恰就是风险大、不确定性大,且实物期权法可以把矿业权投资项目各个增值阶段分别作为一个分阶段期权来考虑,在每个增值阶段结束时,企业都可以决定是否继续进行延伸投资。

2) 实物期权法评价矿业投资项目时,要求的信息少,只有波动率 σ 需要估算,其他参数标的资产的价格 S、执行价格 X、无风险利率 r、距到期日的时限都可以直接获得。由于净现值法需对一系列的参数做出假设,产生的结果就随不同的设定而产生差异,相比之下,实物期权计算结果要比净现值法可靠。

3) 在净现值法中,高的价格波动率会导致低的净现值,因为一般要提高贴现率。而矿业权投资项目的不确定性对项目价值会产生正面的影响。传统的观点认为矿业项目投资收益的多少随着不确定性的增加而降低,但实物期权法则认为不确定性越大,可能得到的投资收益也就越多,这主要取决于管理者利用不确定性来创造价值的能力。换句话说,传统的观点是将不确定性作为一种消极的因素来考虑,而实物期权法的观点则是将不确定性作为积极的因素加以考虑。

6.5.3.2 应用实例分析

甘家巷矿区位于南京市北东17km,栖霞镇西1.5km,与南京铅锌银矿正在开采的虎爪山铅锌矿段同属栖霞山矿田,是虎爪山矿段向西延伸之一部分。经华东有色地质矿产勘查开发院对甘家巷矿区的普查和详查工作,基本查明探矿权范围内总的资源储量:铅锌矿石资源量491.88万吨,金属量铅15.07万吨;硫矿资源量33.19万吨,硫量6.42万吨。另外,伴生元素量为Au 2548.7 kg,Ag 197715.2 kg,Cu 10824.0 t,Cd 1798.8 t,Se 465.8 t,Ga 35.5 t。该铅锌矿区为在建项目,建设期为两年,设计生产年限为25年,以目前有色金属价格(铜3万元/t、锌0.9万元/t、铅0.82万元/t)计算,生产各年的财务现金流量见表6-4。

表 6-4　铅锌矿投资项目财务现金流量　（万元）

项　目	建设期		生产期			
	1	2	3~15	16	17~26	27
现金流入			6984	6944	5443	8829
现金流出	9457	6403	4594	4580	4166	4254
现值系数 i=9%	0.917	0.842	6.302	0.252	1.616	0.098
现金流入现值			44013	1750	8795.9	865.3
现金流出现值	-8676	-5306	-28951.4	-1007.6	-6732.3	-416.9
净现金流量	-8676	-5306	15061.6	742.4	2063.6	448.4

由此得出，利用传统净现值法得到此铅锌矿储量价值为 4334 万元。虽然此项目净现值为正，但相对投资来讲，回报率偏低。目前，铅锌价格不稳定，价格走势处于下降通道，针对这种情况，可以推迟建设开采时间，等铅锌价格回升并稳定后获得更多的现金流。因此，在此项目中存在一个推迟实施的期权。而矿业投资一个完整周期大约为 10 年，2005 年有色金属价格开始加速上涨，在 2008 年上半年达到牛市顶点后，目前各类矿产正处于下降通道，受全球金融危机影响，大宗有色金属价格有进一步走低的可能性；因此，考虑到价格下跌、盘整到稳定所需的时间，目前可以采取 5 年左右的推迟开采时间以规避市场风险。参考铅、锌近几年的价格波动情况（图 6-3、图 6-4），获得铅锌矿年波动率为 75%。从而得到各项指标值如下：

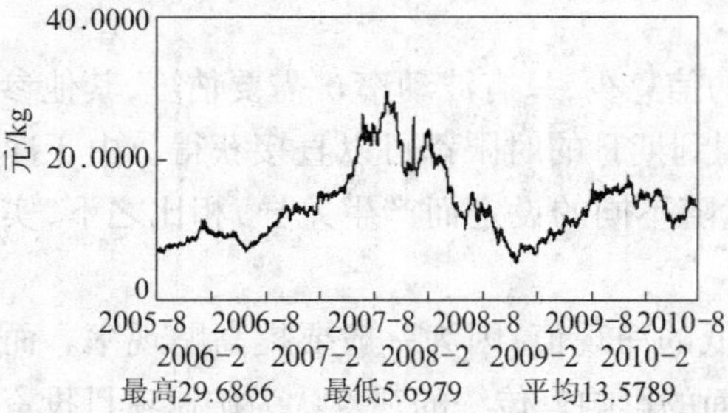

图 6-3　铅 2005 年 8 月～2010 年 8 月价格走势

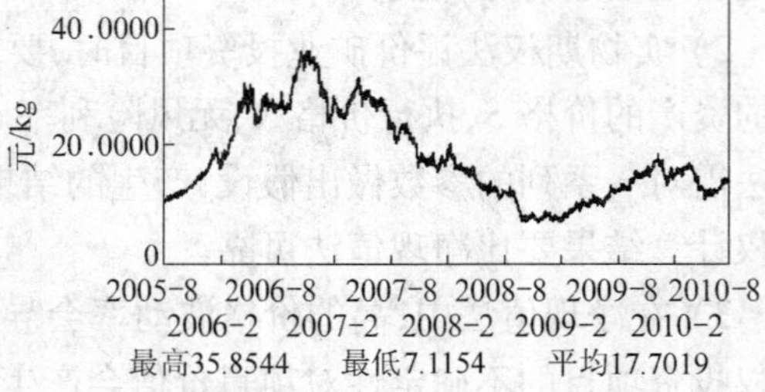

图 6-4　锌 2005 年 8 月～2010 年 8 月价格走势

标的资产的价值（S）= 矿区目前开采获得的现金流入量的现值 = 55424.2 万元；

执行价格（X）= 实施开采项目所需的原始投资的现值 = 9860.0 万元；

无风险利率（r）= 5%；

期限（t）= 5 年；

波动率（σ）= 75%。

运用期权定价模型计算如下：

$$d_1 = \frac{\ln\left(\frac{55424.2}{9860.0}\right) + \left(0.05 + \frac{0.75^2}{2}\right) \times 5}{0.75\sqrt{5}} = 2.02$$

$$d_2 = d_1 - \sigma\sqrt{t} = d_1 - 0.75\sqrt{5} = 0.35$$

查正态概率分布表，得到 $N(d_1) = 0.978$，$N(d_2) = 0.637$，则推迟项目的看涨期权价值为：

$$C = 55424.2 \times 0.978 - 9860.0e^{0.05\times5} \times 0.637 = 46140.14 \text{ 万元}$$

基于期权理论的净现值为：

$$NPV = 4334 + 46140.14 = 50474.14 \text{ 万元}$$

从甘家巷铅锌矿的案例分析来看，推迟开采所产生的价值大于直接开采所带来的收益，从而体现了推迟看涨期权的额外价值。而根据目前华东有色地勘局在市场上的询价结果情况，接近于实物期权计算值。因此，实物期权有其存在的合理性，它弥补了净现值法的缺陷，使矿业投资项目的最佳时机选择更为科学，这有利于投资者做出恰当的投资决策；另外，实物期权法在华东有色地勘局的房地产开发、大型工勘岩土项目中也得到应用，基于期权理论的项目净现值与市场中的报价也相当接近，理论与实际较贴近。

6.6 影响矿业权价格的因素及矿业权流转

6.6.1 影响矿业权价格的因素

矿业权价格水平是由许多影响矿业权价格的因素交互而成的。各种因素的影响程度、影响方向都不尽相同，有的因素对矿业权价格的影响较大，有的影响较小。其影响因素可归纳为以下几种：供求状况、矿业技术水平、储量、品位、开采条件、加工条件、区位条件、政策因素、经济因素、社会因素和其他因素十类。

6.6.1.1 供求状况

供给和需求是矿业权价格水平影响形成的两个最终决定因素，其他一切因素要么通过影响供给，要么通过影响需求来影响价格。矿业权价格是通过矿产品价格来体现的，矿产品在某个特定时刻的价格取决于供给和需求状况之间的相互关系。

需求曲线代表任一时刻在其他条件相等时矿产品的市场价格和对该种矿产品需求数量之间的关系；供给曲线表示在其他条件相等时，该矿产品的市场价格与生产者愿意生产和销售数量之间的关系。矿产品的价格是供应量和需求量相一致时的均衡价格。竞争均衡点必然是供应曲线和需求曲线的交点，在完全竞争市场上，矿产品价格由供应和需求决定，与需求成正比关系，与供给成反比关系。供给一定，需求增加，则价格上升，需求减少，则价格下降；需求一定，供给增加，则价格下跌，供给减少，则价格上升。矿业权的价格也随着矿产品价格的波动而波动，因为矿业权的价值是由其产品的价值决定的。

6.6.1.2 矿业技术水平

矿业权价格与矿业开采技术水平和选冶技术水平的发展密切相关。近百年来，矿产品价格趋势是稳中有降，其下降是由于开采技术和加工技术的进步大幅度提高了劳动生产率，技术的进步大大抵消了因储量耗减及采出矿产品位降低所造成的成本提高。

另外由于我国矿产资源综合利用整体水平不高，矿业技术水平相对落后，使矿山二次资源中的各种有用组分含量较高，这是我国矿山二次资源物质成分总的特点，这也会影响矿产品的成本，进而影响矿产品和矿业权的价格。

6.6.1.3 储量、品位

储量是矿床中矿石或有用组分的埋藏量，一般是指矿产资源中具有经济意义的未开采部分，即表内储量。矿床规模大，矿产储量多，采矿成本就低，开采的经济价值大，采矿权价格就高。

品位是指矿石中有用元素组分或矿物的含量。品位高，不仅有用含量多，而且市场价格高，开采的经济价值大，开采权价格就高。在露天境界内，改变边界品位意味着开采矿岩量的增减，即是说，所定边界品位高，则可采储量减少，剥离岩量增大；反之，所定边界品位低，则可采储量增大，剥离岩石量便相应减少，这种矿岩储量的变化，必将影响矿山的生产能力和开采的经济效果。

6.6.1.4 开采条件

影响开采权价格的开采条件主要为三类：一是矿床的赋存条件；二是矿石及围岩性质；三是矿床水文地质条件。具体为：

(1) 矿体的埋藏深度及其覆盖层厚度。矿体的埋藏深度越深，覆盖层厚度越厚，则开采成本就越高，开采的经济价值就低，采矿权价格就低。

(2) 矿体的形态。矿体的形态越简单，则越可以使用低成本的采矿方法，采矿权的价格就高，反之亦然。

(3) 矿体的产状（走向、倾向和倾角）。矿体的产状对矿床开拓、采矿方法和矿石运输具有重要影响，必然影响采矿权价格。

(4) 矿石及围岩性质。主要为矿岩的物理性质，包括岩石、矿石的穿爆性和稳固性：如果矿石围岩稳固性、穿爆性好，开采时支护和爆破费用低，开采成本就可适量降低，开采的经济价值就大，采矿权价格就高。

(5) 矿床水文地质条件。矿床水文地质条件越复杂，则开采时所需排水和治水工程费用就高，开采成本就高，采矿权价格就低。

6.6.1.5 加工条件

加工条件是指选矿和冶炼条件，影响采矿权价格的加工条件有：

(1) 矿石类型。矿石类型不同，加工技术条件不同，所以成本不同，开采权价格也因此不同。

(2) 矿物组分及其结构构造。如果矿物的组成简单，结晶粗大，则选冶性能比较好，生产成本低，采矿权价格高。

(3) 共生、伴生和有害元素。主元素、次元素、共生、伴生和有害元素存在形式及其含量等直接关系到原始矿石和矿产品的去向、元素综合利用可能性、选矿成本、冶炼成本、产品价格等，因此对采矿权价格影响较大。

6.6.1.6 区位条件

人类活动所占有的场所是我们通常所说的区位，区位条件是区位（场所）所持有的属性或资质。区位因子或称区位因素是指影响区位主体分布的原因，韦伯称之为区位因子，就区位因子而言，对区位主体的区位给予大的影响因子是主要因子，相对影响比较小的为次要因子。就工业区位而言，米勒将劳动力、资本、原料、能源、运输、市场作为主要因子，而将用水、研究开发、经营、税制、自然条件以及其他要素归结为次要区位因子。影响采矿权价格的区位条件有：

(1) 自然地理区位。主要是矿区地形、地貌和矿区天气。

(2) 经济地理区位。主要有水、电、劳动力、原材料供应状况、矿区及周围经济发达程度、交通状况。

(3) 交通地理区位。包括地理位置和交通状况。

总之,区位条件越优越,采矿权价格就越高,反之,区位条件越差,采矿权价格就越低。

6.6.1.7 政策因素

影响矿业权价格的政策因素主要有:

(1) 矿业制度。影响采矿权价格的矿业法律、规章制度等主要有《中华人民共和国矿产资源法》、《矿产资源勘查区块资源办法》、《矿产资源开采登记管理办法》、《探矿权、采矿权转让管理办法》和《外商投资勘探开采矿产资源管理规定》等法律法规。矿业制度对矿业权价格的影响也是最大的。

(2) 税收政策。矿业发展对每一个国家的发展有着重大的影响,所以每个国家都很重视矿业税收制度,以适应矿业投资的需要。我国的矿业税收主要有资源税、资源补偿费、增值税和企业所得税等。矿业税收制度影响矿产资源的投资、开发,对其生产经营有重大的影响。

(3) 环境保护政策。矿业开发不仅破坏环境,而且也严重污染生态环境,不符合环保要求的矿产资源,其采矿权价格就会很低,环境保护的严格要求,必然影响投资者的收益,降低矿业权的价格。

6.6.1.8 经济因素

影响矿业权价格的经济因素有经济发展状况、通货膨胀和政府的经济政策。

(1) 经济发展速度和经济发展波动对矿业权价格有极大的影响。这种影响最先影响矿山企业的销售额,增大收益不确定性,使矿业权投资者的风险增大,矿业权价格减低。

(2) 通货膨胀给矿山企业生产经营带来很大的困难。不可预期的通货膨胀将会对矿山企业造成很大的影响。

(3) 另外,国民经济的发展规划、国家的经济政策,政府的行政法规,对矿业企业的经济活动有重大的影响。

6.6.1.9 社会因素

影响矿业权价格的社会因素有政治安定状况和社会治安程度。例如,如果矿业秩序混乱,滥采滥挖现象严重,都会对矿产品的价格产生重大的影响,所以要对重要矿产资源实行战略性保护。我国大多数矿产资源人均占有量不到世界平均水平的一半,在资源短缺的同时,资源破坏和浪费又非常突出。滥采、滥垦、滥伐屡禁不止,资源的产出率、回收率和综合利用率低,生产、流通和生活消费方面的浪费惊人,这一切都会在不同程度上影响矿产品的价格。

6.6.1.10 其他因素

影响矿业权价格的其他因素有国际经济状况、军事冲突、国际垄断和竞争等。

总之,影响矿业权价格的因素很多,但供给和需求是矿业权价格水平形成的两个最终决定因素,其他一切因素,要么影响供给,要么影响需求来影响价格。矿业权在某个特定时刻的价格取决于矿产资源需求者之间的竞争,取决于矿产品的价格。当然其他因素也不容忽视,即便是同种矿产,由于其产地不同,其价值上也会有很大差距。同样,矿业权的交易价格也会由于地域不同产生差距,甚至有可能东部一个沙石矿的矿业权价格要比西部的一个金属矿床的矿业权价格还要高出许多。

6.6.2 矿业权的流转

6.6.2.1 一级市场(出让市场)

拟勘查区或矿产地尚未设置矿业权或无人申请矿业权,矿业权登记管理机关以批准申请、招标、拍卖、挂牌等方式,向申请人授予矿业权。以下方面可以进行出让:(1)尚未做过任何地质工作的处女地;(2)已做过地质工作,但原勘查许可证已过期,又未延续或保留的勘查区,或探矿权人申请注销,或被吊销勘查许可证的勘查区;(3)原探矿权人放弃优先权的矿产地;(4)原采矿权许可证已到期又未申请延续,或申请注销,或被吊销采矿许可证的矿产地。

我国出让矿业权的方式主要有申请授予、协议、招标、拍卖等。申请授予是矿业权申请人直接向代表国家进行矿产资源管理的地矿行政管理部门提出有偿使用矿业权的申请,由地矿行政主管部门按照申请优先的原则,将矿业权出让给受让人的一种出让方式,一般适用于公益性地质工作和矿产资源不清的地区的勘查工作。协议(委托)出让是指矿业权的申请人直接向地矿行政主管部门提出有偿使用矿业权的申请,由地矿主管部门与申请人进行一对一的谈判和协商出让矿业权有关事宜的一种出让方式,一般适用于只有一个矿业权申请人申请国家已投资进行过勘查且有远景的找矿区或已找到矿床的地段的情形。招标出让是指在规定的期限内,由符合条件的单位或个人以书面投标形式,竞投某一地区探矿权或采矿权,由招标人根据一定的要求择优确定矿业权使用者的出让方式。拍卖又称竞投,是指地矿行政主管部门在指定的时间、地点,组织符合条件的矿业权申请人到场,就所出让的矿业权的公开叫价竞标,按“价高者得”的原则确定受让人的一种出让方式。拍卖与招标都是公平公开竞争性的出让方式,但两者在程序上有一定区别。

6.6.2.2 二级市场(转让市场)

已设置矿业权,矿业权人拟以出售、作价出资、合作、重组改制、上市、赠与和继承等方式,实现矿业权流转。其中出售和作价出资是主要的两种方式。

(1) 出售。按照我国民法的一般理论,出售即是买卖。矿业权的买卖是指矿业权人在符合国家规定的条件下,把矿业权转移给他人的行为,这种出售贯彻平等、自愿、等价、有偿的原则,由双方当事人通过协商、招标或拍卖成交。但应该指出的是,这种转让只是矿产资源的使用权即矿业权的转让,矿产资源的所有权主体仍然是国家,而且永远是国家。因此,矿业权的出售要经过国家矿业权管理部门审批,这是矿业权“非融通物”的性质决定的。矿业权的转让是一种要式法律行为,即必须经过一定的程序并且有一定的形式要件才能实施的法律行为。

(2) 作价出资,即矿业权人将自己的矿业权或者作为注册资本金或者作为股份投入到一个新的经济实体中,从而获得矿业权人的利益。这将是一种非常普遍的形式,特别在对外合资、合作情形下,此时矿业权将作为注册资本投入到合资企业之中,即发生了矿业权的转让。在建立合作企业时,有两种情况:设立法人的,矿业权可以作为注册资本进行投入,此时矿业权也由原矿业权人转让给合作企业;不设立企业法人的,原矿业权人可以将矿业权作为股份投入,矿业权仍由原矿业权人持有,但此时的矿业权要受合作合同的限制。

矿业权的出让和转让都必须订立合同,矿业权的转让是以矿业权的出让为前提的,因此转让合同也必然以出让合同为前提,国家与原矿业权人的关系,随之转移成国家与新矿业权人之间的关系，即出让合同的权利义务随转让合同而转移，如果新的矿业权人要改变出让合同的规定，则要向矿业权管理机构提出申请，经审批同意后，重新签订新的出让合同，不管转让经过多少次，均应如此。

6.6.2.3　矿业权流转过程中应注意的问题

1996 年修改的《矿产资源法》确定了矿业权的财产权属性，并规定其可以依法流转。其目的就是建立新型的矿业经济，改变原来的单一投资主体并实现向多元投资主体的转变，促进矿业权市场发展和矿业权交易，带动资本流动，从而使矿产资源得到合理的配置。由此可见，矿业权流转制度的建立是我国矿业体制改革的中心环节，也是改革中的一大难点。在矿业权的流转过程中，应注意以下几方面的问题：

（1）在矿业权流转过程中，对地质成果的转让。由于过去我国没有明确矿业权概念，因此就商业地质而言，在某种程度上，地质成果的转让（买卖）就代替了矿业权的流转。而实质上地质成果是依附于矿业权存在的，其只是对矿业权的一种说明。如果地质成果反映出来的矿藏开采的价值越高，则说明矿业权的价值越大。但地质成果是不能离开矿业权而单独存在的，正如产品说明书不能离开产品而单独存在一样。所以，矿业权人在转让矿业权的同时，必须将地质成果交付给受让人。

（2）按照国务院发布的《探矿权采矿权转让管理办法》第九条的规定："转让国家出资勘查所形成的探矿权、采矿权的，必须进行评估。探矿权、采矿权转让的评估工作，由国务院地质矿产主管部门会同国务院国有资产管理部门认定的评估机构进行，评估结果由国务院地质矿产主管部门确认。"之所以对国家出资勘查所形成的探矿权和采矿权的转让实行特别规定，主要是为了防止国有资产的流失。其实，无论对国家出资勘查所形成的探矿权、采矿权的转让，还是对非国家出资的探矿权、采矿权的转让，以及将矿业权出让、出租、抵押等都需要对矿业权进行评估，只有在确定矿业权的价值后，才能进行矿业权的流转。这就需要建立、健全对矿业权科学的评估方式，以准确地确定其价值，保障矿业权流转市场的正常运行。

（3）矿业权的受让人必须按照法律的规定缴纳相应的费用。依照国务院发布的《探矿权采矿权转让管理办法》第 10 条的规定，转让人和受让人应当自收到批准转让通知之日起 60 日内，到原发证机关办理变更登记手续；受让人按照国家规定缴纳有关费用后，领取勘查许可证或者采矿许可证，成为探矿权人或者采矿权人。由此可见，在受让人取得勘查许可证和采矿许可证之前，必须向国家交纳相关的费用，否则不能受让矿业权。

6.7　我国矿业权主要评估方法及应用

6.7.1　现金流量法及其应用研究

6.7.1.1　现金流量法计算方法

《矿业权评估指南》（2006 年修订）统一了贴现现金流量法和折现现金流量法，称之为折现现金流量法，简称现金流量法，统一用全投资现金流量表进行评估，采矿权评估中不再扣除年净现金流量贡献额或投资回报额。

A　方法原理

现金流量法的基本原理是：将矿业权所指向的矿产资源勘查、开发作为一个现金流量项目系统，从项目系统角度看，凡是项目系统对外流入、流出的货币称为现金流量，同一时段(年期)现金流入量与现金流出量的差额称为净现金流量，项目系统的净现金流量现值之和，即为矿业权评估价值。

B 计算公式

$$W_{\mathrm{p}} = \sum_{i=1}^{n}(CI_i - CO_i) \times \frac{1}{(1+r)^{i-1}} \tag{6-5}$$

式中 W_{p}——矿业权评估价值；

CI_i——现金流入量；

CO_i——现金流出量；

$\frac{1}{(1+r)^{i-1}}$——折现系数；

r——折现率；

i——年序号($i=1,2,3,\cdots,n$)；

n——计算年限。

C 财务模型

现金流入量(+)

销售收入

回收固定资产残(余)值

回收流动资金

现金流出量(-)

后续地质勘查投资(指评估基准日后需补充地投资)

固定资产投资

更新改造资金

流动资金

经营成本

销售税金及附加

企业所得税

净现金流量(现金流入量-现金流出量)

折现系数

净现金流量现值(净现金流量×折现系数)

矿业权评估价值

现金流量法矿业权评估价值估算表见表6-5。

表6-5 现金流量法矿业权评估价值估算表

序号	项目名称	合计	勘查期		建设期		生产期	
			20××年	…	20××年	…	20××年	…	20××年
一	现金流入								
1	销售收入								
2	回收固定资产残(余)值								

续表 6-5

序号	项目名称	合计	勘查期		建设期		生产期		
			20××年	…	20××年	…	20××年	…	20××年
3	回收流动资金								
	小 计								
二	现金流出								
1	后续勘查投资								
2	固定资产投资								
3	更新改造资金								
4	流动资金								
5	经营成本								
6	销售税金及附加								
7	企业所得税								
	小 计								
三	净现金流量								
四	折现系数								
五	净现金流量现值								
六	矿业权评估价值								

注:本表摘自《矿业权评估指南》(2006 年修订),中国大地出版社,2006 年。

D 参数构成

现金流量法涉及的主要参数有:资源储量、采选(冶)技术指标、可采储量、生产能力和矿山服务年限、评估计算年限、后续勘查投资、固定资产投资、更新改造资金、流动资金、总成本费用和经营成本、产品销售收入、销售税金及附加、企业所得税、折现率等。

(1) 资源储量。保有资源储量是评估基准日保有的基础储量和资源量,对于生产矿山而言:

评估基准日保有资源储量 = 储量核实基准日保有资源储量 − 储量核实基准日至评估基准日动用资源储量

评估利用的资源储量 = ∑(参与评估计算的基础储量 + 参与评估计算的资源量 × 该类型资源量的可信度系数)

(2) 产品方案与采选(冶)技术指标。产品方案包括矿石开采方案、产品类别和品种构成、产品质量、销售方式以及主要流向等。矿业权评估中涉及的采选(冶)技术指标主要包括采矿损失率或采矿回采率、矿石贫化率、选矿回收率、冶炼回收率等。

(3) 可采储量。可采储量是指评估利用的资源储量扣除各种损失后可采出的储量。

(4) 生产能力与矿山服务年限。矿山企业的生产能力,是矿山企业正常生产时期,单位时间内能够采出的矿石量。一般以年采出矿石量计算,称为矿山企业年产量。矿山的服务年限是在正常的生产能力下可以服务的时间。金属与非金属矿山等具有不同的计算公式。

(5) 评估计算年限。评估计算年限包括后续勘查期(对评估基准日后需要补充地质勘查的探矿权）、基本建设期（对新建、在建矿山）以及评估计算的服务年限。

（6）后续勘查投资。后续勘查投资指评估基准日后的地质勘查投资。当矿床勘查程度尚不能满足矿山开发要求，探矿权流转之后需要进一步做地质勘查工作时，需要考虑后续勘查投资。后续勘查投资只是在探矿权评估时考虑。

（7）固定资产投资。固定资产投资由工程费用、其他费用和预备费用构成。矿业权评估中不考虑固定资产投资借款，全部固定资产投资统一按自有资金处理。拟建（新建）、在建项目的矿业权评估，其固定资产投资额可以采用经审批的矿产资源开发利用方案或（预）可行性研究报告或矿山初步设计等资料中设计的固定资产投资剔除预备费用、征地费用、基建期贷款利息等之后的工程费用和其他费用之和。生产矿山采矿权可以用评估基准日企业已形成的固定资产账面净值及在建工程账面值，剔除矿山企业办社会资产和不良资产，作为评估采矿权采用的固定资产投资。

（8）更新改造资金。房屋建筑物和设备采用不变价原则考虑其更新资金投入，即设备、房屋建筑物在其计提完折旧后的下一时点（下一年或下一月）投入等额初始投资（基建期初始投资）。

（9）流动资金。流动资金是企业维持生产正常运营所需的周转资金，是企业进行生产和经营活动的必要条件。企业流动资金在企业停止生产经营时可以全部收回，所以流动资金放在现金流量表中最后一年回收。流动资金一般根据固定资产投资、销售收入或总成本费用选取。

（10）固定资产残（余）值。固定资产净残值是指预计固定资产清理报废时可以收回的残值扣除预计清理费用。固定资产净残值率按照固定资产原值的3%～5%确定，固定资产的残值应在各类固定资产折旧年限结束年回收。固定资产余值为评估计算期末固定资产净值。

（11）总成本费用和经营成本。总成本费用是指项目在一定时期（通常为一年）为生产和销售产品而花费的全部成本和费用。矿业权评估中，经营成本为总成本费用扣除折旧费、摊销费、折旧性质的维简费、井巷工程基金，以及财务费用（或利息支出）后的余额。

（12）产品销售收入。

$$产品销售收入 = 产品产量 \times 产品价格$$

（13）销售税金及附加。销售税金及附加包括城市维护建设税、教育费附加和资源税。城市维护建设税和教育费附加以应缴增值税税额为税基。

城市维护建设税＝纳税人实际缴纳的增值税税额×适用税率（纳税人所在地在市区的，税率为7%；纳税人所在地在县城、镇的，税率为5%；纳税人所在地不在市区、县城或者镇的，税率为1%）

$$教育费附加 = 纳税人实际缴纳的增值税税额 \times 教育费附加率(3\%)$$

$$资源税 = 课税数量 \times 单位税额$$

（14）企业所得税。

$$企业所得税 = 应纳税所得额 \times 税率(33\%)$$

（15）折现率。

$$折现率 = 无风险报酬率 + 风险报酬率 + 通货膨胀率$$

现阶段折现率推荐采用区间指标8%～10%。

6.7.1.2 现金流量法及其应用研究

A 方法研究

现金流量法的计算过程是把整个矿业权所指向的矿产资源勘查、开发作为一个现金流系统，凡是向系统流入的现金流为现金流入，如销售收入、回收固定资产残余值、回收流动资金，凡是向系统外流出的现金流为现金流出，如固定资产投资、经营成本、销售税金及附加、流动资金等，矿山服务年限中的每一年的现金流入减去每一年的现金流出为每一年的净现金流量，每年的净现金流量反映了矿业权所指向的矿产资源未来每年的预期收益。固定资产投资按以下原则参与计算：探矿权或拟建、在建矿山，固定资产投资在基建期投资完成；生产矿山，固定资产投资在评估基准日后的第一个计算期投资完成。流动资金一般在生产期按生产负荷分段投入。例如：某矿评估设定 2007 年 7 月生产达产，则评估时应在 2007 年(7 月)投入全部流动资金(达产负荷 100%)，而不是 50%；某矿评估设定 2008 年开始进入试生产，2008 年生产负荷 50%、2009 年生产负荷 75%，2010 年开始达产，则评估时应在 2008 年投入 50% 的流动资金，2009 年投入 25% 的流动资金(追加 25% 的流动资金、2009 年占用 75% 流动资金)，2010 年再投入 25% 的流动资金(追加余下的 25% 流动资金、2010 年占用全部流动资金)；其他的各参数按照服务年限逐年计算，这样净现金流量符合矿山生产实际。

每年的净现金流量再经过折现系数折现，得到的每年的净现金流量调整值，每年的调整值之和即为矿业权评估价值。折现系数中的折现率为无风险报酬率、风险报酬率和通货膨胀率的和，即折现率中包含了投资人的投资收益，所以经过折现系数调整的净现金流量不仅仅是净现金流量的折现值，而且其中扣除了投资人的投资收益，所以这个评估值比较容易被接受，而且可信度较高。

B 应用研究

现金流量法是我国矿业权评估以及国外矿业权评估中发展较完善的评估方法，是国内外矿业权评估的首选方法。现金流量法适用范围广泛，凡是能够确定资源储量的矿业权均可应用现金流量法进行评估。详查及以上勘查阶段的探矿权评估和赋存稳定的沉积型矿种的大、中型矿床中普查勘查区的探矿权评估、拟建(新建)和在建矿山的采矿权评估以及具备现金流量法适用条件的(具备或可类比确定评估参数的)生产矿山采矿权评估都可应用现金流量法。

详查及以上勘查阶段的探矿权评估和赋存稳定的沉积型矿种的大、中型矿床中普查勘查区的探矿权，评估执业人员可以根据社会平均生产水平模拟现金流系统，进行评估，一般不会出现失真现象。拟建、在建矿山采矿权，(预)可行性研究、矿山设计或开发利用方案是评估的重要依据。按照储量规模、生产能力、服务年限相匹配的原则，储量规模、生产能力和服务年限三者能够较好的相互适应；固定资产投资、更新改造资金、流动资金可以参照(预)可行性研究、矿山设计或开发利用方案等资料以及《矿业权评估指南》(2006 年修订)；总成本费用和经营成本、采选(冶)技术指标可以参照(预)可行性研究、矿山设计或开发利用方案等资料；产品销售收入可以依据产量和矿产品的价格；税金及附加可以依据国家的财税政策；折现率依据《矿业权评估指南》(2006 年修订)。根据(预)可行性研究、矿山设计或开发利用方案等资料以及《矿业权评估指南》(2006 年修订)，评估人员根据社会平均生产水平可以合理模拟现金流系统。所以对于拟建、在建矿山，应用现金流量法的计算的评估结果可靠程度较高,一般不会出现失真现象。对于生产矿山采矿权,模拟往往与实际相差较大,参数调整后往往与实际不符,一般按照尊重矿山生产实际的原则进行评估。早期生产矿山采矿权,储量规模、生产能力根据实际生产确定;服务年限可以依据储量规模、生产能力确定;固定资产投资、总成本费用和经营成本可以依据矿山实际生产的财务资料确定;更新改造资金、流动资金可以根据实际情况结合《矿业权评估指南》(2006 年修订)合理确定;采选(冶)技术指标可以根据矿山的实际生产指标确定;产品销售收入可以根据产量和矿产品的价格较合理的确定;税金及附加可以依据国家的财税政策确定;折现率依据《矿业权评估指南》(2006 年修订)确定。所以对于早期生产矿山采矿权,应用现金流量法的计算的评估结果可靠程度也较高,一般也不会出现失真现象。

中晚期生产矿山采矿权,其参数的确定类似于早期生产矿山采矿权。与早期生产矿山采矿权情况相同的是:已经建成投产,已经形成一定的生产能力及与之对应的房屋建筑物、机器设备、井巷工程等固定资产,在以后的剩余服务年限内,矿山已经不可能改变生产能力及固定资产投资情况(不包括改扩建情况),以及相应的开拓、采矿、选矿、冶炼方案;不同的是:中晚期生产矿山的储量规模相对较小,剩余服务年限就较短。由于中晚期生产矿山生产年限较长,这样就可能出现固定资产投资账面净值偏大的现象(账面存在报废的固定资产),而固定资产投资账面净值是生产矿山采矿权评估中的固定资产投资取值的重要依据。对于生产矿山采矿权,在现金流量法的计算过程中,固定资产投资在评估基准日后的第一个计算期投资完成,而第一个计算期的折现系数为 1,所以固定资产投资对净现金流量的影响是较大的,以后由于折现系数逐年减小,在回收固定资产残余值时,折现系数小于 1,所以固定资产残余值对净现金流量的影响较小。同时,固定资产投资会影响流动资金等其他现金流出参数的选取,流动资金同样是流出时对净现金流量的影响较大,回收时对净现金流量的影响较小。若出现固定资产投资账面净值偏大,就会导致固定资产投资取值偏大,应用现金流量法评估就会导致评估值相对偏小,甚至出现负值。所以在应用现金流量法对中晚期生产矿山采矿权进行评估时,对固定资产投资取值一定要进行详细研究分析,不然就可能会出现失真现象,甚至出现负值。出现负值的情况可以引起评估人员的注意,若不出现负值,出现的评估失真可能并不会引起评估人员的注意,这样就可能会导致非公平正义的矿业权交易,使国家或矿业权人蒙受损失。

6.7.2 收益法及其应用研究

6.7.2.1 收益法计算方法

收益法是我国学者根据收益途径评估思路本土化而来的一种评估方法。收益法评估资产价值的原理是根据预期收益原则和贡献原则。资产之所以有价值,是因为它能为资产所有者或占有者带来未来收益,未来收益的大小决定了资产价值的高低。

A 方法原理

收益法是按照将利求本的思路,通过估算评估对象的未来预期收益—净利润现值之和,即为采矿权评估价值。

B 计算公式

$$W_{\mathrm{p}} = \sum_{i=1}^{n} W_{ai} \frac{1}{(1+r)^{i-1}} \tag{6-6}$$

式中 W_p——采矿权评估价值；

W_{ai}——年净利润。

C 财务模型

销售收入(+)

总成本费用(-)

销售税金及附加(-)

企业所得税(-)

净利润

折现系数

净利润现值(净利润×折现系数)

采矿权评估价值

收益法采矿权评估价值估算表见表6-6。

表6-6 收益法采矿权评估价值估算表

序号	项目名称	合计	生产期			
			20××年	20××年	…	20××年
1	销售收入					
2	总成本费用					
3	销售税金及附加					
4	企业所得税					
5	净利润					
6	折现系数					
7	净利润现值					
8	采矿权评估价值					

注：本表摘自《矿业权评估指南》(2006年修订)，中国大地出版社，2006年。

D 参数构成

收益法涉及的主要参数包括：资源储量、可采储量、生产能力和矿山服务年限、评估计算年限、采选(冶)技术指标、固定资产、更新改造资金、流动资金、产品销售收入、总成本费用、销售税金及附加、企业所得税、折现率等。

现金流量法中的参数选取类似于现金流量法，只是参数较少。

6.7.2.2 收益法及其应用研究

A 方法研究

收益法的计算过程是生产矿山每年的收入(销售收入)，减去生产矿山每年的支出(总成本费用、销售税金及附加、企业所得税)，得到生产矿山的每年的净利润，每年的净利润代表了生产矿山矿产资源未来每年的预期收益，生产矿山每年的净利润经过折现系数调整后的值为每年的净利润现值，每年净利润现值之和即为采矿权评估价值。收益法中的折现率和现金流量法中的折现率含义相同，所以其中也已经扣除了投资人的投资收益。收益法计算每年净利润方法与一般的会计原理一致，其计算结果比较容易被人们理解。收益法并没有像现金流量法那样把固定资产投资和更新改造资金在评估计算的第一个时期和更新改造当期一次性参与计算，而是以等折旧的形式列入总成本费用分配到了每一个计算期，所以没有考虑到固定资产投资和更新改造资金的时间价值，当折旧时间越长时，采用该方法计算的矿业权评估值的偏差越大；而且收益法流动资金并不直接参与计算，即没有考虑矿山生产的流动资金情况，在计算过程中仅仅用流动资金计算财务费用，这样不符合实际情况。以上是收益法的固有缺陷，所以应用收益法进行矿业权评估会出现评估值不合理，甚至失真。所以收益法一般作为现金流量法的补充，有限制地使用。收益法适用于正常生产矿山的采矿权评估，由于矿山经营管理等原因导致矿山亏损，其矿山实际生产技术和经济参数常常难以反映行业平均技术和管理水平，因此，原则上，经营性亏损矿山的采矿权评估不能采用本矿山企业的技术经济参数采用收益法评估，而应采用代表设定的生产力水平的技术经济参数采用现金流量法评估。基于收益法本身的特点，收益法在计算矿业权未来收益时，未考虑流动资金投入，将固定资产投资等以折旧形式进入总成本，实际上未能真正反映现金流的时间价值，当折旧时间越长、折现率越高时，采用该方法计算的矿业权价值的偏差越大。这也是该方法存在的主要问题，因此，收益途径评估中应谨慎采用收益法。由于收益法和现金流量法评估经济参数基本类同，收益途径评估时应首选现金流量法，只有在特殊情况下选择收益法。

B　应用研究

收益法适用于生产矿山的采矿权评估，评估参数的来源和依据主要是生产矿山基于评估基准日的地质储量核实报告、生产和财务报表或其他统计数据。但是由于收益法的固有缺陷，所以在生产矿山采矿权评估中，要选择性使用收益法。对于储量规模较小、生产服务年限较短的生产矿山采矿权，相应的其折旧年限就较短，应用收益法进行评估其固有缺陷表现得就不是很明显。所以在某些情况下一些服务年限较短的采矿权评估可以应用收益法。

6.7.3　收益权益法及其应用研究

6.7.3.1　收益权益法计算方法

收益权益法是针对我国的具体矿山企业情况设计的一种采矿权评估方法。

A　方法原理

收益权益法是在收益途径评估原理基础上，通过计算生产矿山的销售收入现值，再通过采矿权权益系数调整，计算采矿权价值的一种评估方法。

B　计算公式

$$W_p = \sum_{i=1}^{n} E_{pi} \frac{K}{(1+r)^{i-1}} \tag{6-7}$$

式中　W_p——采矿权评估价值；

E_{pi}——年销售收入；

K——采矿权权益系数。

C　财务模型

销售收入

折现系数

销售收入现值(销售收入×折现系数)

销售收入现值累计(上年销售收入现值累计+本年销售收入现值)

采矿权权益系数

采矿权评估价值(销售收入现值累计×采矿权权益系数)

收益权益法采矿权评估价值估算表见表6-7。

表6-7 收益权益法采矿权评估价值估算表

序号	项目名称	合计	生产期			
			20××年	20××年	…	20××年
1	销售收入					
2	折现系数					
3	销售收入现值					
4	销售收入现值累计					
5	采矿权权益系数					
6	采矿权评估价值					

注:本表摘自《矿业权评估指南》(2006年修订),中国大地出版社,2006年。

D 方法参数

收益权益法的主要参数包括:资源储量、可采储量、生产能力、矿山服务年限和评估计算年限、采选(冶)技术指标、产品方案、销售收入、折现率及采矿权权益系数。

收益权益法的参数选取和现金流量法以及收益法类似,所不同的是参数较少。而且采矿权权益系数是收益权益法所特有的,采矿权权益系数的取值见表6-8。

表6-8 采矿权权益系数

序 号	矿 产	采矿权权益系数/%		
		原矿计价	精矿计价	金属计价
1	黑色金属矿产	4.0~5.0	2.5~3.0	
2	有色金属矿产	3.5~4.5	3.0~4.0	
3	贵金属、稀有、稀散、稀土矿产		6.0~8.0	5.0~6.5
4	煤 炭	3.5~4.5	2.5~3.5	
5	化工矿产	4.0~5.0	2.5~3.5	
6	建筑材料矿产	3.5~4.5		
7	其他非金属矿产	4.0~5.0		

6.7.3.2 收益权益法及其应用研究

A 方法研究

收益权益法通过计算生产矿山每年的销售收入,再通过每年的折现系数调整后得到每年的销售收入现值,每年的销售收入现值再经过采矿权权益系数调整,即为采矿权评估价值。折现率和现金流量以及收益法的折现率含义相同,所以经折现系数调整后,也已经扣除了投资人的投资收益。

收益权益法计算方法较简单,采矿权权益系数是一个关键的参数,是通过统计一些现金流量法和收益法评估的采矿权评估结果而测算出来的,实质是评估价值与销售收入现值之比,它包含着收益途径的全部内涵。在销售收入一定的情况下,采矿权权益系数与净利润或净现金流量呈正相关关系,与矿山总成本费用呈负相关关系。也就是说生产总成本高的矿山,其净利润或净现金流量少,采矿权权益系数低;反之,生产总成本低的矿山,其净利润或净现金流量多,采矿权权益系数高。

由于采矿权权益系数是通过统计现金流量法和收益法评估的采矿权评估结果而测算出来的,另外目前在我国的矿业权评估中,采矿权权益系数是评估人员对评估对象的矿体埋藏深度、地质构造复杂程度、矿石选冶性能、开采方式、水文工程地质条件及其他开采技术条件进行判断,然后根据自己的经验在采矿权权益系数的取值范围内进行选取。这些依据主要是用来反映生产成本的高低,进而依据生产总成本高的矿山,其净利润或净现金流量少,采矿权权益系数低,生产总成本低的矿山,其净利润或净现金流量多,采矿权权益系数高的原则选取采矿权权益系数。实际上,采矿权权益系数的最终取值是用来反映采矿权价值,而采矿权的价值不能仅仅依靠成本进行反映,其他因素对采矿权价值的影响也很大。这样就存在对评估对象个体的差异性考虑不足、对评估对象的自身价值影响因素考虑不周全、评估人员人为因素对采矿权评估值影响较大的弊端,不能做到真正的客观。以上为收益权益法的固有缺陷,由于采矿权权益系数对采矿权评估值的影响较大,这样就会在评估中出现由于方法本身缺陷和评估人员人为因素共同导致的失真现象。

B 应用研究

我国矿山企业的现状是大中型矿山企业少、小型矿山企业多,小型矿山企业具有开采方法比较落后,技术和财务管理不规范,占用资源储量小,产品初级化的特点。采矿权评估中,某些小型矿山企业所能披露或提供的技术和财务经济资料不够充分也不规范,也难以类比或模拟确定评估参数,不具备采用现金流量法和收益法的条件。因此,在收益途径评估原理基础上设计的收益权益法,可以作为一种估算某些采矿权价值的方法,但是由于收益权益法的固有缺陷,收益权益法较现金流量法和收益法准确性差,所以收益法要限制性的使用。收益权益法适用于估算矿产资源储量规模和矿山生产建设规模均为小型的采矿权价值,剩余服务年限小于5年资源接近枯竭的矿山的采矿权评估,但是前提是不具备现金流量法和收益法的应用条件。

思考题

1. 简述矿业权的定义、特征及其具体体现形式。
2. 简述矿业权评估的意义、原则及其主要的操作程序。
3. 探矿权评估方法有哪些类型及其各自的主要适用情况是什么?
4. 采矿权评估方法有哪些类型,简述各种方法的基本原理。
5. 简述实物期权的定义及其主要类型。
6. 矿业权流转的定义是什么,影响矿业权价格的因素有哪些?
7. 对比我国与国外的矿业权及其评估现状,我国矿业权评估工作存在哪些问题?

7 矿业系统工程

7.1 系统工程概述

现代化大生产的飞速发展,现代科学技术成果的及时应用,特别是电子计算机的迅猛发展和应用,促使管理者必须应用一切现代科学技术成果和技术手段,来组织、计划、协调、监督、控制当前异常复杂的生产制造和经营过程,于是形成了系统管理的思想。系统管理的思想体系是辩证唯物主义的体系,是统一于马列主义毛泽东思想的哲学范围之下的体系,是一种纵横综合的管理方式。系统管理的思想是把一切管理过程都视为一个系统、一个整体并为完成系统的整体目标而努力。系统工程非常注意系统单元(子系统之间)间的协调关系、整体的有序性问题,它讲求整体效益。

系统工程之所以能引起人们的广泛重视,是因为它有一些特殊的功能。

(1) 系统工程能把极其复杂的组织管理过程转换为描述反映系统本质的特性参数及这些参数间的关系,并能把对系统的定义、功能分析、综合、优化、设计、试验、评价的反反复复的处理过程,用一种图解的形式表现出来的系统结构模型。

(2) 完整地叙述了系统的技术参数,并使人确信系统的整个实体和功能的相一致性。把对系统的总体优化和设计的方法进行统一规划。

(3) 能够完整地表达出系统(工程计划)的特性,可生产性、可靠性、维修性、生产管理、技术管理、后勤管理和其他一些特殊性能。

7.1.1 系统的定义及特性

系统是由相互依赖的若干组成部分结合而成的具有特定功能的有机整体。而这个系统本身又是它所从属的更大系统的组成部分。系统特性主要有:

(1) 集合性(整体性)。这些系统不论从结构上看,还是从组织上看都是一个完整的整体,都由许多相互间相对独立的单元(元素或子系统)组成的,是一个集合体。

(2) 相关性。系统中的单元,虽然是相对独立的,但又是相互联系及互通信息的一个有机的、有序性整体。

(3) 目的性。所研究的系统均属人造系统,是一个目的性十分明确的系统,是一个有生命力的系统。

(4) 层次性。这些系统组织严密,结构层次分明,都有十分清楚的递进与层次关系。

(5) 环境适应性。这些系统都是开环系统,它自身的生命循环与外界环境息息相关。环境的变化可能改变它的内部结构,而内部结构的构成,也要适应自身的环境,否则必然失去生命力。

7.1.2　系统的分类

系统可分为两大类。一是自然系统如宇宙系统、海洋系统、矿藏系统、生态系统等，是自然界固有的，它们存在与否，它的生命循环是不依人们的意志为转移的；二是人造系统，如企业、交通、卫生、教育等，是人类为了自己的目的所创造的系统。

自然系统又称之为静态系统、实体系统、闭环系统。

人造系统属于动态系统，它不是一成不变的，它随时间的推移完成自己的生命循环或破坏。人造系统也称为开环系统，它必须适应外界环境，与环境进行能量、物资、信息交换来维持生命的循环。

7.1.3　系统工程的定义

目前，由于观点不同，国内外著名系统工程学家对系统工程有各种不同的解释，从不同角度有着不同的理解，下面引述一些国内外具有代表性的定义：

(1)“系统工程认为虽然每个系统都是由许多不同的特解功能部分所组成，而这些功能部分之间又存在着相互关系，但是每一个系统都是完整的整体，每一个系统都有一定数量的目标。系统工程则是按照各个目标进行权衡。全面求得最优解的方法，并使各组成部分能够最大限度地相互协调”(1967 年美国切斯纳)。

(2)“系统工程是为了更好地达到系统目的，对系统的构成要素、组织结构、信息流动和控制机构等进行分析与设计的技术”(1967 年日本工业标准 JIS8121)。

(3)“系统工程是用来研究具有自动调整能力的生产机械，以及像通讯机械那样的信息传输装置、服务性机械和计算机械等的方法，是研究、设计、制造和运用这些机械的基础工程学”(1967 年美国莫顿)。

(4)“系统工程是应用科学知识设计和制造系统的一门特殊工程学”(1969 年美国质量管理学会系统委员会)。

(5)“系统工程是为了合理进行开发、设计和运用系统而采用的思想、步骤、组织和方法等的总称”(1971 年日本寺野寿郎)。

(6)“系统工程是一门把已有学科分支中的知识有效地组合起来用以解决综合化的工程技术”(1974 年大英百科全书)。

(7)“系统工程是一门研究复杂系统的设计、建立、试验和运行的科学技术”(1976 年苏联大百科全书)。

(8)“系统工程与其他工程不同之点在于它是跨越许多学科的科学，而且是填补这些学科边界空白的一种边缘科学。因为系统工程的目的是研制系统，而系统不仅涉及工程学的领域，还涉及社会、经济和政治等领域。为了适当解决这些领域的问题，除了需要某些纵向技术以外，还要有一种技术从横的方向把它们组织起来，这种横向技术就是系统工程。亦即，研究系统所需的思想、技术、手法和理论等体系化的总称”(1977 年日本三浦武维)。

(9)“把极其复杂的研制对象称为系统，即由相互作用和相互依赖的若干组成部分结合成具有特定功能的有机整体，而且这个系统本身又是它所从属的一个更大系统的组成部分。系统工程则是组织管理这种系统的规划、研究、设计、制造、试验和使用的科学方法，是一种对所有系统都具有普遍意义的科学方法”(1978 年我国著名科学家钱学森等)。

总之,系统工程是用科学的方法规划和组织人力、物力、财力,通过最优途径的选择使工作在一定期限内达到最合理、最经济、最有效的效果。所谓科学的方法就是从整体观念出发,通盘筹划,合理安排整体中的每一个局部,以求得整体的最优规划、最优管理和最优控制,使每个局部都服从一个整体目标,做到人尽其才,物尽其用,以便发挥整体的优势,力求避免资源的损失和浪费。

7.1.4 系统工程的主要技术内容

7.1.4.1 运筹学

运筹学既是一门理论科学,又是一门应用科学。运筹学所要解决的问题,是在既定条件下对系统进行全面规划、统筹兼顾,以期达到最优的目标。运筹学是系统工程的基础,系统工程则是这门科学理论的具体运用。有关运筹学问题的求解,往往需要复杂的计算,目前由于高功能电子计算机的发展,使运筹学得到了广泛的应用。

运筹学的主要分支有:规划论、对策论、排队论、决策论、库存论、可靠性理论、网络计划法等。下面对这些概念做一个简单介绍。

(1) 规划论。规划论主要研究对现有资源如何进行统一分配,全面安排,合理调度或最优设计等问题。一般可以归纳为在满足既定的要求下,按照某一衡量指标来寻求最优方案的问题,通常将必须满足的既定要求称为“约束条件”,因变量指标称为“目标函数”。用数学语言来表达,便是求目标函数在一定约束条件下的极值(极大值或极小值)的问题。当约束条件表示为线性等式或线性不等式,而目标函数表示为线性函数就称为“线性规划”,否则称为“非线性规划”。如果所考虑的规划问题与时间有关系,则称为“动态规划”。

(2) 对策论。对策论又称为博弈论。它是运用数学方法来研究有利害冲突的双方在竞争性活动中是否存在一方制胜他方的最优策略,以及如何找出这些策略的问题。随着对策论的不断发展,不仅考虑只有双方参加的竞争活动,还考虑有多方参加的活动,在这些活动中,参加者不一定是完全对立的,还允许他们结成某种同盟。对策论的思路对解决实际问题很有启发,过去它在军事上应用较多,现在应用的范围日趋广泛。

(3) 排队论。这是一种用来研究用于公用服务系统工作过程的数学理论和方法。在这个系统中,服务对象何时到达以及其占用系统的时间的长短,均无法事前预知。这是一种随机聚散现象,它通过对每个个别的随机服务现象的统计研究,找出这些随机现象平均特性的规律,从而改进服务系统的工作能力。

(4) 决策论。它是运筹学最新发展的一个分支,用于经营管理工作进行系统状态的信息处理。根据这些信息,对可能选取的策略以及采取这些策略对系统状态所产生的后果进行综合研究,以便按照某种衡量准则来选取一个满意策略。

(5) 库存论。在经营管理工作中,为了促进系统的有效运转,往往需要对元件、器材、设备、资金以及其他物资保持必要的储备。库存论就是研究在什么时间、以什么数量、从什么供应来源来补充这些储备,并使维持库存和补充采购的总费用最少。

(6) 可靠性理论。它是研究可靠性的方法,是应用数学的一个重要分支。如何将可靠性低的元件组成可靠性较高的系统,是可靠性理论的重要课题之一。

(7) 网络计划法。网络计划法又名计划协调技术,是一种新的计划管理的科学方法,以数理统计为基础,运用网络分析的方法,将构成计划目标的所有任务,按其相互的联系与时间关系组成统一的网络形式,再对网络的各项工作进行分析、预测,分清主次,明确关键,并在实施过程中随时进行调整。

7.1.4.2 概率论与数理统计学

概率论是研究大量偶然事件的基本规律的学科,广泛应用于概率型模型的描述。数理统计是用来研究取得数据、分析数据和整理数据的方法。

7.1.4.3 控制论

控制论是研究系统的调节和控制的一般规律的科学,它是自动控制、无线电通讯、电子技术、生物学、神经生理学、心理学、医学、计算机技术和数理逻辑等多门学科相互渗透的产物。1948 年美国数学家维纳创立了控制论这门学科。

控制论所指的控制,其意义是十分广泛的,广义的控制包括统治(或指挥)、管理(或组织)、调节(或适应)、操作(或操纵)等。它把研究的客体看作系统,着重研究系统的功能。控制论的对象是自控系统,控制要有反馈,反馈是控制论中的重要概念。反馈至少是双向,这就要依赖于信息的传递与加工,借助于信息系统。因此控制论的研究方法要从系统观点、信息观点、反馈观点和功能观点进行分析和研究。控制论的类比是功能上的类比,控制论的模拟也是功能上的模拟,它们都是从信息的统一观点出发,着眼于功能,对系统进行统一处理。目前控制论还不断地向许多领域渗透,并在大系统理论和智能控制两个方面迅速发展。

7.1.4.4 信息论

信息论是一门研究信息传输和信息处理系统的一般规律的科学,它起源于通讯理论,1948 年由美国科学家申农提出的。信息论可分为狭义信息论和广义信息论。狭义信息论主要研究通讯和控制系统中信息传递的共同规律,以及如何提高信息传输系统的有效性和可靠性。广义信息论是利用狭义信息论的观点来研究一切与信息有关的理论,它研究机器、生物和人类对于各种信息的获取、交换、传输、存贮、处理、利用和控制的一般规律。设计和制造各种智能信息处理和控制机器,以便部分模拟和代替人的功能从而提高人类认识客观世界的能力。

信息论对信息的概念作出数学定量化的描述。申农把信息定义为“不确定度的减小”。为此他提出了信息量的概念,也就是某种不确定度趋向确定时的一种量度,并引用了统计物理学中的熵来说明信息量。熵是热力学中描述系统混乱状态程度的物理量,信息量是一种负熵,它描述的是系统走向组织化、有序化的程度或者是对某种混乱状态的偏离。

信息论的基本思想和其特有的方法完全撇开了物质与能量的具体运动形态,而把任何通讯和控制系统看作是一个信息的传输和加工处理系统。把系统的有目的的运动抽象为一个信息变换过程,通过系统内部信息的作用,才能使系统维持正常的有目的性的运动。

7.1.4.5 数量经济学

数量经济学是我国经济学的一门新学科,它是在马克思主义经济理论的指导下,在质的分析的基础上,利用数学方法和计算技术,来研究社会主义经济的数量、数量关系、数量变化及其规律性。这一学科主要的内容有国民经济最优计划和最优管理、资源的最优利用问题、远景规划中的预测技术、储备问题的经济数学分析、经济信息的组织管理和自动化体系的建立等。

7.1.4.6 现代化科学管理技术

系统工程学是组织管理“系统”的规划、研究、设计、制造、试验和使用的科学方法。它所面临的基本问题是:怎样把比较笼统的初始规划逐步地变成为成千上万个参加规划者的具体工作,以及怎样把这些工作最终综合成一个技术上合理、经济上合算、研制周期短、能协调运转的实际系统。复杂的总体协调工作就需要运用现代化的科学管理技术。现代化的科学管理技术既是技术问题,又是经济问题,它是符合科学的规律,运用先进的科学技术和经济思想把整个生产管理组织起来的一门科学。

7.1.5 系统工程的基本原则

系统工程的方法是指运用系统工程研究问题的一套程序化方法,也就是为了达到系统的预期目标,运用系统工程思想及其技术内容,解决问题的工作步骤。系统工程方法论的特点是从系统思想和观点出发,将系统工程所要解决的问题放在系统的形式中加以考察,始终围绕着系统的预期目的,从整体与部分、部分与部分和整体与外部环境的相互联系、相互作用、相互矛盾、相互制约的关系中综合地考察对象,以达到最优地处理问题的效果,它是一种立足整体,统筹全局的科学方法体系。

近年来,通过系统工程的社会实践,国内外专家和学者对系统工程的基本工作思路进行大量的研究和探讨,认为系统工程的理论基础是系统理论,系统工程方法论的基本原则应以系统理论的原则作为依据。

7.1.5.1 系统整体性原则

世界上的一切事物、现象和过程,几乎都是有机的整体,几乎都是自成系统而又互成系统。客观世界的整体性正是系统工程方法论整体性原则的来源和依据,系统工程方法论要求把研究对象(任务、项目)都看成由不同部分构成的有机整体,把全局观点、整体观点贯彻于整个项目(任务)的各个方面、各个部分、各个阶段,从整体上搞好局部的协调。

整体化原则要满足下列要求:

(1) 不能从系统的局部得出有关系统整体的结论;

(2) 分系统的目标必服从于系统整体的目标;

(3) 从优化系统出发开展各分系统之间的活动;

(4) 从总体协调的需要来确定最佳方案。

7.1.5.2 系统有序相关原则

凡是系统都是有序的,系统的有序性,是系统有机联系的反映,系统的任何联系都是按一定等级和层次进行的,都是秩序井然、有条不紊的。在系统层次上表现出来的整体特性是由要素或分系统层次上的相互关联、相互制约所形成的。由同类型要素或分系统组成的系统,由于内部组织管理方式的不同,即结构方式、有序程度的不同,系统的整体功能表现出极大的差异性。各要素(分系统)之间的相互关系越走向有序,系统的整体功能就越强,因此,为获得预期的整体功能,从方法论上应把注意力集中于系统内部要素之间,以及各分系统之间的相互关联上,抓好系统内部的组织管理工作。

7.1.5.3 系统目标优化原则

最优化的观念贯穿系统工程的始终,它是系统工程的指导思想和追求目标。对于每个具体系统工程项目来讲,它的开发、设计、制作和运用,各个阶段的管理、控制和决策,都有着最优化的目标和要求,在系统工程中普通运用最优化原则,就能使系统取得满意效果和最佳效益。

7.1.5.4 系统动态性原则

系统工程往往是大型复杂的实践过程，研究对象内部复杂的相互作用和外部的环境多变性，使系统工程本身呈现出动态特性。因此，应把实施对象看作一个动态过程，分析系统内外的各种变化，掌握变化的性质、方向和趋势，采取相应的措施和手段，改进工作方法，调整规划和计划，在动态变化中求得系统整体优化。

7.1.5.5 系统分解综合原则

分解是将具有比较密切相关关系的要素进行分组。对系统来说就是归纳出相对独立、层次不同的分系统。综合则是完成新系统的筹建过程，即选择具有性能好、适用性的分系统，设计出它们的相互关系，形成具有更广泛价值的系统，以达到预定的目的。系统的分解与综合是系统工程方法论的重要原则之一。因为要筹建出新的系统必须分析现有的系统，现有的系统又是经过前人分解后的系统综合。正如马克思指出的“从整体到部分再从部分到整体”的辩证哲理。可以说，不论多复杂的系统，只要分解为几个适当的分系统，就能用人们以往的经验和知识去处理。如果能将这些分系统的特征和性能做到标准化编成程序存于计算机内，对新系统的筹建就极为有利。

分解的方法是多种多样的，一般可按结构要素、功能要求、时间序列、空间状态等方法进行分解。分解的原则，既要满足于系统的筹建要求，又要便于论证、实施和管理。

7.1.5.6 系统创造性思维原则

系统创造性思维的基本原则有两条。其一是把陌生的事物看作熟悉的东西，用已有的知识加以辨识和解决。这是人们惯用的方法。从这条原则出发，不只是对新的事物给以旧的解释，还可能给予新的解释，从而创造出新的理论。其二是把熟悉的事物看作陌生的东西，用新的方法、新的原理加以研究，从而创造出新的理论新的技术。这往往是被人们忽略的原则。创造性思维活动极为复杂，它的形式多种多样，并且常常是多种形式互相重叠交错在一起。掌握这条原则，不但可以克服思维过程中的障碍还可通过训练提高创造能力，增强系统分析人员的素质。

自20世纪60年代以来，许多学者对系统工程的方法进行了大量的研究工作。但是，企图找到一种能够处理世界上所有问题的标准方法的想法是不现实的，实际上也是不可能做到的。实践证明，尽管没有这样一种通用的标准方法，总还可以找到一种能适应各种不同问题的思想方法。目前论证比较全面而又有较大影响的是美国学者霍尔在1969年所提出的系统工程三维结构。系统工程三维结构就是将系统工程的活动，分为前后紧密连接的七个阶段和七个步骤，同时考虑到为完成各阶段和步骤所需要的各种专业知识。这样为解决规模较大、结构复杂、涉及因素众多的大系统，提供了一个统一的思想方法。三维结构是由时间维、逻辑维和知识维组成的立体空间结构，如图7-1所示。三维结构中的时间维表示系统工程活动从规划阶段到更新阶段按时间排列的顺序，可分为七个工作阶段：

（1）规划阶段。规划阶段指谋求活动的规划和战略。

（2）拟订方案。拟订方案即提出具体的计划方案。

（3）系统研制。系统研制指实现系统的研制方案，并制订生产计划。

（4）生产阶段。生产出系统的零部件及整个系统，并提出安装计划。

（5）安装阶段。将系统安装完毕，并完成系统的运行计划。

（6）运行阶段。系统按照预期的用途运转。

（7）更新阶段。取消旧系统代之以新系统或改进原系统使之更有效地进行工作。

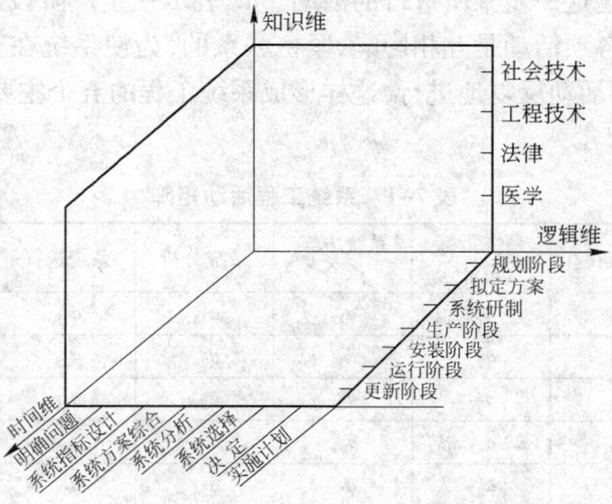

图7-1　系统工程三维结构

三维结构中的逻辑维是对每一工作阶段，在使用系统工程方法来思考和解决问题时的思维过程，可分为下面七个步骤：

（1）明确问题。通过系统调查尽量全面地收集和提供有关要解决问题的资料和数据（历史的、现状随和发展的）。

（2）系统指标设计。在问题搞清后，应该选择具体的评价系统功能的指标（目标），以利于衡量所有供选择的系统方案。

（3）系统方案综合。主要是按照问题性质及总的功能（目标）要求形成一组可供选择的系统方案，方案中要明确所选系统的结构和相应参数。在系统方案综合时最重要的问题是自由地提出设想，而不应以任何理由加以限制。

（4）系统分析。对可能入选的方案，通过比较进行精简，并对精简后的方案进一步说明其性能和特点以及其与整个系统的相互关系。为了对众多的备选方案进行分析比较，往往通过形成一定模型，把这些方案与系统的评价目标联系起来。

（5）系统选择（最优化）。在一定的限制条件下，对各入选方案总希望选择出最优者。在评价目标只有一个定量的指标，而已备选的方案个数不多时，容易从中确定最优者，但当备选方案数很多，评价目标有多个，而且彼此之间又有矛盾时，要选出一个对所有指标都优的方案，一般是不可能的，这必须在各个指标间有一定的协调，可使用多目标最优化方法来选出最优方案。

（6）决定。由领导根据更全面的要求，最后决定一个或极少几个方案予以试行。

（7）实施计划。这是根据最后选定的方案，对系统进行具体实施。如果在实施过程中，进行比较顺利或者遇到的困难不大，可略加修改和完善即可，并把它确定下来，那么整个步骤即告一段落；如果问题较多，这就要回到前面几个步骤中的任何一个重新做起。

三维结构中的知识维就是为完成上述各阶段、各步骤而所需要的各种知识和专业技术，霍尔把这些知识分为工程、医药、建筑、商业、法律、管理、社会科学和艺术等。这说明各种专业知识在系统工程中的重要作用。

将七个逻辑步骤和七个工作阶段归纳在一起列成表格，称为系统工程活动矩阵，如表7-1所示。系统工程活动矩阵中的 a_{ij} 表示系统工程的一组具体活动，例如 a_{ij} 表示在完成规划阶段中的明确问题这一步骤所进行的活动。a_{46} 表示在生产阶段进行方案决定活动等。在活动矩阵中所列的各项活动是互相影响、紧密联系的，为使系统在整体上取得最优效果，应把各阶段、各步骤的活动反复地进行，这样形成系统工程的五个主要工作阶段，即研究、计划、设计、制造和运用。

表7-1 系统工程活动矩阵

逻辑维（步骤） 时间维（阶段）	明确问题	系统指标设计	系统方案综合	系统分析	系统选择	系统方案决定	实施计划
规划阶段	a_{11}	a_{12}	a_{13}	a_{14}	a_{15}	a_{16}	a_{17}
拟订方案	a_{21}	a_{22}	a_{23}	a_{24}	a_{25}	a_{26}	a_{27}
系统研制	a_{31}	a_{32}	a_{33}	a_{34}	a_{35}	a_{36}	a_{37}
生产阶段	a_{41}	a_{42}	a_{43}	a_{44}	a_{45}	a_{46}	a_{47}
安装阶段	a_{51}	a_{52}	a_{53}	a_{54}	a_{55}	a_{56}	a_{57}
运行阶段	a_{61}	a_{62}	a_{63}	a_{64}	a_{65}	a_{66}	a_{67}
更新阶段	a_{71}	a_{72}	a_{73}	a_{74}	a_{75}	a_{76}	a_{77}

各个阶段的目的和特点、主要活动和最终成果列表见表7-2。

表7-2 系统各阶段的目的、特点、主要活动和最终成果

阶 段	系统的研制阶段		系统的制造阶段		系统的运用阶段
	研制计划阶段	研制实施阶段	实施设计阶段	制造实施阶段	
目的和特点	研究系统的对象及其研制的必要性。制定研制计划与研制的计划书。明确研制系统的目的、目标、要求事项，拟定规范书和研制计划书	根据系统的要求规范书和研制计划书分析约束条件等的环境、费用、效果和实现可能性等。拟定系统的规范书、制造计划和实施设计计划书	根据系统规范书、实施设计计划书，拟定制造系统的制造规范书、制造实施计划书	根据制造规范书和制造实施计划书，最合理、最有效地制造满足目的要求的系统，同时审查和研究运用的方法和维护的方法	按照运用的方法和维护方法，合理有效地维护系统，并且根据运用、维护的结果，研究系统的改善
主要活动	（1）进行准备性的调查研究； （2）决定研制方针及研制计划； （3）写出系统要求规范书； （4）拟定系统研制计划书	（1）掌握前一阶段的成果； （2）分析和研究系统所要求的功能、环境条件等； （3）拟定系统规范书、制造计划、实施设计计划书等	（1）掌握前一阶段的成果； （2）拟定制造规范书； （3）拟定制造实施计划书	（1）制造系统； （2）测试系统； （3）制定运用和维护方法	（1）系统的运用、维护及其管理； （2）写出运用维护结果报告书
最终成果	（1）系统的要求规范书； （2）系统的研制计划书	（1）系统规范书； （2）制造计划书； （3）实施设计计划书	（1）制造规范书； （2）制造实施计划书	（1）制造出系统的实体； （2）确定系统规范书和制造规范书； （3）确定运用规范书、维护规范书、运用维护管理书、运行计划书	（1）系统的运用结果； （2）系统的维护结果

7.1.6　系统模型的建立

对于一个比较复杂的系统，要想在一个较短的时间内认识它，并对它进行较深入地分析，必须借助于系统模型，包括统计模型、结构模型、最优化模型及综合评价模型等。

所谓系统模型，就是把系统的整体通过适当的过滤，用形象化或数量化的方式予以表现，以便对该系统的状况和趋向进行分析、判断和推论。因而，作为系统的模型，必须包括系统的主要组成部分、系统的主要功能以及影响系统的内在的和外在的主要因素等。但是，作为模型，它又必须具有现实性、简洁性和灵活性，这与上述的要求是矛盾的。因此如何恰如其分地把它们统一起来融合在一起，这倒是系统工作者的一项极有意义的工作。

作为系统模型，按最基本的分类划分，有实际模型和思考模型两大类。实际模型是把系统实体的功能和构造、系统的组成因素按原样再做成，而思考模型则是在认识系统实体的基础上通过理论变换使其模型化。系统工程学中所用的模型，一般是指思考模型。

作为系统模型，它必须满足下述要求：(1)它是系统的、科学的模仿或抽象；(2)它不包括系统中的各种细节，而应由可以表现系统的本质或特征的各主要因素组成；(3)它能够明确地反映系统的各主要因素之间的关系；(4)它如果是数学模型，必须满足数学上所应具备的必要的与充分的条件。

系统模型不仅可以应用于系统分析，而且它还可以应用于系统工程的全过程，包括系统的综合平衡、系统的计划与控制、系统的决策与对策、系统模拟以及生产管理系统、设备管理系统和存量系统的研究等。

不同的系统，应由结构形式不同的系统模型来描述。即使是同一个系统由于观察的角度不同，因而可能使采用的表达、抽象系统的基本变量(元素)不尽相同，于是建立起的系统模型的结构也将不同。但是，作为建立系统模型的步骤(或程序)却有许多共同之处：

(1) 明确系统目标。

(2) 抓住系统的本质要素。

(3) 确定系统本质因素之间的相互关系，列出必要的表格，绘制图形、曲线等。

(4) 根据系统的特征和服务对象，尽量使用初等方法建立简单的模型。

(5) 通过对简单模型的分析，试验和评价反复修改系统模型。

(6) 利用现有类似的、熟悉的系统，尽可能建立接近标准形式的模型。

下面，用具体例子简单说明其建立的过程和方法。

7.1.6.1　简单的直观模型

有些管理系统，并不需要复杂的数学形式去抽象和描述。通常这种系统的变量是相对有限和稳定的，可从对系统过程的分析直接写出。

设库存物资的单位成本为 C，一次进货手续费用或一次生产装配费为 K，在单位时间内每单位物资的管理费为 C_1(包括利息)，每单位时间该物资的销售量为 R，一次购进这种物资的进货批量为 Q。假定供应库存不允许空缺，那么应该如何选择进货批量，以使总的库存费用为最小?

由这些参数可知：一次进货批量为 Q 的物资，可以供应 Q/R 个单位时间使用或消耗。在此期间的实际库存量为：

$$\frac{1}{2}\int_{0}^{\frac{Q}{R}} Q\mathrm{d}t = \frac{Q^2}{2R} \tag{7-1}$$

单位时间的库存物质的总成本费用为：

$$\frac{1}{2}CR + \frac{KR}{Q} + \frac{1}{2}C_1 Q \tag{7-2}$$

为了求得最佳一次进货批量 Q，可对上式的 Q 求导，并使导数为 0，则有：

$$\frac{1}{2}C_1 - \frac{KR}{Q^2} = 0 \tag{7-3}$$

解得：

$$Q = \sqrt{\frac{2KR}{C_1}} \tag{7-4}$$

因而还可以确定最佳进货周期：

$$t = \frac{Q}{R} = \sqrt{\frac{2K}{C_1 R}} \tag{7-5}$$

7.1.6.2 相似模型

相似模型的特点是，它把一个复杂的求解困难的模型，用一个相似的而且结构简单的模型去替换或模拟，以获事半功倍的效果。

最佳选址问题，如选择一个恰当的货场位置 $P(x,y)$，使得其到达各销售点 $P_i(x_i,y_i)$ 的总运输费用最小。

假定从货场到各销售点的运输费用，是运输距离 d_i 的函数，并且假定在某一确定时间内，各个销售点对某种物质的需求量 W_i 是已知的。当销售点确定后，运输的总费用 C 可用式(7-6)表示：

$$C = K\sum_{i=1}^{n} W_i[(x - x_i) + (y - y_i)^2]^{\frac{1}{2}} \tag{7-6}$$

式中 K——单位质量的运输费用。

同样，为了求得最少的运输费用，就需要找到一对合适的(x,y)值，使其满足：

$$\frac{\partial C}{\partial x} = K\sum_{i=1}^{n} W_i \frac{x - x_i}{[(x - x_i)^2 + (y - y_i)]^{\frac{1}{2}}} = 0 \tag{7-7}$$

$$\frac{\partial C}{\partial y} = K\sum_{i=1}^{n} W_i \frac{y - y_i}{[(x - x_i)^2 + (y - y_i)]^{\frac{1}{2}}} = 0 \tag{7-8}$$

如果，用 α_i 表示各销售点相对于最佳场址 $P(x,y)$ 的方向角度时，则式(7-7)、式(7-8)可以表示为：

$$K\sum_{i=1}^{n} W_i\cos\alpha_i = 0 \tag{7-9}$$

$$K\sum_{i=1}^{n} W_i\sin\alpha_i = 0 \tag{7-10}$$

这两组方程的求解很不方便，不过在处理实际问题时，由于销售点是有限的，可以将销售点的坐标标在坐标纸上，结合各销售点的货物需求量，以此来求得答案。

7.1.6.3 统计模型

在描述一个系统时，通常希望用一个解析数学式来表达系统，并且这个式子要有解。但由于许多系统的信息是不连续的，常常是些离散的点，例如市场调查的结果、试验数据等。为了找到解析式，需要对原始资料（数据）作统计分析、回归分析、曲线拟合等加工整理工作。用这些手段来获取表达式，称为统计模型。

7.1.6.4 概率模型

管理系统中，表达管理系统本质因素的变量，有时是一些随机变量。用随机变量描述系统模型称为概率模型。概率模型可以表达离散系统，也可以表达连续系统或连续离散的混合系统，不过混合系统并不多见。

利用概率模型可以做到把具有随机变化的系统作数量化的描述，可把握住系统的关键部分，排除少量的不可知部分，可应用滤波理论预测。建立概率模型的程序如下：

(1) 把系统各个随机变化部分定量化。作为随机变量，它可以是离散的，也可以是连续的。变量的变化范围和分布情况，一般符合已有的标准形式，因此可以根据系统的不同特征来选取标准概率分布。

(2) 确定概率模型。

(3) 推导出理论分布参数。

(4) 系统状态变量模型。

系统一般都可用系统的状态变量间的关系所构成的状态方程来描述。广义上说系统在它的整个生命周期中，都在不断地变化着。系统内部任一时刻的状态可用一组变量（向量）$\boldsymbol{X}(t)$表示。如果用t_0表示系统状态的初始时刻，则系统的初始状态就用向量$\boldsymbol{X}(t_0)$表示。把表达系统状态特征的一组变量（向量）$\boldsymbol{X}(t)$称为系统状态变量或称为状态参量。系统在任一时刻的状态，可以由系统上一时刻的状态加上施加于系统上一时刻的控制变量表达出来。假定控制变量为$\boldsymbol{U}(t_0)$，在系统在t_1时刻的状态，就可由$\boldsymbol{X}(t_0)$和$\boldsymbol{U}(t_0)$推得，以此类推至t_n时刻系统的状态。

需要指出，由于实际情况的复杂和变化多端，在工作中，往往不能简单地套用现有的模型。例如，有时有些参数在这个场合容易取得，而改变成另一个环境中却取不到，这时，需要改用其他形式的模型，有时在构造模型的过程中才发现所需要的某些数据没有得到或根本无法测量，这就需对模型进行修正；有时模型已经建立，但是模型复杂，或者求解太困难，这时，可以转换成较为简单的近似模型，因此，在构造模型时，可采用以下一些方法对模型做适当的简化：

(1) 合并变量。把有些性质类同的变量，合并成少数具有代表性的变量，当然这样合并会带来一定的误差，在构造模型时力求使误差减小。

(2) 改变变量性质。经常用的改变变量性质的办法有三种：有的变量可以看成是常量，有的连续变量可看成是离散变量，有的离散变量可以看成是连续变量。

(3) 改变变量之间的函数关系。在数学中最常用的变量之间的函数关系是非线性的，由于对非线性的处理很困难，为了简化运算，多改用线性关系式来逼近，这样使模型构造过程大大简化。在随机性问题中，也常用一些熟知的概率分布函数，如正态分布、指数分布等，来代替那些不太好处理的概率分布函数。

(4) 改变约束条件。为了简化模型还可对变量的约束条件加以改变，增加一些约束，或去掉一些约束。显然，增加约束条件后，求得的系统质量指标一般偏低，有时将这样求得的解称为保守解；而去掉一些约束条件后，求得的指标往往偏高，这时求得的解称为冒进解，虽然它们都不一定是真正的解，但可以指示出解的范围，这对系统进行初步分析是起一定作用的。

无论如何，通过模型所求的数值，在实际应用中都会发生与实际不符合的情况。造成这种情况的原因很多，首先，建立的模型多是在对过去一些数据分析的基础上，客观世界的发展和变动，使分析的结果有时落后于现实，建立模型时，忽略的一些参数，可能对现实系统存在重要的影响；其次，难以估计人为因素在系统的作用；环境对系统的影响也是难以估计的。

7.2 采矿系统工程

7.2.1 采矿系统工程介绍

采矿系统工程是由采矿工程学与系统工程学相结合而形成的一个新的学科分支，已成为系统工程在各行各业中开展较为充分的一大分支。

采矿学与系统工程学的结合，是从20世纪50年代运筹学用于采矿业的研究开始的。随着计算机技术的迅速发展，60年代将运筹学原理与计算机技术综合应用于矿业研究的一批成果涌现出来，使采矿系统工程作为一个新兴学科逐渐形成，并得到蓬勃发展。

国际计算机及运筹学在矿业中应用学术会议（简称APCOM）是国际上矿业系统工程发展的一个缩影。APCOM是由美国矿业学术界发起，1961年于亚利桑那大学举行首届会议，其后逐渐发展成为世界性的学术会议组织。至2009年已举行过33届学术会议。除APCOM会议外，在美国、加拿大、波兰、捷克、前苏联等国家还分别主办过矿业系统工程方面的地区性或行业性的国际学术会议。

在我国，把运筹学用于采矿工程始于20世纪50年代末期，60年代前期有若干初步研究成果出现。其间由于历史原因，我国在这方面的研究工作中断多年，直到70年代后期，才乘改革开放的春风，跟踪国际趋势，开展采矿系统工程研究。进入80年代后，研究工作更加广泛深入，研究成果纷纷涌现。由中国煤炭学会、中国金属学会及中国有色金属学会下属的矿山系统工程专业委员会联合主办的矿山系统工程学术会议成为全国性跨行业的学术活动，至今已开过12届学术会议。80~90年代，我国矿业系统工程研究成果纷纷在APCOM等国际会议上发表，在21世纪初期已有更多的理论成果在APCOM等国际会议上公开发表，标志着我国矿业系统工程研究已经步入世界，在国际上占有一席之地。

采矿系统工程作为一个新兴交叉学科，其基本概念可定义为：采矿系统工程是采矿工程学与系统工程学相结合所形成的一个新的学科分支。采矿系统工程是根据采矿工程内在规律和基本原理，以系统论和现代数学方法研究和解决采矿工程综合优化问题的采矿工程学科分支。

将采矿系统工程基本研究内容及相应的研究方法列入表7-3中，表7-3中的按其在特定领域中的应用主次程度分为A、B、C三级。

表 7-3 采矿系统工程的研究内容和所采用的研究

研究内容	研究方法																			
	运筹学学科分支										应用数学学科分支				计算机相关学科分支					
	线性规划	整数规划	非线性规划	目标规划	动态规划	图论及网络	排队论	存贮论	决策论	对策论	地质统计学	可靠性理论	模糊数学	灰色理论	系统模拟	系统动态学	人工智能	管理信息系统	决策支持系统	计算机辅助设计
矿床模型											A						C			B
矿床地质条件									A		B		A				B			
矿井建造进程						A						B			A		B			
项目评价	B			A					A			B	B		B					
采矿工艺、设备选择			B			B	C					C	C		A		B		A	
开采境界确定					B	B									A					
生产能力及边界品位			A		A				B	B					B	B				
矿井、采区设计	C	A	A		B	C			B	C					B		C			C
露天矿长远规划设计		B			A	A		C	B					B	A					C
短期生产计划	A	A		A		B									B			B		B
矿区发展规划		A		A					B				B	C		A				

注：表中的 A、B、C 表示重要程度，A 表示最重要，B 表示其次，C 表示不太重要。

从表 7-3 中可以看出，目前国内外用系统工程方法研究采矿工程问题，已涉及相当广泛的领域，从矿床估计值与评价，到采矿生产过程的优化管理与控制，都有许多的研究成果。采矿系统工程所采用的研究方法多种多样。在众多优化理论与方法中，有些应用甚广，如系统模拟、决策论、图论及网络分析、动态规划及可靠性理论等，说明这些理论与方法对解决采矿问题具有较强的通用性与灵活性。例如，系统模拟方法是一种非严格优化方法，但由于它的灵活方便，适应采矿工程的特点，得到了广泛的应用。

表 7-3 中研究方法的主次程度，是根据目前使用情况大致排列的，随着各领域研究工作的不断发展，这种排序可能发生变化，新的理论与方法可能引入该领域，而且常常几种研究方法联合应用从而形成综合优化方法。

7.2.2 采矿系统工程的主要内容

采矿系统工程经过几十年的发展，应用范围相当广泛，已经深入到采矿工程的各个领域，如矿床赋存条件的分析与评价、矿山建设及项目评价、矿山生产工艺系统和矿山压力及边坡稳定等。在采矿系统工程中，已广泛使用运筹学，如线性规划、整数规划、非线性规划、网络流、多目标决策和可靠性理论等。计算机科学中的许多先进技术，如计算机仿真、计算机辅助设计和数据库等，也已成为采矿系统工程的常用手段。信息科学的任何进展，都会很快在采矿系统工程中得到应用。

7.2.2.1 矿山地质系统

A 地测数据预处理

在采矿系统工程中，广泛使用数据库存放地测数据，如早期的 dBASE、FoxBase、Foxpro

以及近年的 Access、Oracle。最近几年,数据仓库技术已开始在矿业界应用,从面向主题、集成的、时变的、非易失性角度整合各种地测数据。

在处理地测数据方面,人们普遍采用各种统计方法,从总体上观察矿产分布及其变化规律,如矿石品位、矿体厚度等。Excel 和各种数据库软件被广泛用于数据处理。

为了形象地表达矿藏分布特征,人们常常用鲜明的颜色表示钻孔内各组分的分布,如美国的 Mintec、澳大利亚的乳 Surpac 矿用软件,形象生动,便于核查。

B 矿石品位估计

采矿系统工程常用三种方法估计矿石品位:多边形法、距离平方反比法、地质统计学法。多边形法比较粗略,主要用于勘探密度较高的矿床,如铀矿床等。距离平方反比法考虑各钻孔距离对待估块段的影响,以距离平方(或其他幂次)的倒数作为权值赋予各钻孔,是一种通用的方法。

地质统计学全面应用数理统计理论,以变异函数为核心,遵循线性估计、无偏估计和最优估计的原则。20 世纪 80 年代以后,又在线性平稳地质统计学的基础上,提出了一些非线性的地质统计学,如析取克里金(Disjunctive Kriging)、指示克里金(Indicator Kriging)。目前,人们已着手将它应用于矿业污染分析中,用两点间污染程度的方差构造变异函数。

近年来,一些学者应用人工神经网络或遗传算法从事矿石品位估计,开辟了一种新的技术途径。不过,它们还有待提高。

C 储量计算与地质作图

采矿系统工程广泛使用方块法,用离散的方块拼凑原来连续的矿体,每一方块拥有自己的几何坐标及所包含的矿量和岩量,其中矿岩量可用数值计算方法严格积分得出。

针对矿山设计的需要,还常常需要用剖面图和平面图表达矿体,可称为线框模型法。这种模型下的矿量计算,大都是利用计算机图形学中的多边形求交、并、差的算法,计算精确度高。然而如何由钻孔柱状图推出剖(平)面图的地质作图问题,始终没有很好解决。尽管一些学者探索采用专家系统、模糊数学、人工神经网络、拓扑学等方法,但都有待完善。

近年来,人们热衷于用三维实体模型表达矿体。在一连串地质剖面图的基础上,像手风琴箱似地依次伸展成三维实体,进而可以得出各种位置、各个方向下的矿体剖面。目前国外的矿业设计软件都有这种功能,如澳大利亚 Maptek 公司的 Valcan 软件。

D 矿产资源评价

在地质勘探的基础上,目前人们普遍采用模糊综合评判评价矿产资源,先建立评价指标体系及各因素的权值,然后采用模糊评判、灰色关联度分析等方法。近年来也有人探索用人工神经网络、遗传算法进行评判。

矿物资产的评估是另一个热门课题。目前,基本上形成以收益现值法为主的估价方法。近年来又出现探索期权估价法、案例估价等其他方法。

7.2.2.2 矿山规划与设计系统

A 矿山产量与产品

在采矿系统工程中,广泛应用线性规划求解矿山产品的产量和种类。有时也使用非线性规划或整数规划。它们的目标函数是使矿山盈利最大,约束条件则包括各种开采、加工的技术要求。

有些学者还采用经济控制论进行研究,运用最优控制的最大值原理,用哈密尔顿函数求解。也有些学者用动态规划研究产量－边界品位的综合优化,或是井田－井型的综合优化。近年来,也有人用遗传算法寻找矿山各种品级矿石的合理组合。

B 露天开采设计

当前,露天开采设计的优化已有一套相对成型的方法。

a 露天开采境界的优化

目前普遍采用浮动圆锥法,用众多的小锥台组成开采矿坑,其实质等同于传统的“境界剥采比小于经济合理剥采比”的原则。近年来由于计算技术的进展,图论法在北美等工业发达国家比较受重视,它把各矿块视作节点,利用图论搜索最大开采闭包。至于动态规划法近年没有太多进展。相反,法国提出的参数化函数法越来越受到人们重视,并有演变为搜索法的趋势。在上述四种经典优化方法的基础上,以英国诺丁汉大学为首的学者曾探索利用遗传算法搜索最优的开采境界。

在追求数学上严格优化的同时,近年来人们更偏重于实用,使开采境界密切结合开拓运输定线以及边坡安全要求。因此,常用计算机辅助设计绘制经过人工修正的最终开采平面图。

b 开拓运输系统

专家系统常被用于开拓设计中,利用严格的逻辑判断选择开拓运输系统。至于运输坑线的布置,则采用计算机辅助设计。近年来,许多矿用软件都有开拓定线的功能,调用各种图元来绘制线路图。

在优化技术方面,有人用动态规划方法合理确定各开采水平的堑沟口位置,实现开拓定线的严格优化。

c 运输排土规划

为了合理安排全矿的矿岩运输,特别是当存在多出入口和多排土场的复杂情况下,普遍采用线性规划加最短路法,即先用最短路问题寻求最优的运输途径,然后用线性规划统筹矿岩的运向和运量。

鉴于矿山运输线路常随时间而改变,CAD 技术常被用于绘制及修改运输线路。至于排土场容积的计算及堆放图,也采用 CAD 技术执行。

d 采剥计划编制

数学规划常被用于合理安排矿山历年的采剥任务,其中线性规划、整数规划和动态规划比较常用。此外,计算机模拟也常被用于采剥计划中,可全面检查各工艺环节的衔接和运行状况。

近年来,人们倾向于采用 CAD 技术模仿传统的手工设计方法,用试凑的方式编制采剥计划。

C 地下开采设计

地下开采设计的优化起步较晚,而且条件复杂,因此不及露天开采设计那样完善。

a 地下开拓系统

类似于露天开拓设计,常用专家系统确定地下矿开拓运输系统。也可以采用解析法求极值,从各项工程费用累积而成的数学模型中解出最优的开拓方案。为了更好地比较各开拓运输方案的优缺点,常采用计算机模拟法进行分析研究。

此外,也有人探索用网络流的方法研究地下矿开拓系统,借助最小费用流技术寻求最优的开拓系统。更有人利用遗传算法,从众多的开拓方案中搜索出最优的方案。这些都是试探性的研究。

b 地下采矿方法

目前,常用专家系统和模糊综合评判选择采矿方法。首先通过逻辑推理得出一系列可行方案,然后通过模糊评判作出最终决策。对于煤矿这类层状矿床,可采用解析法。根据各项工程费用累积出一个数学表达式,然后再求该数学式的极值。

当具体布置采准切割巷道时,大多采用 CAD 技术,在设计者的指挥下快速比较各方案的优劣。为了更好地表达各种开拓、采准、切割巷道之间的空间关系,国外常用三维立体图表示。

c 采掘计划编制

人们常用线性规划优化地下矿山采掘计划。规划中以最大盈利或最低成本作为目标,然后将各种开采技术要求作为约束条件。此外,整数规划在采掘计划中也得到应用,它将各矿块的取舍当作 0 ~ 1 决策变量。

另一种常用的技术是计算机模拟,它综合考虑各种随机因素,检验采掘进程。近年来人们常用 CAD 技术编制采掘计划,以适应矿山复杂、多变的特点。

D 投资效果分析

矿山设计中的技术经济分析和成本计算,已实现计算机作业。在此基础上,人们侧重于各种投资效果分析,除了常见的静态分析、动态分析和敏感性分析外,常用蒙特卡洛法从事投资风险分析,用计算机模拟研究各种随机因素的影响。

目前,可靠性理论被引入矿山投资效果分析中,它针对各项作业或大型设备的失效率和修复率,运用马尔可夫过程计算系统的可用度。

7.2.2.3 矿山生产工艺系统

A 开采工艺及设备选择

采矿系统工程常用专家系统选择合理的开采工艺和设备。为了正确确定影响因素的权值,可以用人工神经网络解算。这个课题的另一种方法是解析法。首先建立各项费用的数学模型,然后用数学方法求解。其中,整数规划法常被采用,它把设备的取舍视作 0 ~ 1 决策变量。此外,也可以用计算机模拟法比较各种方案的优劣。

B 开采工艺过程分析

采矿系统工程中,广泛采用计算机模拟技术研究开采工艺过程,其中既有全矿的系统性研究,也有重点部位的局部仿真,如矿井提升运输系统、露天矿铲 - 车配合等。某些作业(如电铲 - 卡车的衔接),还采用排队论分析各大型设备的有效利用率,也用线性规划的方法优化大型设备的调配。

近年来,可靠性理论已被应用于开采工艺过程分析,特别是针对胶带运输机和移动破碎机的露采半连续开采工艺。此外,也有人运用现代控制理论,从状态角度揭示投入与产出的内在联系。

C 单项作业优化

采矿工程中常常采用系统工程的方法对单项作业进行优化。以爆破工程为例,已开发出许多爆破设计的专家系统,指导工程技术人员布置炮孔和装填炸药。

另一个与系统工程密切结合的学科是边坡工程和岩体力学。它们已采用计算机模拟、概率统计分析、最优控制、人工神经网络、可靠性数学等现代技术,促进多学科的交叉渗透。

7.2.2.4 技术方法的进展

为了更好的揭示采矿系统工程的现状,下面从技术角度予以评述。

(1) 数学规划。这是采矿系统工程使用最早,也是最常用的一种数学手段。其中以线性规划最为常用。动态规划由于其分阶段决策的特点,特别适合于采矿作业在时间上按年(月)、在空间上按层(阶段)的特点,应用也很广泛。至于整数规划、非线性规划尽管在数学表达上适用于采矿工程,但由于解算上的困难,限制了它们的应用。

近年来,线性目标规划受到采矿界的重视,以解决常见的多目标同时决策的困难。为了将多目标转化为单目标,方法之一是加权的目标规划,即根据偏差对决策者的重要程度赋予不同的权重,然后使其加权和为最小。另一种方法是设优先级的目标规划,即对偏差变量设定优先顺序,再依次使其达到最小。

(2) 图论与网络。在这方面,采矿界最常用的是网络计划技术,从事项目施工管理,包括工序流程网络图绘制、时间参数计算、工期与人力配置优化等,都有比较成熟的商业软件。

另一项常用的技术是最短路问题,用于解决矿岩运输路线。此外,最大流问题、最小费用流问题在矿业中也有应用。至于图论,常被用于确定露天开采境界,求解有向图的最大可采闭包。

(3) 计算机模拟。尽管这种方法不是一种严格寻优的手段,但是由于采矿系统复杂多变,很难写出严格的数学表达式,因此计算机模拟常被用来研究各开采方案的动态效果。

近年来随着可视化技术的促进,矿用计算机模拟中常用动画显示,其中包括模拟后动画显示、同步动画显示、图形建模等。另一个动态是在集成应用方面。计算机模拟与电子表格、数据库、计算机辅助设计以及生产计划、监控等组合,综合地研究采矿系统。

(4) 人工智能。采矿决策常常依赖于经验判断,因此人工智能特别受采矿界重视。20世纪80年代,始于美国矿业局,各国陆续开发出许多矿业专家系统。90年代初,英国诺丁汉大学率先掀起一股应用人工神经网络热潮。随后,遗传算法又进入采矿系统工程中。在此基础上,近年来人们又偏注于数据挖掘和知识发现,力求从浩瀚的数据和知识中揭示采矿的内在规律。

(5) 模糊决策。由于影响采矿系统因素的不确定性,模糊数学和灰色理论也备受采矿界青睐。相关的技术方法,如模糊聚类、模糊评判、灰色关联分析等,常被用于处理各种采矿决策问题。近年来,与此相关的模糊逻辑、粗糙集也陆续用于采矿系统工程。

(6) 计算机辅助设计(CAD)。采矿系统工程中广泛应用计算机辅助设计,用人-机对话方式指挥计算机。早期采矿界大多以 AutoCAD 软件为工作平台,并应用 AutoLISP 及 ARX 编写程序。近年来为了建立自主的知识产权,多抛弃 AutoCAD 用高级语言(VC 等)独立开发各种 CAD 软件。

(7) 其他新技术。采矿系统工程在应用新技术方面最为积极,如虚拟现实技术(VR)、全球卫星定位系统(GPS)、地理信息系统(GIS)、遥感技术(RS)等,都很快在矿业界得到应用。

7.2.2.5 矿山管理系统

A 矿山管理信息系统

近年来,国内外许多矿山都建立矿山管理信息系统,覆盖地测、设计、计划、设备、库存、营销、财会、人事等工作。矿山内部各子系统用局域网相连,对外联系则通过网络技术。据初步估计,国内约有40多个煤炭矿务局和30多个金属矿山建有程度不等的矿山管理信息系统。

随着网络技术的发展,也就出现企业内部网络和企业外部网络(Extranet)。近年来又由于ERP等管理软件的发展,更促使矿山管理信息系统向智能化决策支持系统发展,为中高级管理人员提供决策依据。

B 矿山生产过程监控

目前,矿山生产过程的监控还仅限于个别作业,尚未达到其他先进行业那种全过程自动控制。

a 矿山运输调度

露天矿运输作业成本约占总成本的60%,因此车-铲调度是采矿工程的重要内容。目前,通过GPS卫星定位和多频道无线电通讯,实现车-铲-调度室之间的信息传递。在软件上大多采用线性规划加动态规划的自动调度模式。首先在每班(日)作业前用线性规划作出总体安排,然后随作业的进展在线即时地用动态规划予以修正,美国Modular公司著名的DISPATCH软件,就是典型示例。

至于井下电机车的调度,可以套用地表铁道运输的经验,利用信号、集中、闭塞等手段实现有效调度,一些先进矿山已实现自动调度。

b 工业电视

为了监视矿山重要而又危险的作业,常常采用工业电视。例如,地下矿的马头门、罐笼、主要运输巷道、有危险的采场等,都设置工业电视。个别先进矿山,还对主要作业(如运输)实现全程监视。此外,一些偏远的炸药库、水泵站、供电中心等,也用工业电视监督。

c 大型设备自动控制

矿山的自动控制仅局限于少数大型设备,如提升机、通风机、水泵等。近年来,采掘设备的控制已受到关注,如电铲、牙轮钻机、电机车等,都添加了自动控制功能,但尚未达到全面的自动化。加拿大拟在2050年实现一个无人矿井,瑞典也制定向矿山自动化进军的Grountechnik 2000战略计划。

C 通风安全

在矿山通风决策中,可采用人工智能专家系统选择通风系统。通风井巷断面的优化,可采用解析法求解。至于通风网络图,更是用CAD技术绘制。此外,在图论的基础上开发了许多计算机程序,可进行风网解算。

在矿山安全方面,新形成的安全系统工程采用因果关系预测、时间序列预测、卡尔曼滤波预测等方法进行事故预测。它还采用故障决策树等技术分析事故发生的原因及概率。在可靠性数学的基础上,它还用 FMEA 技术分析事故类型及影响。至于安全评价方面,则采用模糊评判和多目标决策。

D 项目施工管理

矿山基建期间,人们常采用网络计划技术协调生产。在此基础上,还可用随机网络分析各种随机因素的影响,包括时间仿真随机网络和排队仿真随机网络,也可以用风险评审技术(VERT)从事风险决策分析。在网络图绘制方面,利用 CAD 技术也使绘图工作大大改进。

目前,施工管理的网络计划技术比较成熟,市场上有许多通用软件可供选用。

7.3 矿山企业管理系统工程简介

7.3.1 管理信息系统的定义

管理信息系统一词最早出现在 1970 年,Walter T. Kennvan 给其下了一个定义:"以口头或书面的形式,在合适的时间向经理、职员以及外界人员提供过去的、现在的、预测未来的有关企业内部及其环境的信息,以帮助他们进行决策。"很明显,这个定义是出自管理而不是出自计算机。它没有强调一定要用计算机,它强调了用信息支持决策,但没有强调应用模型。所有这些均显示了这一定义的初始性。直到 1985 年,管理信息系统的创始人,明尼苏达大学卡尔森管理学院的著名教授 Gordon B. Davis 才给出管理信息系统的一个较完整的定义:"它是一个利用计算机硬件和软件,手工作业,分析、计划、控制和决策模型,以及数据库的用户——机器系统。它能提供信息支持企业或组织的运行、管理和决策功能。"这个定义全面地说明了管理信息系统的目标、功能和组成,而且反映了管理信息系统当时已达到的水平。它说明了管理信息系统在高、中、基三个层次上支持管理活动。我国管理信息系统一词出现于 20 世纪 70 年代末 ~80 年代初,根据国内的特点,许多从事管理信息系统研究最早的学者给管理信息系统也下了一个定义,登载于中国企业管理百科全书上。该定义说,管理信息系统是"一个由人、计算机等组成的能进行信息的收集、传送、储存、加工、维护和使用的系统。管理信息系统能实测企业的各种运行情况;利用过去的数据预测未来;从企业全局出发辅助企业进行决策;利用信息控制企业的行为;帮助企业实现其规划目标。"

7.3.2 矿山管理系统的结构概述

从概念上看,管理信息系统由四大部件组成,即信息源、信息处理器、信息用户和信息管理者(图 7-2)。

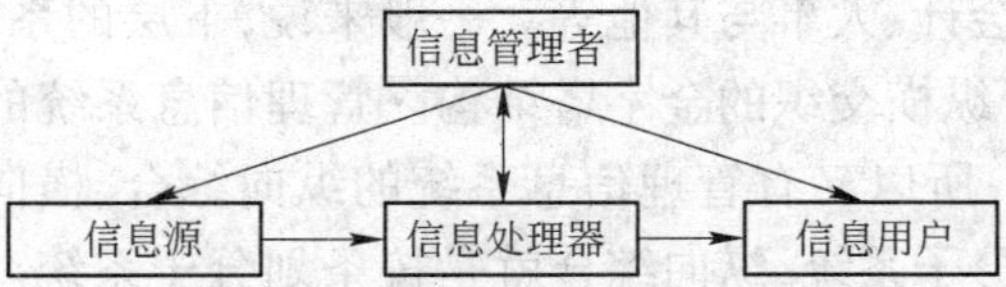

图 7-2 管理信息系统的总体结构

这里,信息源是信息产生地,信息处理器担负信息的传输、加工、保存等任务。信息用户是信息的使用者,他应用信息进行决策,信息管理者负责信息系统的设计实现,在实现以后,他负责信息系统的运行和协调。按照以上四大部件及其内部组织方式,可以把信息系统看成以下各种结构:

(1) 根据各部件之间的联系可分为开环结构(图 7-3)和闭环结构(图 7-4)。开环结构又称为无反馈结构,系统在执行一个决策的过程中不收集外部信息,并不根据信息情况改变决策,直至产生本次决策的结果、事后的评价只供以后的决策作参考。闭环结构是在过程中不断收集信息,不断送给决策者,不断调整决策。事实上最后执行的决策已不是当初设想的决策,一般来说,计算机实时处理的系统均属于闭环系统,而批处理系统均属于开环系统,但对于一些较长的决策过程来说批处理系统也能构成闭环系统。

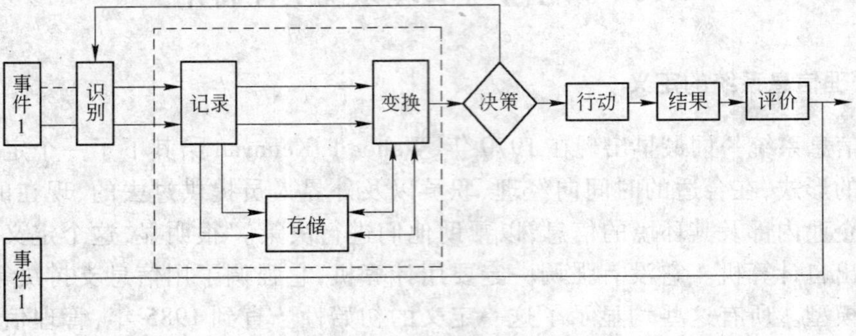

图 7-3　开环结构

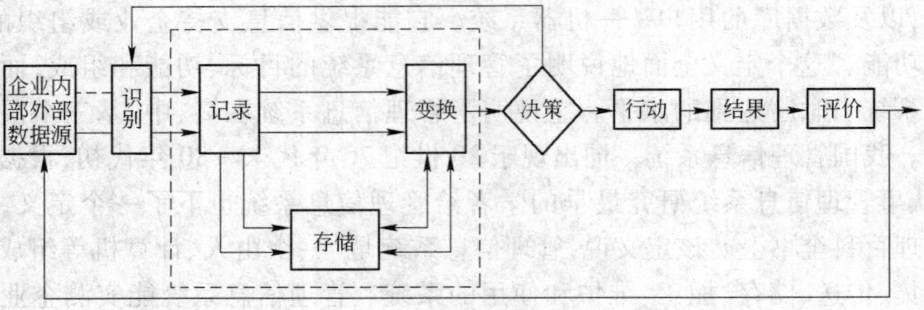

图 7-4　闭环结构

(2) 根据处理的内容及决策的层次来看,可以把管理信息系统做成一个金字塔式的结构(图 7-5)。由于一般的组织管理均是分层次的,例如分为战略计划、管理控制、运行控制三层,为它们服务的信息处理与决策支持也相应分为三层,并且还有最基础的业务处理,就是打字、算账、造表等工作。由于一般的管理均是按职能分条的,信息系统也就可以分为销售与市场、生产、财会与会计、人事与其他等。一般来说,下层的系统处理量大,上层的系统处理量小,所以就组成了纵横交织的金字塔结构。管理信息系统的结构又可以用子系统及它们之间的联系来描述,所以又有管理信息系统的纵向综合、横向综合以及纵横综合的概念。横向综合是按层划分子系统,纵向综合就是按条划分子系统。纵横综合就是金字塔中任何一部分均可与其他部分组成子系统,以达到随意组合自如使用的目的。

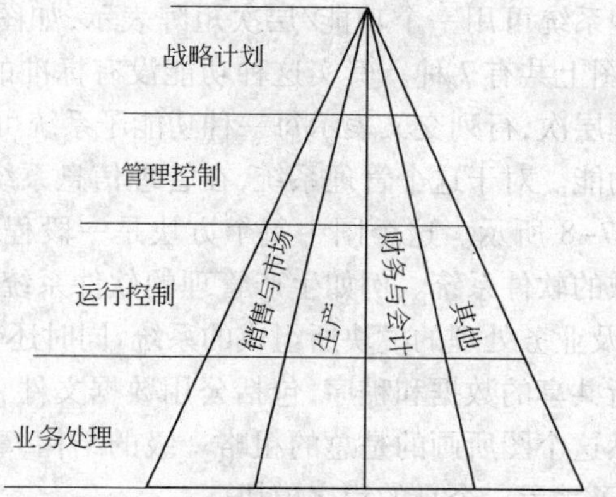

图 7-5 管理信息系统的金字塔结构

7.3.3 矿山管理信息系统的功能结构概述

一个管理信息系统从使用者的角度看,它总是有一个目标。具有多种功能,各种功能之间又有各种信息联系,构成一个有机结合的整体,形成一个功能结构。例如,一个矿山企业的内部管理系统可以具有如图 7-6 所示的结构。这个系统表明了企业各种功能子系统怎样互相联系,形成一个全企业的管理系统,它是企业各种管理过程的一个缩影。整个流程自左向右展开,这里企业的主生产计划 4 是根据指令性计划、订货服务以及预测的结果来指定的。通过库存管理来决定需要多少原料、半成品、外购件以及资金,而且确定物料的到达时间及库存水平,要产生这些信息需要用到的产品数据由系统 1 得到。根据系统 5 的安排,系统 10 决定何时进行采购和订货手续;系统 11 决定何时何地接收货物;系统 6 决定何时何车间进行何种生产工作。系统 6 所安排的只是一个计划,只有通过系统 7 发出命令,一切工作才见诸行动。系统 11 是在整个工作开始后,不断监视各种工作的完成情况,并进行调整相应应急计划的安排。最后进行包装运出。

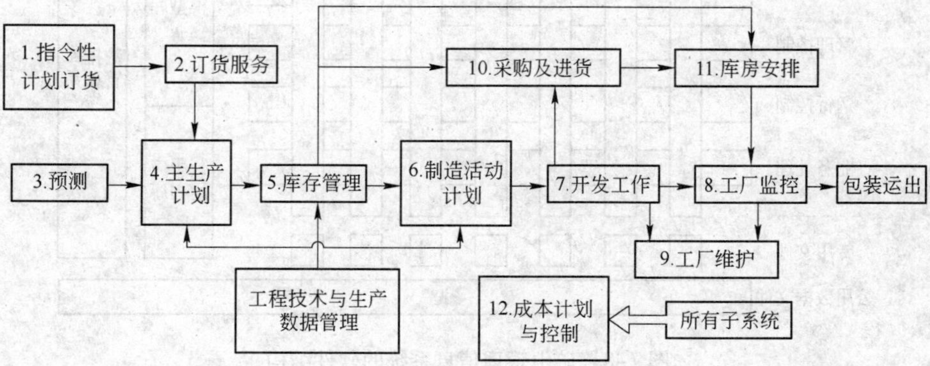

图 7-6 矿山企业内部管理系统

7.3.4 矿山管理信息系统的软件结构

支持管理信息系统各种功能的软件系统或软件模块所组成的系统结构,是管理信息系统的软件结构。一个管理系统可用一个功能/层次矩阵表示,如图 7-7 所示。这个图的每一列代表一种管理功能,图上共有 7 种。其实这种功能没有标准的分法,因组织不同而异。图中每一行表示一个管理层次,行列交叉表示每一种功能子系统可为四个管理层次服务,每一层次要包括所有管理功能。对于这个管理系统,在管理信息系统中的软件系统或模块组成的一个软件结构,如图 7-8 所示。这个图中每个方块是一段程序块或一个文件,每一个纵行是支持某一管理领域的软件系统。例如生产管理的软件系统是由支持战略的模块、支持管理控制、运行控制以及业务处理的模块所组成的系统,同时还带有它自己的专用数据文件。整个系统为全系统所共享的数据和程序,包括公用数据文件、公用程序、公用模型库及数据库管理系统等。当然这个图所画的是总的粗略一级的结构,事实上每块均可再用一个树结构表示,每个树的叶子表示一个小的程序模块。

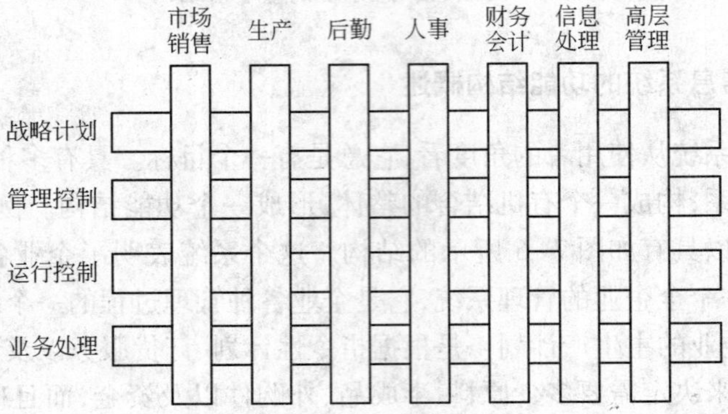

图 7-7 功能/层次矩阵

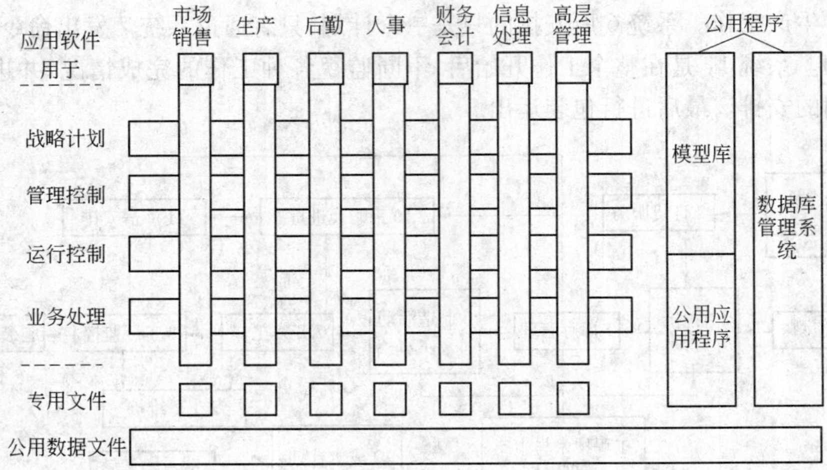

图 7-8 矿山管理信息系统的软件结构

7.3.5 矿山管理信息系统的硬件结构

管理信息系统的硬件结构说明硬件的组成及其连接方式,还要说明硬件所能达到的功能。广义而言,它还应当包括硬件的物理位置安排,如计算中心和办公室的平面安排。目前,我国的应用情况是,硬件结构所要关心的首要问题是用微机网络还是用小型机及终端结构,如图 7–9 所示。主机终端网结构是由一台或两台主机,通过通讯控制器和许多终端相连,也和机器所用的各种外部设备相连。微机网的结构是由许多台微机通过网络把它们联系起来,网络的形式有星型、环型和总线型。硬件的结构还要关系硬件的能力,例如有无实时、分时或批处理的能力。

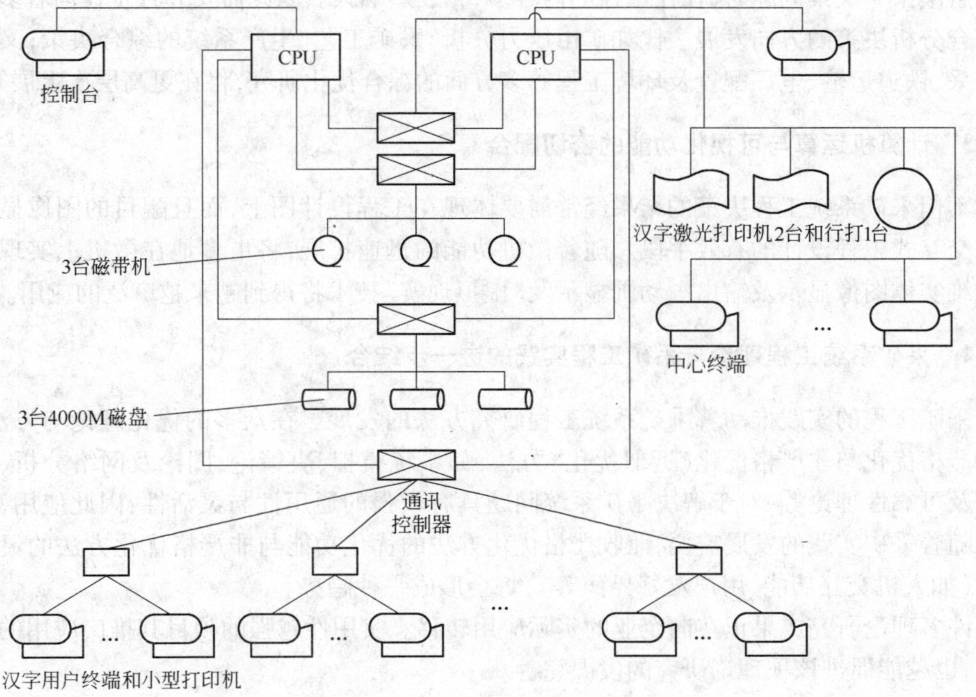

图 7–9 矿山管理信息系统的硬件结构

7.4 矿业系统工程发展趋势

采矿系统工程既然是采矿工程学与系统工程学相结合而形成的一个学科分支,它的发展就必然与其双亲学科密切相关。一方面,它必然遵循采矿工程的内在规律性,根据采矿工程实践中出现的问题及要求而不断发展,以解决采矿系统的规划、设计、施工、生产中的一系列优化课题;另一方面,它必须运用系统工程的观点与方法,从传统的及新兴的诸多优化理论、方法、技术中寻找适用的武器,有效地解决采矿系统中的实际问题。采矿工程的理论与实践在不断发展变化,系统工程所依托的优化理论与技术也在不断发展变化。

7.4.1 多种研究方法的综合运用

从系统工程的角度看,采矿系统是一个多目标、多因素、多变量的、随机性因素影响很强的、生产对象和作业环境变化很大的、多种技术互相作用下的复杂的动态系统。采矿系统的决策,单独运用系统工程研究的某一种方法,往往难以取得比较理想的效果,需要并且正在向着多种方法综合运用的方向发展。采用综合性研究方法以解决综合性工程课题,这正反映了现代系统工程的特点。

7.4.2 多项内容的综合分析决策

采矿工程在系统结构上普遍地具有多层次、多环节,各子系统之间的关系比较复杂,又因不同地区的矿山所开采的矿产资源条件均不相同,而造成同项内容的系统各异性。在处理和解决某一决策问题时,往往牵连的内容多,相互影响大。因此需要并且正在向着多项内容综合分析决策的方向发展。比如矿山压力分析、采矿工艺、生产系统的综合决策;又如矿区开采、铁道运输、电厂配置及环境工程等多方面的综合优化研究,将在更高层次上展开。

7.4.3 计算机运算与可视化功能的密切配合

不但采矿系统工程决策的结果经常需要体现在工程设计图上,而且醒目的图像显示将成为交互式工程设计的有效手段。随着微机功能的迅速扩展,将更多地在微机上实现二维及三维实体图像显示及输出。动画显示及“虚拟现实”技术将得到越来越广泛的应用。

7.4.4 采矿系统工程理论与采矿工程实践的进一步结合

采矿工程的实践推动着采矿系统工程研究方法的发展。在众多的优化理论与方法中,包括严格优化与非严格优化(近似优化)方法,如系统模拟、决策论、图论及网络分析、动态规划及可靠性理论等,对于解决采矿系统问题具有较强的通用性与灵活性,因此应用甚广。今后随着采矿实践的发展需要,兼收严格优化方法的优化功能与非严格优化方法的灵活实用性(如人机交互功能、用户友好界面等),将会形成一种趋势。

许多理论研究成果正在向企业的实际应用转移。实用性越强的项目其推广应用的速度越快,也越能促进该项理论研究的发展完善。

7.4.5 新兴学科及边缘学科在采矿工程中的应用

现代科学技术的发展,迅速渗透到各行各业,采矿工程学科也不断从其他学科的发展中汲取着营养。一些新兴学科、边缘交叉学科理论或技术,其迅速发展之势已见端倪,如人工智能学、地理信息系统、虚拟现实技术、计算机互联网络技术等。可以预见,这些新兴领域将迅速发展,并与传统领域逐渐融合交叉,使采矿系统工程呈现出新的面貌。

7.4.6 跨学科的联合研究

随着系统研究对象的不断扩展,跨学科的研究工作已成为客观发展的必然趋势。例如,在地质勘探及建模方面,地质学理论(涉及热学、力学、化学、流体学等),各种物探方法(如地震、重力、电磁等),计算机模拟技术,数字处理及图像自动生成技术等正在联合起来。又如,在矿业环境及安全工程方面,自动化与机器人应用、遥感技术、三维图像处理等已有密切结合,全球定位系统、地理信息系统等技术也在迅速推广应用之中。在矿山生产过程监测工作中,多媒体技术有望与成套监测仪器设备及数字处理技术结合起来,形成综合实时监测系统。大系统课题对多学科联合作战的需求将会更趋明显。

思考题

1. 简述系统工程的特殊功能。

2. 系统工程的应用领域有哪些?
3. 系统是如何分类的?
4. 系统工程的理论基础是什么，有哪些主要技术内容?
5. 什么是系统三维结构,其具体步骤有哪些?
6. 系统模型的定义是什么,简述建立系统模型的步骤。
7. 简述矿山线性规划模型的用途及建立方法。
8. 简述矿业系统工程的应用现状和发展趋势。

8 我国矿产资源综合利用

8.1 我国矿产资源形势

我国幅员辽阔，矿产资源总量丰富，是全球六个资源大国之一。在已探明的资源储量中，有45种矿产资源的潜在价值仅次于俄罗斯、美国，居世界第三位，我国部分矿产储量在世界上的地位见表8-1。但是，我国人均占有矿产资源量几乎是世界平均水平的一半。因此，从人均占有矿产资源量上看，我国又是一个矿产资源相对贫乏的国家。

表8-1 我国部分矿产在世界储量中的地位

矿　产	我国工业储量在世界储量的位次	储量最大的3个国家	矿　产	我国工业储量在世界储量的位次	储量最大的3个国家
煤	3	美国、俄罗斯、中国	钛铁矿	1	中国、澳大利亚、南非
锡	2	巴西、中国、马来西亚	磷　矿	2	摩洛哥、中国、美国
钨	1	中国、加拿大、俄罗斯	石　墨	1	中国、韩国、墨西哥
钼	2	美国、中国、智利	萤　石	2	俄罗斯、中国、南非
锑	1	中国、玻利维亚、俄罗斯	重晶石	1	中国、美国、印度
稀　土	1	中国、俄罗斯、美国	菱镁矿	1	中国、朝鲜、俄罗斯

注：本表数据摘自《世界矿产资源年评》（2007～2008年）、《2008年中国境外矿产资源研究报告》，经整理。

近30年以来，我国矿产资源消耗迅速，远远超过国民经济的增长速度，未来20～30年我国重要矿产资源供不应求的局面将进一步加剧。21世纪前20年将是矿产资源消耗的高峰期，这是由我国这一时期的经济发展特点所决定的。矿产资源具有共生性和不可再生性，这是它不同于其他自然资源的基本特点。因此，地球的矿产资源虽然在总量上是丰富的，相对来说又是十分有限的。随着人类社会、经济的高速发展，世界人口的增加，整个世界对矿产资源的需求也越来越大，矿产资源的加速消耗，预计在未来的几十年，有部分矿产会变得极其短缺甚至有些矿产逐渐枯竭。到2020年我国经济总量将在2000年的基础上再翻两番，将达到37万亿元人民币，要实现这个目标，我国年均GDP增速要平均保持在7.8%左右。我国人均矿产资源占有量只有世界平均水平的58%，排在世界的第53位。而45种主要矿产资源人均占有量达不到全球平均水平的一半，铁、铝等主要矿产资源储量仅是世界人均水平的1/6和1/9。我国多数金属矿产资源开采难度大，选冶成本高，集约化生产难度大，规模效益比较差。我国有关矿产资源专家根据矿产资源供需状况对我国矿产资源的保障程度作了预测，2020年左右，45种重要矿产资源中，可以保证工农业生产的有24种，基本保证的有2种，短缺的有10种，严重短缺的有9种，而国民经济发展建设所需的大量的矿产品，如石油、铁、铜、铝等均不能满足需求。其中，铜需求量缺口350多万吨，铝需求量缺口1050多万吨。所以在发展国民经济的过程中注重提高矿产资源的保障能力，必须立足国情,综合统筹利用国内外两类资源。加大我国矿产资源勘查力度,摸清国内资源的分布和储量,要加强西部地区矿产资源的勘查工作,实现矿产资源保有储量和经济和谐发展的动态平衡,使矿产资源得到可持续开发和利用。要注重节约使用资源,注重资源的可持续发展和综合利用,注重矿产资源开发生产过程和利用过程中的清洁生产。要利用国外资源,鼓励我国企业走出去,开发境外的矿产资源。

8.1.1 我国矿产资源分布的基本特征

(1) 矿产种类繁多,分布面积广,资源总量丰富。我国各地地质条件差异大,矿产资源储量丰富。到2007年年底已发现的矿藏品种已达171余种,世界上已发现的矿种我们基本上都有,我国是矿产资源种类齐全、储量丰富的少数国家之一。在已发现的171余种矿产中,有159种已经探明了储量。针对本世纪初到2020年,国民经济发展战略目标,依据矿藏资源的储量、质量和开采远景与技术条件,对40余种重要的矿藏进行评估,按资源能否保证工农业生产的程度可分为四个类级。

第一类,储量丰富,自给有余。有部分矿种可供出口的,共计19种,它们是:煤、钨、锡、钼、稀土、盐、石墨、萤石、菱镁矿、重晶石、滑石、石膏、高岭土、硅藻石、膨润土、硅灰石、水泥灰石、玻璃硅质原料和石材。

第二类,可基本满足国内需求。部分缺口,部分要靠国外进口的,共计11种,它们是:铁、锰、铅、锌、铝、镍、硫、磷、铀、石棉和海泡石等,其中铁矿产缺口较大。

第三类,有一定资源潜力,可供未来几十年规划使用。已经探明储量但目前没有大规模开采并缺口较大的:石油、天然气、铜、金、银等5种(这5种矿产潜在储量仍然很大,据估测,石油的探明储量只占储量的19%,天然气只占2%,煤也只占三分之一)。

第四类,探明储量不足,资源远景不明的,共计5种,它们是铬、铂(族)、金刚石、硼、钾盐。

(2) 大多数第一类矿藏富矿少,贫矿多,开采、选矿难度较大。我国铜矿的探明储量高达5900余万吨,位居世界前列,但含铜矿石品位大于1%的富矿仅有35%,伴生组分又很多,大大增加了选冶的难度和费用。目前我国铁矿石缺口比较大,原因并不是因为储量少(铁矿在我国的探明储量近500亿吨,居世界前列),而是因为品位大于50%的富矿仅占2.3%,95%以上的储量均为平均品位33%左右的中低品位矿石。我国铝矿储量也很丰富,但矿床类型主要属水型的硬铝矿石,二氧化硅含量大,品位低,铝、硅比值大于7的富矿仅占27%,小于5的低品位矿石占38%,选冶的难度和成本也较大。其他如磷矿、锰矿、锌矿等都有类似特点。在已探明的储量中,低品位的磷矿占据到44%,贫、杂、难选的锰矿占据到了94%。

(3) 共生矿多,伴生矿多,矿石组分复杂。许多成矿元素,如亲铜元素、亲石元素以及介于两者之间的过渡性元素,其地球化学性质均具有近似性,在成矿过程中常常形成共生、伴生矿床,使矿石矿物组分变得相当复杂。这种由多种金属元素组合而成的矿床,通常称为综合性矿床,综合性矿床的形成是自然界矿藏形成的普遍规律。据相关资料统计,我国具有非铁矿物组分共生、伴生的铁矿,占全国铁矿储量的40%,其组分有铁、钛、钒型,如攀西铁矿;有铁、铜稀土型,如内蒙古的白云鄂博;有铁、铜、钴、金型和铁、锡、硫型等。有色金属矿床,几乎90%以上都属于综合性矿床,如甘肃金川镍铜矿,伴生的组分就有金、银、钴、铂、钯、铌、铱、铑、硒、碲、碘、镓、锗、钼等20余种矿物。

在选冶技术不允许的条件下，矿床组分复杂是一个缺点，也是选冶的一大难点，因为组合性矿石，选冶流程比较复杂，和单一矿石相比，需要技术较先进的设备，成本费用较高。但如果技术先进的话，则可同时回收综合性矿石中的多组分资源，增加选冶副产品的价值和产量，同一个工艺能生产出多种矿产品，使一矿变多矿，贫矿变富矿，增加矿产总产量，提高投资社会效益和经济效益。

（4）分布广，但又相对集中。我国许多重要的矿产分布地区很广，比如煤矿分布于全国28个省；25个以上省市均有铁、铜矿分布；磷分布于24个省区；钨分布于19个省区。但这些矿藏大部分的储量又相对集中于少数省，如煤炭61%的探明储量集中于山西、内蒙古二省区；三分之二以上探明储量的铁集中于辽、川、冀、晋、皖、鄂、内蒙古等九省区；湘、桂集中了全国64%的锑；铝土矿82%的探明储量集中于晋、豫、黔、桂四省区；湘、赣集中了全国65%的钨；贵州汞的探明储量占全国的71%；内蒙古的稀土占全国的97%；辽宁的菱镁矿占全国的84%。所以矿产资源分布广但又相对集中给我国矿产资源的采选冶带来了一定的便利。

矿产资源地区分布的不均衡性，要求以矿业为主发展地区经济时，必须加强地区之间的合作，互相补缺。另外，我国有相当多的矿藏以中、小型为主，可与世界有名的大型矿床相比为数不多，所以在矿藏资源采选冶利用技术上，必须大、中、小并举，采选冶地区分布合理，国营与地方经营相结合，充分利用中、小型矿床，大力发展地方经济。

目前，矿产资源本身具有如下特点：

（1）矿产资源分布地域不均匀。

（2）矿产资源具有不可再生性。矿产资源是在千万年乃至上亿年的漫长地质变化中形成和富集的，相对于人类短暂社会发展的历史而言，矿产资源对人类是不可再生的。矿产资源可以通过人类努力去寻找和发现，但人类本身不能创造矿产资源。

（3）矿产资源的开发技术具有环境破坏性。矿业生产是一个把有用矿物与废物分离的过程，在矿业生产的过程中，很多的矿产企业难免造成地形、地貌和自然景观的破坏、废石（土）和尾矿的堆积、地表和地下水系的扰动、水源的污染、有毒物质的排泄、生物物种的减少、多样性的弱化等，在全国较大范围影响了生态环境。

（4）矿产资源的可用程度具有时空动态性。矿产资源的需求和人类的发展是离不开的。现阶段发现的地下矿产和探明的储量只能反映人类对自然局部的认识，随着社会的发展、地质工作的不断深入和科学技术的不断进步，人类对矿产资源开发和利用不仅在广度和深度上发展，而且过去被视为不能或没有利用价值的矿石元素，也会变为有一定经济利用价值的资源。

8.1.2 我国矿产资源目前开采利用的基本格局与态势

为了加快构建节能型产业体系，国家加大了对能源开采和节约的重视程度：大力调整产业结构，推动产业结构优化升级，促进经济增长由主要依靠工业带动和数量扩张带动向第三产业协同带动和优化升级带动转变；立足节约能源推动发展，合理规划产业和地区布局，避免由于决策失误造成能源浪费；优化用能结构，大力发展高效清洁能源；逐步减少原煤的直接使用，提高煤炭用于发电的比重，发展煤炭气化和液化技术，提高转换效率。引导企业和居民合理用电,大力发展风能、太阳能、生物质能、地热能、水能等可再生能源和替代能源。

(1) 矿产资源开采强度过大,粗放型的经济增长方式过度依赖资源的消耗,没有及时很好的过渡到集约型增长方式。新中国成立以后,特别是1978年改革开放以来,我国的矿产资源开发工作有了巨大的发展。目前现有8100多个国有矿山企业和28万多个乡镇矿山企业,仅从事矿产开发勘探的人员已达2000多万,固体矿石的年采掘量达50多亿吨。矿产品产量与相关能源矿产产量增长速度过快,消耗增大,很多矿产开采量都居世界前列。如2009年,我国煤炭产量达33亿吨,钢5.678亿吨,水泥16.3亿吨,均居世界第一位;10种有色金属产量2600万吨,钾盐340万吨,均居世界第二位;磷矿石标矿5683.9万吨,硫铁矿石标矿1147.9万吨,分别居世界第三、第四位;石油1.89亿吨,居世界第四位;黄金313.98 t,居世界第一位。

(2) 矿产开发过程中损失、浪费严重。资源开采利用效率低,损失浪费严重。我国在开发矿产资源中,由于乱采滥挖、无序开采,以及技术水平不高、管理不善等原因,造成资源采收率低,对资源和环境的破坏及损失浪费相当严重。据估算,全国矿产资源的总回收率只有30%~40%。

(3) 矿产资源的消耗强度过高。国家"十五"计划曾规定GDP年均增长7%、能源消耗年均增长3.26%、单位GDP能耗降低15%~17%。计划执行的结果却是GDP每年增长8.8%、能源消耗年均增长10%、单位GDP能耗5年上升7%。就是说"十五"GDP的超计划增长,是建立在大量消耗能源资源的基础之上的。中国矿产资源消耗增长过快的一个主要原因是产出效率比较低,如2006年中国GDP占世界的5.5%,但消耗了24.6亿吨标准煤,约占世界的15%;12.4亿吨水泥,约占世界的54%;3.98亿吨钢铁,约占世界的30%;其他资源、原材料的消耗数量和比重也很大。与国际先进水平比,中国大中型钢铁企业吨钢可比能耗高15%,火电供电煤耗高20%,水泥综合能耗高23.6%。

(4) 投入不足,技术开采水平不高,老矿山生产能力下降,新矿山建设滞后。我国许多重要矿山都是在20世纪50~60年代兴建的,经过几十年的开采,多数已进入中晚期阶段,采矿难度增大,生产成本上升,资源日益枯竭,有些产量锐减,有些已经闭矿。有色矿山中,三分之二的国有大中型矿山已陆续进入中、晚期,1/3矿山的资源已经枯竭。在87个直属矿山中已有56个在1992年被国家确认为是必须转产接替的末期矿山,其中43个资源枯竭、长期亏损的矿山在1999年已被同意关闭。1990~1995年期间,铁矿山年均产能消失300万吨,铅锌矿产能消失40%。到2009年初,全国国有煤矿和铁矿的生产能力比2000年减少了9.2%,铜矿产减少21.3%,金矿产减少3.4%,私有矿业生产能力大幅增加,私有矿山缺乏监管,环境污染严重。我国的矿山建设资金,原来来自财政拨款,1985年以后实行拨改贷,并逐渐走向国家、地方、企业、外资、个人多元化投资。但是,由于矿山企业经济效益不好,加之税费负担过重,绝大多数矿山亏损或微利经营,原有借款无力偿还,负债累累,因而难以吸收到新的投资进行扩建或建设新矿山,形成老矿山生产能力下降,新矿山建设滞后的局面。

(5) 矿产资源开发利用导致环境恶化。我国在经济快速发展的同时也付出了极大的资源环境代价。目前环境保护的形势相当严峻,以城市为中心的环境污染仍在加剧,并正在向农村蔓延;生态破坏的范围仍在扩大,一些地区的环境污染和生态破坏已经阻止了经济的健康发展并直接威胁到人民群众的身体健康。其中由于矿产资源的开发规模过大,加上缺少有效的与之相关的环境管理制度,从而引起的植被破坏、水土流失、土地沙漠化、泥石流、地表塌陷,以及废水、废气和废渣的污染,已经成为我国环境污染与破坏的一个重要因素。

8.1.3 我国矿产资源领域应解决的问题

可持续发展概念的提出是基于人们对资源与环境问题的深刻认识,当今全球资源紧缺与环境污染这两个问题已十分尖锐,成了制约集约型社会经济发展的主要因素。事实上,能否妥善解决资源紧缺与环境恶化问题,事关人类社会和经济发展,是能否实现可持续发展目标的关键。造成资源与环境问题的主要原因有:

(1) 自然资源过度开采超过了环境的合理承受能力,造成资源的浪费与环境的破坏;

(2) 资源利用过程中向环境排放的大量废水、废气、废渣等污染物超过了环境容量,导致环境恶化和生态环境破坏。

归根到底,资源与环境问题主要是由于人类对自然资源的不合理开发和滥用造成的。显然,调整资源开发利用方式和研究环境保护的技术是成功解决资源与环境问题的关键。目前我国矿产资源领域应着重研究解决以下主要问题:

(1) 深入调查研究自然资源及其开发利用的现状和问题,预测其未来发展趋势,论证其对经济社会发展需求的保证程度,探索其不断保值增值和永续利用的途径。

(2) 研究自然资源的价值理论和合理的定价方法,彻底改变产品高价、原料低价的价格扭曲现象。

(3) 研究资源核算(包括实物量和价格量核算),将其纳入国民经济核算体系,改革现行国民经济核算体系中偏重于产值增长、不计资源消耗、制约经济发展的资源开发的空心化现象的发展。

(4) 研究和确定资源资产的概念,完善实施资源资产管理制度,改革目前资源资产权属不清,以致出现抢占、浪费、破坏资源的混乱局面,逐步实现资源的当今和代际间的优化配置。

(5) 开展资源产业政策的研究,寻求自然资源不断增加、永续利用的对策,对于非再生矿产资源来说,寻求其最适耗竭速度,保证其满足经济社会发展日益增长的需要,以实现可持续发展的战略目标。

8.2 矿产资源可持续综合利用

矿山设计和矿山企业生产工作中常采用矿石回收率(η)来评价矿山的矿产资源利用率。矿石回收率的计算公式为:

$$\eta = \frac{Q_e}{Q_r} \times 100\% \tag{8-1}$$

式中 Q_e——采出矿量;

Q_r——上表储量。

该指标仅反映出在设计或开采中矿石开采出来的比率,并不能反映矿石有用组分的利用率,而且因矿石开采中混合物的混入,这一指标会偏大,为了准确客观地评价矿产资源的开发和利用的效率,很多研究工作者正在积极地探索其他更加准确和实用的评价资源利用率的方法。波兰科学院资源和能源研究中心提出的矿床综合利用率指标和矿床综合开采利用率指标评价矿山企业的资源利用情况,能够真实、科学的反映矿山企业在生产过程中对矿产资源的利用程度。

8.2.1 矿床综合利用率

矿床综合利用率是从主要矿物的角度,并考虑伴生矿元素,说明矿床的利用程度,其计算公式为:

$$\eta_s = \frac{\sum_{i=1}^{n} P_{fi}\beta_{cor,i}}{Q_g\alpha_{cor}} \times 100\% \tag{8-2}$$

式中 η_s——矿床综合利用率,%;

n——矿山最终产品的种数;

P_{fi}——第 i 种最终产品的产量,t;

$\beta_{cor,i}$——第 i 种产品中有用组分换算含量;

Q_g——矿床资源储量,即上表加示表之和,t;

α_{cor}——矿床的矿物中有用组分换算含量。

最终产品和矿床中有用组分换算含量(换算成假定元素的含量)的计算公式如下:

$$\beta_{cor} = \beta + \frac{1}{m_t\varepsilon_p}\sum_{j=1}^{z} m_{tj}\beta_{tj}\varepsilon_{ptj} \tag{8-3a}$$

$$\alpha_{cor} = \alpha + \frac{1}{m_t\varepsilon_\omega}\sum_{j=1}^{z} m_{tj}\alpha_{tj}\varepsilon_{\omega tj} \tag{8-3b}$$

式中 β——最终产品主要有用组分的含量,%;

m_t——生产主要组分的盈利,元/t;

ε_p——在以后的加工过程中,主要有用组分的回收率,%;

z——伴生的有用组分的种数;

m_{tj}——生产第 j 种伴生有用组分的盈利,元/t;

β_{tj}——最终产品中第 j 种伴生有用组分的含量,%;

ε_{ptj}——在以后的处理过程中第 j 种伴生有用组分的回收率,%;

α——矿床中主要有用组分的含量,%;

ε_ω——在选矿和后续的加工过程中主要有用组分的回收率,%;

α_{tj}——矿床中第 j 种伴生有用组分的含量,%;

$\varepsilon_{\omega tj}$——在选矿和后续的加工过程中第 j 种伴生有用组分的回收率,%。

8.2.2 矿床综合开采利用率

矿床综合开采利用率表示主要矿物和共生矿物的利用程度及废弃产物的可能利用程度。其计算公式如下:

$$\eta_c = \frac{\sum_{i=1}^{n}\sum_{j=1}^{m} P_{ij}C_{ij}}{\sum_{i=1}^{n} Q_{gi}C_{gi}} \times 100\% \tag{8-4}$$

式中　η_c——矿床综合开采利用率，%；

n——矿物种数；

m——第 i 种矿物生产的产品种数；

P_{ij}——第 i 种矿物生产的第 j 种最终产品的产量，t；

C_{ij}——第 i 种矿物生产的第 j 种最终产品的价格，元/t；

Q_{gi}——第 i 种矿物的资源储量，t；

C_{gi}——第 i 种矿物的资源储量的可能价格，元/t。

矿床的综合开采利用率还有一种更简单的表达形式，即单种矿物的可能价值与矿床价值之比的加权平均综合利用率：

$$\eta_c = \frac{\eta_{s_1}\frac{c_1}{c} + \eta_{s_2}\frac{c_2}{c} + \cdots + \eta_{s_n}\frac{c_n}{c}}{\frac{c_1}{c} + \frac{c_2}{c} + \cdots + \frac{c_n}{c}} \tag{8-5}$$

由此得出：

$$\eta_c = \frac{1}{C}\sum_{i=1}^{n}\eta_{s_i}C_i \tag{8-6}$$

式中　C——资源储量的价值，元；

n——核算矿床赋存的矿种数；

η_{s_i}——第 i 种矿物的综合利用率；

C_i——第 i 种矿物的可能价值，元。

8.2.3　矿产资源综合利用技术经济评价

8.2.3.1　共生矿产的定义

在同一矿区（或矿床）内存在两种或多种符合工业指标，并具有小型规模以上（含小型）的矿产，即“达标”、“成型”的称为共生矿产。天生矿产分为同体共生矿石和异体共生矿石。同体共生矿产是指产于同一矿体内的含有两种或多种符合工业要求的共生矿产及可供工业综合利用的伴生矿产。对于同体共生矿产，一般是综合圈定矿体，分别计算储量。异体共生矿产是指在一个矿区内，产于不同部分（或层位）可以分别圈定和计算储量的不同矿种的矿产，该矿产可以是综合性的，也可以是单矿种的，或者是两者同时存在的。

8.2.3.2　伴生矿产的定义

伴生矿产系指矿床（矿体）中与主矿、共生矿一起产出，未“达标”或未“成型”的、技术和经济上不具有单独开采价值，但在开采和加工主要矿石时能同时合理地开采、提取和利用的矿石、矿物或元素。

伴生矿产分为伴生矿物矿产、伴生元素矿产和伴生矿石矿产三大类。

（1）伴生矿物矿产。属于这一类的伴生矿产是一些可利用程度较高的矿物，在矿床中分布较为普遍，局部也可富集到接近矿产工业指标要求的程度。在加工主矿产的选矿流程中可同时选出它们的合格精矿产品或中间产品，一些重要矿物在矿石中含量虽低，但因特殊需要或经济价值很高也有必要回收。由于可以分选出精矿产品，扩大矿石组分回收利用的范围，对进一步提高矿床的经济价值具有重要意义。属于这一类伴生的矿物种类很多，包括金属矿物和非金属矿物。但在具体的矿床中,实际能达到要求含量并需要选别的伴生矿产的矿物是比较有限的。

(2) 伴生元素矿产。属于这一类的伴生矿产是含量低并呈分散状态存在的可附带回收的伴生有用组分。伴生元素矿产的提取方式取决于主矿产的加工方式,需要选矿的矿种则必须能伴随精矿富集、并可在加工精矿时提取。伴生元素矿产可划分为贵金属、稀有稀土、分散元素伴生矿产和液体、气体伴生矿产。

(3) 伴生矿石矿产。伴生矿石矿产是分别产出的异体伴生矿产,即在主要矿产的围岩或剥离层内形成独立的矿层、矿体或含矿层(体)。由于这种矿石中有用组分品位低或矿层厚度薄,未"达标"或未"成型",经济上不具单独开采价值,只能随同主矿产一起开发利用。例如,露采境界内的低品位矿石、有用剥离岩石和可混采混用的低品位夹层;煤矿床中的耐火黏土、陶瓷黏土;铝土矿床中的铁矿石、耐火黏土,因此虽未"达标"或未"成型",也能经济合理地开发利用。

矿产资源综合利用技术经济评价时,对共生矿床及伴生有益组分进行综合利用的技术经济评价是提高矿石开发的经济价值和增加矿山企业盈利的一个重要方面,也是广开矿源,特别是获取稀有金属和分散元素的重要途径,同时也是保护生态环境,减少三废排放的基本途径之一。为此,对于综合开发共生矿产资源及综合利用矿石伴生有价组分的工作,日益受到重视。在有色金属矿床的矿石中,其共(伴)生的有用元素与主金属之比一般为 0.3 ~ 0.7,有的矿石伴生元素的价值超过主金属的价值。

8.2.4 综合开发利用系数

8.2.4.1 按实物量表示的综合利用系数

A 产率法

该法以矿石中有用组分的最大限度的综合利用为原则,即在选冶过程中有价产品的产率之和。

$$K_c = \sum_{i=1}^{n} \gamma_i \tag{8-7}$$

式中 K_c——有价产品最大程度回收时的产率之和表示的综合利用系数;
γ_i——第 i 种有价产品的产率;
n——有价产品种数;
i——第 i 种有价产品。

【例 8-1】 磷金红石矿经选矿产出四种精矿,磷精矿、金红石精矿、钾长石精矿和黑云母精矿产率依次为 10.55%,1.20%,43.95%,27.86%,用式(8-7)计算得综合利用系数为:

$$K_c = 10.55\% + 1.20\% + 43.95\% + 27.86\% = 83.56\%$$

对于工业生产或连续性试验可采用式(8-8)计算:

$$K_c = \sum_{i=1}^{n} \frac{\alpha_i \varepsilon_i}{\beta_i} \tag{8-8}$$

式中 α_i——原矿品位,%;
β_i——产品品位,%;
ε_i——产品回收率,%。

应用产率法计算的综合利用系数方法简单,数学表达式易懂。当 $K_c = 100\%$ 时表示矿石经选矿所有的有用组分全部变成矿产品,亦即无尾矿工艺。此种方法只能从产品数量上说明综合利用程度,而在贵金属及稀有金属矿床中随主元素回收而伴生的稀有及稀散元素的价值表示不出来。故此方法只能说明的是在选矿环节上的选矿回收程度,不能代表资源的回收利用程度。因此该方法仅适合于产品产率较大的非金属矿石。

B　回收率法

该法是以选矿或冶炼过程中,有用元素回收率的算术平均值表示其综合利用系数。

$$K_n = \frac{1}{n}\sum_{i=1}^{n}\varepsilon_i \tag{8-9}$$

式中　K_n——以产品平均回收率表示的综合利用系数,%;

n——产品数目;

ε_i——产品回收率,%。

【例8-2】　某铁矿石经选矿产出三种精矿分别为:铁精矿、铜精矿、钴精矿,回收率分别为94.60%,76.36%,55.17%。则综合利用系数计算如下:

$$K_n = (94.60\% + 76.36\% + 55.17\%) \times 1/3 = 75.38\%$$

该法的特点是计算简单、迅速。但往往会出现回收的组分少,且单个组分回收越高时求出的 K_n 系数越大的假象。另外,还会出现有的单元素回收率低,但与回收率高的算术平均后反而综合利用系数高的现象,反之亦然,不能真正揭示单元素的回收利用程度。

C　金属量法

该法是以产品的金属量与原材料的金属量之比值表示综合利用系数。

$$K_j = \frac{\sum_{i=1}^{n} q\beta_i}{\sum_{i=1}^{n} Q\alpha_i} \tag{8-10}$$

其中:$\gamma = \dfrac{q}{Q}, \gamma = \dfrac{\alpha\varepsilon}{\beta}$

故式(8-10)可以写成:

$$K_j = \frac{\sum_{i=1}^{n} \gamma_i\beta_i}{\sum_{i=1}^{n} \alpha_i} \tag{8-11}$$

式中　K_j—以金属量回收程度表示的综合利用系数,%;

Q—原矿处理量,t;

α——原矿品位,%;

q——产品产量,t;

γ——产品产率,%;

β——产品品位,%;

ε——产品回收率,%。

我国有色冶炼厂广泛采用该法计算综合利用系数,式(8-11)能反映原料的综合利用程度。

【例 8-3】 某铅冶炼厂回收铅、锌、铋、银各回收指标见表 8-2。

表 8-2 某铅冶炼厂回收铅、锌、铋、银各回收指标 （%）

元 素	α	ε	$\alpha\varepsilon$
铅	70.00	59.10	41.30
锌	4.09	75.30	3.07
铋	0.12	66.83	0.08
银	0.09	72.74	0.07

解：

将表 8-2 中的数据根据公式计算出 γ，见下表。

元 素	α	β	ε	$\gamma=\dfrac{\alpha\varepsilon}{\beta}$
铜	0.52	21.3	82.40	2.01
铅	4.00	51.0	59.10	4.64
锌	4.09	39.0	75.30	7.90
铋	0.12	32.4	66.83	0.25

所以 $$K_{\mathrm{j}}=\frac{\sum_{i=1}^{n}\gamma_i\beta_i}{\sum_{i=1}^{n}\alpha_i}=\frac{595.24}{8.73}\times100\%=68.18\%$$

该法的特点是计算方法简单，能明显反映出矿石中有用金属利用程度。缺点是不能揭示单个元素的回收利用情况，也不能反映回收率很低、价值很高的稀有(散)、贵金属的回收利用情况。

D 元素种类法

该法以矿石中实际回收的有用组分的数目与全部有用数目之比作为综合利用系数。

【例 8-4】 铜矿矿石中有 19 种有用组分已能回收 15 种。该矿石的综合利用系数为：

$$K=15/19\times100\%=78.95\%$$

该法可以定性说明矿石综合利用与回收组分的程度，但尚不能反映出每个组分能否经济合理的回收。

E 综合利用系数法

该法以选矿或冶炼过程中所得到的有用组分重量与原料中对应有用组分重量和之比来衡量矿产资源综合利用的程度。

$$K=\frac{\sum_{i=1}^{n}q_i}{\sum_{i=1}^{n}Q_i} \tag{8-12}$$

式中 K——综合利用系数；

q_i——回收第 i 组分的产品产量；

Q_i——原料中第 i 种有用组分的含量；

n——回收有用组分数目。

该法简便易行，可以反映已回收利用的有用组分的利用程度，而对那些可经济回收但生产中却未能利用的有用组分则无法反映。

8.2.4.2　考虑经济因素的综合利用系数表示法

A　盈利法

该法是通过矿石经选矿加工后所得到的净产值与入选矿石的理论产值之比值，来表示矿石的综合利用系数，用 K 表示。数学式为：

$$K=\frac{\sum_{i=1}^{n}\gamma_i Z_i-S}{\sum_{i=1}^{n}\frac{\alpha_i}{\beta_i}Z_i-S} \tag{8-13}$$

式中　γ_i——已回收的第 i 种组分的精矿产率，%；

Z_i——已回收的第 i 种组分的精矿价格；

S——单位矿石的采选总成本；

α_i——入选矿石中可经济回收的第 i 种组分含量，%；

β_i——回收到精矿中的第 i 种组分含量，%；

n——已回收精矿个数及可经济回收组分数；

$\sum_{i=1}^{n}\gamma_i Z_i$——由单位矿石中回收的全精矿的总产值，其中 Z_i 按 i 精矿实物计价（i 精矿能计价的所有组分均计价）；

$\sum_{i=1}^{n}\frac{\alpha_i}{\beta_i}Z_i$——可经济回收组分的潜在总产值。

B　价值法

价值法是通过产品的金属（或有用组分）价值与矿石中金属（或有用组分）的潜在价值之比表示综合利用系数的方法。

$$K_\alpha=\frac{\sum_{i=1}^{n}q_i\beta_i Z_i}{\sum_{i=1}^{n}Q\alpha_i Z_i} \tag{8-14}$$

式中　K_α——以价值法表示的综合利用系数，%；

q_i——第 i 种组分产品产量（以质量单位计）；

β_i——产品品位，%；

Z_i——产品价格，元/t；

Q——原矿量（以质量单位计）；

α_i——原矿中第 i 种组分品位，%；

n——回收有用组分个数，个；

i——第 i 种组分。

因为 $q=Q\gamma$

故式(8-14)可以写成：

$$K_{\alpha} = \frac{\sum_{i=1}^{n} \gamma_i \beta_i Z_i}{\sum_{t=1}^{n} \alpha_t Z_t} \tag{8-15}$$

又因为 $\gamma = \dfrac{\alpha\varepsilon}{\beta}$

式(8-15)又可以写成：

$$K_{\alpha} = \frac{\sum_{i=1}^{n} \alpha_i \varepsilon_i Z_i}{\sum_{t=1}^{n} \alpha_t Z_t} \tag{8-16}$$

式中 γ_i——产品产率，%；

ε_i——元素(组分)回收率，%。

8.2.4.3 分阶段的综合利用系数

矿产资源的开发利用是一个包括采矿、选矿、冶炼的系统过程。有人将以上三个过程的综合利用程度分解为采矿综合利用系数、选矿综合利用系数和冶炼综合利用系数。

A 采矿综合利用系数

采矿综合利用系数可以用采矿回收率表示：

$$K_1 = \gamma = 100\% - \lambda \tag{8-17}$$

式中 K_1——采矿综合利用系数，%；

γ——采矿回收率，%；

λ——采矿损失率，%。

B 选矿综合利用系数

在计算选矿的综合利用系数时，一般是按选矿产品的种类或按销售价格计算：

$$K_2 = \frac{A - B}{A} = \frac{\sum_{i=1}^{n} \alpha_i Z_i - \gamma_i \sum_{i=1}^{n} Q_i Z_i}{\sum_{i=1}^{n} \alpha_i Z_i} \tag{8-18}$$

式中 K_2——选矿综合利用系数；

A——单位原矿的潜在价值；

B——单位尾矿的潜在价值；

α_i——原矿中第 i 种元素品位，%；

Z_i——选矿产品第 i 种元素价格，元/t；

γ_i——尾矿产率，%；

Q_i——尾矿中第 i 种元素品位，%。

C 冶炼综合利用系数

冶炼是将选矿产品进一步分离富集的过程，冶炼综合利用程度可按式(8-19)计算：

$$K_3 = \frac{\sum_{i=1}^{n} P_i Z_i}{\sum_{i=1}^{n} P_i Q_i Z_i} \tag{8-19}$$

式中 K_3——冶炼综合利用系数,%;

P_i——冶炼产品第 i 种元素的金属量,t;

Z_i——冶炼产品第 i 种元素的价格,元/t;

Q_i——冶炼原料第 i 种元素的金属量,t。

D 采选冶综合利用系数 K

$$K = K_1 K_2 K_3 \tag{8-20}$$

矿产综合利用经济效果的评价计算对综合开发共生矿产及矿石中伴生有益组分的综合利用经济效果进行评价,是提高矿床经济价值和增加矿山企业盈利的一个重要方面,也是广开矿源,特别是获得稀有金属和分散元素的重要途径。同时,综合利用是改善环境、减少“三废”的基本途径之一。对于矿石中伴生的有价组分能否在选冶加工过程中综合回收,主要取决于矿石性质和选冶技术水平,而值不值得回收则主要取决于经济效果。

8.2.4.4 共生矿产综合开发经济效果的计算

在评价共生矿产开发的经济效果时,可采用总利润法计算其在全采期获得的期望总利润。

$$I_{共} = K \sum_{j=1}^{n} Q_j \varepsilon_j (P_j - G_j) - R_{共} \tag{8-21}$$

式中 $I_{共}$——全采期共生矿产开发利用的期望总利润,万元;

K——可采储量系数;

n——共生矿产种类;

Q_j——探明的各种共生矿产的储量,万吨;

ε_j——不同共生矿产的采矿回收率,%;

P_j——不同共生矿产单位售价,元/单位;

G_j——不同共生矿产综合单位成本,元/单位;

$R_{共}$——开发共生矿产的投资,万元。

8.2.4.5 伴生有用组分综合利用效果计算

若矿石中伴生的有价组分含量达到工业利用要求,加工技术方法可行,则可全采综合利用。全采期获得的期望总利润为:

$$I_{伴} = KQ\varepsilon_{采} \sum_{i=1}^{n} \beta_i \varepsilon_i (P_i - G_i) - R_{伴} \tag{8-22}$$

式中 $I_{伴}$——全采期综合利用获得的期望总利润,万元;

Q——地质探明主元素储量,万吨;

$\varepsilon_{采}$——采矿回收率,%;

n——伴生元素的个数;

β_i——伴生元素地质品位,%;

ε_i——伴生元素选(冶)精矿回收率,%;

P_i——伴生元素售价,元/t;

G_i——伴生元素加工成本,元/t;

$R_{伴}$——回收伴生元素增加的投资,万元。

8.2.4.6 矿产综合利用工业指标

矿产工业指标是在当前的技术经济条件下,工业部门对矿产开发和质量提出的要求,评定矿产工业价值、圈定矿体和计算储量应遵照的标准,也是合理开发与利用矿产资源、确定矿体可采选范围和指导开采的主要依据。制定矿产综合利用工业指标一般应掌握以下几个基本原则:

(1) 地质条件是制定工业指标的基础。工业指标只有符合具体矿床的地质特点,才能保证矿体圈定的合理性和完整性,以利于矿床的开采和提高资源的利用率。例如某矿区按照原工业指标圈定规模小,开采成本高,后适当降低了品位要求,圈定了一个完整的大矿体,适于露采,效益增大。目前工业上只能回收利用磁铁矿而原指标按全铁含量圈定矿体,结果把一些技术上不可行,经济上不合理的矿石也圈入矿体。又如某多金属矿,原指标按锌含量圈定的,而开采时才发现很大一部分矿石矿物主要是铁菱锌矿,无法利用。因此,有用组分的赋存状态和工艺性能、有用组分的分布状况和规律、矿床开采的技术条件等,都是制定工业指标中必须认真研究的问题。

(2) 市场需求状况是合理制定工业指标的重要原则。矿产勘查的目的是为了寻求各种矿石原料,以满足生产、生活的各种需求,不同的需求有不同的衡量标准,制定工业指标必须充分考虑当前国民经济对该矿床的需求程度和矿床开发的经济对该矿产的需求程度、矿床开发的经济效果,了解和研究国内外市场供求状况及其发展趋势。影响需求状况和经济效果的因素很多,而且常随条件改变而变化。例如,有些低品位矿石由于易采易选,多组分共生,需求量大,生产成本低,经济效果好;有的矿产因不断发现新的应用领域而身价倍增;有的矿产已被新的产品取代而无人问津,如蓝石棉现已搁置;有的因工艺技术进步工业指标下降;有的矿产走俏而价格上升;有的滞销则价格下跌等。充分考虑需求状况是合理制定工业指标的重要原则。

(3) 采用综合指标评价法评价矿床。随着矿业勘查和开发技术的提高,可以认为几乎所有的矿床都是综合性的。在矿床中通常除主矿产外,还有多种共生矿产、伴生矿产;有的有造岩矿物、剥离岩石、夹矸、尾矿;有的还有煤成气、卤水、含矿水等可资源综合利用;有的矿产还具有一矿多用的性质。对矿产的综合勘查、综合评价和综合利用,是提高矿床的经济价值和增加矿山企业效益的重要原则,是获得更多金属、非金属、贵金属和稀有分散元素的资源重要途径,也是改善环境、减少"三废"的关键措施。综合性矿产是多种组分共生在一起的,它们的地质、技术(采矿和加工)、经济方面都是紧密联系不可分割的,必须综合研究、综合评价,以综合指标评价法取代单一指标评价法。综合性矿床具有一定的复杂性,一定要从矿床的具体地质特性出发,研究和选择适合矿床地质特点的综合指标体系和综合圈定矿体计算储量的方法。

综合性矿产的工业指标是整个工业指标体系的组成部分,同时是在一般工业指标的原则基础上制定的但是综合性矿产中同时存在几种有用组分,而且这些组分的产出特性、含量及价值,在矿石矿物中的富集程度,社会需求及工业意义等都互不相同或差别很大。因此除前述一般原则外,尚应结合其具体特点,综合考虑各种有关因素,才能制定出符合实际的工业指标。

(4) 因地制宜的制定工业指标。我国各地区经济发展不平衡,交通运输条件和对矿产的需求程度等方面的差别也很大,工业上对矿产最基本是采出矿石的平均品位,要保证获得既定的最低利润,矿石的最低品位必须能抵偿所付出的代价。这种投入产出的平衡关系与国家或地区经济状况、采选冶技术条件、经营管理条件、国内外市场矿石供需状况和价格变化等方面的因素密切相关,也与不同时期或开采过程的不同阶段的不同条件有关。当时当地急需而又短缺的矿产,可以适当地降低品位指标;品位适当降低可使所圈定的矿体更完整,有利于提高开采效率和资源的充分利用,因此制定工业指标应根据当时当地的条件,并随条件的变化进行必要的调整。过去某些矿区忽视不同矿床、矿体或矿石类型存在开采、加工等技术经济条件的明显差别,采用完全相同的工业指标,常造成不良的后果。

(5) 技术上可行,经济上合理是制定工业指标的原则。制定工业指标必须要有地质、技术、经济综合论证资料;制定工业指标必须通过多方案比较,系统分析,方案优选,使整体效益必须最优化;制定工业指标要认真调查研究,弄清地质、技术、经济的有关情况和影响因素。及这些因素之间的关系,通过计算分析,鉴别和揭示各种矛盾,使研究的问题进一步深化。最后根据计算和分析结果,将各种效果因素进行综合评价和系统分析,找出最优的工业指标方案。

当今制约全球经济发展的三大要素是人口、资源和环境,资源与环境又是人类赖以生存的基本条件,资源与环境的关系是相互促进又是相互制约的。随着社会与经济的进步与发展,工业化进程在加快,各种物资资源的消耗在急剧的增加,大量的矿产资源被开发用于工业生产,伴随着人类社会对环境的要求在增加,如何综合利用已经开发的矿产资源,成为社会和环境发展的重要要求,开发和综合利用矿产资源,回归大自然原本的生态环境越来越被人们所重视。

新中国成立后,国家对矿产资源的综合利用极为关注,陆续从立法的角度颁布了一系列的技术经济政策和法规,尤其是 21 世纪初制定的相关法律法规对我国矿产资源的开采、选矿以及综合利用起到了规范作用。财政部、国家税务总局 2004 年下发了《关于部分资源综合利用产品增值税政策的补充通知》,文件中规定:"利用石煤生产的电力按增值税应纳税额减半征收,对燃煤电厂烟气脱硫副产品实行增值税即征即退等政策。"一系列的技术经济政策和法规的颁布为我国采矿、选矿、冶炼以及环境保护产业产生了巨大的影响,进一步说明了国家在环境保护和资源综合利用方面作出的鼓励和激励政策,从政策上大力主张资源综合利用的开展和实施。2006 年修订的《矿产资源法》强化了矿产资源规划制度设计,从规划的编制、批准、调整,对矿产资源勘查、开采指导、控制,总体规划与区域性规划、矿区规划的衔接以及规划的修编等进行统一明确的规定。《国务院办公厅转发国土资源部等部对矿产资源开发进行整合意见的通知》(2006 年 12 月)对矿产资源开发进行整合是集中解决矿山开发布局不合理,实现资源规模化、集约化开发的重要手段,是从源头有效治理矿业秩序混乱的基础性工作,是调整矿业结构、促进矿业经济增长方式转变的有效途径,对建设资源节约型环境友好型社会,走新型工业化道路具有重大意义。2010 年 7 月,财政部与国土资源部联合出台了《矿产资源节约与综合利用专项资金管理办法》。根据规定,专项资金主要用于奖励矿山企业提高"三率"以及实施矿产资源领域循环经济发展示范工程。《办法》规定,奖励资金采取"以奖代补"方式,重点支持通过运用新技术、采用新工艺、加强管理,"三率"指标高于规定标准,矿产资源节约与综合利用取得显著成效的矿山企业。评定指标为企业前三年度因"三率"超过规定标准而增加的矿产品销售收入和用于矿产资源节约与综合利用直接投资金额两项指标综合计算所得;申请示范工程资金的矿山企业应符合矿产资源规划及以下条件:(1)技术方法先进,具有规模效应,示范效果显著,可大幅度提高资源利用水平;(2)有关工作已纳入矿山企业发展规划,确保资源综合利用工作得到及时有效开展,且具有较强的资金筹措能力;(3)矿山企业在相关领域和专业具有较强的技术优势和创新能力,具备必备的人才条件、技术装备和组织管理能力。目前国家相关部门正在研究制定《矿产资源综合利用法》、《矿产资源综合利用、提高资源回收率实施细则》、《再生资源回收利用法》、《矿山尾矿综合利用管理办法》等法律法规,加快资源综合利用法规体系建设。

8.3 矿产资源的综合利用的对策

据统计,世界人口平均每增长2% ~2.5%,而矿产资源需求就相应增加5% ~8%。目前世界人口增长速度过快,而世界矿产资源的开采量则大约每隔15 ~18 年就翻一番,矿产资源开发带来的"三废"增多,矿产资源综合利用已成为一个全球性的重要研究课题,如果矿产资源综合利用没有做好,不仅会造成大量资源浪费,而且由于矿产开发过程中产生大量的废石、矿泥、废渣、废水、废热、废气等废物,将严重污染生态环境,造成环境恶化,影响生态平衡,甚至给人类带来很难挽回的灾难。

8.3.1 国外矿产资源综合利用

矿产资源综合利用和资源环境保护已成为全球性普遍关注的矿业开发与综合利用研究课题。各国都对矿产资源的综合利用开发和利用给予高度的重视。面对现代矿产的选冶炼生产带来的一系列环境污染和破坏等问题,各国,尤其是西方工业发达国家,不管是本国资源丰富与否,矿产储量保证程度如何,对于矿产资源的综合开发与利用,都十分的重视。

(1) 加强国际沟通,矿产资源综合利用会议不断。2007 年 9 月在南非举行的第六届国际重金属矿物大会(HMC2007),主要宗旨是引起与会成员对金属矿物有益于南非经济发展的重视,并发起倡导希望国际上参会的来自30 多个国家的科学家及矿业企业代表能在南非创办矿业公司。2009 年 10 月在智利举行的采掘、矿物加工及金属工业国际自动控制会议(IFACMMM2009),该会议每三年举行一次,有225 名来自22 个国家的与会代表发表了关于采掘、矿物加工及金属工业自动控制方面的文章。此次会议的宗旨在于分享近期在采掘、矿物加工及金属工业自动控制研究领域取得的研究进展,并对这些领域的发展前景和趋势交换意见。由国际矿物学协会主办的第20 届国际矿物学大会于2010 年 8 月在匈牙利举行,60 多个国家的科学家与会,历届会议都在工业矿物加工、环境保护等方面提出了非常重要的举措,会议的召开具有非常重要的意义,国际矿物学大会是关于金属矿物采掘、选矿,石油开采与提炼,废物处理,环境保护和土壤科学等方面的国际性大会,每次都有许多国际上有名的科学家、专家与会。

第七届中国矿产资源综合利用学术会议于2004 年 11 月 29 日至 12 月 2 日在中国福州市召开,这次学术会议由中国矿业联合会选矿委员会、中国有色金属学会选矿学术委员会、北京矿冶研究总院等全国性学术组织和科研机构联合主办。会议邀请著名专家学者对矿产资源综合开发利用技术进行专题报告,内容包括国内外矿产资源综合利用的现状及发展方向、国内外各种矿产资源综合开发利用实践、探讨我国紧缺矿产资源和难处理矿石开发利用技术问题等。本次会议是我国选矿界一次跨行业的矿产资源综合利用新技术、新成果的交流大会,是广泛交流经验,取长补短,开阔思路,探讨矿产资源综合利用技术可持续发展的综合性学术会议。国际国内召开的一系列有关矿产资源的会议都说明了整个世界对矿产资源的采选冶和环境资源保护工作的重视程度。由中国矿业大学主办的"第六届国际矿业科学与技术大会"于2009年10月18~20日在江苏省徐州市中国矿业大学召开,本次大会将以"矿业与可持续发展"为主题,探讨、交流矿业科学与技术领域的最新研究进展、面临的机遇和挑战以及该领域的发展前景。为贯彻落实科学发展观,进一步推动资源节约和资源的合理开发利用,提高资源综合利用水平,保护矿山环境,建设绿色矿山,推进绿色矿业,促进我国矿产资源开发和生态环境的持续健康协调发展,中国矿业联合会拟将举办"2010年中国矿业循环经济论坛"。论坛初步拟定于2010年三季度在山西大同召开。会议主要研究和探讨我国矿产资源开发与环境保护协调发展,资源综合利用与发展循环经济和低碳经济,建设绿色矿山与发展绿色矿业,科技创新与加快矿产资源开发利用结构调整,以及资源综合利用与生态环境等一系列重大问题的新理念、新思维、新方法、新模式、新举措和新经验,以及政策建议;总结和介绍矿业企业在矿产共伴生资源,低品位和难选冶矿产资源,尾矿、赤泥、煤矸石、粉煤灰等二次资源,废旧金属等再生资源综合回收利用,以及煤层气利用和地下残煤气化的新技术、新工艺、新方法、新设备,以及实践成果与经验;大力宣传和推行绿色矿业理念,宣传创建"绿色矿山"的重要意义;总结和介绍矿业企业在建设绿色矿山、推进绿色矿业发展工作中的成功做法、成果、经验与体会,通过先进典型和榜样的模范带动作用,推进全国绿色矿山建设工作健康发展。

(2)通过立法支持合理利用资源。包括前苏联、美国在内的一些先进工业化国家,为了加强矿产合理开发和综合利用,相继采取了一系列行政和技术经济措施。日本、南斯拉夫、匈牙利、德国及拉美等各国,也都制定了矿业法或矿山法,强化对矿业生产的控制,以法律形式明确了矿产资源合理开发利用在国民生产中的地位。前苏联1975年颁布了《苏联和各加盟共和国地下资源法纲要》,详细明确规定了矿业生产各个环节关于综合利用的细节;与此同时,采取切实措施加强科研、试验工作,促进科研设计和生产紧密结合,大大推动了矿产的综合勘探、综合开发、综合加工和综合利用。美国早在20世纪70年代就制定了《美国矿业和矿产条例》,要求合理开发和综合利用矿产资源及寻找矿物新来源。《美国环境保护法》规定,冶炼厂必须使原料中硫的回收率达到90%以上,才准许建厂。德国1994年公布的《循环经济/废弃物法》,是把废弃物当作可利用资源纳入产品生产过程中的资源循环过程。为确保国家经济安全的资源供应,有些发达国家提供资金建立专门机构支持矿业投资和开发研究,如法国的地质矿产调查局和日本的金属矿业事业集团。为吸取"先污染,后治理"的教训,发达国家形成了一套较完备的矿山环境管理和政策法规体系,矿山企业自觉进行环境保护。

(3)以科学技术为先导,提高矿产资源的综合利用水平。发达国家矿业发展趋向于管理集约化、科学化,发展矿产资源的高效、低成本、少污染的采选冶加工流程技术,低耗高效矿山设备的大型化、系列化,力求采、选、冶设备自动化和智能化,不断提高资源综合利用水平。近年来发达国家选矿技术发展主要致力于攻克中低品位矿石和难选冶矿石的工艺技术及设备研制的难关。例如用于处理低品位难选冶矿石的堆浸技术发展迅速，铜、金、铀等金属的地下溶浸和就地浸出也已实现了工业化，生物浸出技术已成为极具前景的清洁生产工艺，资源得到合理开发和综合利用。

(4) 重视二次资源的开发与利用。全世界的资源开发和利用越来越紧张，随着资源的减少和部分资源的枯竭，在许多国家，矿产开采的品位也在降低，过去在选矿时丢弃的尾矿，现在已经被作为低品位的矿产或“二次资源”得以开发利用。

世界各国矿业采选每年所产生的尾矿高达50亿吨以上，随着矿业开发规模增大和入选矿石品位的降低，这个数字还将逐年增大。至于累计堆存的尾矿，数量则更加惊人。这些尾矿，不仅占用大量地表面积，而且对地表和地下环境造成严重污染。因此，尾矿的合理开发利用已引起许多国家的极大关注。

国外将尾矿作为“二次资源”进行勘查评价，查明其化学成分、矿物成分、有用组分含量及赋存状态以及其储量等。同时大力开展选冶新工艺、新设备研究，从尾矿中分选和回收有用组分，建立一批二次选矿厂。如产金大国南非于1985年就兴建了世界上最大的尾矿处理厂，从含金尾矿矿石中回收金、铀等多种有用组分。

8.3.2 我国矿产综合利用现状

近些年来，矿产资源勘查开发力度加大，为国民经济平稳较快发展提供了有力的资源保障。矿产勘查呈现良好发展态势，“十五”以来，新发现大中型矿产地1284处，与2001年相比，2007年全国地质勘查投入增长了1.8倍，石油和天然气的剩余技术可采储量分别增长了15.69%和75.15%，煤炭查明资源储量增长了17.53%。截至2007年年底，全国共发现矿产171种，已探明资源储量的159种，已查明的矿产资源总量和20多种矿产的查明储量居世界前列，矿业经济快速发展，基于矿产资源国有的特点，开展综合利用已成为一项极其重要的工作。

8.3.2.1 我国矿产资源综合利用的基本特点

我国矿产资源综合利用的基本特点如下：

(1) 富矿少，贫矿多。多数矿产资源的矿石品位低，不仅给资源的加工利用带来困难，而且从经济观点来说，都需要通过综合利用手段提取其中所含有的各种有价元素，否则在目前技术条件下，对贫矿的开发将是极不经济的。

(2) 矿石物质组分复杂，共伴生矿床多，复合矿床多，单一矿床少。要想综合回收，采选冶技术和设备相应的一定要跟上去，否则会由于综合利用程度低，造成矿产资源的浪费和环境的污染。

(3) 矿产资源的地理分布不均匀。各地资源的余缺不但影响地方工业的合理布局，而且，大量开发势必加剧国内现有能源和交通运输的紧张状况。这种资源开发与能源、交通紧张状况的矛盾，在较长时间内会继续存在。

(4) 地表矿床和大型矿床越来越少，地下矿床和中小矿床相对越来越多。这种现状必然限制资源的大力开发和资金的合理投入，企业的经济实力很难得到发挥，从而，也使部分矿产资源的优势不能迅速转化为经济、物资优势。

(5) 矿产资源种类虽然总量多，但目前我国矿产的综合利用程度低，矿产品的人均占有量少。

8.3.2.2　我国矿产资源综合利用的现状及存在问题

我国在矿产资源综合利用和循环经济方面虽然取得了一定成绩,但与工业发达国家和地区相比,仍存在较大的差距。不仅如此,与国民经济发展需求和资源保障相比,综合利用工作也有很大差距,突出表现为:

(1) 矿产资源综合利用法律法规不健全,矿产综合利用优惠政策不到位。例如贫富兼采利用的低品位矿石、开展综合利用回收的共伴生有用组分,由于这部分资源的加收利润很低甚至还需资金补贴,税费收取按量不按质,按开采量计收,加大了利用成本,搞综合利用反而影响了企业的经济效益,因此企业综合利用资源的积极性不高,甚至导致采富弃贫。关于矿业"三废"等二次资源的收集、回收等相关政策尚缺乏相关法律法规的界定。对矿床中共(伴)生组分综合勘查、综合评价不够,工业部门利用矿物有用组分单一,由于工业部门分散,我国矿产综合利用的科研力量薄弱,而且缺乏从事综合利用公益性的基础研究队伍,矿产资源综合利用基础研究力量严重不足。在部署地质找矿工作时,没有同时部署与综合评价、综合利用研究的试验研究工作。

(2) 矿产资源综合利用矿山比例低,众多中小矿山综合利用水平很低,中、小型矿山企业综合利用程度比较差,大部分小型矿山企业和小矿山根本不进行综合利用。综合利用率达到70%的有色金属矿山仅占2%、综合利用率达50%的矿山不到15%,国内有色金属矿产资源综合利用率比国外先进水平低20%~30%。

(3) 共生伴生有用组分综合利用指数低,有用组分回收少,国外发达国家的资源综合利用率达到了70%左右,我国矿产资源的综合回收率平均不超过50%。国外有色冶炼企业综合利用率达到90%以上,我国金属资源的综合利用率仅约30%~35%。矿业废水、废气、废渣的治理与利用,尤其是量大的尾矿及固体废弃物的开发利用尚处于起步阶段,目前我国粉煤灰和煤矸石的利用还不到一半;全国各类矿山每年排放废水30亿吨,其中选矿厂回水利用率仅达到65%~70%,尚未达到国内要求回水利用率80%的水平;综合利用率程度最差的是产生量最大的尾矿,利用率只达到7.4%。

适应于我国资源特点的综合利用技术欠缺,复杂多元素共生矿、贫矿、尾矿的大规模开发利用已经迫在眉睫,传统矿产加工生产工艺复杂,流程长,成本高,产品缺乏国际竞争力。与国外先进水平相比,国内选冶过程的自动控制水平大约落后15年。缺乏高效经济的选矿冶金加工工艺技术,严重制约了资源的开发和利用。我国大型高效低耗选冶加工装备的研究落后,缺少对尾矿、废渣等固体废弃物进行综合回收利用的装备。这些问题都制约了矿产综合利用的效益以及贫、杂、微细复合矿石的综合利用。

矿产资源综合利用所得产品科技含量和附加值低,效益不佳,我国金属矿选冶加工仍以初级产品为主。钼、铅、锌、钨、锡等矿产品加工中产品品种和质量上与国外相比仍有较大差距。我国非金属矿选矿设备陈旧,不但不能充分选出并利用宝贵的非金属矿产品,而且还造成尾矿污染。非金属矿物加工方面与国外先进水平相差甚远,普遍存在着初级产品出口、深加工制品进口的高进低出状况。

8.3.2.3　矿产资源综合利用的对策

A　矿产资源和矿山二次资源综合利用立法上存在的问题

目前国内通过立法工作促进矿产资源综合利用的工作不是很完善,矿产资源和矿山二次资源综合利用立法上存在两个方面的问题：

(1) 我国资源综合利用政策与法规多分散于国务院各部门单独或联合颁发的规章或规范性文件中，由于政出多门，政策与法规建设缺乏系统性、协调性，有些甚至相互矛盾、相互制约。现在还没有一套完善完备的资源综合利用政策与法规，现有的政策法规性文件，多以“通知”、“意见”、“要点”、“办法”等形式下达，立法规格层次较低，在一定程度上影响了资源综合利用立法的权威性、稳定性和强制性。通知型、意见型法规多，具有可操作性法规少。对于资源综合利用这一广泛领域来说，目前我国还没有一个独立的综合性基本法，以及各主要方面的单行法和针对具体问题制定的法规规章等完整的立法体系。靠单行性政策法规难以规范其中的各种问题和协调各方面的关系。

(2) 现行的资源综合利用立法虽然有一些管理制度和措施，但与国外相比，由于其缺乏强制性责任规定和制裁手段，难以保证政府法规的有效实施。现行立法中一些内容及规定存在许多不完善、不合理之处，不利于企业开展综合利用工作。例如，现行立法中把可享受经济优惠的综合利用产品界定为“以废弃物为主要原料”生产的产品。这种规定显然是不合理的，不利于推行无废或少废的清洁生产工程和发展循环经济综合利用开发。此外，现行政策法规没有区分经济效益、环境和社会效益大小，对减免税期限采取一刀切的办法，显然不利于鼓励从事那些获利较小而环境和社会效益显著的综合利用项目的开发，也不利于鼓励跨单位、跨行业的综合利用，以及企业外的综合利用投资，不利于资源综合利用的社会化、市场化和产业化发展。

我国政府应对积极进行矿产资源综合利用和回收的矿山实行鼓励政策。保护和充分利用矿产资源应成为我国的一项长远战略方针。我国大部分有色矿山在经过了 30 ~ 40 年开采后，大多由于品位的降低，采矿深度的加大等原因，目前普遍存在着经济效益差、资金紧张等现象，所以国家应免征或少征矿产资源综合利用和回收产品所得税，并对为提高资源利用和回收而增加流程或新开发工艺流程的投资，实行补贴或上级专项拨款。

B 矿产资源综合利用的对策建议

(1) 努力提高共伴生矿的综合利用效率。我国矿产资源综合利用水平效率普遍偏低，原因是多方面的，有资金和技术等方面的原因，目前最重要的原因是对矿产资源综合利用的重要程度认识不足。因此必须加强宣传教育工作，切实有效地抓好矿产资源的综合利用和回收。为保证国民经济建设对矿产资源的需求，必须提高资源的配置和开发利用水平，努力提高共伴生组分的利用效率，使共伴生资源的利用率由目前的 10% ~20% 提高到 35% 左右，逐步缩小与世界先进国家水平的差距。

(2) 加强矿产资源综合利用新技术新工艺的开发与应用。目前我国的采选冶分析测试技术和工艺设备与发达国家相比还相对落后，某些企业的采选冶流程也不尽合理，有的矿山对共伴生组分综合分析、综合利用的研究程度不够，导致共伴生组分流失。因此矿产资源综合利用的根本出路在于综合利用的技术进步。以科技为先导，强调科学发展观，采取有力措施，加强采选冶的新技术新工艺的研究开发、利用和推广。

(3) 综合利用和回收工作必须以市场为导向，做好可行性研究工作。市场需求是选择矿产品开发方向的根本依据。在开发利用矿产资源产品之前，首先要调查该矿产品市场行情和发展的走向，根据产品需求信息，进行对比分析，不仅要了解国内市场，还要了解国外市场，并根据市场调查结果，认真做好技术论证，明确综合回收开发项目的目标方向和实施措施。因此搞好矿产资源的综合回收利用，必须要以市场为导向，立足自身优势，开发研制市场急需的矿产品，才能获得较好的效益。

（4）重视低品位、难选矿石、再生资源及尾矿资源的回收利用。随着科学技术的进步，近年来有色金属矿山采用堆浸的方法对低品位矿石、难选氧化矿石回收铜、金都取得了较好的技术经济指标，很值得推广使用。随着工业的发展，废旧金属的二次资源的利用将越来越大，这不仅可以产生巨大的经济效益，而且可以节省资源，减少环境污染。尾矿是一个巨大的资源，据报道，我国尾矿的利用量还不到12%，回收潜力很大，企业应加强对尾矿资源的回收利用研究工作，重视尾矿资源回收技术的开发的推广应用工作。

我国对矿产资源的综合利用，近年来已引起国家相关部门的相当重视，并根据我国矿产资源的特点和问题制定了相应的技术经济政策，矿产资源的综合利用工作逐渐引入正常化的轨道，加强对矿产资源开发利用的可行性研究，矿山设计时应当落实综合利用的措施，把提高矿产资源采选总回收率作为考核矿山企业的主要指标之一。由企业自筹资金建设综合利用项目，获益归企业所有，主管部门和行业归口部门应予以扶持，不得提取、摊派费用，不得任意调拨产品。由企业自筹资金建设的综合利用项目生产的产品，不列入国家分配计划，自用时不抵扣分配指标，除国家规定不准自销的产品和黄金、白银等贵重金属外，企业可以自销。国家投资建设的，制订计划时应当给企业留有超产的余地，超产部分可以按照国家规定自销。由此可见，国家对矿产资源综合利用是极为重视的。欲使矿产资源得到充分综合利用，除要考核企业综合利用的经济效益指标外，还要同时考核企业对资源利用的程度和水平，以及社会综合效益等。

思考题

1. 我国矿产资源分布有什么基本特征？
2. 怎样评价矿产资源利用情况？
3. 简述共生矿产与伴生矿产的区别。
4. 综合开发利用系数可以从哪几方面来表示？
5. 如何制定矿产综合利用工业指标？
6. 工业发达国家是如何实行矿产资源综合开发和利用的？
7. 目前我国矿产资源综合利用有什么基本特点？
8. 浅谈我国矿产资源利用的现状、面临的问题以及相关的对策。

附　录

附表 1　复利现值系数表 $f=(1+i)^n$

期　数	1%	2%	3%	4%	5%	6%	7%	8%	9%	10%	11%	12%	13%	14%	15%
1	0.9901	0.9804	0.9709	0.9615	0.9524	0.9434	0.9346	0.9259	0.9174	0.9091	0.9009	0.8929	0.885	0.8772	0.8696
2	0.9803	0.9612	0.9426	0.9246	0.907	0.89	0.8734	0.8573	0.8417	0.8264	0.8116	0.7972	0.7831	0.7695	0.7561
3	0.9706	0.9423	0.9151	0.889	0.8638	0.8396	0.8163	0.7938	0.7722	0.7513	0.7312	0.7118	0.6931	0.675	0.6575
4	0.961	0.9238	0.8885	0.8548	0.8227	0.7921	0.7629	0.735	0.7084	0.683	0.6587	0.6355	0.6133	0.5921	0.5718
5	0.9515	0.9057	0.8626	0.8219	0.7835	0.7473	0.713	0.6806	0.6499	0.6209	0.5935	0.5674	0.5428	0.5194	0.4972
6	0.942	0.888	0.8375	0.7903	0.7462	0.705	0.6663	0.6302	0.5963	0.5645	0.5346	0.5066	0.4803	0.4556	0.4323
7	0.9327	0.8706	0.8131	0.7599	0.7107	0.6651	0.6227	0.5835	0.547	0.5132	0.4817	0.4523	0.4251	0.3996	0.3759
8	0.9235	0.8535	0.7894	0.7307	0.6768	0.6274	0.582	0.5403	0.5019	0.4665	0.4339	0.4039	0.3762	0.3506	0.3269
9	0.9143	0.8368	0.7664	0.7026	0.6446	0.5919	0.5439	0.5002	0.4604	0.4241	0.3909	0.3606	0.3329	0.3075	0.2843
10	0.9053	0.8203	0.7441	0.6756	0.6139	0.5584	0.5083	0.4632	0.4224	0.3855	0.3522	0.322	0.2946	0.2697	0.2472
11	0.8963	0.8043	0.7224	0.6496	0.5847	0.5268	0.4751	0.4289	0.3875	0.3505	0.3173	0.2875	0.2607	0.2366	0.2149
12	0.8874	0.7885	0.7014	0.6246	0.5568	0.497	0.444	0.3971	0.3555	0.3186	0.2858	0.2567	0.2307	0.2076	0.1869
13	0.8787	0.773	0.681	0.6006	0.5303	0.4688	0.415	0.3677	0.3262	0.2897	0.2575	0.2292	0.2042	0.1821	0.1625
14	0.87	0.7579	0.6611	0.5775	0.5051	0.4423	0.3878	0.3405	0.2992	0.2633	0.232	0.2046	0.1807	0.1597	0.1413
15	0.8613	0.743	0.6419	0.5553	0.481	0.4173	0.3624	0.3152	0.2745	0.2394	0.209	0.1827	0.1599	0.1401	0.1229
16	0.8528	0.7284	0.6232	0.5339	0.4581	0.3936	0.3387	0.2919	0.2519	0.2176	0.1883	0.1631	0.1415	0.1229	0.1069
17	0.8444	0.7142	0.605	0.5134	0.4363	0.3714	0.3166	0.2703	0.2311	0.1978	0.1696	0.1456	0.1252	0.1078	0.0929
18	0.836	0.7002	0.5874	0.4936	0.4155	0.3503	0.2959	0.2502	0.212	0.1799	0.1528	0.13	0.1108	0.0946	0.0808

续附表 1

期　数	1%	2%	3%	4%	5%	6%	7%	8%	9%	10%	11%	12%	13%	14%	15%
19	0. 8277	0. 6864	0. 5703	0. 4746	0. 3957	0. 3305	0. 2765	0. 2317	0. 1945	0. 1635	0. 1377	0. 1161	0. 0981	0. 0829	0. 0703
20	0. 8195	0. 673	0. 5537	0. 4564	0. 3769	0. 3118	0. 2584	0. 2145	0. 1784	0. 1486	0. 124	0. 1037	0. 0868	0. 0728	0. 0611
21	0. 8114	0. 6598	0. 5375	0. 4388	0. 3589	0. 2942	0. 2415	0. 1987	0. 1637	0. 1351	0. 1117	0. 0926	0. 0768	0. 0638	0. 0531
22	0. 8034	0. 6468	0. 5219	0. 422	0. 3418	0. 2775	0. 2257	0. 1839	0. 1502	0. 1228	0. 1007	0. 0826	0. 068	0. 056	0. 0462
23	0. 7954	0. 6342	0. 5067	0. 4057	0. 3256	0. 2618	0. 2109	0. 1703	0. 1378	0. 1117	0. 0907	0. 0738	0. 0601	0. 0491	0. 0402
24	0. 7876	0. 6217	0. 4919	0. 3901	0. 3101	0. 247	0. 1971	0. 1577	0. 1264	0. 1015	0. 0817	0. 0659	0. 0532	0. 0431	0. 0349
25	0. 7798	0. 6095	0. 4776	0. 3751	0. 2953	0. 233	0. 1842	0. 146	0. 116	0. 0923	0. 0736	0. 0588	0. 0471	0. 0378	0. 0304
26	0. 772	0. 5976	0. 4637	0. 3607	0. 2812	0. 2198	0. 1722	0. 1352	0. 1064	0. 0839	0. 0663	0. 0525	0. 0417	0. 0331	0. 0264
27	0. 7644	0. 5859	0. 4502	0. 3468	0. 2678	0. 2074	0. 1609	0. 1252	0. 0976	0. 0763	0. 0597	0. 0469	0. 0369	0. 0291	0. 023
28	0. 7568	0. 5744	0. 4371	0. 3335	0. 2551	0. 1956	0. 1504	0. 1159	0. 0895	0. 0693	0. 0538	0. 0419	0. 0326	0. 0255	0. 02
29	0. 7493	0. 5631	0. 4243	0. 3207	0. 2429	0. 1846	0. 1406	0. 1073	0. 0822	0. 063	0. 0485	0. 0374	0. 0289	0. 0224	0. 0174
30	0. 7419	0. 5521	0. 412	0. 3083	0. 2314	0. 1741	0. 1314	0. 0994	0. 0754	0. 0573	0. 0437	0. 0334	0. 0256	0. 0196	0. 0151
期　数	16%	17%	18%	19%	20%	21%	22%	23%	24%	25%	26%	27%	28%	29%	30%
1	0. 8621	0. 8547	0. 8475	0. 8403	0. 8333	0. 8264	0. 8197	0. 813	0. 8065	0. 8	0. 7937	0. 7874	0. 7813	0. 7752	0. 7692
2	0. 7432	0. 7305	0. 7182	0. 7062	0. 6944	0. 683	0. 6719	0. 661	0. 6504	0. 64	0. 6299	0. 62	0. 6104	0. 6009	0. 5917
3	0. 6407	0. 6244	0. 6086	0. 5934	0. 5787	0. 5645	0. 5507	0. 5374	0. 5245	0. 512	0. 4999	0. 4882	0. 4768	0. 4658	0. 4552
4	0. 5523	0. 5337	0. 5158	0. 4987	0. 4823	0. 4665	0. 4514	0. 4369	0. 423	0. 4096	0. 3968	0. 3844	0. 3725	0. 3611	0. 3501
5	0. 4761	0. 4561	0. 4371	0. 419	0. 4019	0. 3855	0. 37	0. 3552	0. 3411	0. 3277	0. 3149	0. 3027	0. 291	0. 2799	0. 2693
6	0. 4104	0. 3898	0. 3704	0. 3521	0. 3349	0. 3186	0. 3033	0. 2888	0. 2751	0. 2621	0. 2499	0. 2383	0. 2274	0. 217	0. 2072
7	0. 3538	0. 3332	0. 3139	0. 2959	0. 2791	0. 2633	0. 2486	0. 2348	0. 2218	0. 2097	0. 1983	0. 1877	0. 1776	0. 1682	0. 1594
8	0. 305	0. 2848	0. 266	0. 2487	0. 2326	0. 2176	0. 2038	0. 1909	0. 1789	0. 1678	0. 1574	0. 1478	0. 1388	0. 1304	0. 1226
9	0. 263	0. 2434	0. 2255	0. 209	0. 1938	0. 1799	0. 167	0. 1552	0. 1443	0. 1342	0. 1249	0. 1164	0. 1084	0. 1011	0. 0943
10	0. 2267	0. 208	0. 1911	0. 1756	0. 1615	0. 1486	0. 1369	0. 1262	0. 1164	0. 1074	0. 0992	0. 0916	0. 0847	0. 0784	0. 0725
11	0. 1954	0. 1778	0. 1619	0. 1476	0. 1346	0. 1228	0. 1122	0. 1026	0. 0938	0. 0859	0. 0787	0. 0721	0. 0662	0. 0607	0. 0558

续附表 1

期数	16%	17%	18%	19%	20%	21%	22%	23%	24%	25%	26%	27%	28%	29%	30%
12	0.1685	0.152	0.1372	0.124	0.1122	0.1015	0.092	0.0834	0.0757	0.0687	0.0625	0.0568	0.0517	0.0471	0.0429
13	0.1452	0.1299	0.1163	0.1042	0.0935	0.0839	0.0754	0.0678	0.061	0.055	0.0496	0.0447	0.0404	0.0365	0.033
14	0.1252	0.111	0.0985	0.0876	0.0779	0.0693	0.0618	0.0551	0.0492	0.044	0.0393	0.0352	0.0316	0.0283	0.0254
15	0.1079	0.0949	0.0835	0.0736	0.0649	0.0573	0.0507	0.0448	0.0397	0.0352	0.0312	0.0277	0.0247	0.0219	0.0195
16	0.093	0.0811	0.0708	0.0618	0.0541	0.0474	0.0415	0.0364	0.032	0.0281	0.0248	0.0218	0.0193	0.017	0.015
17	0.0802	0.0693	0.06	0.052	0.0451	0.0391	0.034	0.0296	0.0258	0.0225	0.0197	0.0172	0.015	0.0132	0.0116
18	0.0691	0.0592	0.0508	0.0437	0.0376	0.0323	0.0279	0.0241	0.0208	0.018	0.0156	0.0135	0.0118	0.0102	0.0089
19	0.0596	0.0506	0.0431	0.0367	0.0313	0.0267	0.0229	0.0196	0.0168	0.0144	0.0124	0.0107	0.0092	0.0079	0.0068
20	0.0514	0.0433	0.0365	0.0308	0.0261	0.0221	0.0187	0.0159	0.0135	0.0115	0.0098	0.0084	0.0072	0.0061	0.0053
21	0.0443	0.037	0.0309	0.0259	0.0217	0.0183	0.0154	0.0129	0.0109	0.0092	0.0078	0.0066	0.0056	0.0048	0.004
22	0.0382	0.0316	0.0262	0.0218	0.0181	0.0151	0.0126	0.0105	0.0088	0.0074	0.0062	0.0052	0.0044	0.0037	0.0031
23	0.0329	0.027	0.0222	0.0183	0.0151	0.0125	0.0103	0.0086	0.0071	0.0059	0.0049	0.0041	0.0034	0.0029	0.0024
24	0.0284	0.0231	0.0188	0.0154	0.0126	0.0103	0.0085	0.007	0.0057	0.0047	0.0039	0.0032	0.0027	0.0022	0.0018
25	0.0245	0.0197	0.016	0.0129	0.0105	0.0085	0.0069	0.0057	0.0046	0.0038	0.0031	0.0025	0.0021	0.0017	0.0014
26	0.0211	0.0169	0.0135	0.0109	0.0087	0.007	0.0057	0.0046	0.0037	0.003	0.0025	0.002	0.0016	0.0013	0.0011
27	0.0182	0.0144	0.0115	0.0091	0.0073	0.0058	0.0047	0.0037	0.003	0.0024	0.0019	0.0016	0.0013	0.001	0.0008
28	0.0157	0.0123	0.0097	0.0077	0.0061	0.0048	0.0038	0.003	0.0024	0.0019	0.0015	0.0012	0.001	0.0008	0.0006
29	0.0135	0.0105	0.0082	0.0064	0.0051	0.004	0.0031	0.0025	0.002	0.0015	0.0012	0.001	0.0008	0.0006	0.0005
30	0.0116	0.009	0.007	0.0054	0.0042	0.0033	0.0026	0.002	0.0016	0.0012	0.001	0.0008	0.0006	0.0005	0.0004

附表 2 复利终值系数表 $f=\frac{1}{(1+i)^n}$

期数	1%	2%	3%	4%	5%	6%	7%	8%	9%	10%	11%	12%	13%	14%	15%
1	1.01	1.02	1.03	1.04	1.05	1.06	1.07	1.08	1.09	1.1	1.11	1.12	1.13	1.14	1.15
2	1.0201	1.0404	1.0609	1.0816	1.1025	1.1236	1.1449	1.1664	1.1881	1.21	1.2321	1.2544	1.2769	1.2996	1.3225

续附表2

期数	1%	2%	3%	4%	5%	6%	7%	8%	9%	10%	11%	12%	13%	14%	15%
3	1.0303	1.0612	1.0927	1.1249	1.1576	1.191	1.225	1.2597	1.295	1.331	1.3676	1.4049	1.4429	1.4815	1.5209
4	1.0406	1.0824	1.1255	1.1699	1.2155	1.2625	1.3108	1.3605	1.4116	1.4641	1.5181	1.5735	1.6305	1.689	1.749
5	1.051	1.1041	1.1593	1.2167	1.2763	1.3382	1.4026	1.4693	1.5386	1.6105	1.6851	1.7623	1.8424	1.9254	2.0114
6	1.0615	1.1262	1.1941	1.2653	1.3401	1.4185	1.5007	1.5869	1.6771	1.7716	1.8704	1.9738	2.082	2.195	2.3131
7	1.0721	1.1487	1.2299	1.3159	1.4071	1.5036	1.6058	1.7138	1.828	1.9487	2.0762	2.2107	2.3526	2.5023	2.66
8	1.0829	1.1717	1.2668	1.3686	1.4775	1.5938	1.7182	1.8509	1.9926	2.1436	2.3045	2.476	2.6584	2.8526	3.059
9	1.0937	1.1951	1.3048	1.4233	1.5513	1.6895	1.8385	1.999	2.1719	2.3579	2.558	2.7731	3.004	3.2519	3.5179
10	1.1046	1.219	1.3439	1.4802	1.6289	1.7908	1.9672	2.1589	2.3674	2.5937	2.8394	3.1058	3.3946	3.7072	4.0456
11	1.1157	1.2434	1.3842	1.5395	1.7103	1.8983	2.1049	2.3316	2.5804	2.8531	3.1518	3.4786	3.8359	4.2262	4.6524
12	1.1268	1.2682	1.4258	1.601	1.7959	2.0122	2.2522	2.5182	2.8127	3.1384	3.4985	3.896	4.3345	4.8179	5.3503
13	1.1381	1.2936	1.4685	1.6651	1.8856	2.1329	2.4098	2.7196	3.0658	3.4523	3.8833	4.3635	4.898	5.4924	6.1528
14	1.1495	1.3195	1.5126	1.7317	1.9799	2.2609	2.5785	2.9372	3.3417	3.7975	4.3104	4.8871	5.5348	6.2613	7.0757
15	1.161	1.3459	1.558	1.8009	2.0789	2.3966	2.759	3.1722	3.6425	4.1772	4.7846	5.4736	6.2543	7.1379	8.1371
16	1.1726	1.3728	1.6047	1.873	2.1829	2.5404	2.9522	3.4259	3.9703	4.595	5.3109	6.1304	7.0673	8.1372	9.3576
17	1.1843	1.4002	1.6528	1.9479	2.292	2.6928	3.1588	3.7	4.3276	5.0545	5.8951	6.866	7.9861	9.2765	10.7613
18	1.1961	1.4282	1.7024	2.0258	2.4066	2.8543	3.3799	3.996	4.7171	5.5599	6.5436	7.69	9.0243	10.5752	12.3755
19	1.2081	1.4568	1.7535	2.1068	2.527	3.0256	3.6165	4.3157	5.1417	6.1159	7.2633	8.6128	10.1974	12.0557	14.2318
20	1.2202	1.4859	1.8061	2.1911	2.6533	3.2071	3.8697	4.661	5.6044	6.7275	8.0623	9.6463	11.5231	13.7435	16.3665
21	1.2324	1.5157	1.8603	2.2788	2.786	3.3996	4.1406	5.0338	6.1088	7.4002	8.9492	10.8038	13.0211	15.6676	18.8215
22	1.2447	1.546	1.9161	2.3699	2.9253	3.6035	4.4304	5.4365	6.6586	8.1403	9.9336	12.1003	14.7138	17.861	21.6447
23	1.2572	1.5769	1.9736	2.4647	3.0715	3.8197	4.7405	5.8715	7.2579	8.9543	11.0263	13.5523	16.6266	20.3616	24.8915
24	1.2697	1.6084	2.0328	2.5633	3.2251	4.0489	5.0724	6.3412	7.9111	9.8497	12.2392	15.1786	18.7881	23.2122	28.6252
25	1.2824	1.6406	2.0938	2.6658	3.3864	4.2919	5.4274	6.8485	8.6231	10.8347	13.5855	17.0001	21.2305	26.4619	32.919
26	1.2953	1.6734	2.1566	2.7725	3.5557	4.5494	5.8074	7.3964	9.3992	11.9182	15.0799	19.0401	23.9905	30.1666	37.8568

续附表2

期数	1%	2%	3%	4%	5%	6%	7%	8%	9%	10%	11%	12%	13%	14%	15%
27	1.3082	1.7069	2.2213	2.8834	3.7335	4.8223	6.2139	7.9881	10.2451	13.11	16.7387	21.3249	27.1093	34.3899	43.5353
28	1.3213	1.741	2.2879	2.9987	3.9201	5.1117	6.6488	8.6271	11.1671	14.421	18.5799	23.8839	30.6335	39.2045	50.0656
29	1.3345	1.7758	2.3566	3.1187	4.1161	5.4184	7.1143	9.3173	12.1722	15.8631	20.6237	26.7499	34.6158	44.6931	57.5755
30	1.3478	1.8114	2.4273	3.2434	4.3219	5.7435	7.6123	10.0627	13.2677	17.4494	22.8923	29.9599	39.1159	50.9502	66.2118
期数	16%	17%	18%	19%	20%	21%	22%	23%	24%	25%	26%	27%	28%	29%	30%
1	1.16	1.17	1.18	1.19	1.2	1.21	1.22	1.23	1.24	1.25	1.26	1.27	1.28	1.29	1.3
2	1.346	1.369	1.392	1.416	1.44	1.464	1.488	1.513	1.538	1.563	1.588	1.613	1.638	1.664	1.69
3	1.561	1.602	1.643	1.685	1.728	1.772	1.816	1.861	1.907	1.953	2	2.048	2.097	2.147	2.197
4	1.811	1.874	1.939	2.005	2.074	2.144	2.215	2.289	2.364	2.441	2.521	2.601	2.684	2.769	2.856
5	2.1	2.192	2.288	2.386	2.488	2.594	2.703	2.815	2.932	3.052	3.176	3.304	3.436	3.572	3.713
6	2.436	2.565	2.7	2.84	2.986	3.138	3.297	3.463	3.635	3.815	4.002	4.196	4.398	4.608	4.827
7	2.826	3.001	3.186	3.379	3.583	3.798	4.023	4.259	4.508	4.768	5.042	5.329	5.63	5.945	6.275
8	3.278	3.512	3.759	4.021	4.3	4.595	4.908	5.239	5.59	5.961	6.353	6.768	7.206	7.669	8.157
9	3.803	4.108	4.436	4.785	5.16	5.56	5.987	6.444	6.931	7.451	8.005	8.595	9.223	9.893	10.6
10	4.411	4.807	5.234	5.695	6.192	6.728	7.305	7.926	8.594	9.313	10.09	10.92	11.81	12.76	13.79
11	5.117	5.624	6.176	6.777	7.43	8.14	8.912	9.749	10.66	11.64	12.71	13.86	15.11	16.46	17.92
12	5.936	6.58	7.288	8.064	8.916	9.85	10.87	11.99	13.21	14.55	16.01	17.61	19.34	21.24	23.3
13	6.886	7.699	8.599	9.596	10.7	11.92	13.26	14.75	16.39	18.19	20.18	22.36	24.76	27.39	30.29
14	7.988	9.008	10.15	11.42	12.84	14.42	16.18	18.14	20.32	22.74	25.42	28.4	31.69	35.34	39.37
15	9.266	10.54	11.97	13.59	15.41	17.45	19.74	22.31	25.2	28.42	32.03	36.06	40.56	45.59	51.19
16	10.75	12.33	14.13	16.17	18.49	21.11	24.09	27.45	31.24	35.53	40.36	45.8	51.92	58.81	66.54
17	12.47	14.43	16.67	19.24	22.19	25.55	29.38	33.76	38.74	44.41	50.85	58.17	66.46	75.86	86.5
18	14.46	16.88	19.67	22.9	26.62	30.91	35.85	41.52	48.04	55.51	64.07	73.87	85.07	97.86	112.5
19	16.78	19.75	23.21	27.25	31.95	37.4	43.74	51.07	59.57	69.39	80.73	93.81	108.9	126.2	146.2

续附表 2

期 数	16%	17%	18%	19%	20%	21%	22%	23%	24%	25%	26%	27%	28%	29%	30%
20	19.46	23.11	27.39	32.43	38.34	45.26	53.36	62.82	73.86	86.74	101.7	119.1	139.4	162.9	190
21	22.57	27.03	32.32	38.59	46.01	54.76	65.1	77.27	91.59	108.4	128.2	151.3	178.4	210.1	247.1
22	26.19	31.63	38.14	45.92	55.21	66.26	79.42	95.04	113.6	135.5	161.5	192.2	228.4	271	321.2
23	30.38	37.01	45.01	54.65	66.25	80.18	96.89	116.9	140.8	169.4	203.5	244.1	292.3	349.6	417.5
24	35.24	43.3	53.11	65.03	79.5	97.02	118.2	143.8	174.6	211.8	256.4	309.9	374.1	451	542.8
25	40.87	50.66	62.67	77.39	95.4	117.4	144.2	176.9	216.5	264.7	323	393.6	478.9	581.8	705.6
26	47.41	59.27	73.95	92.09	114.5	142	175.9	217.5	268.5	330.9	407	499.9	613	750.5	917.3
27	55	69.35	87.26	109.6	137.4	171.9	214.6	267.6	333	413.6	512.9	634.9	784.6	968.1	1193
28	63.8	81.13	103	130.4	164.8	208	261.9	329.1	412.9	517	646.2	806.3	1004	1249	1550
29	74.01	94.93	121.5	155.2	197.8	251.6	319.5	404.8	512	646.2	814.2	1024	1286	1611	2015
30	85.85	111.1	143.4	184.7	237.4	304.5	389.8	497.9	634.8	807.8	1026	1301	1646	2078	2620

附表 3 年金现值系数表 $f=\dfrac{(1+i)^n-1}{i(1+i)^n}$

期 数	1%	2%	3%	4%	5%	6%	7%	8%	9%	10%	11%	12%	13%	14%	15%
1	0.9901	0.9804	0.9709	0.9615	0.9524	0.9434	0.9346	0.9259	0.9174	0.9091	0.9009	0.8929	0.885	0.8772	0.8696
2	1.9704	1.9416	1.9135	1.8861	1.8594	1.8334	1.808	1.7833	1.7591	1.7355	1.7125	1.6901	1.6681	1.6467	1.6257
3	2.941	2.8839	2.8286	2.7751	2.7232	2.673	2.6243	2.5771	2.5313	2.4869	2.4437	2.4018	2.3612	2.3216	2.2832
4	3.902	3.8077	3.7171	3.6299	3.546	3.4651	3.3872	3.3121	3.2397	3.1699	3.1024	3.0373	2.9745	2.9137	2.855
5	4.8534	4.7135	4.5797	4.4518	4.3295	4.2124	4.1002	3.9927	3.8897	3.7908	3.6959	3.6048	3.5172	3.4331	3.3522
6	5.7955	5.6014	5.4172	5.2421	5.0757	4.9173	4.7665	4.6229	4.4859	4.3553	4.2305	4.1114	3.9975	3.8887	3.7845
7	6.7282	6.472	6.2303	6.0021	5.7864	5.5824	5.3893	5.2064	5.033	4.8684	4.7122	4.5638	4.4226	4.2883	4.1604
8	7.6517	7.3255	7.0197	6.7327	6.4632	6.2098	5.9713	5.7466	5.5348	5.3349	5.1461	4.9676	4.7988	4.6389	4.4873
9	8.566	8.1622	7.7861	7.4353	7.1078	6.8017	6.5152	6.2469	5.9952	5.759	5.537	5.3282	5.1317	4.9464	4.7716

续附表 3

期数	1%	2%	3%	4%	5%	6%	7%	8%	9%	10%	11%	12%	13%	14%	15%
10	9.4713	8.9826	8.5302	8.1109	7.7217	7.3601	7.0236	6.7101	6.4177	6.1446	5.8892	5.6502	5.4262	5.2161	5.0188
11	10.3676	9.7868	9.2526	8.7605	8.3064	7.8869	7.4987	7.139	6.8052	6.4951	6.2065	5.9377	5.6869	5.4527	5.2337
12	11.2551	10.5753	9.954	9.3851	8.8633	8.3838	7.9427	7.5361	7.1607	6.8137	6.4924	6.1944	5.9176	5.6603	5.4206
13	12.1337	11.3484	10.635	9.9856	9.3936	8.8527	8.3577	7.9038	7.4869	7.1034	6.7499	6.4235	6.1218	5.8424	5.5831
14	13.0037	12.1062	11.2961	10.5631	9.8986	9.295	8.7455	8.2442	7.7862	7.3667	6.9819	6.6282	6.3025	6.0021	5.7245
15	13.8651	12.8493	11.9379	11.1184	10.3797	9.7122	9.1079	8.5595	8.0607	7.6061	7.1909	6.8109	6.4624	6.1422	5.8474
16	14.7179	13.5777	12.5611	11.6523	10.8378	10.1059	9.4466	8.8514	8.3126	7.8237	7.3792	6.974	6.6039	6.2651	5.9542
17	15.5623	14.2919	13.1661	12.1657	11.2741	10.4773	9.7632	9.1216	8.5436	8.0216	7.5488	7.1196	6.7291	6.3729	6.0472
18	16.3983	14.992	13.7535	12.6593	11.6896	10.8276	10.0591	9.3719	8.7556	8.2014	7.7016	7.2497	6.8399	6.4674	6.128
19	17.226	15.6785	14.3238	13.1339	12.0853	11.1581	10.3356	9.6036	8.9501	8.3649	7.8393	7.3658	6.938	6.5504	6.1982
20	18.0456	16.3514	14.8775	13.5903	12.4622	11.4699	10.594	9.8181	9.1285	8.5136	7.9633	7.4694	7.0248	6.6231	6.2593
21	18.857	17.0112	15.415	14.0292	12.8212	11.7641	10.8355	10.0168	9.2922	8.6487	8.0751	7.562	7.1016	6.687	6.3125
22	19.6604	17.658	15.9369	14.4511	13.163	12.0416	11.0612	10.2007	9.4424	8.7715	8.1757	7.6446	7.1695	6.7429	6.3587
23	20.4558	18.2922	16.4436	14.8568	13.4886	12.3034	11.2722	10.3711	9.5802	8.8832	8.2664	7.7184	7.2297	6.7921	6.3988
24	21.2434	18.9139	16.9355	15.247	13.7986	12.5504	11.4693	10.5288	9.7066	8.9847	8.3481	7.7843	7.2829	6.8351	6.4338
25	22.0232	19.5235	17.4131	15.6221	14.0939	12.7834	11.6536	10.6748	9.8226	9.077	8.4217	7.8431	7.33	6.8729	6.4641
26	22.7952	20.121	17.8768	15.9828	14.3752	13.0032	11.8258	10.81	9.929	9.1609	8.4881	7.8957	7.3717	6.9061	6.4906
27	23.5596	20.7069	18.327	16.3296	14.643	13.2105	11.9867	10.9352	10.0266	9.2372	8.5478	7.9426	7.4086	6.9352	6.5135
28	24.3164	21.2813	18.7641	16.6631	14.8981	13.4062	12.1371	11.0511	10.1161	9.3066	8.6016	7.9844	7.4412	6.9607	6.5335
29	25.0658	21.8444	19.1885	16.9837	15.1411	13.5907	12.2777	11.1584	10.1983	9.3696	8.6501	8.0218	7.4701	6.983	6.5509
30	25.8077	22.3965	19.6004	17.292	15.3725	13.7648	12.409	11.2578	10.2737	9.4269	8.6938	8.0552	7.4957	7.0027	6.566
期数	16%	17%	18%	19%	20%	21%	22%	23%	24%	25%	26%	27%	28%	29%	30%
1	0.8621	0.8547	0.8475	0.8403	0.8333	0.8264	0.8197	0.813	0.8065	0.8	0.7937	0.7874	0.7813	0.7752	0.7692
2	1.6052	1.5852	1.5656	1.5465	1.5278	1.5095	1.4915	1.474	1.4568	1.44	1.4235	1.4074	1.3916	1.3761	1.3609

续附表 3

期 数	16%	17%	18%	19%	20%	21%	22%	23%	24%	25%	26%	27%	28%	29%	30%
3	2. 2459	2. 2096	2. 1743	2. 1399	2. 1065	2. 0739	2. 0422	2. 0114	1. 9813	1. 952	1. 9234	1. 8956	1. 8684	1. 842	1. 8161
4	2. 7982	2. 7432	2. 6901	2. 6386	2. 5887	2. 5404	2. 4936	2. 4483	2. 4043	2. 3616	2. 3202	2. 28	2. 241	2. 2031	2. 1662
5	3. 2743	3. 1993	3. 1272	3. 0576	2. 9906	2. 926	2. 8636	2. 8035	2. 7454	2. 6893	2. 6351	2. 5827	2. 532	2. 483	2. 4356
6	3. 6847	3. 5892	3. 4976	3. 4098	3. 3255	3. 2446	3. 1669	3. 0923	3. 0205	2. 9514	2. 885	2. 821	2. 7594	2. 7	2. 6427
7	4. 0386	3. 9224	3. 8115	3. 7057	3. 6046	3. 5079	3. 4155	3. 327	3. 2423	3. 1611	3. 0833	3. 0087	2. 937	2. 8682	2. 8021
8	4. 3436	4. 2072	4. 0776	3. 9544	3. 8372	3. 7256	3. 6193	3. 5179	3. 4212	3. 3289	3. 2407	3. 1564	3. 0758	2. 9986	2. 9247
9	4. 6065	4. 4506	4. 303	4. 1633	4. 031	3. 9054	3. 7863	3. 6731	3. 5655	3. 4631	3. 3657	3. 2728	3. 1842	3. 0997	3. 019
10	4. 8332	4. 6586	4. 4941	4. 3389	4. 1925	4. 0541	3. 9232	3. 7993	3. 6819	3. 5705	3. 4648	3. 3644	3. 2689	3. 1781	3. 0915
11	5. 0286	4. 8364	4. 656	4. 4865	4. 3271	4. 1769	4. 0354	3. 9018	3. 7757	3. 6564	3. 5435	3. 4365	3. 3351	3. 2388	3. 1473
12	5. 1971	4. 9884	4. 7932	4. 6105	4. 4392	4. 2784	4. 1274	3. 9852	3. 8514	3. 7251	3. 6059	3. 4933	3. 3868	3. 2859	3. 1903
13	5. 3423	5. 1183	4. 9095	4. 7147	4. 5327	4. 3624	4. 2028	4. 053	3. 9124	3. 7801	3. 6555	3. 5381	3. 4272	3. 3224	3. 2233
14	5. 4675	5. 2293	5. 0081	4. 8023	4. 6106	4. 4317	4. 2646	4. 1082	3. 9616	3. 8241	3. 6949	3. 5733	3. 4587	3. 3507	3. 2487
15	5. 5755	5. 3242	5. 0916	4. 8759	4. 6755	4. 489	4. 3152	4. 153	4. 0013	3. 8593	3. 7261	3. 601	3. 4834	3. 3726	3. 2682
16	5. 6685	5. 4053	5. 1624	4. 9377	4. 7296	4. 5364	4. 3567	4. 1894	4. 0333	3. 8874	3. 7509	3. 6228	3. 5026	3. 3896	3. 2832
17	5. 7487	5. 4746	5. 2223	4. 9897	4. 7746	4. 5755	4. 3908	4. 219	4. 0591	3. 9099	3. 7705	3. 64	3. 5177	3. 4028	3. 2948
18	5. 8178	5. 5339	5. 2732	5. 0333	4. 8122	4. 6079	4. 4187	4. 2431	4. 0799	3. 9279	3. 7861	3. 6536	3. 5294	3. 413	3. 3037
19	5. 8775	5. 5845	5. 3162	5. 07	4. 8435	4. 6346	4. 4415	4. 2627	4. 0967	3. 9424	3. 7985	3. 6642	3. 5386	3. 421	3. 3105
20	5. 9288	5. 6278	5. 3527	5. 1009	4. 8696	4. 6567	4. 4603	4. 2786	4. 1103	3. 9539	3. 8083	3. 6726	3. 5458	3. 4271	3. 3158
21	5. 9731	5. 6648	5. 3837	5. 1268	4. 8913	4. 675	4. 4756	4. 2916	4. 1212	3. 9631	3. 8161	3. 6792	3. 5514	3. 4319	3. 3198
22	6. 0113	5. 6964	5. 4099	5. 1486	4. 9094	4. 69	4. 4882	4. 3021	4. 13	3. 9705	3. 8223	3. 6844	3. 5558	3. 4356	3. 323
23	6. 0442	5. 7234	5. 4321	5. 1668	4. 9245	4. 7025	4. 4985	4. 3106	4. 1371	3. 9764	3. 8273	3. 6885	3. 5592	3. 4384	3. 3254
24	6. 0726	5. 7465	5. 4509	5. 1822	4. 9371	4. 7128	4. 507	4. 3176	4. 1428	3. 9811	3. 8312	3. 6918	3. 5619	3. 4406	3. 3272
25	6. 0971	5. 7662	5. 4669	5. 1951	4. 9476	4. 7213	4. 5139	4. 3232	4. 1474	3. 9849	3. 8342	3. 6943	3. 564	3. 4423	3. 3286
26	6. 1182	5. 7831	5. 4804	5. 206	4. 9563	4. 7284	4. 5196	4. 3278	4. 1511	3. 9879	3. 8367	3. 6963	3. 5656	3. 4437	3. 3297

续附表 3

期　数	16%	17%	18%	19%	20%	21%	22%	23%	24%	25%	26%	27%	28%	29%	30%
27	6. 1364	5. 7975	5. 4919	5. 2151	4. 9636	4. 7342	4. 5243	4. 3316	4. 1542	3. 9903	3. 8387	3. 6979	3. 5669	3. 4447	3. 3305
28	6. 152	5. 8099	5. 5016	5. 2228	4. 9697	4. 739	4. 5281	4. 3346	4. 1566	3. 9923	3. 8402	3. 6991	3. 5679	3. 4455	3. 3312
29	6. 1656	5. 8204	5. 5098	5. 2292	4. 9747	4. 743	4. 5312	4. 3371	4. 1585	3. 9938	3. 8414	3. 7001	3. 5687	3. 4461	3. 3317
30	6. 1772	5. 8294	5. 5168	5. 2347	4. 9789	4. 7463	4. 5338	4. 3391	4. 1601	3. 995	3. 8424	3. 7009	3. 5693	3. 4466	3. 3321

附表 4　年金终值系数表 $f=\dfrac{(1+i)^n-1}{i}$

期　数	1%	2%	3%	4%	5%	6%	7%	8%	9%	10%	11%	12%	13%	14%	15%
1	1	1	1	1	1	1	1	1	1	1	1	1	1	1	1
2	2. 01	2. 02	2. 03	2. 04	2. 05	2. 06	2. 07	2. 08	2. 09	2. 1	2. 11	2. 12	2. 13	2. 14	2. 15
3	3. 0301	3. 0604	3. 0909	3. 1216	3. 1525	3. 1836	3. 2149	3. 2464	3. 2781	3. 31	3. 3421	3. 3744	3. 4069	3. 4396	3. 4725
4	4. 0604	4. 1216	4. 1836	4. 2465	4. 3101	4. 3746	4. 4399	4. 5061	4. 5731	4. 641	4. 7097	4. 7793	4. 8498	4. 9211	4. 9934
5	5. 101	5. 204	5. 3091	5. 4163	5. 5256	5. 6371	5. 7507	5. 8666	5. 9847	6. 1051	6. 2278	6. 3528	6. 4803	6. 6101	6. 7424
6	6. 152	6. 3081	6. 4684	6. 633	6. 8019	6. 9753	7. 1533	7. 3359	7. 5233	7. 7156	7. 9129	8. 1152	8. 3227	8. 5355	8. 7537
7	7. 2135	7. 4343	7. 6625	7. 8983	8. 142	8. 3938	8. 654	8. 9228	9. 2004	9. 4872	9. 7833	10. 089	10. 4047	10. 7305	11. 0668
8	8. 2857	8. 583	8. 8923	9. 2142	9. 5491	9. 8975	10. 2598	10. 6366	11. 0285	11. 4359	11. 8594	12. 2997	12. 7573	13. 2328	13. 7268
9	9. 3685	9. 7546	10. 1591	10. 5828	11. 0266	11. 4913	11. 978	12. 4876	13. 021	13. 5795	14. 164	14. 7757	15. 4157	16. 0853	16. 7858
10	10. 4622	10. 9497	11. 4639	12. 0061	12. 5779	13. 1808	13. 8164	14. 4866	15. 1929	15. 9374	16. 722	17. 5487	18. 4197	19. 3373	20. 3037
11	11. 5668	12. 1687	12. 8078	13. 4864	14. 2068	14. 9716	15. 7836	16. 6455	17. 5603	18. 5312	19. 5614	20. 6546	21. 8143	23. 0445	24. 3493
12	12. 6825	13. 4121	14. 192	15. 0258	15. 9171	16. 8699	17. 8885	18. 9771	20. 1407	21. 3843	22. 7132	24. 1331	25. 6502	27. 2707	29. 0017
13	13. 8093	14. 6803	15. 6178	16. 6268	17. 713	18. 8821	20. 1406	21. 4953	22. 9534	24. 5227	26. 2116	28. 0291	29. 9847	32. 0887	34. 3519
14	14. 9474	15. 9739	17. 0863	18. 2919	19. 5986	21. 0151	22. 5505	24. 2149	26. 0192	27. 975	30. 0949	32. 3926	34. 8827	37. 5811	40. 5047
15	16. 0969	17. 2934	18. 5989	20. 0236	21. 5786	23. 276	25. 129	27. 1521	29. 3609	31. 7725	34. 4054	37. 2797	40. 4175	43. 8424	47. 5804
16	17. 2579	18. 6393	20. 1569	21. 8245	23. 6575	25. 6725	27. 8881	30. 3243	33. 0034	35. 9497	39. 1899	42. 7533	46. 6717	50. 9804	55. 7175

续附表 4

期　数	1%	2%	3%	4%	5%	6%	7%	8%	9%	10%	11%	12%	13%	14%	15%
17	18. 4304	20. 0121	21. 7616	23. 6975	25. 8404	28. 2129	30. 8402	33. 7502	36. 9737	40. 5447	44. 5008	48. 8837	53. 7391	59. 1176	65. 0751
18	19. 6147	21. 4123	23. 4144	25. 6454	28. 1324	30. 9057	33. 999	37. 4502	41. 3013	45. 5992	50. 3959	55. 7497	61. 7251	68. 3941	75. 8364
19	20. 8109	22. 8406	25. 1169	27. 6712	30. 539	33. 76	37. 379	41. 4463	46. 0185	51. 1591	56. 9395	63. 4397	70. 7494	78. 9692	88. 2118
20	22. 019	24. 2974	26. 8704	29. 7781	33. 066	36. 7856	40. 9955	45. 762	51. 1601	57. 275	64. 2028	72. 0524	80. 9468	91. 0249	102. 4436
21	23. 2392	25. 7833	28. 6765	31. 9692	35. 7193	39. 9927	44. 8652	50. 4229	56. 7645	64. 0025	72. 2651	81. 6987	92. 4699	104. 7684	118. 8101
22	24. 4716	27. 299	30. 5368	34. 248	38. 5052	43. 3923	49. 0057	55. 4568	62. 8733	71. 4027	81. 2143	92. 5026	105. 491	120. 436	137. 6316
23	25. 7163	28. 845	32. 4529	36. 6179	41. 4305	46. 9958	53. 4361	60. 8933	69. 5319	79. 543	91. 1479	104. 6029	120. 2048	138. 297	159. 2764
24	26. 9735	30. 4219	34. 4265	39. 0826	44. 502	50. 8156	58. 1767	66. 7648	76. 7898	88. 4973	102. 1742	118. 1552	136. 8315	158. 6586	184. 1678
25	28. 2432	32. 0303	36. 4593	41. 6459	47. 7271	54. 8645	63. 249	73. 1059	84. 7009	98. 3471	114. 4133	133. 3339	155. 6196	181. 8708	212. 793
26	29. 5256	33. 6709	38. 553	44. 3117	51. 1135	59. 1564	68. 6765	79. 9544	93. 324	109. 1818	127. 9988	150. 3339	176. 8501	208. 3327	245. 712
27	30. 8209	35. 3443	40. 7096	47. 0842	54. 6691	63. 7058	74. 4838	87. 3508	102. 7231	121. 0999	143. 0786	169. 374	200. 8406	238. 4993	283. 5688
28	32. 1291	37. 0512	42. 9309	49. 9676	58. 4026	68. 5281	80. 6977	95. 3388	112. 9682	134. 2099	159. 8173	190. 6989	227. 9499	272. 8892	327. 1041
29	33. 4504	38. 7922	45. 2189	52. 9663	62. 3227	73. 6398	87. 3465	103. 9659	124. 1354	148. 6309	178. 3972	214. 5828	258. 5834	312. 0937	377. 1697
30	34. 7849	40. 5681	47. 5754	56. 0849	66. 4388	79. 0582	94. 4608	113. 2832	136. 3075	164. 494	199. 0209	241. 3327	293. 1992	356. 7868	434. 7451
期　数	16%	17%	18%	19%	20%	21%	22%	23%	24%	25%	26%	27%	28%	29%	30%
1	1	1	1	1	1	1	1	1	1	1	1	1	1	1	1
2	2. 16	2. 17	2. 18	2. 19	2. 2	2. 21	2. 22	2. 23	2. 24	2. 25	2. 26	2. 27	2. 28	2. 29	2. 3
3	3. 5056	3. 5389	3. 5724	3. 6061	3. 64	3. 6741	3. 7084	3. 7429	3. 7776	3. 8125	3. 8476	3. 8829	3. 9184	3. 9541	3. 99
4	5. 0665	5. 1405	5. 2154	5. 2913	5. 368	5. 4457	5. 5242	5. 6038	5. 6842	5. 7656	5. 848	5. 9313	6. 0156	6. 1008	6. 187
5	6. 8771	7. 0144	7. 1542	7. 2966	7. 4416	7. 5892	7. 7396	7. 8926	8. 0484	8. 207	8. 3684	8. 5327	8. 6999	8. 87	9. 0431
6	8. 9775	9. 2068	9. 442	9. 683	9. 9299	10. 183	10. 4423	10. 7079	10. 9801	11. 2588	11. 5442	11. 8366	12. 1359	12. 4423	12. 756
7	11. 4139	11. 772	12. 1415	12. 5227	12. 9159	13. 3214	13. 7396	14. 1708	14. 6153	15. 0735	15. 5458	16. 0324	16. 5339	17. 0506	17. 5828
8	14. 2401	14. 7733	15. 327	15. 902	16. 4991	17. 1189	17. 7623	18. 43	19. 1229	19. 8419	20. 5876	21. 3612	22. 1634	22. 9953	23. 8577
9	17. 5185	18. 2847	19. 0859	19. 9234	20. 7989	21. 7139	22. 67	23. 669	24. 7125	25. 8023	26. 9404	28. 1287	29. 3692	30. 6639	32. 015

续附表 4

期数	16%	17%	18%	19%	20%	21%	22%	23%	24%	25%	26%	27%	28%	29%	30%
10	21.3215	22.3931	23.5213	24.7089	25.9587	27.2738	28.6574	30.1128	31.6434	33.2529	34.9449	36.7235	38.5926	40.5564	42.6195
11	25.7329	27.1999	28.7551	30.4035	32.1504	34.0013	35.962	38.0388	40.2379	42.5661	45.0306	47.6388	50.3985	53.3178	56.4053
12	30.8502	32.8239	34.9311	37.1802	39.5805	42.1416	44.8737	47.7877	50.895	54.2077	57.7386	61.5013	65.51	69.78	74.327
13	36.7862	39.404	42.2187	45.2445	48.4966	51.9913	55.7459	59.7788	64.1097	68.7596	73.7506	79.1066	84.8529	91.0161	97.625
14	43.672	47.1027	50.818	54.8409	59.1959	63.9095	69.01	74.528	80.4961	86.9495	93.9258	101.4654	109.6117	118.4108	127.9125
15	51.6595	56.1101	60.9653	66.2607	72.0351	78.3305	85.1922	92.6694	100.8151	109.6868	119.3465	129.8611	141.3029	153.75	167.2863
16	60.925	66.6488	72.939	79.8502	87.4421	95.7799	104.9345	114.9834	126.0108	138.1085	151.3766	165.9236	181.8677	199.3374	218.4722
17	71.673	78.9792	87.068	96.0218	105.9306	116.8937	129.0201	142.4295	157.2534	173.6357	191.7345	211.723	233.7907	258.1453	285.0139
18	84.1407	93.4056	103.7403	115.2659	128.1167	142.4413	158.4045	176.1883	195.9942	218.0446	242.5855	269.8882	300.2521	334.0074	371.518
19	98.6032	110.2846	123.4135	138.1664	154.74	173.354	194.2535	217.7116	244.0328	273.5558	306.6577	343.758	385.3227	431.8696	483.9734
20	115.3797	130.0329	146.628	165.418	186.688	210.7584	237.9893	268.7853	303.6006	342.9447	387.3887	437.5726	494.2131	558.1118	630.1655
21	134.8405	153.1385	174.021	197.8474	225.0256	256.0176	291.3469	331.6059	377.4648	429.6809	489.1098	556.7173	633.5927	720.9642	820.2151
22	157.415	180.1721	206.3448	236.4385	271.0307	310.7813	356.4432	408.8753	469.0563	538.1011	617.2783	708.0309	811.9987	931.0438	1067.2796
23	183.6014	211.8013	244.4868	282.3618	326.2369	377.0454	435.8607	503.9166	582.6298	673.6264	778.7707	900.1993	1040.3583	1202.0465	1388.4635
24	213.9776	248.8076	289.4945	337.0105	392.4842	457.2249	532.7501	620.8174	723.461	843.0329	982.2511	1144.2531	1332.6586	1551.64	1806.0026
25	249.214	292.1049	342.6035	402.0425	471.9811	554.2422	650.9551	764.6054	898.0916	1054.7912	1238.6363	1454.2014	1706.8031	2002.6156	2348.8033
26	290.0883	342.7627	405.2721	479.4306	567.3773	671.633	795.1653	941.4647	1114.6336	1319.489	1561.6818	1847.8358	2185.7079	2584.3741	3054.4443
27	337.5024	402.0323	479.2211	571.5224	681.8528	813.6759	971.1016	1159.0016	1383.1457	1650.3612	1968.7191	2347.7515	2798.7061	3334.8426	3971.7776
28	392.5028	471.3778	566.4809	681.1116	819.2233	985.5479	1185.744	1426.5719	1716.1007	2063.9515	2481.586	2982.6444	3583.3438	4302.947	5164.3109
29	456.3032	552.5121	669.4475	811.5228	984.068	1193.5129	1447.6077	1755.6835	2128.9648	2580.9394	3127.7984	3788.9583	4587.6801	5551.8016	6714.6042
30	530.3117	647.4391	790.948	966.7122	1181.8816	1445.1507	1767.0813	2160.4907	2640.9164	3227.1743	3942.026	4812.9771	5873.2306	7162.8241	8729.9855

参考文献

[1] 世纪金山网．国外矿业发展趋势[EB/OL]．[发布日期:2002 年 12 月,引用日期:2009 年 7 月]．http://www.hbcmm.com/pub/show_info.jsp? info_id = 1805.

[2] 宋焕斌,张兵,王瑞花．国际矿业发展趋势分析[J]．昆明理工大学学报(社会科学版),2005,5(3):37 ~42.

[3] 孙兆学．从国际矿业发展趋势谈中国矿业发展对策[J]．黄金,2008(1):1 ~9.

[4] 万海川．矿山企业管理与技术经济[M]．北京:冶金工业出版社,1985.

[5] 孟澍森．矿山企业管理[M]．北京:地质出版社,1998.

[6] 李书文．选矿企业设备管理模式的研究与设备管理考核制度的制定[D]．昆明:昆明理工大学,2005.

[7] 魏永明．矿山企业可持续发展对策研究[D]．武汉:武汉科技大学,2002.

[8] 高俭．休哈特控制图技术与田口式线内质量控制的比较与综合应用[D]．南京:南京理工大学,2005.

[9] 徐兰军,宋鑫．现代矿业企业人力资源开发与管理[J]．中国矿业,2002,11(1):44 ~47.

[10] 中国矿业在线．矿产品市场调查供需分析和预测方法[EB/OL]．[发布日期:2003 年 2 月,引用日期:2009 年 7 月]. http://www.ver tinfo.com/mineralonline/newsdetail.asp? id = 14376.

[11] 中国政府国土资源部网:曾培炎．稳定全球矿产品市场推动矿业可持续发展[EB/OL]．[发布日期:2006 年 11 月,引用日期:2010 年 9 月]． http://www.mlr.gov.cn/xwdt/jrxw/200611/t20061115_78132.htm.

[12] 刘朝马,蔡美峰．矿产品价格行为模式及其波动率的估计[J]．南方冶金学院学报,2000(1):25 ~29.

[13] 刘朝马．矿业权估价理论与方法[M]．北京:冶金工业出版社,2003.

[14] 国土资源部矿产资源储量司．中国矿产资源报告[M]．北京:中国地质出版社,1999.

[15] 李万亨．矿山建设项目可行性研究与经济评价[M]．北京:地质出版社,1998.

[16] 傅鸣河等．小型矿山开发管理概论[M]．北京:地质出版社,1997.

[17] 周枫．世界金属与矿产品市场[M]．北京:中国大百科全书出版社,1995.

[18] 吴初国,顾炳中．2004 年我国矿产品价格形势与对策[J]．国土资源情报,2005(1):24 ~29.

[19] 吴初国,顾炳中．2005 年三季度矿产品价格形势分析[J]．国土资源情报,2005(9):40 ~44.

[20] 刘玉强．2005 中国矿产开发及矿产品供需形势分析与建议[J]．矿产与地质,2005,19(3):219 ~222.

[21] 刘伟．国外矿产品市场价格(2006 - Ⅱ)[J]．国土资源情报,2006(6):50 ~56,F0003.

[22] 褚立东,杨定海,李沛林．关于研究制定矿产品合理价位的思考[J]．冶金财会,2005(1):28 ~30.

[23] 孔昭庆．钨矿矿山地质与钨矿业可持续发展[J]．有色金属工业,2002(6):22 ~25.

[24] 张以诚．矿业城市与可持续发展[M]．北京:石油工业出版社,1998.

[25] 陶树人．矿产资源价值与价格[J]．中国矿业,2000,9(5):34 ~39.

[26] 王锡桐．资源开发利用中的经济问题[M]．北京:科学技术出版社,1992.

[27] 酥于恒．矿产经济学[M]．徐州:中国矿业大学出版社,1989.

[28] 胡昌暖,等．资源价格研究[M]．北京:中国物价出版社,1993.

[29] 陶树人．矿业价格体系的研究[J]．煤炭经济研究,1996(9):20 ~23.

[30] 谢业文．矿产品供需关系经济分析[J]．矿产与地质,2005,18(1):90 ~92.

[31] Britan W Mackenzie. Mineral Economics Australian Mineral Foundation[M]. Australia: John Wiley & Sons Inc,1983.

[32] 杨军臣,许新启．大幅控制锑产量是振兴我国锑产业的唯一出路[J]．有色金属工业,2002(6):38 ~39.

[33] 张幼蒂．矿山发展新域探索[M]．徐州:中国矿业大学出版社,2003.

[34] 朱光亚,周光召．中国科学技术文库:普通卷(矿业工程、冶金工程)[M]．科学技术文献出版社,1997.

[35] 钱抗生,盛桂浓. 矿产资源分析[M]. 上海:海洋出版社,1996.
[36] 王丽娅. 企业融资理论与实务[M]. 北京:中国经济出版社,2005.
[37] 赵仕玲. 中国与外国矿业税费比较的思考[J]. 资源与产业,2007(10):106~110.
[38]《矿业权评估指南》修订小组. 矿业权评估指南[M]. 北京:中国大地出版社,2004.
[39] 孙宏涛,田强. 论矿业权的流转[J]. 中国矿业大学学报(社会科学版),2005(3):61~67.
[40] 李志学. 我国矿业权出让与流转制度研究[J]. 西安石油学院学报(社会科学版),1999(1):10~14.
[41] 范声华. 矿业权价格评估[M]. 北京:地质出版社,2000.
[42] 张幼蒂. 采矿系统工程[M]. 徐州:中国矿业大学出版社,2000.
[43] 康聚秋. 工业管理系统工程[M]. 长春:吉林人民出版社,1986.
[44] 钱学森. 论系统工程(增订本)[M]. 长沙:湖南科学技术出版社,1988.
[45] 王雨田. 控制论、信息论、系统科学与哲学[M]. 北京:中国人民大学出版社,1986.
[46] 顾亚声. 管理系统工程概论[M]. 西安:陕西科学技术出版社,1984.
[47] 中国人民大学管理系统工程教研室. 管理系统工程教程[M]. 北京:经济科学出版社,1987.
[48] 姚德民. 管理系统工程[M]. 长春:吉林科学技术出版社,1986.
[49] 刘斌,艾光华. 关于矿产资源综合利用问题的研究[J]. 矿业快报,2005(11):1~3.
[50] 第十四届世界采矿大会中国组委会编. 未来采矿——发展趋势和展望[M]. 第十四届世界采矿大会论文集[M]. 北京:地质出版社,1990.
[51] 卡明斯 A B,吉文 I A. 采矿工程手册(第5分册)[M]. 北京:冶金工业出版社,1981.
[52] 翟兴昌. 矿产资源综合利用的评价指标[J]. 中国科技信息,2005(24):179.
[53] 黄志伟,刘新强. 论我国铁矿资源可持续发展战略[J]. 金属矿山,2004(z1):5~8.
[54] 孙成林,孙长泉,毛国胜,等. 铁矿石的综合利用[J]. 金属矿山,2004(z1):14~19.
[55] 中国自然资源丛书编辑部. 中国自然资源丛书[M]. 北京:中国环境科学出版社,1996.
[56] 陈景河. 中国矿产资源需求形势分析[N]. 中国黄金报,2004-12-09(2).
[57] 李浙昆,张宗华,刘剑雄. 经济全球化——矿产资源分析及合理利用[J]. 金属矿山,2004(z1):9~13.
[58] 王刚,刘少军,李力. 1000 m深海采矿系统三维整体联动动态分析[J]. 金属矿山,2005(2):19~21,32.
[59] 张华,胡德文. 我国二次资源回收利用状况与发展潜力[J]. 金属矿山,2004(z1):29~33.
[60] 陈从喜. 在国土资源领域推动循环经济发展的思考[R](内部报告),2005.
[61] 陈从喜. 关于推动我国循环经济发展的社会经济背景和重点方向[J]. 国土资源情报,2005(5):1~8.
[62] 国土资源部. 中国主要矿产资源可供性论证报告[R](内部报告),2003.
[63] 陈从喜. 中国矿产资源综合利用现状、问题与对策研究. 国土资源部信息中心专题调研报告[R](内部报告),2005.
[64] 李丽洁. 矿产资源综合利用若干问题探讨[J]. 矿产保护与利用,1998(3):44~46.
[65] 关凤峻,王永生. 循环经济——资源开发与环境保护协调发展的重要途径[J]. 中国国土资源报,2004(1):1~5.
[66] 姚香. 中国矿业开发21世纪展望[J]. 金属矿山,2006(3):1~4,70.
[67] 孙传尧. 矿产资源综合利用手册[M]. 北京:科学出版社,2000.
[68] 葛振华. 我国矿产资源综合利用中存在的问题及对策[J]. 中国矿业,2003,12(7):1~3.
[69] 刘培哲. 可持续发展理念与中国21世纪议程[M]. 北京:气象出版社,2001.
[70] 李巧玲,吕欣,周晓山. 以循环经济发展模式实现我国矿产资源可持续发展[J]. 西部探矿工程,2006(4):98~100.
[71] 谢军安,郭苏智,王锡莲. 循环经济的理念与模式建构[J]. 石家庄经济学院学报,2003(8):494~498.
[72] 张雪梅. 循环经济——我国实现可持续发展的必然选择[J]. 未来与发展,2003(1):3~8.

[73] 王永生,蔡永青. 循环经济——我国矿产资源可持续发展的必由之路[J]. 资源产业,2002(6):30~35.
[74] 采矿手册编写组. 采矿手册(第3分册)[M]. 北京:冶金工业出版社,1991.
[75] 冯启明,周玉林. 非金属矿产与环境保护[J]. 矿产综合利用,1996(4):31~35.
[76] 朱瑞华. 我国矿产资源的现状及综合利用存在的问题[J]. 矿业快报,2001(10):1~2,16.
[77] 袁世伦. 金属矿山固体废弃物综合利用与处置的途径和任务[J]. 矿业快报,2004(9):25~28.
[78] 许小敏. 武山铜矿尾矿综合利用[C]//第三届全国矿产资源综合利用学术会议论文集. 北京:地质出版社,1990.
[79] 唐仲民. 老尾矿综合回收的可行性研究[C]//第四届全国矿产资源综合利用学术会议论文集. 北京:地质出版社,1993.
[80] 崔鸿田. 对清源尾矿库固坝、防沙、植被的初步探讨[C]//第三届全国矿冶技术经济学术会议论文集. 北京:地质出版社,1992.
[81] 朱峻英. 尾矿库复土植被治理与利用[C]//第二届全国矿山环境保护学术会议论文集. 北京:地质出版社,1989.
[82] 张德明. 立法促进矿产资源综合利用[EB/OL]. [发布日期:2006年3月,引用日期:2009年7月]. http://www.nmgland.cn/nmgland/alfx/alfx/110.html.
[83] 陈从喜,曹新元,张迎新,等. 我国矿产资源综合利用对策研究[EB/OL]. [发布日期:2005年12月,引用日期:2010年9月]. http://www.clr.cn/front/read/read.asp? ID=74566.
[84] 陈从喜. 矿产资源综合利用与发展循环经济[J]. 中国工程科学,2005(增刊):45~49.
[85] 王春秋. 关于矿产资源综合利用的思考[J]. 矿产与地质,2005(03):242~245.
[86] 周永康. 国土资源与可持续发展[J]. 自然资源学报,2000,15(1):1~10.
[87] 本书编委会. 第四届全国矿产资源综合利用学术会议论文集[M]. 北京:地质出版社,1993.6.
[88] 姜国东. 黄金矿山尾矿综合利用的探讨[J]. 矿业快报,2000(增刊):72~78.
[89] 段其福. 矿产二次资源的立体开发与综合利用[J]. 矿山环保,2002(2):18~20.
[90] 张金青. 尾矿微晶玻璃技术成果产业化工程建设及产品市场需求分析[J]. 矿山环保,2001(6).
[91] 陆国闰. 我国铁矿选矿厂尾矿再选综述[C]//全国冶金矿山清洁生产技术交流会论文集. 北京:地质出版社,2001.
[92]《国务院关于加强节能工作的决定》,国发[2006]28号.
[93] 赵济. 中国自然地理[M]. 北京:高等教育出版社,2002.
[94]《关于印发〈能源节约与资源综合利用"十五"规划〉的通知》,国经资源[2001]1018号.
[95] 张幼蒂. 张幼蒂论文选集:矿山发展新域探索[M]. 徐州:中国矿业大学出版社,2003.
[96]《中华人民共和国矿产资源法》(修正),1996年8月29日颁布,1996年10月1日实施.
[97] 王璞. 探矿权采矿权评估方法[M]. 北京:地质出版社,1999.
[98] 刘朝马,蔡美峰. 基于期权定价理论的矿业工程评估模型[J]. 北京科技大学学报,2000(6):505~507.
[99] 廖作鸿,刘朝马. 实物期权方法在矿业权评估中的应用初探[J]. 矿产保护与利用,2002(4):1~4.
[100] 李祥仪. 矿业经济学[M]. 北京:冶金工业出版社,2000.
[101] 李仲学. 矿业经济学导论[M]. 北京:煤炭工业出版社,1994.
[102] 廖作鸿. 矿业投资估价的DCF法和ROV法之比较[J]. 江苏地质,2002(3):68~72.
[103] 刘志新. 期权投资学[M]. 北京:航空工业出版社,2001.
[104] 张志强. 期权理论与公司理财[M]. 北京:华夏出版社,2000.
[105] 约翰·马歇尔. 金融工程[M]. 宋逢明,等译. 北京:清华大学出版社,1998.
[106] 谢英亮,陈南. 一种基于期权定价理论的矿业资产评估简化模型[J]. 资源科学,2000(1):27~30.
[107] 廖作鸿,李晓昭,彭会清. 生产阶段矿业投资评估模型建立的实物期权方法[J]. 中国矿业,2007

(4):28~30.

[108] 黄生权,陈晓红. 基于实物期权的矿业投资最佳时机决策模型[J]. 系统工程,2006(4):65~67.

[109] 胡明坤,李文兰,姜俊偲. 实物期权法在我国项目评估中的应用[J]. 内蒙古农业大学学报(社会科学版),2007(5):149~150.

[110] 李明刚. 矿业项目投资风险及其评估模型[J]. 矿冶工程,2007(5):92~94.

[111] 廖作鸿,黄敬宝,李晓昭. 矿业投资项目不确定性和实物期权分析[J]. 工业技术经济,2005(7):104~106.

[112] 彭世济. 矿业经济导论[M]. 徐州:中国矿业大学出版社,1996.

[113] 韩可琦. 矿业经济导论[M]. 徐州:中国矿业大学出版社,1996.

[114] 汪光顺. 矿业经济分析数学方法[M]. 北京:中国标准出版社,1995.

[115] 孙陶生. 技术经济学[M]. 郑州:河南人民出版社,2006.

[116] 卢明银. 技术经济学[M]. 第2版. 徐州:中国矿业大学出版社,2006.

[117] 陈戈止,李承宁. 技术经济学[M]. 第2版. 成都:西南财经大学出版社,2006.

[118] 本书编委会. 矿长实务全书[M]. 吉林大学出版社,2003.

[119] 郑云. 矿山企业降低成本的主要途径[J]. 新疆有色金属,2005,28(4):31~32.

[120] 李彤华. 我国矿山企业作业成本管理研究[D]. 长沙:湖南大学,2008.

[121] 高殿军. 矿产品的完全成本构成分析[J]. 辽宁工程技术大学学报(社会科学版),2010,12(2):117~120.

[122] 孔祥增. 矿山企业如何做好成本管理[J]. 绿色财会,2009(11):50~51.

[123] 陈建宏. 矿业经济学教程[M]. 中南大学出版社,2005.

[124] 魏晓斐. 我国矿业产业融资问题研究[D]. 北京:中国地质大学(北京),2006.

[125] 张荣光. 矿业融资途径探讨[J]. 社会科学研究,2009(4):54~57.

[126] 陈向斌,张超,胡社荣,等. 我国矿业融资研究与发展策略分析[J]. 煤炭经济研究,2008(6):28~31.

[127] 刘静. 项目融资模式下的矿业项目风险管理研究[D]. 北京:中国地质大学(北京),2008.

[128] 解秀芬,王明,王翔. 实物期权定价理论在矿业权价值评估中的应用——以甘家巷铅锌矿投资项目为例[J]. 价值工程,2009(3):57~60.

[129] 刘建华,岳宗洪. 采矿系统工程的发展与新趋势[J]. 社会科学研究,2009(3):7~10.

[130] 邵登陆,岳宗洪. 采矿系统工程的发展现状与新趋势[J]. 中国矿业,2008,17(9):99~102.

[131] 楚天杰. 中国采矿系统工程的现状与发展[EB/OL]. [发布日期:2007年1月,引用日期:2010年7月]. http://forum. wutnews. net/bbs/topic. aspx? tid=290121& author=Hades.

[132]《煤矿总工程师工作指南》编委会编著. 煤矿总工程师工作指南(下册)[M]. 北京:煤炭工业出版社,1991.

[133] 梁金久,耿建国. 梁家矿以现金流量控管为核心的资金管理探索与实践[J]. 煤炭企业管理,2001(7):39~40.

[134] 郭立杰. 淄矿集团的资金预算"分块"管理[J]. 企业管理,2009(9):53~54.

[135] 黄孝华. 加强建设项目的财务管理和监督[J]. 经营与管理,2009(5):63~64.

[136]《矿业权评估指南》修订小组编. 矿业权评估指南(2006年修订)——矿业权评估收益途径评估方法和参数[M]. 北京:中国大地出版社,2006.

[137] 韩东杰. 现金流量法在采矿权评估中出现的一种失真现象及其解决方案[J]. 资源与产业,2007(5):119~121.

[138] 翁春林,叶加冕. 采矿权价值评估方法研究[J]. 矿业研究与开发,2004,24(3):16~19.

[139] 武力聪,刘胜富,等. 数学建模思想在矿业权权益系数中的应用[J]. 矿产保护与利用,2005(1):1~5.

[140] 韩东杰. 我国矿业权评估主要收益途径评估方法及其应用研究[D]. 北京:中国地质大学(北

京),2008.
[141] 彭艳. 采掘平衡在煤矿生产中的重要意义[J]. 煤炭技术,2005,24(5):43 ~44.
[142] 姚瑶. 浅谈矿山企业管理[J]. 中国国土资源经济,2005(10):42 ~43.
[143] 陈国山,戚文革. 矿山企业管理[M]. 北京:冶金工业出版社,2008.
[144] 蒋超凡,李晓东. 矿山经济与管理[M]. 武汉:武汉工业大学出版社,1994.